高职高专经管专业十三五规划教材

校企合作优秀教材

商务礼仪与沟通

- 主 编 阮喜珍 张明勇 从 静
- 副主编 杜志琴 邓小红 宋旅黄

WUHAN UNIVERSITY PRESS

武汉大学出版社

图书在版编目(CIP)数据

商务礼仪与沟通/阮喜珍,张明勇,从静主编.—武汉:武汉大学出版社,
2019.8(2022.8重印)
高职高专经管专业十三五规划教材
ISBN 978-7-307-20999-2

Ⅰ.商⋯ Ⅱ.①阮⋯ ②张⋯ ③从⋯ Ⅲ.①商务—礼仪—高等职业
教育—教材 ②商业管理—公共关系学—高等职业教育—教材
Ⅳ.①F718 ②F715

中国版本图书馆 CIP 数据核字(2019)第 132279 号

责任编辑:唐 伟   责任校对:李孟潇   版式设计:马 佳

出版发行:**武汉大学出版社** (430072 武昌 珞珈山)
  (电子邮箱:cbs22@whu.edu.cn 网址:www.wdp.com.cn)
印刷:武汉图物印刷有限公司
开本:787×1092 1/16 印张:20.5 字数:483 千字 插页:1
版次:2019 年 8 月第 1 版 2022 年 8 月第 4 次印刷
ISBN 978-7-307-20999-2 定价:45.00 元

前言

　　本书内容涵盖了各种社会礼仪，包括商务活动中的服饰、仪容礼仪，举止、仪态礼仪，会谈礼仪，拜访位次礼仪以及通信礼仪，餐饮、馈赠礼仪，社交聚会礼仪等诸多方面的知识。力求从不同的角度将社会活动中应该遵守的行为规范和礼仪语言清晰地呈现在学生及读者面前，提供给他们具体、实用的礼仪指导。阐述了沟通的理论以及沟通技巧，其中的倾听技巧、交谈技巧、说服技巧、团队沟通技巧等章节的设立，目的是从职业的角度出发，培养学生的团队合作精神，锻炼学生的语言表达能力和快速反应能力等；而日常生活中的沟通、工作中的沟通等章节，则主要介绍在工作、生活中与领导、同事、朋友等进行沟通的技巧。本书各章内容各有偏重，但又相互联系，相互渗透，力图全面、多角度地向学生展示礼仪和沟通的相关知识，利用大量通俗易懂的实例使学生了解并掌握礼仪规范及沟通技巧，帮助他们在今后的工作、生活中，在商务交往、人际沟通等方面做到游刃有余，无往而不胜。本书可作为高职高专院校、中等职业院校教材，也可以作为企事业单位对青年职工的培训教材。

　　礼仪和沟通技巧包含很多复杂的内容，具体礼节更是纷繁冗杂。而本书的特点就是语言简明通俗，内容设计尽可能做到互动化、人性化，传授知识与技能训练强调要点化、步骤化、图表化，以生动的小故事与图片，让学生主动参与到学习中。全书旨在利用职业教育的特点，把德育的主题和内容作为人生实践教程，帮助学生感悟、掌握必要的礼仪规范，提高人际交往的能力，掌握常用的沟通技巧，为成为一名合格的职业人做好准备。本书遵循礼仪与沟通及高职教育的特点，重点关注和突出了以下几点：

　　第一，简化理论，突出实操。淡化学科和理论色彩，注重高职学生的学情特点，着力编制在实际交往和工作中需要掌握的知识要点，突出针对性与逻辑性。

　　第二，采取层层递进的原则。设定了案例导入、知识链接、演练、能力拓展等模块，使知识和能力在实操中不断提高。

　　第三，注重理论与实际工作岗位适应。在教材每个小知识中，收集了企业实际工作中的案例，具有很强的实用性，可操作性较强。

　　特别强调的是，现在企业国际化程度越来越高，与国外企业的联系越来越多，跨国商务谈判越来越频繁，所以第二版中国际礼仪增加了相当多的跨国礼仪和国际商务谈判的内容。

该教材以全国高职高专类学生为教学对象，同时也可作为企业人员培训和普通高等教育的教材或教学参考书。在教学中可以根据实际情况进行取舍。

在本书的编写过程中，参考和引用了许多学者的研究成果，在此谨向有关作者表示诚挚的感谢！

全书由阮喜珍、张明勇、从静主编，杜志琴、邓小红、宋旅黄副主编。本书得到了武汉大学出版社的领导和编辑的大力支持以及同行专家的关心、帮助和指导，在此一并表示感谢！

由于水平有限，难免存在欠缺，恳请读者批评指正。

作　者

2019 年 5 月

目录 CONTENTS

第1章　礼仪与沟通概述 ·· 1

1.1　礼仪的概述 ·· 2

1.2　沟通概述 ·· 8

1.3　大学生礼仪教育与沟通能力培养 ·················· 15

第2章　个人礼仪修养 ·· 24

2.1　个人职业形象的准备 ·································· 25

2.2　仪容礼仪 ·· 27

2.3　仪态礼仪 ·· 38

2.4　服饰礼仪 ·· 53

第3章　社交礼仪 ·· 67

3.1　会面礼仪 ·· 68

3.2　交谈礼仪 ·· 82

3.3　沟通礼仪 ·· 88

3.4　餐饮礼仪 ·· 94

3.5　馈赠礼仪 ·· 103

第4章　商务礼仪 ·· 109

4.1　商务礼仪概述 ·· 110

4.2　商务接待礼仪 ·· 111

4.3　商务电话及传真礼仪 ································· 117

4.4　商务拜访礼仪 ·· 121

4.5　商务仪式礼仪 ·· 125

4.6　商务洽谈礼仪 ·· 129

第5章 职场礼仪 ··· 136
5.1 求职面试礼仪 ··· 137
5.2 办公室礼仪 ··· 144
5.3 会议礼仪 ··· 149
5.4 参观、慰问礼仪 ··· 155

第6章 国际礼仪 ··· 166
6.1 国际交往礼仪概述 ··· 167
6.2 世界主要国家礼仪 ··· 174
6.3 东西方礼仪的比较 ··· 184
6.4 国际商务谈判礼仪 ··· 185

第7章 沟通与合作 ··· 193
7.1 沟通与合作的意义、基础与原则 ······························ 194
7.2 沟通与合作能力的培养 ··· 203

第8章 沟通中的倾听与交谈技巧 ·· 212
8.1 沟通中的倾听技巧 ··· 213
8.2 沟通中的交谈技巧 ··· 223

第9章 沟通中的写作和演讲技巧 ·· 240
9.1 沟通中的写作技巧 ··· 241
9.2 沟通中的演讲技巧 ··· 251

第10章 求职中的沟通技巧 ··· 278
10.1 备战面试 ·· 279
10.2 面试中的应答技巧 ··· 286

第11章 工作、生活中的沟通技巧 ·· 302
11.1 工作中的沟通技巧 ··· 303
11.2 生活中的沟通技巧 ··· 309

参考文献 ·· 321

第1章 | 礼仪与沟通概述

【知识目标】

在学习完本章之后，你应该能够：

◎掌握礼仪的含义、特征、原则和功能；

◎掌握沟通的含义、过程、作用和意义；

◎了解沟通的类型；

◎理解大学生学习礼仪与沟通的意义和作用。

【技能目标】

◎把对礼仪与沟通的理解与认识用于日常的生活、工作和学习中。

引例

久别重逢

肖小在大学时就很是出类拔萃，不仅成绩优秀，为人处世更是让同学敬佩，也正因为他的不凡，让他在大学时多了个新的绰号——"超人"。大学毕业后，肖小被美国一所大学录取，攻读硕士学位，毕业后更是顺理成章地进入了美国知名企业。通过几年的努力，肖小已成为公司的部门经理，真算得上小有成就。

今年过年，肖小领着妻儿回国探亲，有一天，去大剧院看音乐剧，刚要入座，突然发现对面走来的三人中有一位很是面熟，正在此刻，那人边走边大声叫："喂！这不是超人吗？你不是在美国吗？啥时候回的国呀？也不通知老同学一声？"这时，肖小才缓过神来，这位打招呼的正是高中同学李云。李云没考上大学，一个人下海做生意去了，听说混得还不错，今天刚好陪两位香港来的生意伙伴一起来看音乐剧。

很多年不见的两位老同学，在这样的场合偶遇，当然是激动不已。李云大声寒暄后，忽然想起肖小身边的女人，于是主动问起，肖小这才想起向李云介绍自己的妻子。同样，李云也向老同学介绍了身边的两位生意伙伴。大家互相介绍后，又寒暄了一阵，就回到自己的座位开始观看音乐剧了。

分析：

1. 公共场合大声喧哗是不礼貌的。大剧场是一个公共场所，看的是高雅的艺术，大声喧哗与这种氛围是格格不入的，同时也会影响他人的正常观看活动。

2. 在宾客面前称呼别人的外号有点不妥。结合见面礼仪和两者的熟悉关系，我们可以 "直呼其名"，也可以 "直呼名，不道姓"。

3. 见到老朋友就把新朋友晾在一边，这也是很不礼貌的。

这一案例表明： 在日常工作和交往中，我们经常需要和陌生人打交道，有时候还有故友重逢的情况。不管是和老朋友见面还是另结新交，都需要向对方问候、致意、行礼、介绍，这样的一些细节如果你不注意就会很麻烦。

通过学习礼仪与沟通可以掌握更多的礼仪与沟通的基本知识、方法和技巧，用之于实践，可以为生活、学习、工作创造好的人际关系环境。

1.1　礼仪的概述

1.1.1　礼仪的含义

礼仪是在人际交往中，以一定的约定俗成的程序方式来表现的律己敬人的过程，涉及穿着、交往、沟通、情商等方面的内容。从个人修养的角度来看，礼仪可以说是一个人内在修养和素质的外在表现。从交际的角度来看，礼仪可以说是人际交往中适用的一种艺术、一种交际方式或交际方法，是人际交往中约定俗成的示人以尊重、友好的习惯做法。从传播的角度来看，礼仪可以说是在人际交往中进行相互沟通的技巧。它可以大致分为政务礼仪、商务礼仪、服务礼仪、社交礼仪、涉外礼仪、外交礼仪六大方面。

1. 基本解释

礼节和仪式是传统的解释，"礼" 字和 "仪" 字指的都是尊敬的方式，"礼"，多指个人性的，像鞠躬、欠身等，就是礼节；"仪"，则多指集体性的，像开幕式、阅兵式等，就是仪式。

人们约定俗成，表示尊重的各种方式。这是现代通俗而简洁的解释，这里的方式分为行动型和非行动型，像鞠躬、给老人让座等，就是行动型的，也就是尊重的形式，这需要行动才有效果；而像庄严场合不嬉笑，别人睡觉不吵闹等，就是非行动型的，也就是行为规范，它不需要行动就有效果。

2. 引证解释

礼节和仪式。《周礼·春官·肆师》："凡国之大事，治其礼仪，以佐宗伯。"《史记·礼书》："至秦有天下，悉内六国礼仪，采择其善。"《北齐书·皇甫和传》："及长，深沉有雅量，尤明礼仪。"《春秋左传正义》云："中国有礼仪之大，故称夏；有服章之美，谓之华。"

礼仪是人类为维系社会正常生活而要求人们共同遵守的最起码的道德规范，它在人们的长期共同生活和相互交往中逐渐形成，并且以风俗、习惯和传统等方式固定下来。对一个人来说，礼仪是一个人的思想道德水平、文化修养、交际能力的外在表现，对一个社会来说，礼仪是一个国家社会文明程序、道德风尚和生活习惯的反映。

古人讲"礼者敬人也"，礼仪是一种待人接物的行为规范，也是交往的艺术。它是在社会交往中受历史传统、风俗习惯、宗教信仰、时代潮流等因素影响而形成，既为人们所认同，又为人们所遵守，是以建立和谐关系为目的的各种符合交往要求的行为准则和规范的总和。

1.1.2 礼仪的由来及中国传统礼仪

1. 礼仪的由来

礼仪作为人际交往的重要的行为规范，不是随意凭空臆造的，也不是可有可无的。了解礼仪的起源，有利于认识礼仪的本质，自觉地按照礼仪规范的要求进行社交活动。对于礼仪的起源，研究者们有各种观点，可大致归纳为以下几种：

有一种观点认为，礼仪起源于祭祀。东汉许慎的《说文解字》对"礼"字的解释是这样的："履也，所以事神致福也从示从豊豊亦声"。意思是实践约定的事情，用来给神灵看，以求得赐福。"礼"字是会意字，"示"指神，从中可以分析出，"礼"字与古代祭祀神灵的仪式有关。古时祭祀活动不是随意地进行的，它是严格地按照一定的程序、一定的方式进行的。郭沫若在《十批判书》中指出："礼之起，起于祀神，其后扩展而为人，更其后而为吉、凶、军、宾、嘉等多种仪制。"这里讲到了礼仪的起源以及礼仪的发展过程。

另一种观点认为，礼仪起源于风俗习惯。人是不能离开社会和群体的，人与人在长期的交往活动中，渐渐地产生了一些约定俗成的习惯，久而久之这些习惯成为人与人交际的规范，当这些交往习惯以文字的形式被记录并同时被人们自觉地遵守后，就逐渐成为人际交往固定的礼仪。遵守礼仪，不仅使人们的社会交往活动变得有序、有章可循，同时也能使人与人在交往中更具有亲和力。1922 年《西方礼仪集萃》一书问世，开篇中这样写道："表面上礼仪有无数的清规戒律，但其根本目的在于使世界成为一个充满生活乐趣的地方，使人变得和易近人。"

还有一种观点认为，礼仪是为表达自身感情而存在的，在没有礼仪存在的时候，人们祭祀天地根本无法表达心中的敬畏，后来才出现了礼仪，如同语言一般，因为需要才产生，后来拓展为向长辈行礼来表达本身的敬意，贵族阶层出现后，扭曲了礼的意义，使之在不尊敬的情况下用于突出自身的地位，因此礼丢失了本质而变成了礼节。存有敬意施礼才是真正的礼。

从礼仪的起源可以看出，礼仪是在人们的社会活动中，为了维护一种稳定的秩序，为了保持一种交际的和谐而产生的。直到今天，礼仪依然体现着这种本质特点与独特的功能。

2. 中国传统礼仪

"九宾之礼"，是我国古代最隆重的礼节。它原是周天子专门用来接待天下诸侯的重典。周朝有八百个诸侯国，周天子按其亲疏，分别赐给各诸侯不同的爵位，爵位分公、侯、伯、子、男五等，各诸侯国内的官职又分为三等：卿、大夫、士，诸侯国国君则自称为"孤"。这"公、侯、伯、子、男、孤、卿、大夫、士"合起来称为"九仪"，或称"九宾"。周天子朝会"九宾"时所用的礼节，就叫"九宾之礼"。"九宾之礼"是很隆重的：先是从殿内向外依次排列。九位礼仪官员，迎接宾客时则高声呼唤，上下相传，声势威严。按古礼，"九宾之礼"只有周天子才能用，但到了战国时代，周朝衰微，诸侯称霸，"九宾之礼"也为诸侯所用，演变为诸侯国接见外来使节的一种最高外交礼节了。《廉颇蔺相如列传》中的"设九宾之礼"就是指此。

"跪拜礼"早在原始社会就已产生，但那时人们仅仅是以跪拜的形式表示友好和敬意，并无尊卑关系。进入阶级社会后，情况就不同了，特别是在封建社会里，"跪拜"是一种臣服的表示，"拜，服也；稽首，服之甚也"。即使是平辈跪拜，也有彼此恭敬的意思。"跪拜礼"表现形式多样，但主要有以下几种："稽首"是臣拜君之礼。拜者头首着地，并停留较长一段时间。"顿首"即叩首、叩头。头一触地就起，是一种用于平辈间的，比较庄重的礼节。古人就常常在书信的头或尾书"顿首"二字，以表敬意。另外，还有"空首""再拜"等。

"揖让礼"，"揖"是作揖，双手抱拳打躬，身体向前微倾；"让"表示谦让。这是一种大众化的礼节，一般用于宾主相见时，或平辈间、比较随便的场合。"打躬作揖"即一种引见，也表示一种寒暄问候。这一礼节，最能体现中华民族"谦让"的美德。

"袒臂礼"，又叫"左右袒"，是一种特定场合下的特殊礼节。所谓"左右袒"，是指露出左手臂或右手臂，以表示拥护哪一方面的意思。它一般用于事态严重的场合，通过"袒臂"表示拥护谁，借以解决争端，相当于今天的举手表决。这种礼节，大约产生于春秋战国时代。

"虚左礼"，古人一般尊崇右，故以右为较尊贵的地位。但乘坐车辆时，却恰好相反：车骑以"左"为尊位。如《信陵君窃符救赵》："公子车骑，虚左，自迎夷门后生。"后来经过演变，"虚左"就表示对人的尊敬。在"待客"或"给某人留下官位"时，常谦称"虚左以待"。"虚左以待"的行为，就成为尊重人的一种礼节。

1.1.3　礼仪的特征、原则和功能

1. 礼仪的特征

礼仪是人们在社会交往中普遍遵循的文明行为准则或规范的总和。具有以下基本特征：

（1）规范性。礼仪既有内在的道德准则，又有外在的行为尺度，对人们的言行举止和社会交往具有普遍的规范、约束作用。遵循礼仪规范，就会得到社会认可和嘉许；违反

礼仪规范，就会到处碰壁，招致反感、受到批评。正所谓有"礼"走遍天下，无"礼"寸步难行。

（2）操作性。礼仪规范以人为本，重在实践，人人可学，习之易行，行之有效。"礼者，敬人也。"待人的敬意，应当怎样表现，不应当怎么样表现，礼仪都有切实可行、行之有效的具体操作方法。

（3）差异性。礼仪规范约定俗成，不同国家、不同地区，由于民族特点、文化传统、宗教信仰、生活习惯不同，往往有着不同的礼仪规范，"十里不同风，百里不同俗"。这就需要增进了解，尊重差异，不可唯我独尊，我行我素。

（4）时代性。礼仪一旦形成，则具有世代相传、共同实践的特点。但是礼仪并非一成不变，而是随着时代发展变化而吐故纳新，随着内外交往日益频繁而互相借鉴吸收。例如：有一种手势，大拇指和食指环成圆圈，其余手指伸展，意思是"OK"，这种手势在美国表示"赞同""了不起"，但是在巴西则是指责别人行为不端。所以礼仪除了具有一定的固定形式与规范外，还要注意因时因地因人而异。

（5）社会性，礼仪是一门社会交际的学问，它产生于社会生活之中，是全社会共同认可、普遍遵守的准则。

（6）发展性。礼仪规范不是一成不变的，它随着时代的发展、科学技术的进步，在传统的基础上不断地推陈出新，体现着时代的要求与时代的精神。例如：在我国，握手替代了作揖，鞠躬替代了跪拜，如今节假日给亲朋好友打个电话，发个短信，或送去鲜花，表示祝贺与问候，这些都反映了礼仪发展性的特点。

2. 礼仪的原则

（1）平等原则。

现代礼仪中的平等原则，是指以礼待人，有来有往，既不能盛气凌人，也不能卑躬屈膝。平等原则是现代礼仪的基础，是现代礼仪有别于以往礼仪的最主要原则。

礼仪中的优先，与各民族的风俗习惯、宗教信仰等有很大关系。以"女士优先"原则为例，在一些国家如巴基斯坦，讲究男女授受不亲，在公共场合，如果男女出双入对，卿卿我我，则被认为是不合礼仪。但是，在这个国家里，男士非常尊重妇女，对待女士谦逊有礼，见了女性，一般不得主动握手，除非女士先伸手。尽管公共汽车非常拥挤，男士也会让女士们先上车，车上的座位分得很清楚，女性坐前面，男性坐后面。餐厅的情形也一样，男女桌位分开，陌生的男士们是决不可以随意过界或上前搭讪的。在任何时候排长龙，女性都可直接走到队伍的前端去。

（2）互尊原则。

古人云："敬人者，人恒敬之。"只有相互尊重，人与人之间的关系才会融洽和谐。上海有一家电影院曾发生这样一件事：年末，电影院经理把员工包括离退休人员及其家属都请到电影院来参加一个茶话会。会前，专门制作了这些离退休人员和在职职工的生活录像，会上放给大家看。每个人，尤其是离退休职工非常感动。原因很简单，这些人一辈子干的工作就是给别人放电影，从未感受到自己上银幕是什么滋味。今天他们有机会在给人们放了一辈子电影的电影院里，看自己走上银幕，感到电影院领导没有忘记自己一辈子的辛苦，他们能不感动吗？因而很自然地加深了对自己单位的感情，同时也使在职职工感到振奋，团体的凝聚力大增。

要想在与人的交往中通过礼仪的形式体现出对对方的尊重，就应从以下几个方面做起：第一，与人交往，要热情而真诚。热情的态度，意味着对别人的隆重接纳，会给人留下受欢迎、受重视、受尊重的感觉，而这本来就是礼仪的初衷和要旨。当然，热情不能过火，过分的热情会使人感到虚伪和缺乏诚意。所以，待人热情一定要出自真诚，是尊重他人的真挚情感的自然流露。如果心存不敬，却又要故意表现出热情，只会让人感到做作，引起反感。这一点在与客户及其他来访者打交道时尤为重要。不论来访者是不是客户，客户部的工作人员都要热情接待；不论是不是自己的客户，都要热情真诚地为其服务。第二，要给他人留有面子。所谓面子，即自尊心。即便一个毫无廉耻之心的人，也存在着一定的自尊心。失去自尊，对一个人来说，是一件非常痛苦、难以容忍的事情。所以，伤害别人的自尊是严重失礼的行为。第三，允许他人表达思想，表现自己。每个人都有表达自己思想、表现自身的愿望。社会的发展，为人们弘扬个性提供了更为广阔的空间。丰富的个性色彩和多元思想的共存，是现代社会区别于传统社会的一个基本特征。因此，现代礼仪中的互尊原则，要求人们必须学会彼此宽容，尊重他人的思想观点和个性。

（3）诚信原则。

诚信原则是指遵时守信，"言必信，行必果"。取信于人在人际交往中是非常重要的。《韩非子》中记载着这么一则寓言：有一户有钱人家的围墙被大雨冲塌了，隔壁的邻居提醒他："要及早修复，免得盗贼侵入。"有钱人家的儿子也同样说道："爸爸，及早修理吧，不然小偷会来的。"结果当天晚上小偷果然来了，偷走了不少东西。有钱人家的反应是：儿子预先说在前，意见很对，有先见之明，心里却对邻居起了疑心，怀疑邻居是小偷。原因很简单，一方面，中国人自古以来是家天下，血缘关系是亲不可分的纽带，影响了人们对客观事物公正的判断；另一方面，就是人的心理反应，产生"自己人效应"，更易于相互吸引。当你信任一个人的时候，就会想：既然是这个人说的，靠得住。所以，常常是别人信任你，才认为你是对的。因此，在人际交往中，你必须取得人们的信赖，才更有利于你的成功。信任是靠慢慢积累的，与客户初次打交道，客户都会抱着怀疑的态度跟你沟通，一旦接触多了，你在工作中也做得到言而有信，说什么时候出方案就什么时候出方案、答应了上材料就上材料的话，客户也就慢慢开始信任你了，这样就更利于自己开展工作，更好地为客户服务。自信也是获取信任、取信于人的方法。一个人要对自己有信心，不要因为曾经有过这样那样的失败或小挫折就以为自己不讨人喜欢了，从而失去自信，放弃了自己。其实，一个人有失败并不奇怪，世界上没有常胜将军，关键是要有勇气，跌倒后还能爬起来，还能保持自信，自信自己能努力做到最好。

（4）宽容原则。

宽容就是心胸宽广。"海纳百川，有容乃大"，能设身处地为别人着想，能原谅别人的过失，也是一种美德，被视作现代人的一种礼仪素养。

那么，如何在礼仪中体现宽容原则呢？我们认为，应从以下几个方面做起：

第一，要做到"入乡随俗"。如中东一些国家，受宗教信仰的影响，禁止女性向家庭成员以外的男人裸露肌肤，严格讲究男女授受不亲。去这些国家访问做客，就应尊重他们的礼仪规范。

第二，理解他人，体谅他人，对他人不求全责备。俗话说"金无足赤，人无完人"。现实生活中的人，没有十全十美的。表现在礼仪方面，有些人擅长礼仪交际，说话办事滴水不漏；有些人则不熟悉礼仪知识，形似粗俗。

第三，虚心接受他人对自己的批评意见，即使批评错了，也要认真倾听。俗话说"人非圣贤，孰能无过"。有了过错后允许他人批评指正，才能得到大家的理解和尊重。有时，批评者的意见是错误的，但只要不是出于恶意，就应以宽容大度的姿态对待，有则改之，无则加勉。特别是在工作中，更应注意这个问题。

（5）自律原则。

礼仪就如一面镜子。对照着它，你可以发现自己的品质是真诚、高尚还是丑陋、粗俗。真正领悟礼仪、运用礼仪，关键还要看你的自律能力。

【案例分析 1-1】

当 1997 年亚运会在日本广岛结束的时候，6 万人的会场上竟没有一张废纸。全世界的报纸都登文惊叹："可敬可怕的日本民族！"就因为没有一张废纸，令全世界惊讶。

再看看中国，在国庆节升旗后，人群散去，整个广场满地都是废纸，被风刮起，四处乱飞。就这一个现象，就说明人们没有注重自己的礼节，这样的人不配在国庆节看升旗。有些事，我们总觉得应该做，总觉得那样做才是正确的，但我们往往做不到，为什么？内心修养和素质不够！举个很简单的例子，自己部门纸篓里的垃圾已经溢得满地都是，竟没有一个人想到要清扫一下、把垃圾倒掉，这件事很简单吧，但为什么没人做呢？

分析：这种局面的原因就是在大家内心里、潜意识里还没有真正注意到礼仪形象问题，没想到这种情形会影响公司在客户眼中的形象。

3. 礼仪的功能

现代社会发展对于礼仪的要求越来越高，可以说，礼仪已经成为人们交往的润滑剂，它已经渗透到社会公务活动和人们日常生活中，并发挥着极其重要的作用。

（1）人们行为的道德规范。

"礼仪"是一个综合性的范畴，涉及政治学、伦理学、社会学、管理学等诸多学科，可以从不同的角度进行研究。由于历史的原因，我们过去对于"礼"和"礼仪"的政治学研究较多，而对其伦理学研究至今还很少。因此，从伦理学的角度研究"礼仪"，阐述它的道德功能及其实现机制，对于拓展伦理学的视野，加强公民道德建设，有着重要的理论意义和实践意义。从伦理学的角度深入分析礼仪，就会发现礼仪所具有的道德功能，即礼仪能引导人们的道德修养，显现人们的道德精神，保证道德原则的实施。那么，怎么才能很好地发挥礼仪的道德功能呢？首先，要弘扬民族的传统美德。我们的国家和民族具有"礼仪之邦"的优良传统，应该很好地继承和发扬。我们要抛弃那些落后于时代的繁文缛节，保留有普遍意义的礼仪习惯，吸纳有积极意义的待人之礼。其次，要健全现代的礼仪体系。构建现代的礼仪体系要坚持民族性、世界性和时代性相结合的原则。我们应当继承民族传统礼仪中具有恒久价值和旺盛生命力的内容；吸收国际礼仪中具有积极作用和进步意义的内容，同时还要面向现代化，增加一些适应社会主义市场经济的发展要求、反映时代精神的内容，综合成一个新的科学的体系。最后，要纳入国民教育。礼仪属于社会公德的范畴，涵盖了社会上一切人的行为，是每个公民都应该掌握和遵守的。因此，要把礼仪教育作为文化建设的一项重要任务，纳入国民教育的全过程，从孩子抓起，贯穿于终身教育的各个阶段，使每个人都成为懂礼仪、讲礼貌的好公民。

（2）人们交往的前提和纽带。

人际交往要深入开展就需要做到人际吸引，而人际吸引中的一个重要因素便是相似性，即人们往往喜欢那些和自己相似的人。相似性主要包括：①价值观及人格特征的相似；②兴趣爱好等方面的相似；③社会背景、地位的相似；④年龄、经验的相似。正因为如此，一个人在与他人交往过程中了解不同场合的交往礼仪知识，就会让交往对象觉得你们之间有着相似之处，从而乐于深入交往；相反，如果一个人在与他人交往过程中对于需要共同遵守的交往礼仪完全不懂，就很难与交往对象交往下去。所以，只有懂得礼仪，才能很好地与他人交往，并通过这些礼仪拉近人们之间的心理距离，营造良好的交际氛围，形成良好的交往纽带。

（3）和谐社会的稳定基础。

早在两千多年前孔子就认为，只要人们按照礼的规定行事，国家就不会出现动乱，社会就会和谐稳定，因此，他主张"为政先礼"（《礼记·哀公问》）。荀子《荀子·大略》中指出："礼之于正国家，如权衡之于轻重也，绳墨之于曲直也。故人无礼不生，事无礼不成，国无礼不宁。"由此可见，在孔子和荀子看来，礼仪不仅是一个礼节，更是维护社会稳定的基石，礼仪只有在能够对社会成员之间的关系发挥稳定作用时，才具有存在的价值。可以说，一个国家有没有完整的礼仪规范，社会成员能否自觉遵守，已经成为衡量一个国家文明程度高低的标志。只有人们在交往过程中遵守相应的礼仪，社会才能够健全与稳定，家庭才能和谐与安宁，邻里之间才能够和睦与合作。

1.2　沟　通　概　述

1.2.1　沟通的基本概念和沟通过程

1．沟通的含义

"沟通"，源于拉丁文 Communis，意义为共同化，英文表示为 Communication，在《美国传统双解词典》中的解释为："交流、交换思想、消息或信息，如经由说话、信号、书写或行为。"《新编汉语词典》关于沟通之意的解释为"使两方能连通"。传播学者西蒙多·克莱文杰说：从学术或科学的角度对沟通下定义遇到困扰，这是因为一个事实，即动词的"沟通"（To Communicate）作为普通词汇沿用已久，因此很难将其作为科学用语使用。本书综合古今中外学者的论述后，将沟通定义如下：沟通（Communication）是信息、思想与情感凭借一定符号载体，在个人或群体间从发送者到接收者进行传递，并获取理解达成协议的过程。

首先，沟通的传递要素包括中性的信息、理性的思想与感性的情感；其次，沟通具有相互性，一定是两个以上个体或群体之间的传递过程才能称之为完整的沟通；最后，主体发出的沟通要素信息、思想与情感不仅要被传递到客体，还要被充分理解并达成协议，这个也是与日常所讲沟通的最大区别。总之，沟通是双方之间准确地理解传递反馈信息、思想与情感的过程。

从以上沟通的定义来看，其三大要素缺一不可。对于第一个传递要素而言，如果沟通过程仅仅包含了中性的信息，那么也只能称之为毫无感情的机器语言，试想你对爱人传递爱的宣言的过程中，用一个平调的机器语言传递会如何？对于第二个要素，一定要在个体或群体之间进行传递，否则只能是一个人的自言自语或者内在的思考反省过程。对于第三个要素而言，如果沟通的过程达不到理解并接受的程度，那么只能称之为日常的通知而已。而对于一个企业的管理者而言，要时刻面对各种各样的沟通，沟通的对象包括企业的众多利益相关者（或者称为干系人）：外部包括政府、企业所有者（股东）、融资银行、上游供应商、下游中介渠道商、广告商、媒体、社区团体、竞争对手与产品顾客；内部包括上级管理者、同级管理者以及下级的雇员和雇员的家庭成员等。

2. 沟通过程

沟通过程就是发送者将信息通过一定的渠道传递给接收者的过程。沟通过程离不开沟通主体（发送者）、沟通客体（接收者）、信息（包含中性信息、理性的思想与感性的情感）、信息沟通渠道等基本沟通要素。一个完整的沟通过程包括主体/发送者、编码、渠道（媒介）、解码、客体/接收者、反馈、噪声与背景。任何简单或复杂的沟通都遵循这个沟通过程的八要素模型。

（1）主体/发送者：即信息源与沟通发起者，这是沟通的起点。

（2）编码：即组织信息，把信息、思想与情感等内容用相应的语言、文字、图形或其他非语言形式表达出来就构成了编码过程。

（3）渠道：即媒介、信息的传递载体，除了面对面的语言交流外，还可借助电话、传真、电子邮件、手机短信等媒介传递信息。

（4）解码：即译码，接收者对所获取的信息（包括中性信息、思想与情感）的理解过程。

（5）客体/接收者：即信息接收者、信息达到的客体、信息受众。

（6）反馈：接收者获得信息后会有一系列的反应，即对信息的理解和态度，接收者向发送者传送回去的那部分反应即反馈。

【知识链接 1-1】

关于反馈

反馈是指接收者把收到并理解了的信息反馈给发送者，以便发送者对接收者是否正确理解了信息进行核实。通过反馈，双方才能真正把握沟通的有效性，可以让沟通的参与者知道思想和情感是否按照他们计划的方式分享，有助于提高沟通的准确性，减少出现误差的概率。为了检验信息沟通的效果，反馈是必不可少和至关重要的。

与信息的传递一样，反馈的发生有时是无意的，如不自觉地流露出的表情等，会给发送者反馈许多信息。面对面交谈的参与者可以获得最大的反馈机会，而且交流中包含的人越少，反馈的机会越大。获得反馈的方式可以是提问、观察面部表情以及肢体动作等。

(7) 噪声：上述六个环节在进行过程中，会不可避免地遇到各种各样的干扰，统称噪声，它存在于沟通过程的各个环节，并有可能造成信息损耗或失真。常见的噪声源来自以下八个方面：发送者的目的不明确、表达不清、渠道选择不当、接收者的选择性知觉、心理定式、发送者与接收者的思想差异、文化差异、忽视反馈。

【知识链接 1-2】

噪声的分类

噪声是沟通过程中对信息传递和理解产生干扰的一切因素，存在于沟通过程的各个环节。根据噪声的来源，可以将噪声分为：内部噪声、外部噪声、语义噪声。

内部噪声来自沟通主体，比如注意力分散、存在某些信念和偏见等，态度、技能、知识和社会文化系统都会造成内部噪声。

外部噪声是指来源于环境的各种阻碍接收和理解信息的因素。常见的外部噪声是声音的骚扰，例如，和亲密的朋友推心置腹地交流时，周围突然有人大声喊叫。不过外部噪声不单指声音，还可能是光线、冷热等。教室的光线不好，会使学生不能看清黑板上的授课内容；在上课的时候，教室过分闷热会使同学们难以集中精力学习。还有一种是信息经过沟通渠道时出现信息的损失和破坏，如用电话沟通时，电话线路不好；又如用电子邮件进行沟通时，电子邮件设置出现问题，对方无法按时收到自己的电子邮件。

语义噪声指的是沟通的信息符号系统差异所引发的沟通噪声。个体的差异往往会导致人们内在的信息符号代码系统不能完全一致，因此也就在客观上留有产生系统差异噪声的可能性。

(8) 背景：即沟通过程所处的背景环境，同样的一次沟通在不同的时空背景下导致的沟通效果是不一样的，正是因为沟通双方的人际关系是动态变化的，从而使得彼此之间的沟通效果也是动态变化的。

【知识链接 1-3】

背景的分类

背景是影响沟通的总体环境，可以是物质的环境，也可以是非物质环境。沟通的背景通常包括如下几个方面。

心理背景。心理背景是指内心的情绪和态度。它包括两方面的内容：一是沟通者的心情和情绪。沟通者处于兴奋、激动状态时与处于悲伤、焦虑状态时的沟通意愿和行为是截然不同的，后者的思维往往处于抑制和混乱的状态，沟通意愿不强烈，编码和解码的过程也会受到干扰。二是沟通双方的关系。如果沟通双方彼此敌视或关系冷漠，其沟通常常由于存在偏见而出现误差，双方都较难理解对方的意思。

社会背景。社会背景是指沟通双方的社会角色及其相互关系。不同的社会角色，对应不同的沟通期望和沟通模式。人们之间为了达成良好的沟通，在沟通时必须选择适合自己与对方的沟通方法。

文化背景。文化背景是人们生活在一定的社会文化传统中所形成的价值取向、思维模式、心理结构的总和。文化背景影响着沟通的每一个环节。东西方文化背景不同，也会给他们之间的沟通造成或大或小的干扰和难度。

空间背景。空间背景指沟通发生的场所。特定的空间背景往往造成特定的沟通气氛，在嘈杂的市场听到一则小道消息与接到一个特地告知你的电话，给你的感受也是截然不同的，前者显示出的是随意性，后者体现的是神秘性。环境中的声音、光线、布局等物理氛围会影响沟通效果，而且环境的选择与权力有一定关系，沟通双方对环境的熟悉程度也会影响沟通效果。

时间背景。时间背景是指沟通发生的时点。在不同的时间背景下，同样的沟通会产生截然不同的沟通效果。试想，一种情景是在某位公司职员刚与妻子吵架之后与其沟通工作绩效问题，另一种情景是在员工获得公司嘉奖之后与其沟通绩效问题，你觉得在哪种情况下沟通效果会比较好呢？当然是第二种。因此，选择合适的时间进行沟通是非常重要的。

3. 沟通的类型

在沟通过程中，根据沟通符号的种类划分，有语言沟通和非语言沟通，语言沟通又包括书面沟通与口头沟通；根据是否为结构性和系统性的，沟通分为正式沟通和非正式沟通；根据在群体或组织中沟通传递的方向分为自上而下沟通、自下而上沟通和平行沟通；根据沟通中的互动性分为单向沟通与双向沟通；从发送者和接收者的角度来看，包括自我沟通、人际沟通与群体沟通。

沟通包括语言沟通和非语言沟通，最有效的沟通是语言沟通和非语言沟通的结合。语言沟通包括书面沟通和口头沟通，非语言沟通包括声音语气（比如音乐）、停顿与肢体动作（比如手势、舞蹈、武术、体育运动等）。"花言巧语"可以帮助一个人获得他人的好感；语言可能使你逃离灾祸，也可能使你陷入泥潭；一个敢于站起来说话的人可能成为领导者；语言也可能使人受到极大的鼓舞或者极大的侮辱。

语言可以帮助你去获得他人的理解，并使与他人的沟通成为可能。你对语言的驾驭使他人对你产生印象——你所处的状态和接受的教育。

【知识链接 1-4】

<h1 style="text-align:center">中西方语言与思维方式</h1>

西方人和中国人的思维方式有很大的不同，这与相互的语言系统可能有较大的关系。汉语是二维空间，比英语大一个量级，具有抽象的逻辑性。西方的拼音文字，比如英语，是一维线型的。如果西方人对你说，明天我请你吃饭，你基本就可以等他明天请你了。如果一个中国人说了同样的话，可能仅仅是客气的场面话。因为我们是二维空间的动物，在 X 轴上说"我请你吃饭"，同时在 Y 轴上说"No"。

美国加州大学洛杉矶分院（UCLA）的研究者发现，在面谈中，信息的 55% 来自于身体语言，38% 来自于语调，而仅有 7% 来自于真正的语言。在影响他人时，自己本身也不断地从外界接收信息，接收信息的渠道有：视觉 83%，听觉 11%，味觉 1%，嗅觉 3.5%，触觉 1.5%，视觉是接收信息最多的渠道。

表达能力绝不只是你的"口才"，非语言表达方式和语言同样重要，有时作用甚至更加明显。正如德鲁克所说，人无法只靠一句话来沟通，总是得靠整个人来沟通。通过非语言沟通，人们可以更直观、更形象地判断你的为人、做事的能力，看出你的自信和热情，从而获得十分重要的"第一印象"。人们常说：耳朵听不见为失聪，眼睛看不见为失明。聪明就是耳聪目明，聪明的人能看出别人没有看到的方面，能听出对方的言外之意。人们控制要说的话比较容易，而控制身体语言却不容易，身体语言会将人的思想暴露无遗。

【案例分析 1-2】

<h1 style="text-align:center">林肯的幽默</h1>

一天晚上 12 点，有一个想投机取巧的政客给林肯打电话说："总统先生，我听说咱们的税务局长刚刚去世，我可不可以顶替他的位置？"林肯说："如果殡仪馆同意的话，我没有意见！"

分析：语言本身就是力量，语言技巧是我们最强有力的工具。

【案例分析 1-3】

<h1 style="text-align:center">无赖吃饭</h1>

一个人走进饭店要了酒菜，吃罢摸摸口袋发现忘了带钱，便对店老板说："店家，今日忘了带钱，改日送来。"店老板连声说"不碍事，不碍事"并恭敬地把他送出了门。

这个过程被一个无赖给看到了，他也进饭店要了酒菜，吃完后摸了一下口袋，对店老板说："店家，今日忘了带钱，改日送来。"谁知店老板脸色一变，揪住他，非剥他衣服不可。无赖不服，说："为什么刚才那人可以赊账，我就不行？"

店家说："人家吃菜，筷子在桌子上找齐，喝酒一盅盅地筛，斯斯文文，吃罢掏出手绢揩嘴，是个有德行的人，岂能赖我几个钱？你呢？筷子往胸前找齐，狼吞虎咽，吃上瘾来，脚踏上条凳，端起酒壶直往嘴里灌，吃罢用袖子揩嘴，分明是个居无定所、食无定餐的无赖，我岂能饶你？"一席话说得无赖哑口无言，只得留下外衣，狼狈而去。

　　分析：在现实生活中大量存在非语言沟通，如一个眼神、一个细小的动作、一个简单的身体姿态、一件衣服、一个特别的位置、一件物体等，都代表了特定的沟通含义。非语言沟通中最为人所知的领域是身体语言和语调，包括人的仪表、举止、语气、声调和表情等。看到学生的眼神无精打采或者是有人在翻阅校报时，大学老师无需言语就可以知道，学生已经厌倦了。同样，当纸张沙沙作响，笔记本开始合上时，信息也十分明确，下课时间到了。一个人所用的办公室和办公桌的大小、穿着打扮都向别人传递着某种特定信息。

1.2.2　沟通的原则、作用与意义

1. 沟通的基本原则

　　有效的沟通应建立在良好的信息沟通过程之上，从信息的发送，经过一定的信息通道达到信息的有效接收，要使信息保持完整和准确就应当遵循以下几项原则：互相信任的原则、清晰准确的原则、完整性原则、适时性原则。

　　美国著名的公共关系专家特立普、森特在他们合著的被誉为"公关圣经"的著作《有效的公共关系》中提出了有效沟通的"7C 原则"：

　　Credibility：可信赖性，即建立对传播者的信赖。

　　Context：一致性（又译为"情境架构"），指传播需与环境（物质的、社会的、心理的、时间的环境等）相协调。

　　Content：内容的可接受性，指传播内容需与受众有关，必须能引起他们的兴趣，满足他们的需要。

　　Clarity：表达的明确性，指信息的组织形式应该简洁明了，易于公众接受。

　　Channels：渠道的多样性，指应该有针对性地运用传播媒介以达到向目标公众传播信息的作用。

　　Continuity and Consistency：持续性与连贯性，这就是说，沟通是一个没有终点的过程，要达到渗透的目的，必须对信息进行重复，但又必须在重复中不断补充新的内容，这一过程应该持续地坚持下去。

　　Capability of Audience：受众能力的差异性，这是说沟通必须考虑沟通对象能力的差异（包括注意能力、理解能力、接受能力和行为能力），采取不同方法实施传播才能使传播易为受众理解和接受。

　　上述"7C 原则"基本涵盖了沟通的主要环节，涉及传播学中控制分析、内容分析、媒介分析、受众分析、效果分析、反馈分析等主要内容，极具价值。这些有效沟通的基本原则，对人际沟通来说同样具有不可忽视的指导意义。

【案例分析 1-4】

离不开的沟通

电影《荒岛余生》中汤姆·汉克斯扮演的男主人公被困在孤岛上，因为孤独，把一个排球作为最好的朋友和精神寄托。当他的排球朋友 Wilson 消失在大海中时，他奋力去救但没办法救回来，大喊"对不起"。这镜头让人感动得流泪。

分析：我们离不开别人，更离不开沟通。

2. 沟通的作用

为什么要沟通？这个问题乍听起来，好像问别人"为什么要吃饭"或"为什么要睡觉"一样愚蠢。吃饭是因为饥饿，睡觉是因为困倦。同样，对于我们来说，沟通是一种自然而然的、必需的、无所不在的活动。

通过沟通可以交流信息和获得感情与思想。在人们工作、娱乐、居家、买卖时，或者希望和一些人的关系更加稳固和持久时，都要通过交流、合作、达成协议来达到目的。在沟通过程中，人们分享、披露、接收信息，根据沟通信息的内容，可分为事实、情感、价值取向、意见观点。根据沟通的目的可以分为交流、劝说、教授、谈判、命令等。

综上所述，沟通的主要作用有两个：

（1）传递和获得信息。

信息的采集、传送、整理、交换，无一不是沟通的过程。通过沟通，交换有意义、有价值的各种信息，生活中的大小事务才得以开展。

掌握低成本的沟通技巧、了解如何有效地传递信息能提高人的办事效率，而积极地获得信息更会提高人的竞争优势。好的沟通者可以一直保持注意力，随时抓住内容重点，找出所需要的重要信息。他们能更透彻地了解信息的内容，拥有最佳的工作效率，并节省时间与精力，获得更高的生产力。

（2）改善人际关系。

社会是由人们互相沟通所维持的关系组成的网，人们相互交流是因为需要同周围的社会环境相联系。沟通与人际关系两者相互促进、相互影响。有效的沟通可以赢得和谐的人际关系，而和谐的人际关系又使沟通更加顺畅。相反，人际关系不良会使沟通难以开展，而不恰当的沟通又会使人际关系变得更坏。

3. 沟通的意义

沟通是人类组织的基本特征和活动之一。没有沟通，就不可能形成组织和人类社会。家庭、企业、国家，都是十分典型的人类组织形态。沟通是维系组织存在，保持和加强组织纽带，创造和维护组织文化，提高组织效率、效益，支持、促进组织不断进步发展的主要途径。有效的沟通让我们高效率地把一件事情办好，让我们享受更美好的生活。善于沟通的人懂得如何维持和改善相互关系，更好地展示自我需要、发现他人需要，最终赢得更好的人际关系和成功的事业。

有效沟通的意义可以总结为以下几点：（1）满足人们彼此交流的需要；（2）使人们达成共识，更多地合作；（3）降低工作的代理成本，提高办事效率；（4）能获得有价值的信息，并使个人办事更加井井有条；（5）使人进行清晰的思考，有效把握所做的事。

1.3 大学生礼仪教育与沟通能力培养

1.3.1 大学生礼仪教育

在当代社会，礼仪是个人良好形象的表现，是人类文明进步的重要标志。它作为在人类历史发展中逐步形成并积淀下来的一种文化，在各个不同的时期和领域，始终约束和规范着人们的行为，对于提高人的素养，促进社会和谐、文明与繁荣，发挥了重要的作用。伴随着高等教育改革的不断深入，在全面倡导素质教育的今天，礼仪教育可以正确地引导大学生的学习、交往、沟通和求职，引领大学生成长成才。因此，在大学生中开展礼仪教育也是非常必要的。

1. 加强大学生礼仪教育的必要性

（1）礼仪教育有利于强化大学生文明行为，提高文明素质。

礼仪教育是社会主义精神文明教育体系中最基础的内容。因为讲文明、讲礼貌是人们精神文明程度的实际体现。普及和应用礼仪知识，是加强社会主义精神文明建设的需要。通过社交礼仪教育，让大学生明确言谈、举止、仪表和服饰能反映出一个人的思想修养、文明程度和精神面貌。而且每个人的文明程度不仅关系到自己的形象，同时也影响到整个学校的精神面貌乃至整个社会的精神文明。礼仪教育是大学生道德教育的组成部分。

长期以来我国的德育教育侧重于从高境界告诉学生如何做一个高尚的、楷模式的人，存在说教成分多，可操作性内容少以及实效性不强等问题，这对于大多数学生来说是难以做到的，必然达不到预期的教育效果。礼仪体现在大学生日常生活的一言一行、一举一动中，它从人类最基本的行为入手，在规范自身行为的同时培养高尚的道德情操，并且生动形象、易行适用，可接受性强。

（2）礼仪教育是建立良好人际关系的有效手段。

礼仪是人际交往的前提，是社会交际的钥匙。大学期间能否与他人建立良好的人际关系，对大学生的成长和学习有着十分重要的影响。研究显示那些懂得怎样解决身边问题和处理生活中烦心事的孩子，其身心更加健康，而且更会关心他人，富有同情心，朋友更多，学习成绩更好。当代大学生随着年龄的增长和生活环境的逐渐变化，自我意识有了新的发展，他们十分渴望与周围的人进行更多的情感交流，获得真正的友谊，建立良好的人际关系，从而使自己能够尽快适应新的生活环境。但是部分大学生缺乏一定的礼仪修养和交际技巧，无法有效、准确地表达自己的情感和思想，导致人际交往受挫，进而影响到了自己的心理健康。礼仪教育可以帮助大学生掌握基本礼仪规范和礼仪知识，帮助他们掌握人际交往技巧，使他们能够保持良好的心态、得体的风度、高雅的气质，从而有效地克服心理障碍，充满自信地走向社会，大胆地参与社交活动，与交往对象建立起和谐、良好的人际关系。

（3）礼仪教育是大学生顺利实现社会化的前提。

自觉地遵守社会礼仪规范的人，就被人们认定为"成熟的人"、符合社会要求的人。反之，一个人如果不能遵守社会生活中的礼仪要求，就会被视为缺乏修养的人，就会受到人们的排斥。孔子认为"不学礼，无以立"；荀子认为"人无礼则不生，事无礼则不成，国无礼则不宁"；英国著名教育学家洛克认为"大多数的青年入世的时候都因为不持重、缺少礼仪，而吃了苦头"。大学生正处在社会化的重要时期。他们有走向社会的强烈需要，同时又普遍存在一定的心理困惑，比如工作后如何与领导、同事打交道，如何建立事业发展的良好人际关系，如何设计自我形象，如何尽快地适应社会生活等社交问题。再者随着科技的进步和经济全球化的快速发展，人们的交际范围不断扩大，交际节奏和频率不断加快，这不仅对大学生的文化知识提出了更高要求，而且对大学生的思想道德修养也提出了更高的要求。社会的发展越来越需要既有丰富的科学文化知识，又具备良好的道德修养的文明大学生。然而，长期以来，学校和家庭过分关注学生的课业成绩，导致学生高智商、低情商，不会做人，不会处世。因此，给大学生补上礼仪教育这门课已经刻不容缓。

（4）礼仪教育是构建和谐社会的迫切需要。

礼仪教育是社会主义精神文明教育体系中最基础的内容，其根本目的是教育、引导公民自觉遵守社会主义道德规范和相应的礼仪规则，提高人们的文明意识，使人们养成良好的文明行为习惯，使人与人、人与社会之间达到高度和谐有序，不断推进社会主义精神文明建设。我国古代著名思想家、教育家都将礼仪看成是治国安邦之本。正由于礼仪对治国安邦和规范社会秩序意义重大，礼在我国数千年的封建历史中，对稳定社会秩序，调节人际关系，促进人际和谐等方面起到了非常重要的作用。现代社会礼仪的温馨和柔性可以弥补法律的刚性和无情，彰显人性关怀，只有把法律的"禁恶""他律"与礼仪的"倡善""自律"有机结合起来才能使人身心和谐，乐于为善，既富于情感，更富于理智，掌握更多为人处世的本领，促进社会的和谐发展。

2. 当代大学生礼仪失范表现

尽管高校思想政治教育工作不断取得新的进展，但大学生礼仪修养的现状却不容乐观，与礼仪相悖的现象日益严重，表现出礼仪规范的缺失，如无视课堂秩序，旷课、迟到、早退心安理得，课堂上随便说话、接发短信、玩游戏、吃东西，甚至呼呼大睡；图书馆和自习教室内大声喧哗、接打手机、污损书刊桌椅、自带笔记本电脑玩游戏看电影；日常生活中乱丢果皮纸屑、浪费水电粮食、随地吐痰、排对加塞、不尊敬师长、公共场合行为不端、穿着不得体等；更令人不安的是有的同学把无视校纪校规、行为放荡不羁、只顾自己不顾他人当作个性，他们强烈要求别人尊重自己，却不尊重别人，难以建立良好的人际关系。这些现象折射出学生礼仪规范和公德意识的缺失，高校校园文明风气状况不能不引起我们的高度关注。生于礼仪之邦，当为礼仪之民，身处书香之院，本该知书达理，然而大学生这种状况究竟是谁之过？

大学生这种受教育没有教养，有知识没有文化的现象，直接影响着大学生的整体素质和人才质量。其原因尽管是多方面的，但是与大学中的素质教育过大、过空，教育质量欠佳不无关系，造成学生难以"入耳、入心、入脑"。所以高校应明确认识，把礼仪教育列入素质教育的内容，开设礼仪课，并有的放矢地将现实生活与理论联系在一起，使学生了解各类型的礼仪规范并在日常生活中严格履行，使之成为习惯。

3. 大学生礼仪教育途径

（1）有关部门要齐抓共管，制定系统的大学生礼仪规范，并将其纳入学生综合素质评价中。

（2）学校在人文素养课中开设大学生礼仪修养课程，开设专门的礼仪修养课，对大学生进行系统的礼仪基本理论和具体规范的教育。课堂教学是系统学习训练的良好途径，礼仪教育与思想道德修养有机结合，既可以丰富大学生的思想道德内涵，又能教会他们如何规范自身行为、塑造良好的仪表形象。事实上受过良好礼仪教育或礼仪行为训练的人，无论是内在素质还是外在行为方式，都与缺少训练的人截然不同。目前我国大多数高校的礼仪教育仍是一片空白，礼仪教育处于德育的边缘地带：一方面多数德育工作者对礼仪教育没有给予足够重视，礼仪教育处于德育的盲区；另一方面在我国高校开设的课程中，重视专业理论和技术，但基本不涉及交往礼仪问题，不进行相应的礼仪教育。结果礼仪教育普遍空缺，部分学生甚至认为，上大学与礼仪问题不沾边，学好专业知识就行。所以加强礼仪教育首先必须把礼仪教育引入课堂。

【知识链接 1-5】

课堂礼仪

1. 上课：上课的铃声一响，学生应端坐在教室里，恭候老师上课。当老师宣布上课时，全班应迅速肃立，向老师问好，待老师答礼后，方可坐下。学生应当准时到校上课，若因特殊情况，不得已在教师上课后进入教室，应先得到教师允许后，方可进入教室。

2. 听讲：在课堂上，要认真听老师讲解，注意力集中，独立思考，重要的内容应做好笔记。当老师提问时，应该先举手，待老师点到你的名字时才可站起来回答；发言时，身体要立正，态度要落落大方，声音要清晰响亮，并且应当使用普通话。

3. 下课：听到下课铃响时，若老师还未宣布下课，学生应当安心听讲，不要忙着收拾书本，或把桌子弄得乒乓作响，这是对老师的不尊重。下课时，全体同学仍需起立，与老师互道"再见"。待老师离开教室后，学生方可离开。

4. 服饰仪表：穿着的基本要求是：合体、适时、整洁、大方、讲究场合。

5. 尊师礼仪：学生在校园内进出或上下楼梯与老师相遇时，应主动向老师行礼问好。学生进老师的办公室时，应先敲门，经老师允许后方可进入。在老师的工作、生活场所，不能随便翻动老师的物品。学生对老师的相貌和衣着不应指指点点，评头论足，要尊重老师的习惯和人格。

（3）通过校园各种媒介形式，将礼仪文化融入校园活动之中，形成良好氛围。加强礼仪教育必须发挥大学生自我教育、自我修养、自我完善的优势，开展丰富多彩的校园礼仪活动，营造良好的校园氛围。例如：开展"明礼诚信"活动，制订修身计划，发挥礼仪的自律作用；发动全校师生寻找校园中的不文明现象，开展辩论、演讲、小品表演、礼仪讲座等活动，弘扬文明礼貌之风，使礼仪之花遍地开放；还可以通过广播、电视、宣传栏、学校网络等媒体工具，介绍名人处世修身的轶事，推动学校的文明建设。

（4）积极开展礼仪实践活动，让学生在社会活动交际中亲自体验到拥有礼仪知识、技能的成功感受，提高自身礼仪修养。

当然，大学生礼仪素养的提高，仅靠学校的力量是远远不够的，必须得到家庭和社会的大力配合才好。只有学校、家庭、社会三者互相配合、互相支持，大学生的礼仪教育才能取得良好的效果。

【知识链接 1-6】

同学之间的礼节和礼貌

1. 真诚友爱。真诚友爱是一种崇高的道德情感。因此，要树立"心中有他人"的观念，与同学友爱团结。同学之间要平等待人，相互尊重，一言一行、一举一动都要从团结的愿望出发。平时遇见同学一定要打招呼。打招呼的方式很多，可以问好、点头、微笑、招手或喊一声名字等。要做到热情、诚恳。用你的真诚去爱别人，必然会得到别人真诚的回报。

2. 相互尊重。每位同学都需要被他人关爱，被他人尊重。首先是尊重他人人格。讥笑、辱骂、给同学起绰号，不仅伤害同学的自尊心，而且侮辱了同学的人格，是低级趣味、很不礼貌和很不道德的行为。其次，要尊重他人的生活习惯。每位同学的生活习惯是自幼养成的，是受家庭的教育和周围环境的影响而潜移默化的结果。尊重别人的生活习惯就等于对他人人格的尊重。

3. 集体意识。每一个人都离不开集体，正像一滴水离不开浩瀚的江河大海一样。因此，我们每位同学都要有集体意识。在集体生活中，要顾全大局，遵守规章制度，不可我行我素。你在付出的同时，也将会得到社会的尊重和他人的尊重。

4. 善于交谈。交谈是同学之间交流的主要形式之一。交流可以增加同学间的了解、友谊和相互增长知识。同学之间的交谈应该注意一些问题：（1）说话态度要诚恳谦虚，要语调平和，不可装腔作势。（2）交谈中力求语言文雅，注意场合、分寸。（3）开玩笑时，应注意该说的就说，不该说的不说。听同学说话时态度要认真，不得轻易打断别人的讲话，要插话或提问应选择适当的时机，若同学说得欠妥和说错了，应在不伤害同学自尊心的情况下，恳切、委婉地指出。吵架、骂人、说难听话是一种无教养的行为及无礼的表现。

5. 借物还物。同学们经常在一起，难免相互之间借用东西，但是需谨记有借有还，即使随便用一下别人的物品，也应事先打招呼，征得他人同意。

6. 帮助他人。乐于助人是我们中华民族的传统美德之一，也是校园礼仪中不可缺少的内容。当有同学需要帮助时，应分清是非，弄明情况，如果是对的，应尽力而为、量力而行、助其一臂之力，忌视而不见、置之不理。如果要你弄虚作假，或者是违反校纪，就要有正确的是非观，不可同流合污。自己需要帮助时不要强求别人，要学会换位思考，多替他人考虑，尽量不给别人造成困难，甚至带来麻烦。

1.3.2 大学生沟通能力的培养

大学生如何在市场法则面前将自己最优秀的品质、最突出的才能表现出来？除了过硬的专业技术知识外，更重要的是要有较强的沟通能力。事实证明，良好的沟通能力是大学生走向成功的通行证。沟通能力强的大学生，在学校学习期间很容易当学生干部和各项活动积极分子，也很容易引人注目，并能获得多项兼职。参加工作以后，很快融入一定的生活圈和交际圈，很快将自己所学知识转化到自己的知识系统，迅速适应工作环境，在工作中能够获得他人的合作和帮助，事业上很快取得成就。相反，沟通能力差的大学生很容易被边缘化。沟通能力对管理类大学生而言尤为重要，管理类大学生今后主要从事管理工作，而在新的历史条件下，管理就是沟通，管理效率和水平的提高必须依靠沟通。对管理类大学生而言，不仅要具备一般的沟通能力，还要具备管理沟通能力。既然沟通能力如此重要，那么，高等院校就要未雨绸缪，重视大学生在校期间沟通能力的培养教育。

1. 决定大学生沟通能力的因素分析

（1）家庭因素。当代大学生都是 20 世纪 80 年代国家推行计划生育政策以后出生的，他们在家中都是说一不二的小皇帝、小公主，父母和长辈对他们极其宠爱，养成一切以我为中心的性格和自私自利的品性。长大以后，家长们望子成龙，对孩子百般呵护，使孩子形成很强的优越感，从而缺少宽容、谦让、合作的品质。他们一旦踏入大学过集体生活，其弱点就暴露出来，在与别人交往时，只顾自己的需要和利益，强调自己的感受，不考虑别人，受这种因素影响，大学生之间的沟通就有很多困难。由于大学生之间不能成功沟通，出现两种情况：一种情况是遇到烦恼无处申诉和发泄，孤独和绝望甚至自杀；另一种情况是同学之间发生纠纷时头脑不冷静，故意激化矛盾，甚至出现伤害事件。

（2）环境因素。当代大学生生活在一个社会转型的时代环境里，在中学阶段，由于一切为了应试，学生、家长、教师、学校都要追求高分数。只要分数上去，其他都不顾及，没有认识到沟通的重要性，更缺乏沟通能力的训练。进入大学以后，部分大学生忙于钻研专业课和技术训练，只关心个人成绩，部分学生则忙于社会活动，同学之间缺乏关心。因此，沟通是在很有限的条件下进行的，沟通能力的训练明显不足。

（3）社会因素。在市场经济的负面效应影响下，部分大学生从实用主义出发，以个人利益为处世原则，结交对自己有用的同学，出现部分大学生看不起农村同学，看不起困难家庭的同学，巴结父母有权势的同学、父母是大老板的同学。因此，形成大学生之间沟通的障碍，加剧了大学生之间的隔阂。

（4）心理因素。由于社会转型和生活方式的变化，部分大学生受学习、社交、工作、经济、家庭等方面压力的影响，有强烈的失落感，产生一些心理疾病。一是自卑心理，部分大学生认为自己处处不如别人，总感觉别人瞧不起自己，总是极力回避与人接触，不得不交往时，表现出紧张恐惧，形成沟通的障碍。二是孤独心理，部分大学生表现为不合群，不愿与他人往来，喜欢独来独往。三是嫉妒心理，部分大学生不能正确对待别人的长处和优点，看到别人冒尖心里嫉妒，对比自己水平高的同学采取讽刺、挖苦、打击、嘲笑等不当方式，给别人造成伤害，严重影响了同学之间的沟通。

2. 大学生沟通能力培养教育的策略

随着人们对职业经理人沟通能力的重视，对大学生沟通能力的培养教育也引起有识之士的重视，如何培养大学生的沟通能力，尚在讨论论证之中。笔者认为当前应着重做以下几方面的工作。

（1）开设管理沟通的相关课程，确定合理的教学内容。高校是传授知识的殿堂，当然也要传授沟通方面的知识，针对目前大学生沟通理论缺乏、沟通能力不足的现实，高校必须开设管理沟通的相关课程，并合理设计教学内容，制订教学计划。通过管理沟通课程的学习，增强大学生对管理沟通的认识，为提高大学生的沟通能力奠定雄厚的理论基础，也为大学生今后适应社会做必要的准备。

（2）加强心理教育。使大学生克服沟通中的心理障碍，心理健康是大学生健康必不可少的一部分，当前部分大学生正是由于心理不健康而影响其沟通能力的提高。因此，高校应该对大学生进行心理教育，培养大学生良好的心态，克服大学生之间的沟通障碍，实现大学生之间的良好沟通。通过心理教育，消除大学生的各种心理疾病，培养大学生自信、宽容、理解、合作、助人的品格，成为受社会广泛欢迎的人。

（3）培养集体意识，淡化独生子女意识。有无集体观念是衡量大学生是否合群的重要指标。行为科学理论认为，人不仅是自然人，而且还是社会人，每个人不可能与世隔绝独立生活。大学生是社会活动的一个大群体，因此培养大学生的集体意识势在必行。其中最重要的是树立集体观念，克服以自我为中心的观念，增强合作意识和团队精神。大学生通过参加集体活动，寻找知心朋友，向同学敞开心扉，倾诉心声，发泄情绪，既可以消除他人对自己的偏见，也可以消除自己对他人的偏见。

（4）加大沟通能力的训练力度。沟通能力的提高仅靠书本上的知识是远远不够的，必须通过实践经验的总结不断提高。因此，高校要在不放松基础理论培养的前提下，加大沟通能力训练力度。帮助大学生正确认识自我，努力实现自我超越，使大学生能够找准自己的位置，根据自己的实际设计自己的成长路线，并战胜各种困难，实现自己的目标。加大实践教学力度，为大学生进行外部沟通提供条件和机会。教学人员选择一定的背景和场景，设计具体的沟通问题，给出特定的沟通对象，让大学生深入第一现场，扮演不同的角色，以提高实际沟通能力。鼓励大学生加强自我训练。沟通能力的提高是日积月累的，不是一蹴而就的，自我训练非常重要，因此要鼓励大学生利用一切可以利用的机会和条件，自觉地进行自我训练，促使沟通能力快速提升。

【基本训练】

□知识题

1.1 阅读理解

1. 如何理解礼仪的含义？

2. 礼仪的原则和功能分别有哪些？

3. 沟通的含义是怎样的？

4. 沟通的过程是如何实现的？

5. 结合实际谈谈如何培养自己的沟通能力。

1.2　知识应用

1. 判断题

（1）沟通能力的提高仅靠书本上的知识就可以了。（　　　）

（2）心理健康是大学生健康必不可少的一部分。（　　　）

（3）大学生礼仪素养的提高，仅靠学校的力量是远远不够的。（　　　）

（4）大学生文化知识够多了，没必要开展礼仪教育。（　　　）

（5）礼仪是我们在生活中不可缺少的一种能力。（　　　）

2. 选择题

（1）部分大学生认为自己处处不如别人，总感觉别人瞧不起自己，总是极力回避与人接触，不得不交往时，表现出紧张恐惧，形成沟通的障碍。这是属于（　　　）

　　　A. 孤独心理　　　　　B. 自卑心理　　　　　C. 嫉妒心理

（2）在与别人交往时，只顾自己的需要和利益，强调自己的感受，不考虑别人，受这种因素影响，大学生之间的沟通就有很多困难。这种因素是（　　　）。

　　　A. 学校因素　　　　　B. 个人因素　　　　　C. 家庭因素

（3）互相信任的原则有（　　　）。

　　　A. 清晰准确的原则　　　B. 完整性原则　　　　C. 适时性原则

（4）"海纳百川，有容乃大"，能设身处地为别人着想，能原谅别人的过失，也是一种美德，被作为现代人的一种礼仪素养表现出来的是（　　　）。

　　　A. 宽容原则　　　　　B. 互尊原则　　　　　C. 诚信原则

（5）礼仪规范不是一成不变的，它随着时代的发展，科学技术的进步，在传统的基础上不断地推陈出新，体现着时代的要求与时代的精神，体现的是礼仪的（　　　）。

　　　A. 差异性　　　　　B. 社会性　　　　　C. 发展性

□技能实训

1. 小贾是公司销售部一名员工，为人比较随和，不喜争执，和同事的关系处得都比较好。但是，前一段时间，不知道为什么，同一部门的小李老是处处和他过不去，有时候还故意在别人面前指桑骂槐，对跟他合作的工作任务也都有意让小贾做得多，甚至还抢了小贾的好几个老客户。起初，小贾觉得都是同事，没什么大不了的，忍一忍就算了。但是，看到小李如此嚣张，小贾一赌气，告到了经理那儿。经理把小李批评了一通，从此，小贾和小李成了绝对的冤家了。

　　分析：小贾和小李成了绝对的冤家的原因，能避免吗？如何避免？请你出招。

2. 第二次世界大战结束后，日本许多商店人手奇缺，为减少送货任务，有的商店就将问话顺序进行了调整，将"是您自己拿回去呢，还是给您送回去"改为"是给您送回去呢，还是您自己带回去"，结果大奏奇效，顾客听到后一种问法，大多说："我自己拿回去吧。"又如，有一家咖啡店卖的可可饮料中可以加鸡蛋。售货员就常问顾客："要加鸡蛋吗？"后来在一位人际关系专家的建议下改为："要加一个鸡蛋，还是加两个鸡蛋？"销售额大增。

分析：销售额大增的原因是什么？

3. 到你所在学校食堂或者图书馆进行礼仪行为调查。拟订调查计划，撰写调查报告。

4. 以班级为单位开一次班会，议题：大学生如何接受礼仪教育、如何培养沟通能力。

【综合案例】

案例 1：应聘

某游戏软件公司欲招三名软件开发人员，通过笔试、上机操作选拔，有四人成绩优秀，独立学院计算机科学专业的小唐就是其中一个。面试那天小唐才知道另外三人中有两人是名牌高校的本科生，还有一个是研究生，于是小唐在心理上就觉得低人一等。面对考官的提问，小唐明明知道答案，也不敢抢先回答，害怕答错了招人笑话。即使偶尔回答问题也是抬头瞟一眼考官便迅速低下头，脸涨得通红，还不时偷眼看其他三位应聘者的反应。最终他被淘汰了。

问题：请结合案例谈一下，小唐为什么会被淘汰？

案例 2：研发部的梁经理

研发部梁经理才进公司不到一年，工作表现颇受主管赏识，不管是专业能力还是管理绩效，都获得大家肯定。在他的缜密规划之下，研发部一些延宕已久的项目，都在积极推行当中。

部门主管李副总发现，梁经理到研发部以来，几乎每天加班。他经常第 2 天来看到梁经理电子邮件的发送时间是前一天晚上 10 点多，接着甚至又看到当天早上 7 点多发送的另一封邮件。这个部门下班时总是梁经理最晚离开，上班时第 1 个到。但是，即使在工作量吃紧的时候，其他同仁似乎都准时走，很少跟着他留下来。平常也难得见到梁经理和他的部属或是同级主管进行沟通。

李副总对梁经理怎么和其他同事、部属沟通工作觉得好奇，开始观察他的沟通方式。原来，梁经理都是以电子邮件交代部署工作。他的属下除非必要，也都是以电子邮件回复工作进度及提出问题。很少找他当面报告或讨论。对其他同事也是如此，电子邮件似乎被梁经理当作和同仁们合作的最佳沟通工具。

但是，最近大家似乎开始对梁经理这样的沟通方式反应不佳。李副总发觉，梁经理的部属对部门逐渐没有向心力，除了不配合加班，还只执行交办的工作，不太主动提出企划或问题。而其他各主管，也不会像梁经理刚到研发部时，主动到他房间聊聊，大家见了面，只是客气地点个头。开会时的讨论，也都是公事公办的味道居多。

李副总趁着在楼梯间抽烟碰到另一处陈经理时，以闲聊的方式问及小主管和梁经理工作相当认真，可能对工作以外的事就没有多花心思。李副总也就没再多问。

这天，李副总刚好经过梁经理房间门口，听到他打电话，讨论内容似乎和陈经理业务范围有关。他到陈经理那里，刚好陈经理也在说电话。李副总听谈话内容，确定是两位经理在谈话。之后，他找了陈经理，问他怎么一回事。明明两个主管的办公房间就在隔邻，为什么不直接走过去说说就好了，竟然是用电话谈。

陈经理笑答，这个电话是梁经理打来的，梁经理似乎比较希望用电话讨论工作，而不是当面沟通。陈经理曾试着要在梁经理房间谈，而不是当面沟通。陈经理不是最短的时间结束谈话，就是眼睛还一直盯着计算机屏幕，让他不得不赶紧离开。陈经理说，几次以后，他也宁愿用电话的方式沟通，免得让别人觉得自己过于热情。

了解这些情形后，李副总找了梁经理聊聊，梁经理觉得效率应该是最需要追求的目标。所以他希望用最节省时间的方式，达到工作要求。李副总以过来人的经验告诉梁经理，工作效率重要，但良好的沟通绝对会让工作进行顺畅许多。

问题： 作为管理者如何认识沟通的重要性？如何提高沟通能力？

第2章 | 个人礼仪修养

【知识目标】

◎了解个人礼仪的概念及重要性；

◎明确个人礼仪的基本要求；

◎熟知仪容礼仪、仪态礼仪和服饰礼仪；

◎掌握正确的仪容仪态，更好地展现个人气质和魅力。

【技能目标】

◎根据自身条件合理着装，体现良好的仪容、仪态礼仪；

◎培养学生的自学能力、理解能力、分析归纳能力、语言表达能力和合作意识。

🖐 引例

最好的简历表

一家有名的大公司要招聘一名办公室文员。应聘当天，总经理走马观花地看着一个个或夹着厚厚的简历表，或怀抱一摞摞证书，或揣着公司上层领导介绍信的应聘者，每出去一人，他总朝人力资源部长摇头。在他感到失望之时，一个貌不惊人但衣着整洁的男孩被人力资源部长传呼而来。

男孩两手空空。只见他走到总经理的办公室门前，礼貌地敲了三下门，待里面传出"进来！"，他才轻轻推开门，立于门前，认真地蹭掉脚上的泥土，进去后随手关上门。未待走近总经理的办公桌，男孩很自然地将地上的一本书拾起放到办公桌上。总经理和男孩简单地交谈了几句，这时有人敲门，说是找总经理，门一开，一位残疾老人蹒跚而入，男孩连忙起身搀扶老人，且让座于他。男孩毫无造作，呈现在别人面前的是善良、体贴。他被录用了，总经理对着满脸诧异的部长微笑着说："男孩的言行是他最优秀的简历！"

该案例表明：案例中的男孩是一位文明人，他的言行举止，他的知礼懂礼让他赢得了非常宝贵的机会，让他在进入社会之初就得到了认可。这一案例也让我们认识到个人礼仪修养的重要性，我们应做一个讲文明、懂礼仪的人。

个人礼仪是社会个体的生活行为规范与待人处世的准则，是个人仪表、仪容、言谈、举止、待人、接物等方面的个体规定，是个人道德品质、文化修养等精神内涵的外在表现。讲究个人礼仪，是一个人内在修养的流露，使我们具有良好道德的表现。尽管我们常说"人不可貌相"，但仪容仪态、个人形象等礼仪问题在人际交往和事业发展过程中还是具有重要作用的。

2.1　个人职业形象的准备

2.1.1　职业形象的含义

职业形象是指个人与其职业相适应的、能反映其内在气质和职业特点的外在形象及举止行为。职业形象并不是简单的外表长相和穿衣打扮，而是通过人全面素质的展现，给人以秀外慧中的、整体的、动态的印象。良好的职业形象能够展示出个体的自信、尊严、力量、专业水平和能力，是事业成功的必备素质。

【小思考 2-1】你会怎样理解职业形象？为什么？

答：职业形象是指与自己职业相关的个人形象（感观形象及评价），是自己从事职业工作时表现出来的形象。职业形象既包括服饰、容貌、化妆、气质、魅力、风度、礼貌、语言等直观感觉的方面，也包括思想等内在方面。它是通过你的衣着打扮、言谈举止反映出你的专业态度、技术和技能等。同时，职业形象需要严格恪守一些原则性尺度。

2.1.2　职业形象的重要性

【案例分析 2-1】

一屋不扫，何以扫天下！

公司新任的营销总监黄文，是名校毕业生。肖总对这位新任总监抱以厚望，希望他能整顿好公司上百人的销售队伍，使销售业绩有所突破。

三个月后，肖总竟然发现，公司的销售队伍更加不稳定了，大家都对这位新任总监非常不满意，甚至一个老客户在和这位黄总监两次接触之后，对能否与他们继续合作也产生了怀疑。

原来，黄总监是一个不拘小节的人。他认为，只要有能力就行，什么举止仪态、穿衣打扮等都是多余的。

开会的时候，拍桌子、手指着同事们的鼻子说话是常事；胡子是想起来就刮，想不起来几天也不刮一下；鼻毛经常"迎风乱舞"，即使见很重要的客户，也经常是穿着一身休闲装；坐着说话的时候，总喜欢跷起脚尖，边抖着脚边说话……

"一屋不扫，何以扫天下！"肖总痛心地说。半个月后，这位总监悻悻地辞职了。

分析： 塑造良好的职业形象，对职业人士来说是非常重要的。

我们的职业形象价值不可估量。正如英国著名的形象设计师罗伯特·庞德说："这是一个两分钟的世界。你只有一分钟展示给人们你是谁，另一分钟让他们喜欢你！"

如果把职业形象简单地理解为外表形象的话，如果把一个人的外表跟成功挂钩的话，那么你就犯了一个非常严重的错误。职业形象包括多种因素：外表形象、知识结构、品德修养、沟通能力等。如果把职业形象比做一个大厦的话，外表形象好比在大厦外表上的马赛克一样，知识结构就是地基，品德修养是大厦的钢筋骨架，沟通能力则是连接大厦内部以及大厦与外界的通道。

在这个越来越眼球化的社会，一个人尤其是职场人士的形象将可能左右其职业生涯发展前景，甚至会直接影响一个人的成败。美国一位形象设计专家对美国财富排行榜前 300 位中的 100 人进行过调查，调查的结果是：97% 的人认为，如果一个人具有非常有魅力的外表，那么他在公司里会有很多升迁的机会；92% 的人认为，他们不会挑选不懂得穿着的人做自己的秘书；93% 的人认为，他们会因为求职者在面试时的穿着不得体而不予录用。可见成功的形象塑造是获得高职位的关键。职场中一个人的工作能力是关键，但同时也需要注重自身形象的设计，特别是求职、工作、会议、商务谈判等重要活动场合，形象好坏将决定你的成败。

现实中我们也有很多这样的例子，同样是参加一个招聘会，有的人因为得体的穿着和良好的表现，在求职的过程中取得了很好的职位，而很多人因为没有注意到这一点而与机会失之交臂。所以要成功，就要从你的形象开始。

因此，当代大学生的职业素质培养中，必须重视学生塑造良好的职业形象的意识，指导学生正确塑造职业形象，帮助学生做好上岗准备。

【小思考 2-2】 思考职业形象与职业成功的关系。

答：职业形象和个人的职业发展有着密切的关系。首先，个人的人性特征特质通过形象表达，并且容易形成令人难忘的第一印象。第一印象在个人求职、社交活动中会起到很关键的作用。特别是许多人力资源部门在招聘员工时，对应聘者职业形象的关注程度要远远高于我们的估计。其次，职业形象强烈影响个人业绩。如果自己的职业形象不能体现专业度，不能给客户带来信赖感，所有的技巧都是徒劳，特别是对一些进行非物质性销售工作的职业人，客户认可更多的是人本身，因为产品对他们来说是虚的。最后，职业形象会影响个人晋升概率。获得上司的认可是晋升的核心要素之一，如果因为在上司面前因职业形象问题导致误会、尴尬甚至引发上司厌恶，业绩再好也难有出头之日。

2.1.3 个人职业形象的基本要求

职业形象是个人职业气质的符号，有些人对深色调的一贯喜爱，体现了他沉稳的个性；经常性地身着艳丽颜色或对比强烈的服装，可以展现激情四溢的作风；浅浅的素色的衣着似乎在告诉人们善于调节自己的工作模式；一丝不苟的服装款式预示着严谨态度，层层装饰的外表揭示着求新求变的心态……

我们日常接触到的种种形象特点，就像标点符号写在每个职业人的脸上、身上，是个人职业生涯的标点，对职业成功有着重大意义。

职业形象要达到几个标准：与个人职业气质相契合、与个人年龄相契合、与办公室风格相契合、与工作特点相契合、与行业要求相契合。个人的举止更要在标准的基础上，在不同的场合采用不同的表现方式，在个人的装扮上也要做到在展现自我的同时尊重他人。

职业形象就像个人职业生涯乐章上跳跃的音符，和着主旋律会给人创意的惊奇和美好的感觉，脱离主旋律会打破和谐，给自己的职业发展带来负面影响。

职业形象具体要求包括仪容整洁、着装得体、举止端庄、言谈温雅。

2.2 仪 容 礼 仪

【案例分析 2-2】

1960 年 9 月，尼克松和肯尼迪在全美的电视观众面前，举行他们竞选总统的第一辩论。当时，这两个人的名望和才能大体相当，可谓棋逢对手。大多数评论员预料，尼克松素以经验丰富的"电视演员"著称，可以击败比他缺乏电视演讲经验的肯尼迪，但是事实并非如此。为什么呢？肯尼迪事先进行了练习和彩排，还专门跑到海滩晒太阳，养精蓄锐。结果，他在屏幕上出现的时候，精神焕发、满面红光、挥洒自如。而尼克松没听从电视导演的规劝，加之那一阵十分劳累，更失策的是面部化妆用了深色的粉，因而在屏幕上显得精神疲惫、表情痛苦、声嘶力竭。正如一位历史学家所形容："他让全世界看来好像是一个不爱刮胡子和出汗较多的人，带着忧郁感等待着电视广告告诉他怎么不要失礼。"

分析：由此可见，仪容的作用是很大的，是不可忽视的。一个人以何种形象出现在他人面前，已经越来越成为人们非常重视的一个问题。因为，事实上，它影响着人与人之间的沟通效果，有时甚至关系到一个人的前途与成败。

2.2.1 仪容的本质

1. 仪容的含义

《东观汉记·明帝纪》说："臣望颜色仪容，类似先帝。"元代注明剧作家关汉卿的《五侯宴》第二折中说："这孩儿仪容儿清秀，模样儿英杰。"上面提到的"仪容"是指仪表和容貌容颜，尤指美好的或健康的外貌。其中重点指人的容貌。一个人的仪容主要包括其相貌、身材、动作、表情、外表修饰。这些因素共同构成一个人的外表外貌，也就是外观仪容。每个人的仪容，都是这个人自然条件和素质修养的综合体现。一个人的外表，也在一定程度上反映其精神状态和文化修养。

【案例分析 2-3】

敬爱的周总理在天津南开中学上学时，该校教学楼前竖立着一面镜子，上面写有 40 字镜铭："面必净，发必理，衣必整，纽必结。头容正，肩容平，胸容宽，背容直。气象：勿傲，勿暴，勿急。颜色：宜和、宜静、宜庄。"周总理在学生时代就以此镜铭作为言谈举止的规范，他独特的仪态，被称为"周恩来风格的体态美"，可谓"举手投足皆潇洒，一笑一颦尽感人"，因此在他光辉的一生中永远保持着举世公认的优美风度，给人留下不可抗拒的吸引力。

在人际交往中，每个人的仪容都会引起交往对象的特别关注，并将影响到对方对自己的整体评价。人们常说的"首因效应"即第一印象的产生通常就是由个人的仪容、举止、表情、服装、装饰等要素所构成。仪表端庄、穿戴整齐者比不修边幅者显得有教养，也更懂得尊重别人，这已形成了一般人的思维定式。不可否认，适当的修饰和装扮不仅体现一个人的身份与气质，展示了一个人的个性与才华，也是对他人的一种尊重，为人与人的沟通奠定良好的基础。

2. 影响仪容的因素

一个人的仪容，大体上受两个因素的影响：

（1）先天条件。一个人的相貌如何，通常主要受制于血缘遗传。不管一个人是"天生丽质难自弃"，还是长得丑陋不堪，实际上一降生到人间已"命中注定如此"，其后的发展变化往往不会与此相去甚远。

（2）后天修饰维护。每个人的先天条件固然重要，然而，这么说并非意味着一个人在仪容方面先天条件优越，便可以过分自恃其长，而不去进行任何后天修饰或维护。事实上，娇好的仪容需要后天的修饰与保养。正像法国启蒙思想家孟德斯鸠所说："一个人只有一种方式是美丽的，但他可以通过十万种方式使自己变得可爱。"

个人容貌是父母给予的、相对稳定的，但是却可以通过保养、修饰、装扮而焕然一新。在任何情况下，一个正常的人倘若不注意对本人的仪容进行适当的修饰与维护，在他人的心目中往往难有良好的个人印象可言。所以，我们在平时必须时刻不忘对自己的仪容进行必要的修饰和整理，做到"内正其心，外正其容"。

3. 仪容美的含义

社交礼仪队个人仪容的首要要求是仪容美。它的具体含义主要有三层：

（1）仪容自然美。它是指仪容的先天条件好，天生丽质，五官端正。人无完人，有的人身材好，有的人相貌佳，都是仪容展示中的优势。

（2）仪容修饰美。它是指按照时尚的规范与个人条件，对仪容进行必要的修饰，扬长避短，设计、塑造出美好的个人形象。在人际交往中，通过一定的修饰，展示亲和自然的和谐之美。修饰美是对自然美的补充和强化，突出自己的长处，弥补自己的不足，让自己自信、自尊、自爱地出现在众人面前。

（3）仪容内在美。它是通过个人的修养和学习，不断提升自身的文化水平、艺术修养、思想道德水准，培养出自己高雅的气质和美好的心灵，使自己秀外慧中，表里如一。

真正意义上的仪容美，应当是上述三方面的高度统一。仪容的内在美是最高的境界，自然美是人们的心愿，修饰美是仪容礼仪关注的重点。要做到仪容修饰美，自然要注意修饰仪容。修饰仪容的基本规则是美观、整洁、卫生、得体。

4. 仪容修饰的原则

成功的仪容修饰一般应遵循以下原则：

（1）整洁性。这是仪容修饰的前提。仪容的整洁是一个人仪容美的最基本条件，试想一个蓬头垢面的人，尽管五官很美，但外观上给人的感觉也是不好的。

（2）适宜性。仪容修饰应与个体自身的性别、年龄、容貌、肤色、身材、体型、个性、气质及职业身份等相适宜和协调。

（3）整体性。仪容修饰应着眼于人的整体，促成修饰与人自身的诸多因素之间协调一致，使之浑然一体，营造出整体风采。

（4）适度性。无论是修饰程度，还是饰品数量和修饰技巧，都应把握分寸，自然适度。

（5）TPO。要求仪容修饰因时间（Time）、地点（Place）、场合（Occasion）的变化而相应变化，使仪容与时间、环境氛围、特定场合相协调。

2.2.2 美发礼仪

【案例分析 2-4】

华盛集团公司的卫董事长有一回要接受电视台的采访。为了郑重起见，事前，卫董事长特意向公司为自己特聘的个人形象顾问咨询有无需要特别注意的事项。对方专程赶来之后，仅仅向卫董事长提出了一项建议：换一个较为儒雅而精神的发型，并且一定要剃去鬓角。对方的理由是：发型对一个人的上镜效果至关重要。

果不其然，改换了发型之后的卫董事长在电视上亮相时，形象确实焕然一新。他的发型使他显得精明强干，他的谈吐使他显得深刻稳健。二者相辅相成，令电视观众们纷纷为之倾倒。

分析：这一实例说明了发型对人们个人形象的塑造起着重要的、不可估量的作用。

在一般社交场合，观察一个人往往是"从头开始"的，美发礼仪也就应运而生。

美发，一般是指对人们的头发所进行的护理与修饰，其目的是使之更加美观大方，适合自身的特点。美发的礼仪，指的就是有关人们头发的护理与修饰的礼仪规范。美发的礼仪，是容貌礼仪中不可或缺的一个重要的组成部分。从可操作的角度来讲，美发礼仪主要分为护发礼仪与做发礼仪这两个有机组成部分。前者主要与头发的护理有关，后者则是重点关注头发的修饰问题。

1. 护发礼仪的基本要求

头发必须经常保持健康、秀美、干净、清爽、卫生、整齐的状态。要达到以上要求，必须在头发的洗涤、梳理、养护等方面注意：

（1）头发洗涤。头发的洗涤是护理最重要的部分。对头发勤于梳洗，一是为了去除灰垢，二是为了消除头屑，三是为了防止异味，四是为了使头发条理分明。经常梳洗头发还有理保养头发。

【知识链接 2-1】

洗发水和洗发剂的选择

洗头发时还要注意水和洗发剂的选择。水的选择：洗涤头发宜用 40 摄氏度左右的温水。水温过低或过高，都对头发有损害。要注意水质的选择，矿泉水、含碱或含酸过多的水分，均不宜用来洗头。洗涤头发前将打结的部分解开，特别干燥的头发可在洗涤前抹上橄榄油，以减少洗发剂对头发的损害，同时，提亮发质的光泽度。洗发剂的选择：除了要考虑适合自己的发质外，选用的洗发剂还应具有去污性强，刺激性小，营养柔和、易于漂洗等优点。需要注意一点：洗头发的时候忌用指甲抓。可用手指对头皮按压，增加头皮健康，促进血液循环。

洗完头发后，最好令其自然晾干，也可用毛巾轻轻按压将水分挤干。吹整之前要梳开头发，避免头发打结。使用吹风机时要与头发保持 15 厘米的距离，尽量缩短使用时间，因为吹风机是伤害发质的因素之一。

（2）头发梳理。我们应每天经常梳理头发。要使一个人的头发看上去整洁秀美，清爽悦目，将其认真梳理整齐，令其线条分明、层次清晰，是极为重要的。梳理头发时，应注意不当众梳理头发，不直接用手梳理头发，不乱扔理下来的头发和头屑。

（3）头发养护。头发的养护主要应有意识的避免头发接触强碱或强酸性物质，并尽量防止对其长时间的暴晒。同时，还应选好护发产品。根据自己的发质选择不同类型的护发用品。采用正确的护发方法。定期在美容院为头发做焗油精华液的保养，以上只是治"表"之法。真正要养护好头发，关键还是要从营养的调理和补充着手。少吃辛辣刺激物、少抽烟、少喝酒，多吃含碘、蛋白质和富含维生素、微量元素的食物，如核桃、芝麻等。

2. 做发礼仪的基本要求

做发应使头发庄重、典雅、大方，并注意以下三个方面：

（1）定期理发。头发在不断进行新陈代谢，应至少每半个月理一次发，最长不应超过一个月，男士女士均不宜剃光头。男士头发的长度不宜超过 7 厘米。商务场合提倡女士剪短发，如果留长发一般要求头发长度不宜超过肩部，不应将头发随意披散开，应做技术性处理，盘起来、挽起来、束起来。如有重要会议应酬，都应事前再洗发、理发、梳发，显得更为郑重。

（2）慎选理发方式。理发分为剪、刮、洗、染、吹、烫等不同的方式。人们可以根据自己的喜好自由选择理发方式，但是要考虑与自己的职业、身份、年龄等相称。如果是服务行业、公务员，不宜染彩色发。

（3）饰品。商务场合的男士不管选定什么发型，在工作场合都不允许在头发上增加饰物，如发卡、戴帽子等。女士不应在工作岗位上佩戴彩色、艳色或带有卡通、动物、花卉图案的发饰。

3. 发型设计

有位美容学家说："发式是人的第二面孔。"发型不仅反映着自己的个人修养与艺术品位，还是自己个人形象的核心组成部分之一。恰当的发型会使人容光焕发、风度翩翩。发型的设计要与性别、年龄、发质、脸形、身材、职业、季节等因素相适应，体现和谐的整体美。

（1）性别。在我国的传统文化熏陶下，以发型分男女是我们应当遵守的惯例。女士发型式样多，变化大，发型的选择更能体现个人的修养和品位，发型设计可以使人端庄文雅、美观大方，而且能起到修饰脸形、协调体型的作用。男士的发型也要体现一个人的性格、修养和气质。

（2）年龄。根据自己的年龄选择适合自己的发型。

（3）发质。我们应根据发质来选择发型。中国人的发质一般分为硬发、绵发、沙发、卷发等四种类型。他们各具不同的特点，对发型的选择也有互不相同的要求。

【知识链接 2-2】

发质的四种类型

硬发的特点是头发又粗又硬、稠密并富有弹性。因其粗硬茂密，在塑造发型时应重点对其"删繁就简"。

绵发，俗称软发，其特点是头发既软又细，不很稠密，弹性也不大。它在造型上难度较大，尤其不能塑造外观平直的发型，但却适于展示头发之美。例如这种发质的女士若选择"波浪式"发型，往往效果绝佳。

沙发的主要特点是头发干涩稀疏、灰暗无光，并且常呈蓬乱之状。由于此类发质缺陷较多，使头发的直观效果不好，故不宜塑造中、长类型的发型。

卷发，又叫"自来卷"，主要特点是长短不一，却自然地呈现出弯曲之态。这种具有天然之美的发质，几乎可以塑造任何发型。

（4）脸形。选择恰当发型，既可以为自己的脸形扬长避短，还能体现脸形和发型的和谐之美。椭圆形脸可选任意方式的发型；圆形脸应将头顶部的头发梳高，使脸部增加几分力度，并设法遮住两颊；长形脸看起来面部消瘦，发型设计应适当遮住前额，并设法使双颊显得宽些；方形脸应设法掩饰棱角，使脸显得圆润些；额部窄的脸，应增加额头两侧头发的厚度。

（5）身材。身材高大者可以选择很多类型的发型。身材矮小者，选择发型时受到一些限制，最好选择短发型，利用视觉偏差使自己"显高"。身材高而瘦者，可适当利用某些发型，使自己丰盈一些。身材矮而胖者，一般不宜留长发，更不宜将头发做的蓬松丰厚。

（6）职业。政界、商界的基本要求是庄重和保守。礼仪女士的发型设计应新颖、大方；职业妇女的发型设计应文雅、庄重；参加晚宴或舞会的发型可以高雅、华丽。

（7）季节。发型设计应根据季节变化而有所不同。夏天应取凉爽、舒畅的短发，若留长发可梳辫或盘髻；冬天衣服穿得厚，衣领高，留长发既美观又利于保暖；春秋季发型可长可短，比较随意。

2.2.3　护肤礼仪

皮肤好比人体的"窗口"，通过它，可以折射出人的健康、年龄和情绪状况。对皮肤的精心护理和修饰使人们以美丽动人的容貌和自信的精神状态出现在职业生涯中，给人以美的享受、心理的满足，烘托出时代的气氛、职业环境的特色。

1. 面部清洁

男女在面部清洁的具体要求方面是不同的。男士应养成每天修面剃须的良好习惯，保持卫生，整洁大方是重点，不应胡子拉碴地去参加各种社交活动，尤其商务场合，这是对他人的不尊重和不礼貌。

女士的清洁皮肤就是洗脸和净面。首先应了解自己属于什么肤质，并根据不同的肤质选择不同的护肤品（包括洗面奶、化妆水和乳液）。一般，油性皮肤的人宜选择清爽型的护肤品，干性皮肤的人宜选择滋润类的护肤平，中性皮肤的人则可根据季节的变化选择适合自己的产品，混合性皮肤的人根据实际情况选择。其次，女士应注意清洁面部时选择合适的水温，采用正确的洗脸方法。洗脸水的水温不宜过高，温水最适宜。洗脸时，先用温水将脸部拍打湿润，把洗面奶放在手上揉搓起泡，再用双手的中指和无名指的指肚轻轻地由内朝外、由下往上，画圆圈滑动，洗掉残留在脸上的污垢和化妆品，促进面部的血液循环。同时，应注意清洗脂腺分泌旺盛的鼻翼、鼻梁两侧以及嘴巴四周，彻底洗净后，轻轻用冷水拍打一下脸部，再用软毛巾擦干。

最后，面部营养。洗除污垢后，要及时补充水分、油脂、角质层内的 NMF（天然保湿因子）等物质。补水可以用化妆水，使充足的水分紧缩皮肤，使皮肤变得柔软，让乳液容易渗入。

【知识链接 2-3】

皮肤的分类

皮肤分为三种类型：

油性皮肤：纹理粗糙，毛孔粗大，容易出油，长粉刺和痘痘，化妆后容易掉妆，但不易于起皱纹。

干性皮肤：油脂分泌少，皮肤较白、毛孔细腻，但是因为肤质较薄，缺乏足够的油脂和润滑性，所以易干燥、起皮。

标准皮肤：油脂的分泌适中，对外界的刺激不敏感，兼有油性和干性皮肤的特征，纹理细腻有光泽，润滑不粗糙，毛孔不大，皮肤表面有一层油质膜，湿度适中。

2. 局部面容的修饰

（1）眼睛。

眼睛是心灵的窗户，是在人际交往中被他人注视最多的地方。

保洁。一定要及时清除眼角上不断出现的分泌物。还要注意眼睛传染病的防治。平时注意眼睛的卫生，让眼睛得到适时充分的休息，补充眼部营养，坚持眼部护理，不让眼圈出现黑眼圈和眼袋。

眼镜。如有必要，可佩戴眼镜。戴眼镜不仅要美观、舒适、方便、安全，而且还应随时对其进行揩拭或清洗。一般情况下，在社交场合与商务场合，不应戴墨镜或有色眼镜。

（2）眉毛。

眉毛修饰的标准是清洁、美观、自然、真实、大方。要经常注意眉毛是否清洁，有没有死皮、灰尘粘在眉毛上，要及时清理掉这些杂物。对于不美观的眉毛，应采取措施，进行修饰。

对于形状不美观的眉毛，应通过修眉或画眉的方式来弥补，可先用拔眉镊或削眉刀去掉多余部分的散眉，然后用眉笔添画，使眉毛的形状流畅而自然。

对于稀疏或色淡的眉毛，可以用眼影刷黏上一点焦茶色（用黄、棕、黑三色调配），擦在稀疏的眉毛根底中间，然后用小手指轻轻揉匀。

但是不允许剃去所有眉毛，刻意标新立异。此外，文面、文身一般也在禁忌之列。

（3）耳朵。

耳朵的修饰标准是卫生和美观。

卫生。务必注意清洗耳部和耳孔的污垢，但是不宜在公共场所这么做。

美观。少数人耳毛长得比较迅速和浓密，应及时修剪。

（4）鼻子。

清洁。平时应注意保持鼻腔清洁，不要让异物堵塞鼻孔，不要当众擤鼻涕、挖鼻孔，要在没人的地方，用手帕或纸巾辅助清理，同时还应注意动作声响不应太大。有些人鼻子及周围容易长"黑头"，不应对"黑头"乱挤乱抠，应认真清洗，用专门的鼻贴，清理"黑头"。

鼻毛。注意经常检查鼻毛是否长出鼻孔之外，要及时修剪，更不要当众揪拔鼻毛，既不文雅，也不卫生。

（5）口部

护理。牙齿洁白、口腔无味是口部护理的基本要求。应保持牙齿清洁，坚持每天早晚刷牙和饭后刷牙。应及时去除牙齿上的异物。同时，还应经常采用爽口液、牙线、洗牙、不抽烟、不喝浓茶等方法保护牙齿。为清除口腔的异味，应在出席重要场合之前忌食葱、姜、韭菜、腐乳等气味刺鼻的东西。

嘴唇。注意嘴唇的修饰和护理。不要让嘴角起泡，嘴唇干裂、脱皮。应多喝水，多吃水果，干燥季节涂抹唇膏。

异响。在社交场合，禁止发出咳嗽、哈欠、喷嚏、吐痰、清嗓、吸鼻等异响，如果不小心发出，应向身边的人道歉。

胡须。男士若无特殊的宗教信仰和民族习惯，应养成每天剃须的好习惯。胡须应干净、整齐，一般不应蓄须，也不应留其他怪形状的胡须。若女士长出类似胡须的汗毛，也应及时清除。

2.2.4　化妆礼仪

化妆是生活中的一门艺术，适度而得体的化妆，可以体现女性端庄、美丽、温柔、大方的独特气质。在正式商务场合，女士不化妆会被认为是不礼貌的。因此，进行适度的化妆是必要的。

1. 正确认识自我

化妆的目的是突出自己的优点，修饰缺点，因此，有必要了解人面部的基本结构和特点。人们常说的"五官端正"就是指人的面部五官比例要协调匀称，这是五官美的前提。人的五官位置是有一定的比例的，称之为"三庭五眼"。"三庭"指上庭、中庭、下庭。上庭是从额头的发际线到眉线，中庭是从眉线到鼻底线，下庭是指从鼻底线到颌底线。这三线的长度是相等的。"五眼"是指从正面看右耳孔到左耳孔之间的脸部横向距离正好等于自己五只眼睛的宽度。如果一个人的脸形不符合这个比例，就要用化妆弥补。

2. 化妆的准则

化妆时应美化、自然、协调。首先应注意适度矫正、修饰得法、避短藏拙。其次以协调自然为准则，生动、真实，不应浓妆艳抹、矫揉造作，过分的修饰是不可取的。高水平的化妆还要考虑整体效果，应考虑妆面协调、全身协调、场合协调、身份协调，以体现浑然天成。

同时，还应根据不同的场合、时间，化不同的妆，选择合适的化妆品。白天或工作场合化妆宜淡。晚上参加宴会或舞会等社交场合，化妆可稍浓，也可穿着艳丽、典雅的服装。旅游或运动时，不要化浓妆。

（1）化妆的禁忌。
- 勿当众进行化妆、补妆。化妆应事先做好或在专门的化妆间进行。
- 勿在异性面前化妆。会使自己形象失色。
- 勿使化妆妨碍于人。化妆过浓、过重，香气四溢，就是对他人的妨碍。
- 勿使妆面出现残缺。若妆面出现残缺，应及时避人补妆。
- 勿借用他人的化妆品。借用他人的化妆品不卫生，也不礼貌。
- 勿评论他人的化妆。不应随意评论他人的化妆，这是对他人的不礼貌。

（2）化妆的技巧。

妆前修饰。化妆应使肌肤呈现透明的质感。若有斑点或痘疤，应用遮瑕笔做局部修饰。若肤色泛红，选用浅绿色的修饰粉底液。局部泛黄，选用浅紫色的修饰粉底液修饰。

粉底。干燥肌肤应选择液体粉底，特别干燥且皮肤黯淡的可选霜状粉底，中性或油性皮肤宜用特质粉底。选择粉底液尽量选择容易推匀、具有修饰效果又没有厚粉感的产品。

眼部的修饰。眼部的修饰主要依靠眼线和眼影。眼线能使眼睛看上去大而有神。眼线的基本画法是沿睫毛轮廓，上眼线画全画实，方向是由内而外，下眼线则从大眼睑离眼端1/3 处画至眼尾，方向是由外向内。按照 Z 字路线涂抹睫毛膏，使眼睛显得大而有神。东方女子涂抹眼影时，应涂抹珊瑚色系、红棕色系、橘色系、灰色系等。用眼影棒或粉刷取上适合的眼影轻轻沿 45 度方向涂在上眼皮并向眼尾处拌匀。

眉毛的修饰。画眉的基本要点是眉头要淡，眉峰最浓，眉尾逐渐淡至消失。画好后，用眉刷刷匀，可涂睫毛膏、眉粉以增强立体感和自然感。

描唇。选择柔和的适合自己唇色、肤色的唇膏涂上，再盖上一层透明的唇彩。

【知识链接 2-4】

化妆的基本程序

1. 清洁面部

用洗面奶等清洁类化妆品洗脸，用水冲净，然后涂以护肤类化妆品，如乳液、护肤霜等。

2. 基础底色

选用两种颜色的底色，在脸部的正面用贴近自己天然肤色的颜色，均匀地薄薄地涂抹，在脸部的侧面可用较深底色，从后往前，由深至浅均匀地涂抹。

3. 定妆

上完底色后用粉定妆，可用粉饼或散粉，一定要涂得薄而均匀。

4. 画眼线

使用眼线笔紧贴睫毛由外眼角向内眼角方向描画，上眼线比下眼线应画得重些。

5. 画眼影

选择的眼影颜色要适应自己肤色及服装色，也可以用颊红或阴影色代替。涂眼影时，贴近睫毛部位和眼角部位要涂重些，然后用眼影刷轻轻扫开去。

6. 睫毛的修饰

用睫毛夹将睫毛向上提升 60 度，再用睫毛膏由睫毛根部向上重复刷到合适的程度。

7. 眉毛的修饰

将眉笔削成扁平状，沿着眉毛的生长方向一根根地描画。

8. 刷腮红

用腮红刷从颧骨处向四周扫匀，越来越淡，直到与底色自然相接。

9. 涂口红

先用唇线笔勾出理想的唇形，然后用口红在轮廓内涂抹。

化妆的程序如图 2-1 所示。

图 2-1　化妆的程序

2.2.5　肢体修饰

肢体一般指的是手臂和腿脚。我们除了重视面容和头发的修饰，同样需要重视肢体的修饰。

1. 臂的修饰

保洁。从卫生健康的角度来说，应勤于洗手。一般用餐前、上完洗手间、手脏时、上岗前、下班前都应清洗双手。

指甲。应养成勤剪手指甲的好习惯，最好每周修剪一次。也不能蓄长指甲。男士指甲必须修剪到位，指甲不能长过手指，女士指甲允许有 3~5 毫米的长度。指甲如果不美观，可以进行修饰。但是注意不能涂艳丽的指甲油，如果不是从事食品行业，可以使用无色指甲油。另外，指甲周围易长死皮，应将其修剪，但是不应再公共场所操作，更不应用牙或手去清理。

保养。要保养好自己的双手，经常用护手霜，保持手部润滑细腻。不能让自己的手臂粗糙、皲裂、红肿、生疮。如果手臂粗糙、皲裂、红肿、生疮，应及时进行护理和治疗。

汗毛。如果汗毛长得过浓过长，应采用适当的方法脱毛。腋毛属于"个人隐私"，不雅观，不应在外人面前展示。在正式场合，须剃去腋毛或不穿让腋毛露出的服装。

2. 腿部

卫生。应注意保持腿部的卫生，勤洗脚、勤换鞋子、袜子，清除脚臭。不穿残破、有异味的袜子，如有可能，请在办公桌里或随身携带备用的袜子，以备不时之需。不应在他人面前出现脱鞋、脱袜、抠脚等不雅观的行为。

暴露。在正式场合，不应随意裸露腿、脚、脚趾。不应穿过于暴露脚部的鞋子，如凉鞋、脱鞋、无跟鞋等。男士允许穿短裤，女士不得穿短裤或是暴露大部分大腿的超短裙。在正式场合，女士穿裙，裙长应过膝部以下，不允许光着大腿不穿袜子。

汗毛。因男士的汗毛浓厚，在正式场合，不允许穿短裤或卷起裤子。女士如果汗毛过重，应剃除或选深色不透明的袜子。

趾甲。经常修剪脚趾甲，最好每周修剪一次，以保证美观、干净。在正式、庄重的场合，不应在脚趾上涂抹彩色指甲油。

【模拟训练 2-1】
　　训练目的：了解皮肤类型，并进行相关护理。
　　训练程序：对照镜子分析自己属于哪种类型的皮肤，并针对自己的肤质进行护理。
　　训练场所：寝室
　　训练工具：镜子、皮肤护理品、化妆品

【模拟训练 2-2】
　　训练目的：根据不同的情境，为自己进行仪容的修饰，学会根据不同场合修饰不同的妆容。
　　训练程序：
　　根据下面不同的场合准备不同的妆容
　　1. 职场妆容。
　　2. 约会妆容。
　　3. 舞会妆容。
　　训练场所：寝室。
　　训练工具：镜子、皮肤护理品、化妆品。

2.3　仪态礼仪

【案例分析 2-5】

　　曾任美国总统的老布什，能够坐上总统的宝座，成为美国"第一公民"，是与他的仪态表现分不开的。在 1988 年的总统选举中，布什的对手杜卡基斯，猛烈抨击布什是里根的影子，没有独立的政见。而布什在选民中的形象也的确不佳，在民意测验中一度落后于杜卡基斯 10 多个百分点。不料两个月后，布什以光彩照人的形象扭转了劣势，反而领先 10 多个百分点，创造了奇迹。原来布什有个毛病，他的眼睛不太好，嗓音又尖又细，手势及手臂动作总显出死板的感觉，身体动作不美。后来布什接受了专家的指导，纠正了尖细的嗓音、生硬的手势和不够灵活的摆动手臂的动作，结果就有了新颖独特的魅力。在以后的竞选中，布什竭力表现出强烈的自我意识，再配以卡其布蓝色条纹厚衬衫，以显示"平民化"，终于获得了最后的胜利。

　　分析：举止是指人的动作和表情。日常生活中的站、坐、走等姿态，举手投足，一颦一笑，都可概括为举止，有时也叫仪态、仪姿或姿态。仪态是一种不说话的"语言"，能在很大程度上反映一个人的素质、受教育的程度及能够被人信任的程度。在社会交往中，一个人的行为既体现了他的道德修养、文化水平，又表现出他与别人交往是否有诚意，更关系到一个人形象的塑造。从容潇洒的动作，给人清新明快的感觉；端正含蓄的行为，给人深沉稳健的印象；坦率的微笑，使人赏心悦目。因此，我们在交往中应该使自己成为举止优美的人。

　　仪态是人在行为中的姿势和风度。姿势是指身体呈现的样子，风度属于气质方面的表露。洒脱的风度、优雅的举止，常被人们所羡慕和称赞，最能够给人们留下深刻的印象。我们往往可以从一个人的仪态来判断他的思想、性格、品质、情趣、素养、精神世界、生活习惯以及对外界反应的外在表现。举止高雅得体与否，直接反映出人的内在素养，举止规范到位与否，直接影响他人对自己的印象和评价。

　　人际交往中，人们的感情流露和交流往往借助于人体的各种姿态，这就是常说的"体态语言"，它作为一种无声的语言，在生活中被广泛地运用。达·芬奇说，"从仪态知觉人的内心世界。把握人的本来面目，往往具有相当的准确性和可靠性。"用优美的体态表达礼仪，比用语言刚让受礼者感到真实、美好和生动。

　　根据社交礼仪的规范、举止礼仪主要涉及站姿、坐姿、行姿、手势和表情。

2.3.1　站姿

　　站姿是人最基本的姿势，也是全部仪态的基础和出发点，是我们日常生活中正式或非正式场合中第一个引人注视的姿势。"站如松"是说人的站姿应像青松一般端直挺拔。这是一种静态美，是优雅举止的基础，良好的站姿能衬托出美好的气质和风度，因此，我们应重视及培养良好的站姿。

1. 女士站姿

女士站姿站立时要头正、颈挺直、双肩展开放松，人体有向上的感觉；收腹、立腰、提臀；两腿并拢，膝盖挺直，小腿向后发力，人体的重心在前脚掌（见图2-2）。

女士站立时双臂可自然下垂处于身体两侧，或将双手自然叠放于小腹前；两脚跟并拢，两脚呈"V"字形或"丁"字形站立。

2. 男士站姿

站立时要头正、颈挺直、双肩展开放松，人体有向上的感觉；收腹、立腰、提臀；两腿并拢，膝盖挺直，小腿向后发力，人体的重心在前脚掌（见图2-3）。

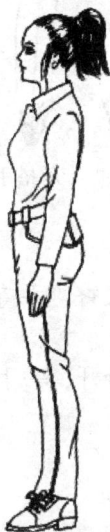

图 2-2　女士标准站姿　　　　　　图 2-3　男士标准站姿

男士站立时双臂可自然下垂处于身体两侧；两脚呈"V"字形分开或双脚平行分开，两脚间保持两至三拳宽的距离。

站立时若能保持精神饱满、面带微笑会给人以良好的印象。

3. 站姿实例

商务人员根据场合的不同，在基本站姿的基础上可以变化出前搭手站姿、后搭手站姿和持物站姿等不同姿态。

（1）女士前搭手站姿。

两脚尖展开，左脚脚跟靠近右脚中部，重心平均置于两脚上，也可置于一只脚上，通过重心的转移可减轻疲劳，双手置于腹前（见图2-4）。

（2）男士后搭手站姿。

两脚平行开立，脚尖展开，挺胸立腰，下颌微收，双目平视，两手在身后相搭，贴在臀部（见图 2-5）。

图 2-4　女士前搭手站姿　　　　图 2-5　男士后搭手站姿

（3）女士持文件夹站姿。

身体立直，挺胸抬头，下颌微收，提髋立腰，吸腹收臀，手持文件夹（见图 2-6）。

（4）男士提公文包站姿。

身体立直，挺胸抬头，下颌微收，双目平视，两脚分开，一手提公文包，一手置于体侧（见图 2-7）。

图 2-6　女士持文件夹站姿　　　　图 2-7　男士提公文包站姿

4. 禁忌站姿

社交场合站立时切记：双手不可叉在腰间，不可抱在胸前；也不可将手插入裤袋，不可耸肩驼背、左摇右晃、歪脖、斜腰、双腿不停抖动；身体不应倚门、靠墙、靠柱，不宜将手插在裤兜里，更不要下意识地做小动作，如摆弄打火机、香烟盒，玩弄皮带、发辫、咬手指甲等，这样不但显得拘谨，给人以缺乏自信、经验的感觉，而且也有失庄重。

站姿检视标准如表2-1所示。

表2-1　　　　　　　　　　　　　　　　站姿检视标准

内容	评价标准	分值	最后得分	备注
一要平	即头平正、双肩平、两眼平视	20分		
二要直	即腰直、腿直、后脑勺、背、臀、脚后跟呈一条直线	20分		
三要高	即重心上拔，看起来显得高	15分		
四要收	即下颌微收、收腹、收臀	15分		
五要挺	即挺胸、腰背挺直	10分		
脚位	脚尖向前或呈V字形，女生丁字形	10分		
手臂	两手臂自然下垂，贴于裤缝或两手臂自然弯曲的两手手位	10分		
合　计		100分		

（左侧纵向）站姿评价标准

评价满分为100分，60~74分为合格，75~84分为良好，85分以上为优秀。

【模拟训练2-3】

训练目的：训练优雅站姿。

训练程序：

1. 把杆练习：双手轻轻搭在把杆上方、双脚并拢，后背保持一条直线。这样训练可以使后背直立。

2. 五点站法：双脚并拢背靠墙面站立，后脑勺、肩部、臀部、小腿肚、后脚跟五点贴住墙面。同时双肩下沉，腹部收紧，往墙里靠，大腿内侧收紧，双膝并拢，双臂自然下垂放于两侧。

3. 借物法：头顶一本书，挺胸收腹、两眼平视、站直、膝盖紧紧夹着一张纸片。另外要平肩、直颈，下颌微收，双臂自然下垂放于两侧。

4. 对镜训练：面对镜面检查自己的站姿，发现问题及时调整。站姿训练每次应控制在30分钟，训练时最好配上轻松愉快的音乐，调整心情，增加训练的乐趣和轻松感。

训练场所：形体房。

训练工具：把杆、书本、纸张、镜子、音乐播放器。

2.3.2 坐姿

1. 正确的坐姿

入座时要轻稳、和缓。入座时，走在座位前，转身后，轻稳坐下。女士着裙装入座时，应用手将裙装稍微拢一下，以防坐出皱纹。

坐下后，头正，上身挺直，表情自然放松。双肩放松，两臂自然弯曲放在膝盖或腿上，也可放在椅子或沙发扶手上。男士可将双手搭在扶手上，但女士最好只搭一边扶手。

双膝自然并拢，双腿平行，可正放也可侧放，并拢或交叠。男士双膝可分开，一般呈一拳左右的距离，但不应超过肩宽，不能两腿叉开。女士两腿必须并拢无间隙。

一般不应坐满整个座位，应坐满座位的 2/3，背部挺直，短时间内不要靠椅背，长时间需要休息了可轻靠椅背。

起立时，右脚向后收半步后站起，不应猛地站起或用双手撑着腿站起。

2. 女性常见坐姿

(1) 双腿垂直式。这是正式场合最基本的坐姿。要求上身与大腿、大腿与小腿、小腿与地面成直角，双膝双脚完全并拢，双手叠放在大腿上（见图 2-8）。

(2) 双腿叠放式。它适合穿短裙的女士采用，表现出女士的优雅。要求：将双腿上下交叠，并成一条直线，两腿之间没有任何间隙。双腿斜放于左右一侧，斜放后的腿部与地面呈 45 度角（见图 2-9）。

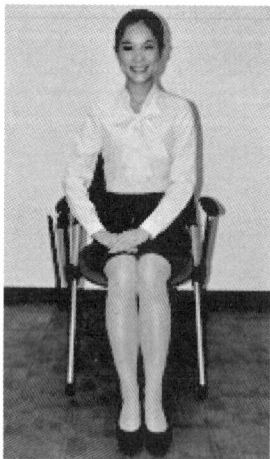

图 2-8　双腿垂直式坐姿　　　　图 2-9　双腿叠放式坐姿

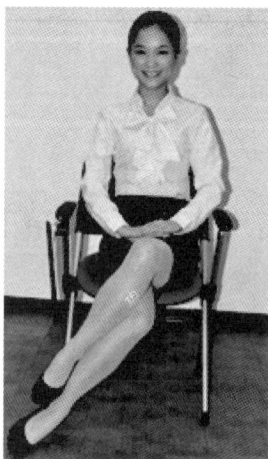

(3) 双腿斜放式。适用于穿裙子的女性在较低处就座。要求：双膝并拢后，双脚向左或向右斜放，并使斜放后的腿部与地面呈 45 度角（见图 2-10）。

(4) 双腿交叉式。适用于各种场合，尤其适合于坐在主席台、办公桌或公交车上。要求：双腿并拢后，双脚在踝部交叉（见图 2-11）。

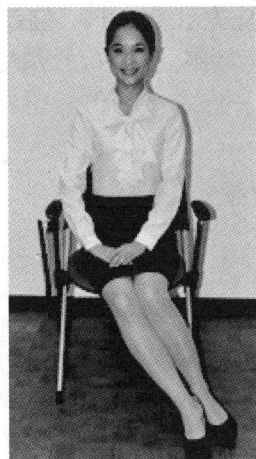

图 2-10　双腿斜放式坐姿　　　　　　图 2-11　双腿交叉式坐姿

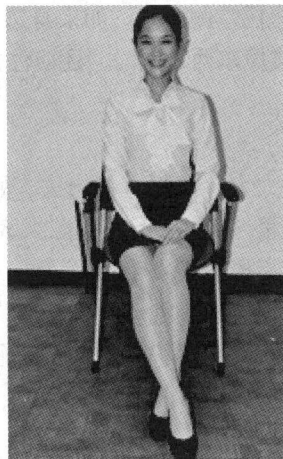

3. 男士常见坐姿

（1）垂腿开膝式。小腿垂直于地面，大腿与小腿呈90度，双膝分开，但不能超过肩宽（见图2-12）。

（2）大腿叠放式。一般适用于非正式场合。两条腿在大腿部分叠放，下方的那条腿垂直于地面，脚掌着地，上方的另一条腿的小腿向内收（见图2-13）。

（3）双腿交叉式。这个坐姿在前文已经阐述（见图2-14）。

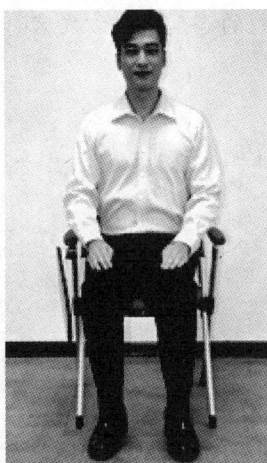

图 2-12　垂腿开膝式坐姿　　　　图 2-13　大腿叠放式坐姿　　　　图 2-14　双腿交叉式坐姿

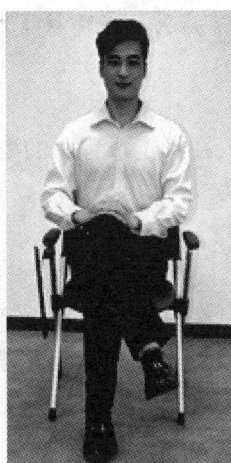

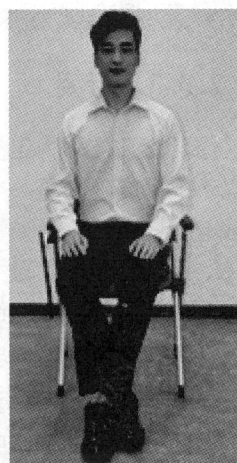

4. 入座离座礼仪

从座位入座，应从座位的左边入座。用背部接近座椅，不应背对着对方。同时，分清尊卑，礼让客人，让客人先行入座。

离座时应从座位左侧离座。如果身边有人在座，应先示意离开，随后动作轻缓地离座，不应弄出声响或碰掉东西。同时，还应注意离座的先后顺序，让尊敬的客人先行离座。

5. 禁忌坐姿

- 双腿叉开太大，双腿直伸出去，脚尖指向他人。
- 叠腿姿势呈 "4" 字形，空隙太大。
- 双脚放到桌椅、沙发上。
- 双脚不停地抖动、乱动，甚至鞋跟离开脚跟在晃动。
- 在外人面前，用手脱鞋袜，用手触摸脚部，双手抱腿。

【知识链接 2-5】

与人交往时坐姿传递的含义

- 正襟危坐，是一种严肃认真的表现，给人以正人君子的印象。
- 深深坐在椅子内，心理上处于劣势。
- 把腿放在桌子上，以此来延伸自己的势力范围，这种人有较强的占有欲和支配欲，在待人接物上给人以一种傲慢无礼的感觉。
- 张开双腿而坐的男性，是充满自信，有支配欲的人。
- 一条腿自然架在另一条腿上的女士，对自己的外貌较有信心。
- 频频交换架腿姿势、脚或腿抖动，情绪不稳定、急躁。
- 脚踝交叉而坐，传达一种较委婉的拒绝的含义。
- 在会场中或公众场合，坐时手捂嘴，掩嘴摸下巴，多以评判的态度听对方发言。

2.3.3　行姿

行姿，又被称为走姿，是一个人在行走过程中的姿势。它以站姿为基础，属于站姿的延续动作，展现的是一个人的动态美。

1. 基本行姿

头正：双目平视，收颌，表情自然平和，面带微笑。

肩平：两肩平稳，手臂伸直放松，双臂前后自然摆动，摆幅在 30~40 度为宜，手指自然弯曲，掌心向内，动作应自然、放松、轻缓，不应过于僵硬。

躯挺：上身挺直，收腹立腰，重心稍前倾。

步位直：双脚交替踩在直线上，脚跟先着地，随后前脚掌着地，走出的轨迹尽量要在一条直线上。

步幅适度：行走中两脚落地的距离大约为一个脚长，即前脚的脚跟距后脚的脚尖一个脚长度为宜，一般男性步幅约为 25 厘米，女性步幅约为 20 厘米。但因性别、着装和场合的不同，步幅也略为不同。

步速平稳：步速应自然均匀，不要忽快忽慢。步伐应具有一定的节奏感。

基本行姿如图 2-15 所示。

图 2-15 基本行姿

2. 禁忌的行姿

- 不应走"内八字"或"外八字"。
- 不应弯腰驼背，扭腰摆臀，歪肩晃膀，摇头晃脑。
- 不应双腿过于弯曲，走路不成一条直线。
- 不应大幅度甩手，步子过大或过小。
- 不应左顾右盼，走路时抽烟、吃东西，双手插在裤袋里。
- 身体松垮，无精打采。
- 不应横冲直撞，行进过程中不应制造噪音。

3. 需要注意的特例

给客人引路时，应尽量走在客人的左前方一米左右，步速应与客人相一致，整个身体半转向客人，与客人保持两三步的距离。上下楼时，应礼让客人，并伸出左手稍做提醒，示意客人先上，下楼时请他人后下。进出电梯、房间时，礼让他人，让他人先进先出。

【模拟训练 2-4】

训练目的：训练优雅的行姿。

训练方法：

1. 步位训练：在地上画一条直线，沿直线练习。

2. 步幅训练：行走时检查自己步幅是否正确，纠正外八字、内八字，脚步过大、过小的毛病。

3. 顶书训练：将书本置于头顶，保持行走时头正、颈直、目不斜视，纠正走路摇头晃脑，东张西望的毛病。

训练场所： 教室、寝室。

训练工具： 粉笔、书本。

2.3.4　蹲姿

当在公共场所捡拾地上的物品时，需要下蹲和屈膝。人们一般是习惯随意弯腰蹲下捡起，这对于在商务正式场合的人员来说是不合适的，也是不礼貌的。

1. 蹲姿的基本做法

弯下膝盖，臀部向下，上体保持挺直，两腿合力支撑身体，避免滑倒。姿态应自然得体，美观大方。

2. 蹲姿实例

（1）交叉式蹲姿。

女士采用交叉式蹲姿时，站立，双腿交叉下蹲，两腿靠紧，合力支撑身体，双手相叠置于腿上。臀部向下，上身稍前倾。此蹲姿造型优美且不易走光，适用于穿短裙下蹲合影时，特别适用于在舞台上下蹲合影时（见图 2-16）。

图 2-16　交叉式蹲姿

（2）高低式蹲姿。

下蹲时右脚在前，左脚稍后，两腿靠紧向下蹲。右脚全脚着地，小腿基本垂直于地面，左脚脚跟提起，脚掌着地。左膝低于右膝，左膝内侧靠于右小腿内侧，形成右膝高左膝低的姿态，臀部向下，基本上以左腿支撑身体（见图 2-17）。

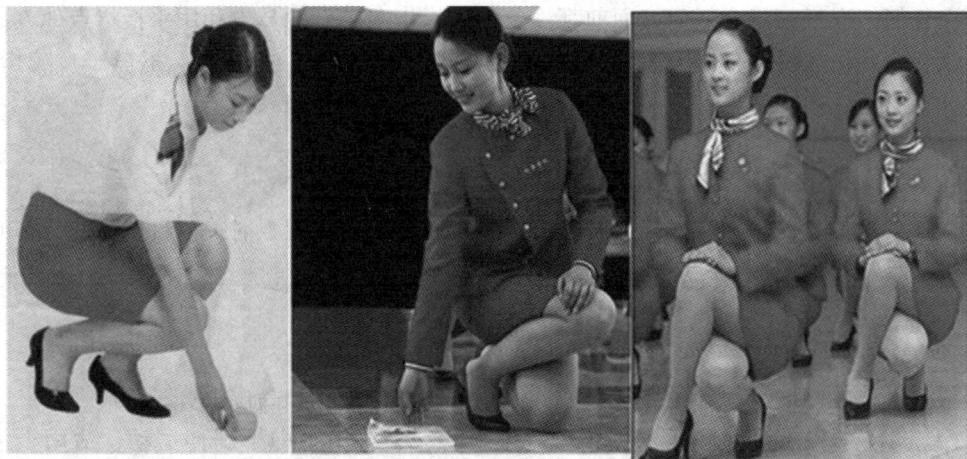

图 2-17　高低式蹲姿

（3）蹲姿禁忌。
- 弯腰捡拾物品时，两腿叉开，臀部向后撅起，是不雅观的姿态。
- 两腿展开平衡下蹲，其姿态也不优雅。
- 下蹲时注意内衣"不可以露，不可以透"。

2.3.5　手势

手势是人际交往中不可或缺的语言，是一种最有表现力的"体态语言"。"心有所思，手有所指"，说的就是手是人的第二双眼睛，手可以起到有声语言无法替代的作用。恰当地运用手势不仅可以起到良好的沟通作用还能为自己的形象增添色彩。

手势是通过手和手指活动所传达的信息。不同的手势传递不同的信息。

1. 各种手势的含义

一般而言，每一种手势都传递不同的含义。如鼓掌表示赞许、鼓励、祝贺、欢迎之意。攥紧拳头暗示进攻、自卫，表示力量和愤怒。伸出食指含有引起他人的注意，教训人的意思。背手常显示一种权威，但在一个人极度紧张不安时，常常背手，以缓和这种紧张情绪。另外，如果背手伴以俯视踱步，则表示沉思。塔尖式手势是一种自信的表示，身体后仰则显得高傲。双臂交叉在胸前暗示一种敌意的态度，自我放松或置身事外、袖手旁观、看他人笑话之意。

2. 手势的礼仪要求

打手势时，应规范，自然亲切，讲究柔美、流畅。同时应与眼神、表情和其他姿态相配合，使手势更加协调一致。

手势不应过于重复、单调。避免僵硬死板、缺乏韵味的手势。手势也不宜过多，动作不宜过大。

在任何情况任何场合任何人面前都不要用拇指指向自己的鼻尖和用手指指点他人。

禁止一些让人反感、影响交际风度的手势。如当众搔头、掏耳朵、抠鼻子、咬指甲、剔牙、揉衣角，手指在桌上乱写乱画等。

3. 常用手势的规范标准

手掌自然伸直，手指并拢，手腕伸直，手与小臂成一直线。肘关节自然弯曲，掌心向斜上方，手掌与地面成 45 度。

4. 常用的引导手势

根据手势的高度，引导手势又分为低位手势、中位手势和高位手势。

（1）斜臂式：也称为斜摆式，属于低位手势，手臂由上向下斜伸摆动，适用于请人入座时（见图 2-18）。

（2）横摆式：属于中位手势，即手臂向外侧横向摆动，指尖指向被引导或指示的方向，适用于指示方向时（见图 2-19）。

（3）曲臂式：属于中位手势，手臂弯曲，由体侧向体前摆动，手臂高度在胸以下，适用于请人进门时表示"里边请"（见图 2-20）。

图 2-18　斜臂式引导手势　　　　图 2-19　横摆式引导手势　　　　图 2-20　曲臂式引导手势

（4）双臂横摆式：属于中位手势，面向客人时，将双手由前抬起到腹部再向两侧摆到身体的侧前方；站到客人的侧面时，则两手从体前抬起，同时向一侧摆动，两臂之间保持一定的距离。适用于客人较多时，表示"大家请"（见图 2-21）。

（5）直臂式：属于高位手势，手臂向外侧横向摆动，指尖指向前方，手臂抬至肩高，表示"请往前走"（见图 2-22）。

另外，手势存在区域性差异，不同国家、不同地区、不同民族，由于文化习俗的差异，相同的手势表达的含义不同，因此，我们有必要了解手势表达的含义，以免产生不必要的麻烦。

图 2-21　双臂横摆式手势

图 2-22　直臂式手势

【知识链接 2-6】

手势语

　　人们双手五个手指的屈伸，表达是不同的意思，在各个国家或地区的含义也不同，用错了会出笑话，甚至惹麻烦。

大拇指伸出，在中国表示胜利、佩服、第一、首领等；在日本表示男人、父亲；在美国、荷兰、澳大利亚、新西兰等地区表示幸运；在印度尼西亚、德国则表示想打车。

拇指向下一般表示品德不好、坏或不成功，而在英国、美国，拇指向下表示不同意；在法国表示死了；在印度尼西亚、缅甸等地区则表示失败。

伸出中指，在菲律宾表示愤怒、轻蔑；在美国、法国、新加坡表示下流；在沙特阿拉伯则表示恶劣行为或极度不快。

向上伸食指，在中国表示数字1或请注意；在美国表示请稍等片刻；在法国是学生请求发言的表示；在缅甸表示最重要；在日本表示最优秀。

小指伸出，在中国表示渺小，看不起；在日本表示女人、小孩；在韩国表示女朋友；在缅甸、印度一带表示厕所；在菲律宾表示小人物。

食指弯曲，在中国表示数字9；在日本表示小偷；在泰国、朝鲜表示钥匙；在印度尼西亚表示心肠坏；在墨西哥则用来表示金钱。

伸出中指压在食指上，在中国内地表示数字10；在菲律宾、马来西亚、新加坡、美国、法国、墨西哥等表示乞讨；在荷兰表示发誓；在斯里兰卡表示邪恶；在中国香港地区表示关系密切。

用拇指和食指搭成圆圈，在日本、韩国、缅甸均表示金钱；在美国表示同意或成功；在印度尼西亚则相反，表示不成功、傻瓜、无用。

【模拟训练 2-5】

训练目的：练习各种手势，使举手投足优雅大方。

训练程序：

1. 对着镜子练习各种常用的引导手势。
2. 同学互相练习，并进行相关纠正。

训练场所：形体房。

训练工具：镜子、椅子。

◎思考题 2-1　选一个公共场所，冷静地观察那里的人，体会他们不同的言谈举止给你带来什么样的感受。

◎思考题 2-2　当两个美丽的姑娘在大街上争吵时，你会对其中的任何一个有好感吗？

◎思考题 2-3　反思自己在日常生活中的言行举止，如语言、态度、动作等，有什么需要改进的地方，把它们写在纸上。

2.3.6　表情

表情是人通过面部形态变化所表达的内心的思想感情。它是仅次于语言的一种交际手段，在人与人的感情沟通过程中占有相当重要的地位。在人的千变万化的表情中，眼神和微笑最具有表现力。在社交场合应使自己的表情热情、友好、轻松、自然，并理解表情和把握好表情。

1. 眼神

眼睛是"心灵的窗户",是富有表现力的一种"体态语",能表达出人们最细微、精妙的内心情感。人们在日常生活之中借助于眼神所传递出的信息,可被称为眼语。泰戈尔便指出:"一旦学会了眼睛的语言,表情的变化将是无穷无尽的。"因此,在不同的社交场合,我们要学会运用不同的眼神与人交流,达到良好的社交效果。

用眼神表情达意时需注意以下方面的问题:

(1) 接触时间。与人交谈时,应把握好眼神的视线接触对方脸部的时间,一般这一时间占全部谈话时间的30%到60%。过长时间的凝视是不礼貌的或有敌意的,而过短时间则被认为是傲慢无礼的或对对方不感兴趣。

(2) 停留部位。谈话人之间的关系的不同,视线停留的部位不同。视线停留在两眼与胸部的三角形区域,被认为是近亲密注视,多用于朋友间的交谈;视线停留在双眼和嘴部之间的三角形区域,被称为社交注视,是社交场合常见的视线交流位置;视线停留在对方前额的一个假定的三角形区域,称为严肃注视,这种注视会使对方感觉到你有正事要谈。

(3) 眼神变化。眼神变化能够准确地传递某种信息。不同角度表达不同的含义,如仰视表尊重、敬畏之意,适用于面对尊长时,俯视表示对他人的轻蔑,但也可表示对晚辈的宽容、怜爱,平视适用于在一般场合与身份、地位平等之人进行交往等,不可随便使用。

正确地运用眼神会给你的交往中增添成功的概率,赢得友情。

以下三种眼神是错误的:

(1) 盯视。盯视常常传递着一种不礼貌的信息。如果死死地盯视一个人,特别是盯着他的眼睛,不管有意无意,都显示着一种非礼,对方会感到不舒服。在正常社交场合贸然使用,便容易造成误会,让对方有受到侮辱甚至挑衅的感觉。

(2) 眯视。眯视反映出的也是不太友好的信息,它除了给人以睥睨与傲视的感觉外,至少也是一种漠然的语态。另外,在西方,对异性眯起一只眼睛,并眨两下眼皮,是一种调情的动作。因此,"眯视"让漂亮女性感受到一种无形的骚扰。

(3) 漠视。漠视也被称为熟视无睹,它给人的感觉是孤傲冷漠,让人感觉有敷衍搪塞之意。要做到眼神的亲和,应放松自然地表达内心情感。

【模拟训练 2-6】

训练目的:练就炯炯有神的、神采奕奕的眼神;学会用敏锐的眼睛洞察别人的心理。

训练方法:

1. 购物时,观察服务员的眼神和态度之间的关系。

2. 与亲朋好友进行目光交流,考察眼神是否与自己的思想感情相符。

3. 校园里与擦肩而过的同学进行眼神接触,试着揣摩对方的心理。

训练场所:超市、家中、寝室、教室、校园。

训练工具:无。

2. 微笑的魅力

有人说，如果你长得不够美，就要让自己有才华；如果你才华也不够多，那就一定要微笑！微笑能让你看起来很美，微笑能让你变得十分友善，易于接近。任何人都不会轻易拒绝别人的一个笑脸。美国微笑之都——爱达荷州波卡特洛市有一个奇特的法令：凡在公共场所愁眉苦脸的人，一律要被送到"微笑站"进行微笑教育，直到学会微笑才让他离开。这实际上是对人心灵的关照，是启发人们以开朗的态度对待人生。微笑是人们的本能，是人们快乐情绪的自然流露。微笑能缩短两个人之间的距离，具有神奇的魔力。

微笑是宝贵的无形资产，成功从微笑开始。它是社交场合中最富吸引力、最令人愉悦，最有价值的面部表情。它是一种特殊的语言，是人际交往中最重要的礼仪。它不仅可以缩短人与人之间的距离，还为良好的沟通创造了氛围。因此，微笑被称为人际交往中的润滑剂。

要发挥微笑的巨大魔力，要注意以下几点：

(1) 微笑一定要发自内心、亲切自然。

(2) 掌握微笑的要领：放松自己的面部肌肉，使自己嘴角微微向上翘起，露出六颗牙齿，保持嘴角上扬，轻轻一笑，但要注意不发出笑声、不露出牙龈。

(3) 注意整体配合。微笑应与表情、语言和仪姿仪态相结合。要求口到、眼到、神色到，笑声传神，还应将微笑与美好的语言相结合，做到声情并茂，相得益彰。

有了平和的心态、阳光的心情、友善的态度、与人为善的观念、遇到任何挫折都无法摧垮的意志，才能保持坦荡、自然的微笑。

【模拟训练 2-7】

训练目的：训练善意的、真诚的、自信的微笑。

训练方法：

1. 他人诱导法——同桌、同学之间互相通过一些有趣的笑料、动作使对方发笑。

2. 情绪回忆法——通过回忆自己曾经的往事，幻想自己将要经历的美好事情，从而引发微笑。

3. 口型对照法——通过一些相似性的发音口型，找到适合自己的最美的微笑状态。

如"一""茄子""呵""哈"等。

4. 牙齿暴露法——笑不露齿是微笑；露上排牙齿是轻笑；露上下八颗牙齿是中笑；牙齿张开看得到舌头是大笑。

训练场所：教室、寝室。

训练工具：无。

◎思考题 2-4　职业女性应如何利用微笑来增强自己的魅力？

【案例分析题 2-1】

有一次，一位姑娘走进一位名医的诊所，医生根据姑娘的叙述对她进行了各项常规检查，结果表明姑娘身体各部位皆无异常。医生叫那位姑娘把自己所忧虑的事列成了一张"心事清单"，这张"心事清单"比较长。名医吩咐她说："现在请你把你写的心事一桩一桩地念出来。但是，每当念完一桩时，必须'嘻嘻'笑一声。"姑娘很不情愿这样做，但皱皱眉头后还是照名医吩咐的去办了。使这个姑娘大感惊讶的是，当她"嘻嘻"笑了几次后，竟然憋不住嘻嘻哈哈地笑了起来。等到念完这一张长长的"心事清单"之后，她醒悟到自己的犹豫实在愚蠢可笑。于是大笑不止，忧郁症被彻底治愈了。这说明了什么？

2.4 服饰礼仪

【案例分析 2-6】

张路是一家大企业的总经理。有一次，他获悉有一家著名的德国企业的董事长正在本市进行访问，并有寻求合作伙伴的意向。于是他想尽办法，请有关部门为双方牵线搭桥。让张路欣喜的是。对方也有兴趣同他的企业合作，而且希望尽快见面。到了双方会面的那一天，张路特意对自己的形象进行了一番修饰，他根据自己对时尚的理解，上穿夹克衫，下穿牛仔裤，头戴棒球帽，足蹬旅游鞋。无疑，他希望自己能给对方留下精明强干、时尚新潮的印象。然而事与愿违，张路自我感觉良好的这一身时髦的"行头"，却偏偏坏了他的大事。

分析：在社会交往中，每个人都必须时刻注意维护自己的形象，特别是在正式场合留给初次见面的"外国友人"的第一形象。张路与德方同行的第一次见面属国际交往中的正式场合，应穿西服或传统中山服，以示对对方的尊敬。但他没有这么做，正如他的德方同行所认为的：此人着装随意，个人形象不合常规，给人的感觉是过于前卫，尚欠沉稳，与此人合作之事当再作他议。

英国著名作家莎士比亚曾说过："一个人的穿着打扮，往往是一个人的身份、地位与教养的写照。"正确得体的着装不仅能体现一个人的文化修养，而且能展示一个人的品位和素质。在不同的时间、地点、场合，穿着整洁美观得体的服饰是一种礼貌，在一定程度上直接影响了人际关系的和谐和沟通的效果。因此，我们应重视服饰礼仪，掌握服饰礼仪的基本要求，学会利用这一"武器"来武装自己。

服饰礼仪包括着装和饰物的礼仪。

2.4.1 着装的基本原则

1. TPO 原则

TPO 分别是英文 Time、Place、Object 三个词的首字母，意思是时间、地点、场合。TPO 原则是人们着装的总原则，即服饰应与时间、地点、场合相一致。

（1）时间原则。

我们应根据时间、季节和时代的变化，选择与之相适宜的着装。如白天工作时间，着装应遵循端正、整洁、稳重的原则，应穿着职业套装；而出席晚会场合，服饰可以明亮、鲜艳些，还可以佩戴一些有光泽的首饰和漂亮的丝巾。女士在夏季不能穿吊带背心、超短裙和超短裤进办公室，男士不能穿短裤和拖鞋。

（2）场合原则。

商务人员一般面临三种场合，分别是公务场合、社交场合和休闲场合。

我们应根据自己所处的具体场合，选择不同的服装。人们在公务场合着装应庄重、传统、大方，可着工作服、套装、套裙和制服等，不宜穿运动装、家居服等。

人们在社交场合着装应个性、时尚、时髦，可着礼服、旗袍等，不宜穿工作服、运动装、家居服等。人们在休闲场合着装应宽松、舒适、自然，可着家居服、牛仔装、运动装等，不宜穿工作服、礼服、制服等。

（3）地点原则。

在家中，可穿着舒适的休闲服；在公司，穿职业装更专业；去教堂或寺庙，不应穿着过于暴露的服装。

2．和谐原则

一个人的穿着要与自身条件相协调，和他的年龄、性别、身体外貌、身份职业相一致。

（1）年龄、性别。

男士应穿着体现刚毅有力的服饰；女士应穿着体现温柔端庄的服饰。青年人穿着应体现个性活泼、青春风采的服饰；中年人为展现成熟、稳重的风采，应穿着优雅、端庄的服饰。

（2）身体、外貌。

每个人的身体造型不同，应学会通过适宜的服饰展示长处，掩盖缺点。如上半身苗条、下半身较胖的人上半身可穿紧身式，下半身穿宽松裙式。上半身较胖、下半身苗条的人上衣宽松，下半身穿紧身式长裤。腰部纤细的人上衣多为紧身，裙子多为喇叭式。身材略显肥胖的人上衣较宽松，裙子多为筒式。

（3）职业、身份。

服饰应体现自己的职业身份特点，与所从事的职业、身份相协调。如教师不应穿着奇装异服，上课时不应浓妆艳抹。营销人员服饰应稳重、可靠、干练。

3．整体、整洁原则

着装应注意整体协调，不仅各个部分要自成一体，还应相互配合，体现整体的和谐美，主要应注意服装本身的搭配，如穿西装时不应穿运动鞋。还应使服装的各个部分相互适应，局部服从整体。

服饰应力求干净整洁，给人积极向上的感觉。具体来说，着装应整齐、完好，没有折痕和补丁，同时要注意勤洗勤换衣服。

4．个性化原则

在社交场合中，要穿出自己的个性、品位，体现自己的个人风采。我们应根据自己的肤色、年龄、性别、身材、职业、爱好等特点，选择体现我们个性的服饰，扬长避短，展示独特的个性魅力和最佳风貌。

2.4.2　男士西装着装规范

【案例分析 2-7】

小李刚从大学毕业便加入了一家公司，被分配到销售部，具体做产品销售。小李早就听说过公司职员的个人形象在业务交往中备受重视，因此，他头一次外出推销产品时，便穿上了一身刚买的深色西装、黑色皮鞋和白色袜子，希望自己形象不俗，并由此而有所收获。

让小李大惑不解的是，他虽跑了不少地方，但与接待他的人刚一见面，对方往往朝他打量了几眼，便把他支走了。有的大厦保安甚至连楼门都不让他进去。

后来，经过旁人指点，小李才知道自己当时屡屡被拒之门外的原因主要是形象欠佳。小李上门进行推销时，虽然身穿深色西装、黑色皮鞋，但是却穿了一双白色袜子。这种穿法有悖西装着装的基本规则，因而不能为他人所认可。这虽是小瑕疵，但对商务人员来讲，却是直接与其所在单位的产品及服务的质量相联系的。

西装，又称西服、洋服，起源于欧洲，现在已经被公认为男士在正式场合的服装。一套合体的西装可以使穿着显得潇洒、精神、风度翩翩、稳重。男士要想使自己的穿着更加适宜，就要了解西装在选择、穿法和搭配上相关的礼仪规范和要求。

【知识链接 2-7】

西装与领带、领结的起源

西装起源于 100 多年前的欧洲，据说是由渔民发明的。它原流行于西方国家，以庄重舒适、挺括美观而风靡于世，现已成为世界各国普遍认同和喜爱的男士服装。

据说最原始的"领带"来自古时候山林里的日耳曼人，是他们系在脖子上为使兽皮不致脱落的草绳。而真正使领带成为上流社会时尚的是法国国王路易十四。有一天，他看到一位大臣上朝时，在脖子上系了一条白绸巾，还在前面打了一个领结，显得十分漂亮。路易十四极为赞赏，当即宣布以领带为高贵的标志。

1. 西装的选择

挑选西装需要从以下六个方面来选择：

(1) 面料。鉴于西装的使用场合较为正式，应选择高档面料。多数情况下，毛料应为西装面料的首选。而且，以高档毛料制作的西装，一般具有轻、薄、软、挺的特点。

(2) 色彩。西装的颜色必须庄重、正统，不能轻浮和花哨。因此，西装颜色首选藏蓝色，除此之外，灰色、黑色和棕色也可以考虑。按照惯例，一般西装的颜色应色彩单一，色彩不应过于鲜艳、发光发亮，朦胧色、过渡色也是不可取的。

（3）图案。西装制服体现的是成熟、稳重，所以西装一般应选择无图案的，不要选择绘有花、鸟、虫、鱼、人等图案的西装，更不能在西装上自行绘上或绣上图案、标志、字母、符号等。

（4）款式。西装也有不同的款式。区别西装的款式主要有两种方法。一是按照西装的件数来划分，西装有单件和套装之分。单件西装一般是休闲西装，仅适用于非正式场合；套装有两件套和三件套，两件套包括衣服和裤子，而三件套包括衣服、裤子和马夹。三件套比两件套更加正规。二是按照西装上衣的纽扣数量来划分，分为单排扣和双排扣。一般而言，单排扣的西装比较传统，双排扣的西装上衣比较时尚。

（5）造型。造型指的就是版型。目前，西装主要有欧式、英式、美式、日式四种版型，它们各具特点，男士应根据自己的身材气质和爱好选择适合自己的版型。一般，欧式西装要求穿着者高大魁梧，美式西装穿起来稍显散漫，相比较而言，英式和日式西装似乎更适合中国人的身材。

（6）尺寸。穿着西装制服，务必要求其大小合身、宽松适度。有条件的情况下，最好量体裁衣，如果买成衣，最好认真试穿，一定要购买尺寸适合自己的西装。

2. 西装的穿着要求

（1）拆除衣袖上的商标。新购买回来的西装上衣左边袖子上的袖口处，常常缝着一块商标，我们正式穿西装之前应拆除衣袖上的商标。

（2）整洁美观。要使西装看起来整洁美观，西装除了要定期干洗，还要认真熨烫，使其看起来平整挺括、美观大方。穿西装时，应保持其线条笔直的原状。不应在公共场所随意脱下西装披在肩上，也不可将衣袖、裤管卷起来，这是不礼貌的行为。

（3）系好纽扣。一般而言，站立时，西装上衣的纽扣都应系上。就座后，西装上衣的纽扣大多解开，以防衣服扭曲走样。单排两粒扣西装，讲求"扣上不扣下"，即只扣上边那个纽扣，或全部不扣。单排三粒扣西装要么只系中间那粒纽扣，要么系上面那两粒纽扣。双排扣西装一般要求把纽扣都系好。西裤的裤扣要全部系上，拉链全部拉好。

（4）少装东西。为保证西装在外观上不走样，应在西装的口袋里少装东西，或不装东西。西装上衣的外口袋一般不放东西，左侧的外胸袋只可插入一块用于装饰的真丝手帕，不能别钢笔、挂眼镜之类的东西。内侧的胸袋可用来放钢笔、钱包或名片夹。外侧下方的两个口袋一般不放东西。西装背心的口袋多具装饰功能，只可放怀表，不宜放其他东西。西装裤子的两个侧面的口袋只能放纸巾或钥匙包等小、薄钱包。后侧口袋一般不放任何东西。

3. 衬衫

衬衫应挺括整洁、合身得体、无皱痕。衬衫下摆要塞进西裤，衬衫的所有纽扣（衣扣、领扣、袖扣）都要系好。若不系领带，可解开领扣。

与西装搭配的衬衫，应选择正装衬衫。正装衬衫还应符合如下要求：

- 衬衫应选用精纺的纯棉、纯毛面料。以棉、毛为主要成分的混纺衬衫，也可根据情况选择。

- 衬衫必须为纯色，白色衬衫是最好的选择，也可酌情考虑蓝色、灰色、棕色和黑色。
- 衬衫一般不能有任何图案和花纹。一般较细的竖条衬衫可以穿着，但不能和竖条纹的西装搭配。
- 选择衬衫的衣领要兼顾脸型、脖长和领带结的大小。一般选择方领、短领或长领。

4. 领带

（1）领带的选择。

男士穿西装时最重要的饰物就是领带。男士在正规场合，穿西装都应系领带。男士在选择领带时，应注意以下四点：

- 领带的面料：领带材质可以分为色织真丝、印花真丝、仿真丝和色织涤丝四种。色织真丝通常是 100% 桑蚕丝产品，是领带面料中的上品，色彩润泽、柔和，手感细腻，而且通常是防皱、防水的。印花真丝通常是 100% 桑蚕丝产品，与色织真丝相似。通常仿真丝的材料是尼龙，具有和真丝类似的色泽，色光发亮，跳线，但是抗皱性不如真丝，质感也稍差。涤丝的材料是涤纶，颜色黯淡较沉、手感粗糙，是领带面料中的下品，自然价格低廉。
- 领带的色彩：领带色彩的选择，要以不同的场合和不同的人为标准选择。单色领带适用于公务活动和隆重的社交场合，并以蓝色、灰色、黑色、棕色、白色、紫红色最受欢迎。多色领带一般不应超过三种色彩，可用于各类场合。色彩过于艳丽的领带用途并不广泛，只有在非正式的社交、休闲时使用。领带的色泽还要与人的肤色、体型、年龄相符，肤色黑的人宜用中浅色，肤色白的人宜选深色或色彩艳丽的领带。年轻人可选花型活泼、色彩亮丽的领带，而中年人宜选深色和小花型领带，老年人则选素雅的花形。
- 领带的图案：用于正式场合的领带，其图案应规则、传统，最常见的有斜条、横条、竖条、圆点、方格以及规则的碎花，它们多有一定的寓意。印有人物、动物、植物、花卉、房屋、景观、怪异神秘图案的领带，仅适用于非正式的场合。印有广告、团体标志、家族徽记的领带，最好不要乱用。
- 领带的款式：领带下端为箭头更加正规、传统；下端为平头显得随意、时髦。另外，领带的宽窄最好与本人胸围及西装上衣的衣领成正比。正式场合不应选择简易式领带。领结一般与礼服、翼领衬衫搭配，主要用于社交场合。

（2）领带与西装的搭配。

- 图案的搭配：一般来说，素色、斜纹、圆点和几何图案的领带都能够与任何款式的西装或衬衫搭配。但要注意的是草履虫的图纹却只能在休闲时穿戴，在上班时最好避免使用，否则会有失大雅。
- 颜色的搭配：在选择与西装搭配的领带时，还应注意领带和西装配色的协调性，以达到优雅脱俗、风韵倍增的良好效果。黑色西服，采用银灰色、蓝色调或红白相间的斜条领带，显得庄重大方，沉着稳健；暗蓝色西服，采用蓝色、深玫瑰色、橙黄色、褐色领带，显得纯朴大方，素净高雅；乳白色西服，采用红色或褐色的领带，显得十分文雅，光彩夺目；中灰色西服，配系砖红色、绿色、黄色调的领带，别有一番情趣；米色西服采用海蓝色、褐色领带，更能风采动人，风度翩翩。

（3）领带穿着的注意事项。

- 系领带不能过长或过短，站立时其下端触及腰带为宜。
- 凡针织的套头高领衫或翻领衫不宜扎领带。
- 如内穿背心，领带要放在背心内，领带夹也不要露出背心。
- 在宴会等喜庆的场合，领带颜色可鲜艳一些；参加吊唁活动，一般系黑色或其他素色领带。
- 小脸型、高身材的人不要打太窄的领带，同时，胖者不要打太宽的领带。
- 在欧洲一些国家里，使用领带夹被当成一种坏习惯。
- 领带一定不能是具有动物或是美女图案的。
- 戴同一条领带不超过三天。

（4）打领带的方法。

准备阶段：将领带大头在右，小头在左，大头在上，小头在下，并且以大头端的长度大约是小头端长度的 3 倍的比例交叉在颈前。

平结：平结为最多男士选用的领结打法之一，几乎适用于各种材质的领带。它的要诀是领结下方所形成的凹洞需让两边均匀且对称（见图 2-23）。

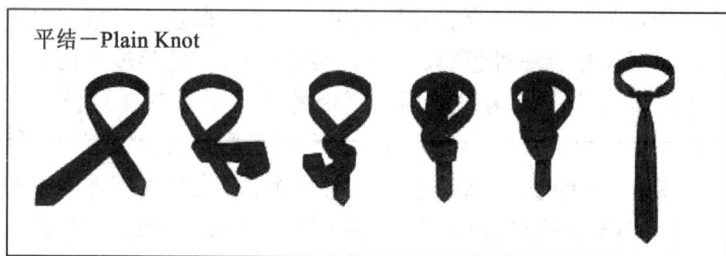

图 2-23　平结

双环结：一条质地细致的领带再搭配上双环结颇能营造时尚感，适合年轻的上班族选用。该领结的特色就是第一圈会稍露出于第二圈之外（见图 2-24）。

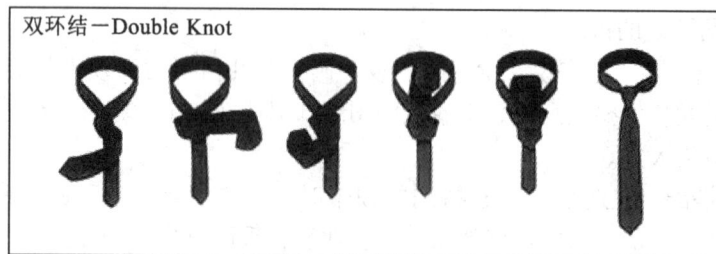

图 2-24　双环结

温莎结：温莎结适合用于宽领型的衬衫，该领结应多往横向发展。应避免材质过厚的领带，领结也勿打得过大（见图 2-25）。

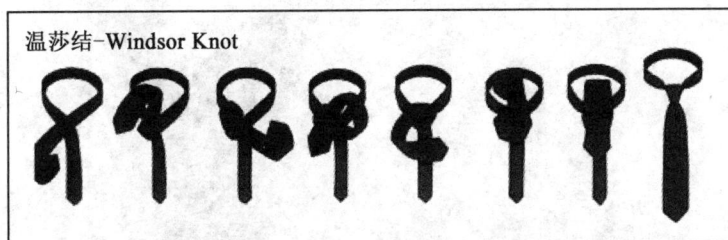

图 2-25　温莎结

双交叉结：这样的领结很容易让人有种高雅且隆重的感觉，适合正式之活动场合选用。该领结应多运用在素色且丝质领带上，若搭配大翻领的衬衫不但适合且有种尊贵感（见图 2-26）。

图 2-26　双交叉结

交叉结：这是对于单色素雅质料且较薄领带适合选用的领结，喜欢流行感的男士不妨多加使用（见图 2-27）。

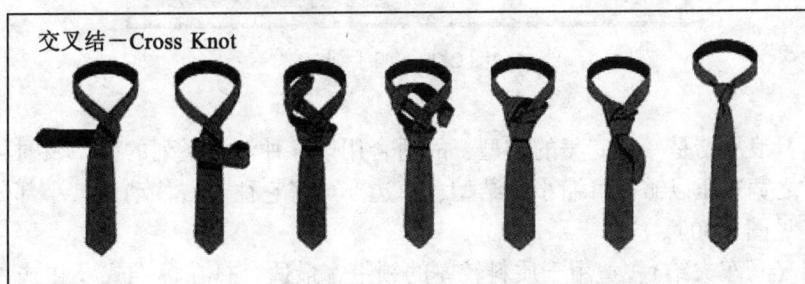

图 2-27　交叉结

亚伯特王子结：适用于浪漫扣领及尖领系列衬衫，搭配浪漫质料柔软的细款领带，正确打法是在宽边先预留较长的空间，并在绕第二圈时尽量贴合在一起，即可完成此一完美结型（见图 2-28）。

亚伯特王子结（Prince Albert）完成图

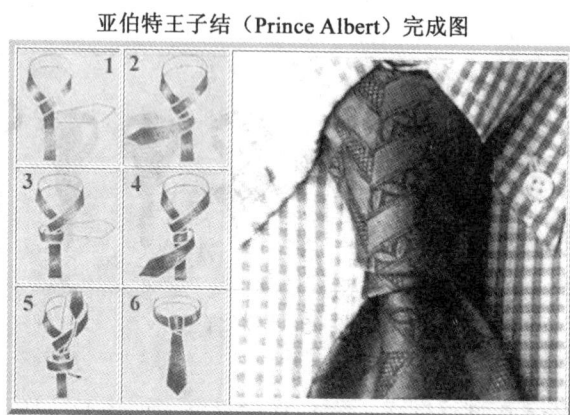

图 2-28　亚伯特王子结

四手结（单结）：是所有领结中最容易上手的，适用于各种款式的浪漫系列衬衫及领带（见图 2-29）。

四手结（单结）（Four-Inohand）完成图

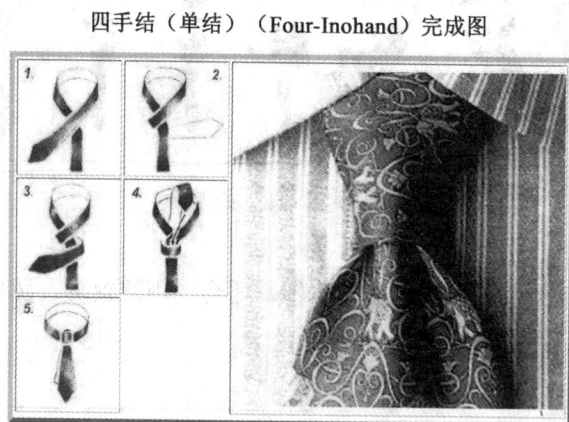

图 2-29　四手结

浪漫结：浪漫结是一种完美的结型，故适合用于各种浪漫系列的领口及衬衫，完成后将领结下方之宽边压以皱褶可缩小其结型，窄边亦可将它往左右移动使其小部分出现于宽边领带旁（见图 2-30）。

简式结（马车夫结）：适用于质料较厚的领带，最适合打在标准式及扣式领口的衬衫上，将其宽边以 180 度由上往下翻转，并将折叠处隐藏于后方，待完成后可再调整其领带长度，是最常见的一种结型（见图 2-31）。

十字结（半温莎结）：　此款结型十分优雅及罕见，其打法也较复杂，使用细款领带较容易上手，最适合搭配在浪漫的尖领及标准式领口系列衬衫（见图 2-32）。

浪漫结（Trend Knot）完成图

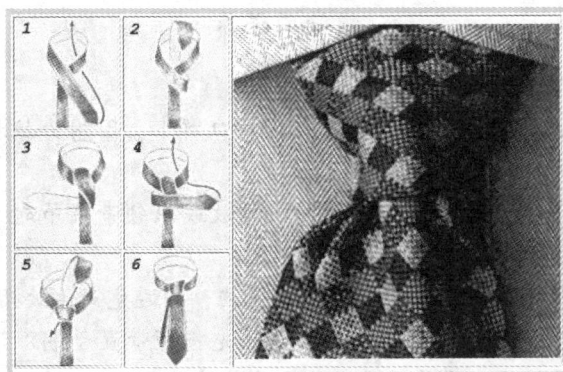

图 2-30　浪漫结

简式结（马车夫结）完成图

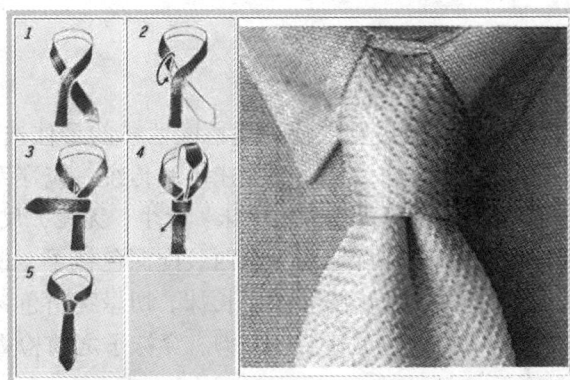

图 2-31　简式结

十字结（半温莎结）完成图

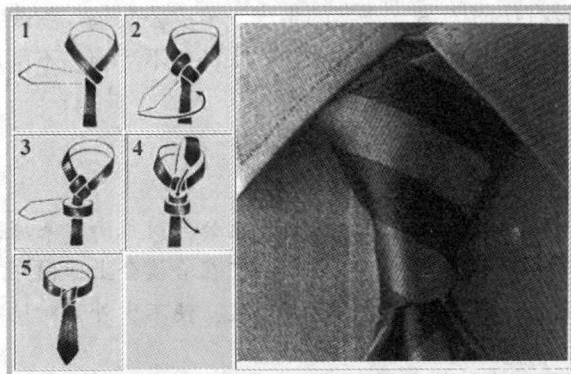

图 2-32　十字结（半温莎结）

【知识链接 2-8】

领带的保养

领带的保养工作需要从以下几个方面着手：

1. 使用过后，请立即解开领结，并轻轻从结口解下；因用力拉扯表布及内衬，纤维极易断裂，并造成永久性的皱褶。

2. 每次戴完，结口解开后，请将领带对折平放或以领带架吊起来，并留意置放处是否平滑，以避免刮伤领带。

3. 开车系上安全带时，勿将领带绑于安全带内，以避免产生皱褶。

4. 同一条领带戴完一次，请隔几天再戴，并先将领带置于潮湿温暖的场所或喷少许水，使其皱褶处恢复原状后，再收至干燥处平放或吊立。

5. 沾染污垢时，立即干洗。

6. 处理结口皱纹，请以蒸汽熨斗低温烫平；水洗及高温熨烫，容易造成变形而使领带受损。

5. 鞋袜

- 皮鞋。在正式场合，黑色的皮鞋被认为是搭配西装的最佳选择，最好是牛皮鞋。同时，皮鞋不应有任何图案和装饰。为显庄重和传统，应穿系带黑皮鞋。不能穿任何休闲皮鞋。穿皮鞋时还应做到鞋内无味、无尘、无泥，尺码恰当。
- 袜子。袜子应与西装的颜色相配套。深色西装配深色袜子，最好是黑色的，而且是单色的。袜子最好选择长及小腿肚的中长袜。切忌穿白色袜子，尤其是白色棉袜。穿袜子应保持袜子的干净、整洁、合脚。穿袜子之前检查一下袜子确保没有破洞、跳丝。

6. 公文包

公文包、皮鞋、皮带被称为"男士三宝"，这三种物件的颜色最好是统一的，而且首选黑色。男士应选择没有任何图案、文字的牛皮、羊皮公文包。款式上，最好选择手提式的长方形公文包。同时，注意用包不应过多，不张扬、不乱装、不乱放。

2.4.3　女士套裙着装规范

【案例分析 2-8】

李文在一家公司工作。有一次，上级派她代表公司前往南方某城市参加一个大型的外贸商品洽谈会。为了给外商留下良好的印象，李文在洽谈会上专门穿上了一件粉色的上衣和一条蓝色的裙裤。然而，正是她新置的这身服装，使不少外商对她敬而远之，甚至连跟她正面接触一下都很不情愿。

分析：女士在正式场合的着装，以裙装为佳，套裙是首选，各种裙裤是不宜选择的。套裙是西装套裙的简称，包括一件女士西装和一条半截式的裙子。套裙会使着装者看起来精明、干练,还能烘托出女性特有的韵味,显得优雅、文静和妩媚。因此,套裙是体现职业女性美的最好道具。

1. 套裙的选择

(1)面料。选用的面料质地应该上乘,上衣和裙子应使用同一种面料。同时,应注意面料应平整、匀称、光洁、丰厚、柔软,弹性好,不易起皱。

(2)颜色。套裙颜色应清新、典雅和庄重,以冷色调为主,不应选择鲜亮抢眼的颜色。同时,还要兼顾着装者的肤色、体型和年龄以及出席场合。

(3)图案。一般,在正式场合穿着的套裙,不应带有任何图案,但可以选择以宽或窄格子、大或小圆点、明或暗条纹为主要图案的套裙。其中,以方格为主要图案的套裙尤其受职场女士欢迎。另外,套裙上不宜添加过多的点缀。

2. 套裙的着装

(1)尺寸合适。上衣的袖长以正好盖住着装者的手腕为好。裙子的下摆正好及膝或稍过膝是最为标准的裙长,不应穿着过多暴露自己的超短裙。

(2)穿着到位。穿套裙要仔细检查,确认纽扣是否全部系好,拉链是否拉好,上衣的领子是否完全翻好等细节,确保处处到位,不出丑。

(3)举止优雅。女士在穿着套裙行进、站立和就座时都应举止优雅,行进时应以轻、稳的小碎步为主。站立时不应双腿叉开,东倒西歪,或靠墙而立。就座时也应注意姿态,不应叉开双腿,或跷起腿来,或不停地抖动双脚。

(4)协调搭配。套裙应考虑与衬衫、内衣、鞋袜、包的搭配。

衬衫。衬衫的面料应轻薄而柔软。色彩与套裙色彩相匹配,以单色最佳。最好选择无任何图案的衬衫,带有条纹、方格、圆点、碎花或暗花的衬衫可酌情考虑。穿着衬衫时还应注意将衬衫的下摆掖入裙腰内,纽扣要一一系好。

内衣。女士对内衣应慎加选择,并注意其穿着。内衣应柔软贴身,起着支撑和烘托女性线条的作用。内衣最好为同一单色。在任何场合应注意穿着内衣一定要"四不":不能不穿,不能外穿,不准外露,不准外透。

鞋袜。与套裙配套的鞋子以黑色的高跟、半高跟的船式皮鞋或盖式皮鞋最佳。袜子以肤色、黑色、浅灰、浅棕的单色高筒袜或连裤袜为宜。同时,需要注意以下几点:①鞋、袜、裙三者之间的色彩要协调;②鞋袜的图案和装饰不宜过多;③鞋袜应完好无损,没有破洞、跳丝、开线和裂缝等问题;④鞋袜不能当众脱下,袜口不可暴露在外。

包。女士应视不同的场合选择不同的包。出席宴会、晚会等场合,选择小巧、高档的夹包、精致的皮包,不应选择过大的挎包、双肩包或手拎包。穿着套裙出席商务场合可选择古典秀雅的小坤包。

2.4.4 配饰佩戴

配饰,也称为饰物,是人们在着装的同时所佩戴的装饰性物品,起着辅助、烘托、陪衬、美化的作用。配饰一般包括首饰、手表、领带、手帕、帽子、手套、包、眼镜、钢笔、鞋袜等，其中最重要的是首饰和手表、领带等。适当的配饰是一个人的阅历、教养、气质风度和审美情趣的体现，因此，我们应重视及了解配饰的特定规范，发挥配饰与服饰的最大功效，并协调好首饰、人、环境和服装。

1. 配饰技巧

首饰佩戴以少为佳，可以不戴，若同时佩戴多种首饰，不能超过三种首饰。戴首饰应达到"三符合""三一致"。戴首饰应与穿着者的身份、体型和季节相吻合。同时，还应使首饰的色彩一致、质地一致以及与所穿的服装一致。

2. 佩戴方法

（1）戒指。戒指一般戴在左手，戴在不同手指上，传递的意思不同。戴在中指上，表示有了意中人，正在恋爱中；戴在无名指上，表示已订婚或结婚；戴在小手指上，暗示是一位独身主义者；戴在食指上表示无偶求爱。拇指通常不戴戒指。一个人最多戴两只戒指，分别戴在不同的手上。

（2）耳环。耳环一般为女性的主要首饰，讲究成对使用，每只耳朵各佩戴一只。不能只戴一只耳环，也不能一只耳朵同时戴多只耳环。不要选择与脸型相似形状的耳环。

（3）胸针。胸针多为女性所用的饰物，胸针的别法很有讲究。胸针应戴在第一粒、第二粒纽扣之间的平行位置上。穿西装时，别在左侧领上，穿无领上衣时别在胸前。发型偏左时，胸针别在右边。发型偏右时，胸针别在左边。

（4）项链。项链也为女性经常佩戴的主要首饰之一。佩戴项链应和自己的年龄、体型和服装相匹配。脖子细长的女性和身穿丝绸裙时应佩戴细巧、精致的项链。

（5）丝巾。丝巾能让女性的穿着更有韵味。挑选丝巾主要看丝巾的颜色、图案、质地和垂坠感。红色可使脸部看起来更加红润；脸色偏黄，不宜选用深红、绿、蓝、黄色丝巾；脸色偏黑，不宜选用白色。

（6）手表。手表是男人最重要的首饰，体现了男人的地位、身份和财富状况。佩戴手表首先要善于选择手表。主要根据其种类、形状、色彩、图案和功能五个方面来选择。

【模拟训练 2-8】

训练目的：在不同的场合，穿着合适的打扮。

训练场景：

1. 假如你要参加一个朋友的生日派对，你认为挑选什么样的服装更适合这个场合？请根据你的实际情况，设计一个情境，并为自己搭配好服饰。

2. 假设你是一个从事商务工作的人员，根据所学的服饰礼仪知识为自己做一个服饰策划。

训练场所：教室。

训练工具：服装。

【案例分析题 2-2】

1. 小李的口头表达能力不错，对公司产品的介绍也得体，人既朴实又勤快，在业务人员中学历又最高，老总对他抱有很大的期望，可做销售半年多了，业绩总上不去。问题出在哪？原来，他是一个不修边幅的人，双手拇指和食指喜欢留着长指甲，里面经常藏着很多"东西"。脖子上的白衣领经常是酱黑色，有时候手上还记着电话号码。他喜欢吃大饼卷大葱，吃完后，不知道去除异味的必要性。在大多情况下，根本没有机会见到想见的客户。对于小李，你觉得要使他的销售业绩上去该采取什么样的方法？

2. 李先生一贯注重个人修养，他整洁的衣服、干净的指甲、整齐的头发，就给人一种精明、干练的感觉。来到企业人事部，临进门前，李先生自觉地擦鞋底，待进入室内后随手将门轻轻关上。见有长者到人事部来，他就礼貌地起身让座。人事部经理询问他时，尽管有别人谈话的干扰，他也能注意力集中地倾听并准确迅速地予以回答。同人说话时，他神情专注、目不旁视、从容交谈。这一切，都被来人事部视察情况的总经理看在眼里。尽管李先生这次只是陪同学来应试，总经理还是诚邀李先生加盟这家企业。现在李先生已成为这家企业的销售部经理。这一案例说明了什么问题？

【基本训练】

□知识题

2.1 阅读理解

1. 个人礼仪有哪些基本要求？

2. 怎样做到"站有站相，坐有坐相"？

3. 正确运用手势应该注意哪些问题？

4. 男士穿西装应该注意遵循哪些礼仪原则？

2.2 知识应用

1. 判断题

（1）仪容仪表在人际交往的最初阶段并不是重要的，语言才最重要。（　　）

（2）对一个国家来说，个人礼仪是一个国家文化与传统的象征。（　　）

（3）在西方，男子夜间可以穿晨礼服。（　　）

（4）正式场合下女士可以穿皮裙。（　　）

（5）正式场合佩戴首饰不必讲究质地、做工。（　　）

2. 选择题

（1）个人（　　）是一张无字的却无比重要的名片，是人与人交往的基础。

    A. 文化　　　　　　B. 文明　　　　　　C. 修养　　　　　　D. 礼仪

（2）下面一些礼仪常识运用正确的是（　　）。

    A. 初次见面可以穿着随意

    B. 穿西服时一般要加背心

    C. 要不断用手理头发，以保持仪容整齐

　　　　D. 裤装要比裙装要正式

（3）正式交往场合，我们的仪表仪容要给人（　　）的感觉。

　　　　A. 随意、整齐、干净

　　　　B. 漂亮、美观、时髦

　　　　C. 端庄、大方、美观

（4）女士跷二郎腿的坐姿是（　　）。

　　　　A. 不符合规范，因为会显得草率而轻浮

　　　　B. 男士可以，女士不可以

　　　　C. 只要注意上边的小腿往回收，脚尖向下，女士也可以采用

　　　　D. 没有太多的讲究

（5）作为商务人员，你的着装也是时刻受人关注的，作为男士，应该（　　）。

　　　　A. 穿黑色西装，以显示成熟、稳重

　　　　B. 合理穿着西装，但最好不要是黑色

　　　　C. 穿西装并一定要配白袜子，以显示整洁

　　　　D. 穿休闲服即可，以显时尚

【综合案例】

<h2 style="text-align:center">小节误大事</h2>

　　风景秀丽的某海滨城市的朝阳大街，高耸着一座宏伟楼房，楼顶上"远东贸易公司"六个大字格外醒目。某照明器材厂的业务员金先生按原计划，手拿企业新设计的照明器样品，兴冲冲地登上六楼，脸上的汗珠未及擦一下，便直接走进了业务部张经理的办公室，正在处理业务的张经理被吓了一跳。"对不起，这是我们企业设计的新产品，请您过目。"金先生说。张经理停下手中的工作，接过金先生递过的照明器，随口赞道："好漂亮呀！"并请金先生坐下，倒上一杯茶递给他，然后拿起照明器仔细研究起来。金先生看到张经理对新产品如此感兴趣，如释重负，便往沙发上一靠，跷起二郎腿，一边吸烟一边悠闲地环视着张经理的办公室，当张经理问他电源开关为什么装在这个位置时，金先生习惯性地用手搔了搔头皮。好多年了，别人一问他问题，他就会不自觉地用手去搔头皮。虽然金先生作了较详尽的解释，张经理还是有点半信半疑。谈到价格时，张经理强调："这个价格比我们预算的高出较多，能否再降低一些？"金先生回答："我们经理说了，这是最低价格，一分也不能再降了。"张经理沉默了半天没有开口。金先生却有点沉不住气，不由自主地拉松领带，眼睛盯着张经理。张经理皱了皱眉："这种照明器的性能先进在什么地方？"金先生又搔了搔头皮，反反复复地说："型新，寿命长，节电。"张经理借故离开了办公室，只剩下金先生一个人。金先生等了一会儿，感到无聊，便非常随便地抄起办公桌上的电话，同一个朋友闲谈起来。这时，门被推开，进来的却不是张经理，而是办公室秘书。

　　问题：请指出金先生的问题出在哪儿?

第3章 | 社交礼仪

【知识目标】

◎熟知会面礼仪、交谈礼仪、沟通礼仪、餐饮礼仪和馈赠礼仪；

◎掌握正确的社交礼仪，建立良好的社交形象。

【技能目标】

◎能根据不同的交际场合、情境和对象，在交往中恰当地称呼、问候他人，用正确的姿势握手，介绍自己和他人；

◎能在社交场合愉快地与别人交谈；

◎能根据不同的场合和情景，正确运用电话、网络和信函；

◎能根据不同的场合和环境，正确安排中西餐和使用中西餐餐具；

◎能有针对性地根据收礼方的有关情况选择礼品；

◎培养学生社会交往的能力，加强自身修养。

☞ 引例

胡学士的应聘

元世祖忽必烈一次招聘官员，应聘者中有一位学士叫胡石塘。此人生性粗心，不拘小节，歪戴着帽子也没有发现，就进去面见元世祖。元世祖忽必烈看见他，问道："你有什么本事啊？说来我听听。"胡学士回答说："我有治国平天下的学识。"忽必烈听了哈哈大笑："你连自己头上的帽子都戴不平，还能平天下吗？"

该案例表明：胡学士因为歪戴帽子、不拘小节而葬送了前程，难道不足以说明社交礼仪的重要性吗？现代人要在社会生活中生存发展，就必然以各种形式与人进行交往、沟通。所以，我们不仅要积极参加社交活动，而且要重视学习基本的社交沟通礼仪。"勿以善小而不为"，"千里之行始于足下"，我们要克服那种认为日常交往平常，没什么好学的错误思想，学好礼仪，融入社会，掌握及遵循人际交往的规律，这样才能建立良好的人际关系，创造有利的学习工作生活环境，在社会生活和交往中取得成功。

本章内容主要介绍社交过程中与人会面、交谈、沟通联络、餐饮以及馈赠等礼仪。

3.1　会 面 礼 仪

在社交活动中，和任何人打交道，会面礼仪是必不可少的，它包括称呼、问候、握手和介绍。

3.1.1　称呼

【案例分析 3-1】

某宾馆一位姓王的常住客人最近突然从本宾馆迁到对面的一家饭店住宿。客户部经理知道后，亲自去拜访客人，问其原委。这位客人说："贵宾馆的客房服务员是'鹦鹉'，每次见到我只会'鹦鹉学舌'地说'您好，先生'。而这家饭店客房服务员是'百灵鸟'，每次碰到我时，总能听到曲目不同的悦耳歌声，这使我心情舒畅。"

分析：称呼客人的姓氏，对客人来讲是一首最美妙的音乐。"您好，先生！"对初来乍到的新客人来说是一句很礼貌的问候语，但是对常住客人来讲，却显得陌生和疏远，难怪常住客人王先生会说服务员是鹦鹉学舌，突然就搬到对面的饭店去了。此例中，服务员应把客人当老客人看待，首先要注意称呼客人的姓氏"王先生"，并根据客人的职务、喜好、性格等特点，说一些充分体现饭店关心客人、尊重客人且客人爱听的话。如"王先生，今天满面春风，一定是遇到高兴的事情了"……在不同的场合和时间，在客人面前扮演客人喜欢的不同的角色。如果鹦鹉学舌，千篇一律，只能使客人反感和不快。

在社交活动礼仪中，会面礼仪包括称呼、介绍与握手礼仪。

称呼，是指人在日常交往活动中所采用的彼此之间的称谓语。如何称呼对方体现了双方之间的亲疏关系、了解程度及对对方的尊重程度。称呼应合乎常规、礼貌、亲切、得体，根据被称呼者的个人习惯，并入乡随俗。不同场合的称呼，要求也不一样。生活中的称呼应亲切、自然、准确和合理。工作场合的称呼应庄重、正式、规范。外交交往中，应根据不同的国情、民族、宗教和文化选择称呼，政务交往中可以称呼职务。得体的称呼能更好地搞好关系，不当的称呼则会让对方不高兴，影响彼此关系。

1. 常用称呼

（1）使用通称。

"同志""先生""女士"是不区分被称呼人的职务、职业、年龄等而广泛使用的通称。交往双方初次接触时，一般用通称，以称呼对方"先生""女士"为宜。

（2）使用尊称。

"先生"除了是一个通称，也是一种尊称，称呼德高望重的老前辈或是令人钦佩的师长也用"先生"。这个尊称,不分男女。"宋庆龄先生""冰心先生"就属于这种情况。如果遇到结识不久的朋友,而且对方年长于己、学有所长,可以"老师"相称。

（3）称呼姓名。

一般的同事、同学、平辈的朋友、熟人均可以姓名相称。长辈对晚辈可以直呼名字,但是晚辈不可以这样做。为了表示亲切,可以只呼其姓,不称其名,但在被称呼者姓名前分别加上"老""大""小"字。年长者称"老",年幼者称"小"。通常在亲友、恋人、同学间只呼其名,不呼其姓。

（4）称呼职衔。

对知识界、科技界人士,如教授、医生、律师、法官、博士等,可以直接以此类学衔或职称相称,也可在职衔前加上姓氏或姓名。对军界人士,则以称其具体的职务、军衔为宜。

（5）称呼职务。

在工作场合中,可以"职务"相称。可以仅仅称呼职务,如主任、经理等,也可以在职务前加上姓氏,如刘主任。对于极为正式的场合,可以在职务前加上姓名,如李晓梅行长。

（6）称呼职业。

可以直接以职业作为称呼。如老师、会计、律师、医生等。在一般情况下,也可以加上姓氏和姓名。

（7）称呼亲属。

对本人的亲属应采用谦称,称辈分高于自己的亲属,可以在称呼前加"家",如家父、家母;称辈分比自己低的亲属,可在称呼前加"舍",如舍妹;称自己的儿女,可以在称呼前加"小",如小女。对他人的亲属,应采用敬称。对长辈,应在称呼前加"尊",如"尊母";对平辈或晚辈,宜在称呼前加"贤",如"贤妹",也可以在其亲属的称呼前加"令",如"令堂""令爱"。对亲属的称呼如图 3-1 所示。

2. 称呼的禁忌

（1）使用错误的称呼。

常见的错误的称呼主要是粗心大意,主要有两种。一是误读,念错姓名。因此,对于不认识的字,应提前做好准备,如果是临时遇到,应虚心请教;二是误会,对被称呼人的情况做出错误判断,如将未婚女性称为"夫人",而使双方尴尬。

【案例分析 3-2】

有一次,有一位先生为他的外国朋友订做生日蛋糕,并要求写一份贺卡。蛋糕店小姐接到订单后,询问先生说:"先生,请问您的朋友是小姐还是太太?"这位先生也不清楚朋友是否结婚了,想想一大把年纪了,应该是太太吧,于是就跟小姐说,写太太吧。蛋糕做好后,蛋糕店将蛋糕送到了指定地点,敲开门,有礼貌的询问:"您好,请问您是怀特太太吗?"女士愣了愣,不高兴地说:"咦,错了!"就把门关上了。蛋糕店工作人员打电话向订蛋糕的先生再次确认,地址没错,于是再次敲开了门,说道:"没错,怀特太太,

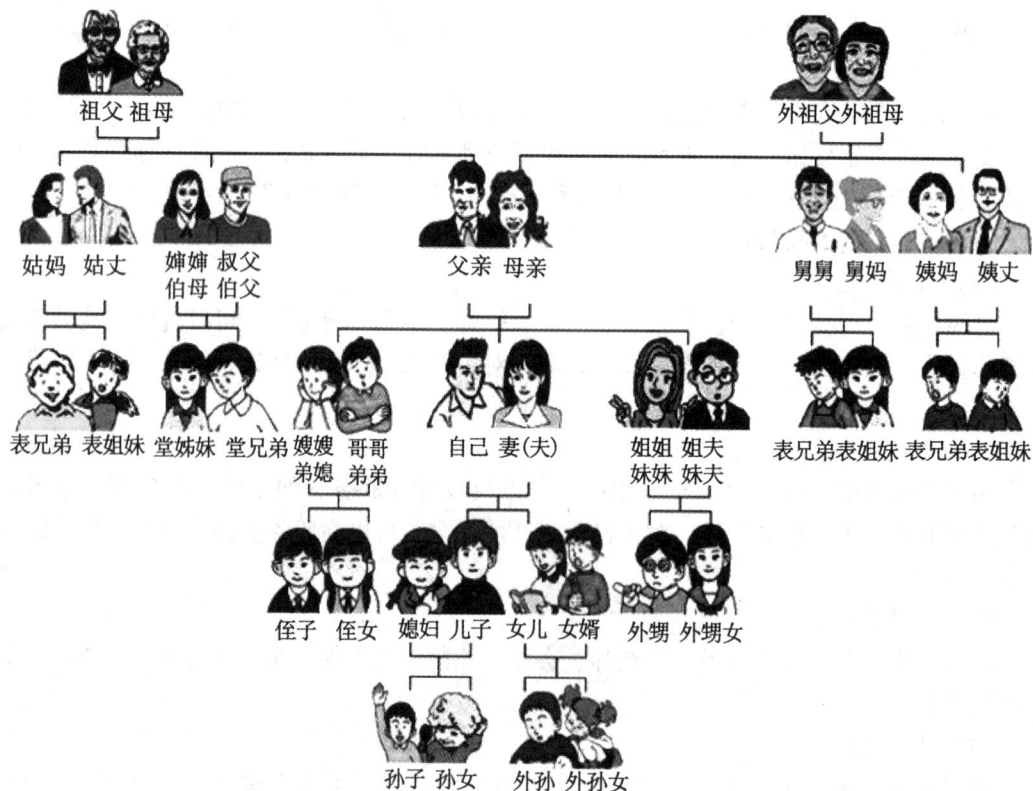

图 3-1　对亲属的称呼

这正是您的蛋糕!"谁知此时,这位女士大叫道:"告诉你错了,这里只有怀特小姐,没有怀特太太!""啪"的一声,门关上了。

(2) 使用不通行的称呼。

有些称呼,具有一定的地域性,比如北京人爱称人"师傅",山东人爱称人"伙计",中国人把配偶和孩子称为"爱人"和"小鬼"。但是在南方,"师傅"等于"出家人","伙计"是"打工仔",而外国人则将"爱人"理解为婚姻中的第三者,"小鬼"理解为"鬼怪"。

(3) 使用不恰当的称呼。

在正式场合使用不恰当的称呼,如"哥们""姐们""死党""闺蜜"等,虽然听起来亲切,但是不符合场合。

【案例分析 3-3】

在广告公司上班的王先生与公司门卫的关系处得很好,平时进出公司大门时,门卫都对王先生以"王哥"相称,王先生也觉得此种称呼很亲切,这天王先生陪同几位来自我国香港地区的客人一同进入公司,门卫看到王先生一行人,又热情地打招呼道:"王哥好！几位大哥好！"谁知随行的香港客人觉得很诧异，其中一位还面露不悦之色。

（4）使用绰号作为称呼。

不能自作主张地给对方起绰号，也不能随意以道听途说来的绰号称呼对方，更不能拿别人的姓名乱开玩笑。

3.1.2 问候礼仪

见面问候是我们向他人表示尊重的一种方式。见面问候虽然只是打招呼、寒暄或是简单的三言两语，却代表着我们对他人的尊重。

1. 问候的内容

问候内容分为两种，分别适用于不同场合：

直接式问候就是直接以问好作为问候的主要内容。它适用于正式的交往场合，特别是在初次接触的陌生商务及社交场合，比如："您好""大家好""早上好"等。

间接式问候就是以某些约定俗成的问候语，或者在当时条件下可以引起的话题，主要适用于非正式、熟人之间的交往。比如："最近过得怎样""忙什么呢""您去哪里"等，替代直接式问好。

2. 问候的态度

主动：向他人问候时，要积极、主动。同样当别人首先问候自己之后，要立即予以回应，千万不要摆出一副高不可攀的样子。

热情：向他人问候时，要表现得热情、友好、真诚。毫无表情，或者拉长苦瓜脸表情冷漠的问候不如不问候。

大方：向他人问候时，除了主动、热情的态度，还必须表现得大方。矫揉造作、神态夸张，或者扭扭捏捏，反而会给人留下虚情假意的坏印象。问候的时候，要面含笑意，与他人有正面的视觉交流，不要目光游离、东张西望。

3. 问候的次序

在正式场合，问候一定要讲究次序。

一对一的问候：一对一，两人之间的问候，通常是"位低者先问候"。即身份较低者或年轻者首先问候身份较高者或年长者。

一对多的问候：如果同时遇到多人，特别在正式会面的时候。这时既可以笼统地加以问候，比如说"大家好"；也可以逐个加以问候。当一个人逐一问候多人时，既可以由"尊"而"卑"、由"长"而"幼"地依次而行，也可以由"近"而"远"依次而行。

4. 问候语

（1）与客人见面，应主动说："您好，欢迎来到这里。""女士们、先生们，欢迎你们的光临!"" 您好，我们一直恭候您的光临!"" 您好，见到您很高兴!" 还要注意在不同的时间问候客人，如"早上好，先生，您有什么事要吩咐吗?""晚上好，要我帮忙吗?"

（2）与客人道别时，可以说"再见!""再会!""谢谢光临，欢迎再来!""祝您一路平安。"

（3）与外国客人见面时，应掌握用外语和按照外宾习俗来问候。如初次见面用"how do you do"，千万不能用"您吃饭了吗?""您上哪儿去呢?" 这类中国人常用的问候语。同时注意，不同国家有自己特殊的问候语。

【知识链接 3-1】

常用文明用语

1. 您好。2. 请坐。3. 请问。4. 请稍候。5. 对不起。6. 请原谅。7. 很抱歉。8. 没关系。9. 不客气。10. 谢谢。11. 请不要着急。12. 对不起，让您久等了。13. 您请进。14. 请出示您的证件。15. 我会尽量帮助您。16. 为您服务是我应该做的。17. 有不懂的地方您尽管问。18. 非常感谢您的配合。

【模拟训练 3-1】

　　训练目的：掌握称呼礼仪的基本规范

　　训练程序：

　　1. 学生分组

　　2. 小组研究讨论自行设置社交、工作情景场合（推销商品、服务顾客、签订合同、宴请等）

　　3. 模拟称呼训练

　　训练场所：教室

　　训练工具：桌椅等

3.1.3　握手礼仪

【案例分析 3-4】

方舟公司总经理（女）一行五人，前往宏运公司参观考察，鸿运公司总经理办公室主任刘韬负责接待工作。见面时，刘韬因考虑到方舟公司总经理职务比他高，又是位女士，见面时不敢贸然先伸手与对方握手。结果，弄得对方很尴尬。

分析：正式社交场合，握手时应遵循先尊后卑的原则，由地位高者、妇女先伸手，地位低者和男士一般不贸然伸手。但案例中宏运公司的刘主任作为主人就应首先伸出热情的手，表示对方舟公司总经理一行人的欢迎。不然，则显得有失礼节。

握手是全世界最通用的礼节，也是社交场合中见面时最普通和最经常使用的礼节。握手是在相见、离别、恭喜或致谢时相互表示情谊、致意的一种礼节，双方往往是先打招呼，后握手致意。它不用说话就能显示出热情、友好的待人之道，如果应用得当，它能进一步增添别人对你的信赖感，它也在不经意间体现了你的教养。

1. 握手的由来

握手，是人类在长期交往中逐渐形成的一种重要礼节，最早可以追溯到"刀耕火种"的原始时代。那时，人们以木棒或石块为武器，进行狩猎或战争。狩猎中遇到不属于本部落的陌生人，或敌对双方准备和解时，双方就要放下手中的武器，伸出手掌，让对方摸一下手心，以示友好。这种习惯后来演变成现代握手礼。

2. 握手的顺序

一般来说，握手遵循"先尊后卑"的原则，并根据握手人的社会地位、年龄、性别和身份来确定。上下级握手，下级要等上级先伸出手；长幼握手，年轻者要等年长者先伸出手；男女握手，男士等女士伸出手后，方可伸手握之；宾主握手，主人应向客人先伸出手，而不论对方是男是女。

总之，社会地位高者、年长者、女士、主人享有握手的主动权。朋友、平辈见面，先伸出手者则表现得更有礼貌。

3. 握手的方法

握手时，距对方约一步远，上身稍向前倾，两足立正，伸出右手，四指并拢，虎口相交，拇指张开下滑，向受礼者握手，一般握两三下就行，并要将时间控制在 3 秒左右。平等而自然的握手姿态是两手的手掌都处于垂直状态，这是一种最普通也最稳妥的握手方式（见图 3-2）。

图 3-2　握手的方法

4. 握手注意事项

（1）握手时双目应注视对方，微笑致意或问好，多人同时握手时应按顺序进行。与人握手时不要看第三者或心不在焉。

（2）握手时不要一句话不说，也不可长篇大论、点头哈腰、过分客套。

（3）不要用左手，即使你是左撇子，也要用右手；有些国家习俗认为人的左手是脏的，所以这个错误不能犯。

（4）在握手前先脱下手套，摘下帽子、墨镜，女士特别是在晚会穿着晚礼服的女士可以戴着手套。

（5）如果需要和多人握手，握手时要讲究先后次序，由尊而卑，即先年长者后年幼者，先长辈再晚辈，先老师后学生，先女士后男士，先已婚者后未婚者，先上级后下级。

（6）多人相见时，注意不要交叉握手，也就是当两人握手时，第三者不要把胳膊从上面架过去，急着和另外的人握手。

（7）在任何情况下拒绝对方主动要求握手的举动都是无礼的。但手上有水或不干净时，应谢绝握手，同时必须解释并致歉。

（8）握手时不能将另外一只手插在衣袋里，不要将对方的手拉过来、推过去，或剧烈抖动，不要仅仅握住对方的手尖，不能握手之后立即擦手。

（9）除了残疾人、老人、身体欠佳者，不能坐着和人握手。

5. 其他礼节

常见的致意礼节有握手礼、点头礼、举手礼、脱帽礼、注目礼、拱手礼、鞠躬礼、拥抱礼、亲吻礼、吻手礼、合十礼等。

（1）点头礼（也称颔首礼）一般用于同辈或同级之间，它适用于在一些公众场合与熟人相遇又不便交谈时、在同一场合多次见面时、路遇熟人时等情况。点头时要面带微笑，目视对方，轻轻点一下头即可。行点头礼时，不宜戴帽子。

（2）举手礼的场合与点头礼的场合大体相同，并且是对距离较远的熟人一种打招呼的方式。正确的做法是：右臂向前方伸直，右手掌心朝向对方，四指并拢，拇指叉开，轻轻向左右摆。

（3）脱帽礼。戴着帽子的人，在路遇熟人，与人交谈、握手或行其他会面礼，进入他人居所或娱乐场所，升挂国旗，演奏国歌等情况下，应自觉主动地摘下自己的帽子，并置于适当之处，这就是脱帽礼。女士在社交场合可以不脱帽。

（4）注目礼一般是在严肃、庄严的场合使用，如我国升国旗时，应行注目礼。行注目礼时，表情应严肃、精神饱满。同时，挺胸抬头，目视前方，双手自然下垂，不得戴帽和手套行礼。

（5）拱手礼。拱手礼是我国民间传统的会面礼，它所适用的场合包括岁末举行团拜活动时，向长辈祝寿时，向友人恭贺新婚、生子、晋升、乔迁时，向亲朋好友表示感谢时，以及与海外华人初次见面表示久仰大名之意时。行拱手礼时，要求站立，上身挺直，两臂前伸，双手在胸前高举抱拳，自上而下，或者由内而外，有节奏地晃动两三下。

（6）鞠躬礼。与日本、韩国等东方国家的外国友人见面时，行鞠躬礼表达致意是常见的礼节仪式。鞠躬礼分为 15°、30° 和 45° 角的不同形式；度数越高向对方表达的敬意越深。基本原则：在特定的群体中，应向身份最高、规格最高的长者行 45° 角鞠躬礼；身份次之行 30° 角鞠躬礼；身份对等行 15° 角鞠躬礼。

（7）拥抱礼。欧美各国熟人、朋友之间表示亲密感情的一种礼节，通常与亲吻礼同时进行。在迎宾、祝贺、感谢等隆重场合，无论是官方还是民间的仪式都经常采用。基本方法是两人正面站立，各自举起手臂，将右手搭在对方的左肩后面，左臂下垂，左手扶住对方的右后腰。首先向左侧拥抱，然后向右侧拥抱，最后再向左侧拥抱。

（8）亲吻礼。一般见于西方、东欧和阿拉伯国家，是各国上级对下级、长辈对晚辈以及朋友、夫妻之间表示亲昵、爱抚的一种礼节。通常是在受礼者脸上或额上亲吻。长辈与晚辈亲吻的话，长辈吻晚辈的额头，而晚辈吻长辈的下颌。同辈人或兄弟姐妹的话，只能相互贴一贴面颊。

（9）吻手礼。吻手礼是欧洲和拉丁美洲较古老的礼节，就是男人以亲吻妇女的手背来致意。吻手礼的接受者只限于已婚的女性。行礼时，妇女可不脱下手套，伸出右手，男人微微俯身，用右手捏住对方的手指部分，拿起来用嘴唇轻轻吻一下。这种礼节现在已不太流行，只有在较隆重的场合，或对一些身份特别高贵的妇女才行此礼。

（10）合十礼。又称合掌礼，在印度和东南亚佛教国家通行，相当于握手，即把两个手掌在胸前对合。在国际交往中，当对方用这种礼节向我们致礼时，我们也应以合十还礼。但我们一般不主动使用这种礼节。

【知识链接 3-2】

握手的方式和性格特点

常言道："十指连心。"通过握手可以判断一个人的性格特点。

（1）对等式握手。该方式是标准的握手方式，意义比较单纯，有礼貌。采用此等方式握手的人比较友好，也可能是遵守游戏规则的平等的竞争对手。

（2）控制式握手。用掌心向下或向左下的姿势握住对方的手显得傲慢，也暗示想获得主动。这类人一般说话干净利落，办事果断，极度自信。

（3）谦恭式握手。谦恭式握手也叫乞讨式握手。采用这种握手方式的人，往往性格软弱，处于被动劣势地位。

（4）双握式握手。用右手紧握对方右手的同时，再用左手加握对方的手背、前臂或肩部。这是在表达自己的热情、诚实、可靠，显示对对方的信赖和友谊。

（5）死鱼式握手。握手时过于软弱无力，给人一种毫无生命力的感觉。这种人如不是生性懦弱，就是冷漠无情，待人接物消极傲慢。

（6）抓指间式握手。握手时轻轻碰一下对方的指尖，给人一种冷冰冰的感觉。一般女士与男士握手采用此种方式，以表示自己的矜持与稳重，也暗含保持一定距离的意思。

（7）抠手心式握手。两手相握之后，不很快松开，轻轻按压，双掌相互缓缓滑开，让手指在对方手心适当停留。这是表达对对方的一种依恋和爱意，往往用于情人和恋人之间。

【模拟训练 3-2】

训练目的：学习正确地握手

训练情景 1：

夏天，天气很热，光线很强，小陈戴着墨镜正在街上行走，路遇自己的好朋友小王，小陈很高兴，立即走上前与小王握手。

训练情景 2：

在公司年会上，王强、张博文、陈小刚、李云（女）相遇了，他们一一握手。

训练场所： 街上、教室

训练工具： 墨镜

3.1.4　介绍礼仪

【案例分析 3-5】

广州商品交易会上，各方厂家云集，企业家们济济一堂。华信公司的徐总经理在交易会上听说伟业集团的崔董事长也来了，想利用这个机会认识这位久仰大名但素未谋面的商界名人。午餐会上，他们终于见面了，徐总彬彬有礼地走上前去说道："崔董事长，您好，我是华信公司的总经理，我叫徐刚，这是我的名片。"说着，便从随身带的公文包里拿出名片，递给了对方。崔董事长显然还沉浸在之前与人谈话的过程中，他顺手接过徐刚的名片，回应了一句"你好"并草草看过，放在了一边的桌子上。徐总在一旁等了一会儿，并未见这位崔董事长有交换名片的意思，便失望地走开了。

分析： 自我介绍和名片的传递都有一定的礼仪规范，在日常交往中，若不遵守，则有可能达不到自己的目的，并使自己的形象大大受损。例子中的徐总明显在自我介绍的时候太冒昧，导致崔董的不满。

在社会交际礼仪中，介绍是一个非常重要的环节，是人际交往中与他人进行沟通、增进了解、建立联系的一种最基本、最常规的方式。通过介绍，可以缩短人们之间的距离，帮助扩大社交的圈子，促使彼此不熟悉的人们更多地沟通和更深入地了解。

双方在相互介绍之后，往往会互换名片作为帮助了解对方的手段。名片是现代人社交的通行证和交往的联谊卡。

根据介绍者的位置，介绍可以分为自我介绍和为他人介绍。

1. 自我介绍

（1）自我介绍的具体形式。

- 应酬式：适用于公共场合和一般性的社交场合，这种自我介绍最简洁，往往只包括姓名一项即可。如"你好，我叫张×。""你好，我是张×。"
- 工作式：适用于工作场合，它包括本人姓名、任职单位及其部门、职务或从事的具体工作等。如"你好，我叫张×，是××酒店的客房部经理。""我叫张×，在××大学读书。"
- 交流式：适用于社交活动中，希望与交往对象进一步交流与沟通，它包括介绍者的姓名、工作、籍贯、学历、兴趣及与交往对象的某些熟人的关系。如"你好，我叫张×，在××公司工作。我是王×的同学，都是武汉人。"

- 礼仪式：适用于讲座、演出、庆典、仪式等一些正规而隆重的场合，包括姓名、单位、职务等，同时还应加入一些适当的谦辞。如"各位来宾，大家好！我叫张×，是××大学的学生。我代表学校全体学生欢迎大家光临我校，希望大家……"
- 问答式：适用于应试、应聘和公务交往。问答式的自我介绍，应该是有问必答，问什么就答什么。

（2）介绍时机。

在社交场合，如遇到下列情况，自我介绍就是很有必要的：

- 与不相识者相处。
- 聚会场合中与陌生人相处。
- 公关活动中有业务联系。
- 访谈活动中。
- 大众传媒进行自我推荐、自我宣传时。
- 社交媒体与他人的联络。
- 应聘、应试时。

（3）介绍的基本程序。

先向对方点头致意，得到回应后，再向对方介绍自己的姓名、身份和单位，同时递上事先准备好的名片。一般以半分钟为宜。

（4）自我介绍的注意事项。

- 自我介绍宜简短，以半分钟为宜，如无特殊情况最好不要长于 1 分钟。
- 自我介绍时应充满自信，落落大方，笑容可掬，态度诚恳，自然、亲切、友好、随和。要敢于正视对方的双眼。
- 实事求是，富有特色，不要夸夸其谈。

2. 为他人介绍

为他人介绍，又称第三者介绍，它是由第三者为不认识的双方引见、介绍的一种介绍方式。

（1）介绍者的姿势。

以标准姿势站立，右臂肘关节略屈并前伸，手心向上，五指并拢，手指指向被介绍者。眼睛视被介绍者的对方（见图 3-3）。

（2）介绍顺序。

【小思考 3-1】

一位客户到公司，公关经理在机场接到这位客户后，要安排他和公司总经理见面，应该先介绍谁？

问题实质：替别人介绍的前后顺序问题。问题重要性：顺序错了，会让别人认为你没素质，或故意为之。

在工作场合，男女平等，不分男女，不分老幼，不看职位高低，而是依据宾主介

图 3-3　介绍者的姿势

绍——从主、客角度来介绍，先介绍主人，后介绍客人，给客人优先知情权。

在为他人做介绍时，依然遵守"尊者有优先知情权"的规则：先确定双方地位的尊卑，然后先介绍位卑者，后介绍位尊者。

具体来说：

- 先介绍职位低的人，后介绍职位高的人；
- 先介绍年少者，后介绍年长者；
- 先介绍男性，后介绍女性；
- 先介绍亲近的人，后介绍初次见面的人；
- 先介绍未婚者，后介绍已婚者；
- 先介绍同事职员，后介绍客户；
- 先介绍个人，后介绍集团或其他人；
- 先介绍主人，后介绍来宾；
- 先介绍后来者，后介绍先到者。

（3）介绍的礼仪。

- 介绍的时候无论是被介绍还是介绍别人都必须站起来，相互致意；
- 同性之间的礼节一般是握手，异性时女性行注目礼或面带微笑比较好；
- 在介绍时要准确地记忆对方的姓名，在交谈中叫出对方的姓名可以增加亲近感；
- 如不清楚对方的姓名时，可悄悄通过他人确认；
- 将名片放在方便取用的地方，并尽可能多准备一些；
- 向对方说："你好，我是张×。"同时恭敬地将名片递给对方；
- 回避个人性的问题、政治、宗教、金钱等话题。

（4）介绍的注意事项。

- 介绍时一定要弄清彼此的关系，明确介绍的目的；

- 介绍时要注意言辞有礼，遵循平等的原则；
- 介绍时可适当风趣；
- 介绍应避免使用推销式的介绍；
- 介绍时还应避免嬉皮笑脸，仪态不端；
- 介绍时还要注意时间和内容的调整；
- 介绍的内容根据不同的场合和情境加以调整；
- 介绍时，如果有名片应先递名片再做介绍。

【小思考 3-2】

张云和朋友赵文一起去听李教授的一个校内公开讲座，赵文对讲座很感兴趣，想与李教授有进一步交流，由于李教授曾经给张云所在班级上过课，认识张云，因此赵文想让张云在会后把自己介绍给李教授。如果你是张云，你会怎样介绍两人认识呢？

3. 使用名片

人际交往中，名片不但能推销自己，也能很快地帮助你与对方熟悉，它就像持有者的颜面，不但要很好地珍惜，而且要懂得怎样去使用它。现代名片是一种经过设计、能表示自己身份、便于交往和开展工作的卡片，名片不仅可以用作自我介绍，而且还可用作祝贺、答谢、拜访、慰问、赠礼附言、备忘、访客留话等。所以，在人际交往中，交换名片已经成为基本的礼仪。

（1）递送名片。

- 做好准备。参加正式活动，应将名片放在容易取出的地方，如放在专门的名片夹、公文包或上衣口袋里。
- 尊卑有序。地位低的人、晚辈或男士先向地位高的人、长辈或女士递名片，然后再由后者回赠名片。假如对方先递上名片，自己则不必谦让，大方收下，再予回赠。当对方不止一人时，应按照职务高低的顺序递送名片，也可以由近而远，或按顺时针方向进行。
- 掌握时机。一般是见面时递名片，也可以在交往中觉得有进一步联系的必要时递。在未确定对方来历时，不要轻易递名片，也不能"批发式"撒发名片。
- 注意姿态（见图 3-4）。递送名片时，应起身站立，面带微笑，注视对方，双手拿住名片上端两边，名片上的字顺向对方，身体稍前倾，恭敬地递给对方，并说些礼貌的话语，如："你好，我是李×，这是我的名片，请多多关照，希望保持联络。""初次见面，请多多关照。""非常高兴认识您。"

（2）接受名片。

- 起身迎接。当对方递送名片时，要立即放下手中的事情，起立，双手接过名片，并点头致谢。
- 一定要看。接过名片后，不要立即收起来，也不要随便玩弄或摆放，应当着对方的面仔细阅读，尽快记住对方是何人，以示尊重。必要时，可以把名片上的姓名、

图 3-4 递名片的姿势

职务、头衔轻声读出来，以示重视。不认识的字应当面请教，不可随便叫出。

- 慎重收藏。看完名片后，应郑重地收好名片，切忌随意往口袋一塞或漫不经心地放置在一边。
- 回赠对方。拿到对方名片后，应及时回赠对方名片，以示尊重。

（3）索要名片。

- 交易法。索取对方名片时先将自己名片递给对方。"非常高兴认识你，这是我的名片，请多指教。"
- 明示法。一般是向同年龄、同级别、同职位的人索要名片的方法。如果和对方很熟，担心联系方式有变，可以明确表示想要他的名片。"老王，好久不见了，我们交换一下名片吧，这样联系更方便。"
- 谦恭法。一般是与长辈、领导、上级或名人等人交往时索要名片的方法。"汪老，您的报告对我很有启发，希望有机会向您请教，以后怎样向您请教比较方便。"

【知识链接 3-3】

名片的起源

名片来源于交往，而且是文化时代的交往，因为名片离不开文字。

原始社会没有名片，因为那时人烟稀少，人们生存艰难，甚少有交往；而且文字还没有正式形成，早期的结绳记事也只存在于统一部落内部，部落与其余部落也没有往来。

奴隶社会虽然出现了简单的文字，但也没有出现名片。奴隶社会经济不发达，奴隶没有受教育的权利；少量世袭奴隶主，形成小的统治群体，因为统治小圈子不大变更，再加上识字不广泛，也没有形成名片的条件。

名片最早始于封建社会。战国时期中国开始形成中央集权统治的国度，随铁器等工具的使用，经济也得到发展，从而带动文化发展，以孔子为代表的儒家与其他流派形成百家争鸣气象。各国都致力于扩展国土，传布本国文明，战斗中出现大批新兴贵族。尤其是秦始皇统一中国后，开始了巨大的改造，统一全国文字。至少在秦末汉初便涌现了名片的早期名称：谒。所谓谒：就是访问者把名字和其他介绍文字写在竹片或木片上，作为给被造访者的会晤介绍文书，也就是现在的名片。中国古代的名片不叫名片，而叫名帖。最早的名片叫谒，现在的"谒见"一词或许就源于此。它起源于秦汉时代，那时候纸张尚未发明，因此名帖就用竹子削成。上面写着自己的姓名，主要起着拜见通名的作用，到东汉时期开始叫刺。蔡伦改进造纸术以后，纸张逐步用得多了，于是就开始用纸张做，叫名、名纸等。唐宋时代叫门状，官僚阶层在呈状时用。明清时期又有一种叫手本的名帖，是下属见上司以及学生见老师时用。因而名片在早期，只用于少数特权阶层的交往，只有到近代，名片才开始平民化。早期名片与近现代名片的主要区别是用手写而不是印刷。

【模拟训练 3-3】

训练目的：掌握正确的介绍方式

训练场景：

1. 假如我是一名被邀请去贵公司开讲座的教授，你是来接我的办公室主任，在你的公司，你怎么把我介绍给你们的总经理？

2. 天文公司的经理和经理助理一行二人应邀到金凯公司参加一个活动，在金凯公司大门等待的是公司的经理和礼宾工作人员。双方见面时，应分别由谁来介绍？介绍的顺序是怎样的？

训练场所：教室

训练工具：无

【案例分析题 3-1】

在一次接待某省考察团来访时，小王与考察团团长熟识，被列为主要迎宾人员陪同部门领导前往机场迎接贵宾。当考察团团长率领其他工作人员到达后，小王面带微笑，热情地走向前，先于领导与考察团团长握手致意，表示欢迎，然后转身向自己的领导介绍这位考察团团长，接着又热情地向考察团团长介绍自己同来的部门领导。小王自以为此次接待任务完成得相当顺利，但他的某些举动却令其领导十分不满。

问题：小王的举动符合企业的伦理要求吗？

【案例分析题 3-2】

在最近举行的产品展销会上，客商云集，天马广告公司的经理马中强想要拜访几位当地知名企业集团的李总经理、赵董事长、陈总经理（女士），他事先准备好了自己的名片，在展销会后的聚会上，马中强见到了这几位企业家。马经理应该如何成功地分别与对方交换名片？在交换名片的时候要注意哪些礼节？

3.2 交谈礼仪

【案例分析 3-6】

早晨一上班，研发部的小田来找秘书小李。他怒气冲冲地说："我们部与美国公司合作项目的批文怎么还不下来？你们当秘书的办事，怎么就这么拖拖拉拉？这个项目要是黄了，你来负这个责？"其实这个报告小李早就交给孙总了，但这几天孙总天天开会，根本没时间看。

面对这种情况，小李应该怎么办？有以下几种选择：

1. 你吵什么吵？问清楚事情原因了吗？对我发火？
2. 小田，你别急，你听我和你说……
3. 报告我就早就送给孙总了，至于他什么时候答复不是我的责任。
4. 我早就把报告送给孙总了，不要总是拿秘书来出气好不好？

分析：秘书是单位领导和群众沟通的桥梁，工作中稍不注意就会把小事"化"大，所以秘书的一言一行都要注意得体。面对案例中的情况，秘书小李首先应冷静地听对方把话说完，再根据情况给对方一个合理并满意的解释。要注意的是，这个时候切不能将矛头指向领导，也不能对同事进行抱怨，避免这样的回答："报告我早就送给孙总了，至于他什么时候答复不是我的责任。""我早就把报告送给孙总了，不要总是拿秘书来出气好不好？"所以，第二种选择是最好的，先让小田平静下来，然后告诉他：孙总这两天很忙，但他一直记得你们这事呐，而且还说，等稍微空下来，就马上搞你们这事，合作的事是咱们单位的大事，他能不管吗？你放心好了。

交谈是人们彼此之间交流思想情感、传递信息、进行交际、开展工作、建立友谊、增进了解的最为重要的一种形式。没有交谈，人与人要进行真正的沟通几乎是不可能的。交谈也是人的知识、阅历、才智、教养和应变能力的综合体现。俗话说，"听其言，观其行"，是因为言为心声，只有通过交谈，交往对象彼此之间才能够了解对方，并且被对方所了解。

3.2.1 交谈的特征

（1）真实自然：交谈应表达流畅，感情自然流露。

（2）相互了解：交谈是一种双向或多向的活动，它要求各方积极参与，达成共识，产生共鸣，达到互动，而不能只是单向的"一言堂"。

（3）相互包容：在交谈中，每个人都要有容人的雅量，不仅要自己说话，而且也要允许对方说话，要彼此适应，求同存异，大家平等。不打断，不轻易补充，不随意更正。

（4）信息传递：交谈在实际操作中往往能得到真实的信息，这是任何媒介都做不到的。

(5) 内容多样：进行交谈，可以有一个主题，也可以自由漫谈，但应该使它有的放矢，使人有所获益。

3.2.2　交谈的声音

说话的声音要适度，也就是能让所有听你讲话的人听清楚，而又不干扰与此无关的人。办公室里还有其他人的时候，谈话双方一定要压低声音。楼道中与人打招呼、聊天不能大声，以免影响他人。在公务场合和公共场合，大喊大叫总是不合适的、失态的。当你对某人的做法实在不满意甚至感到气愤时，要先控制自己的情绪，不要高声大叫，以低沉的嗓音说出的话往往比大声叫喊更具震撼力。

3.2.3　交谈的目光

在说话时不可忽略目光的作用。要用自己的目光帮助表情达意，也可以通过他人的眼神了解其情绪和感觉。在说话时，说话人眼睛应该看着对方，表现出诚意、专注，这是对他人的尊重。目光注视的范围因场合的不同而有所变化，有公务注视、社交注视和亲密注视之分。

3.2.4　交谈的举止

(1) 在公务场合、社交场合，坐姿要端正。头懒散地靠在沙发背上、大腹便便地撇着腿坐着，类似的姿态都是不合适的。

(2) 谈话时可以用适当的手势加强语气，帮助表达。谈话范围越小，手势的幅度就越小，频率不要过高，以免让人觉得心烦，影响注意力。

(3) 注意控制手的小动作。在谈话中这些多余的动作都会影响到听者的注意力。不要用笔敲击桌子、笔记本，或像表演杂技一样把笔放在手指上不停地旋转、玩弄钥匙串、掏耳朵、剪指甲等。

3.2.5　交谈的内容

在交谈中，每个人都会有一种表现的欲望，希望把自己的想法或者了解的事实告诉对方，因此很多人习惯把自己的思想、经历和感受作为交谈的主要内容，所以交谈中应注意选择可以谈论的内容和忌谈的内容。

1. 宜选择的内容

(1) 目的性内容：即交谈双方业已约定，或者其中某一方先期准备好的内容。求人帮助、征求意见、传递信息、讨论问题、研究工作一类的交谈，往往属于内容既定的交谈。适用于正式交谈。

(2) 内涵性内容：即内容文明、优雅，格调高尚、脱俗的话题。文学、艺术、哲学、历史、地理、建筑等。适用于各类交谈，但要求面对知音，忌讳不懂装懂或班门弄斧。

（3）时尚性内容：即谈论起来令人轻松愉快、身心放松、饶有情趣、不觉劳累厌烦的话题。如文艺演出、流行时装、美容美发、体育比赛、电影电视、休闲娱乐、旅游观光、名胜古迹、风土人情、名人轶事、烹饪小吃、天气状况等，适用于非正式交谈，允许各抒己见，任意发挥。

（4）时代性内容：即以此时、此刻、此地正在流行的事物作为谈论的中心。适合于各种交谈，但变化较快，在把握上有一定难度。

（5）对象性内容：指交谈双方，尤其是交谈对象有研究、有兴趣、有可谈之处的主题。须知：话题选择之道，在于应以交谈对象为中心。

2. 忌谈话的内容

（1）不非议国家、党和政府。
（2）不涉及行业和国家机密。
（3）不随便非议交往对象内部事务。
（4）不背后说领导、同事、同行。
（5）不涉及格调不高的话题。
（6）不讨论个人隐私（年龄、婚姻状况、收入支出、身体状况、家庭住址、私人电话、政治和宗教信仰、个人经历、他人的毛病、倾向错误、悲痛之事等）。

3.2.6　交谈的语言

1. 语言要礼貌

在交谈中多使用礼貌用语，是博得他人好感与体谅的最为简单易行的做法。所谓礼貌用语，简称礼貌语，是指约定俗成的表示谦虚恭敬的专门用语。如客人到来，要说"欢迎光临"，起身作别，要说"告辞"，中途先走，要说"失陪"，请人勿送，要说"留步"，请人批评，要说"指教"，请人帮助，要说"劳驾"，托人办事，要说"拜托"，麻烦别人，要说"打扰"，求人谅解，要说"包涵"。

在交谈中要谨记"文明十字"，分别是"您好""请""谢谢""对不起""再见"。

2. 语言要准确

（1）通俗易懂：无论哪个行业，在交谈中都应采用通俗易懂的语言，尤其不能处处卖弄文采，不分场合和对象，"引经据典"，甚至咬文嚼字，这样只会让人望而生畏。

（2）讲普通话：为了让别人听得懂，并且准确无误地理解和领会，必须使交谈时所使用的语言清晰、标准。少用方言，慎用外语。

（3）内容简明：宜：言简意赅、简单明白、节省时间、少讲废话。不要没话找话。忌：短话长说、啰里啰唆、废话连篇、节外生枝、任意发挥、不着边际、让人听起来不明不白。

（4）礼貌用语因人、因场合而异。

【知识链接 3-4】

交谈时的礼貌用语

1. 问候礼貌用语

   您好。早安。午安。晚安。

2. 告别礼貌用语

   再见。晚安。祝您愉快！祝您一路平安！

3. 应答礼貌用语

   不必客气。没关系。这是我应该做的。非常感谢。谢谢您的好意。

4. 表示道歉的礼貌用语。

   请原谅。打扰了。失礼了。实在对不起。谢谢您的提醒。是我的错，对不起。请不要介意。

3.2.7　交谈的技巧

语言交流随着时间、场合、对象的不同，表达出各种各样的信息和丰富多彩的思想感情。

【案例分析 3-7】

在一艘游艇上，来自各国的一些实业家边观光边开会，突然，船出事了，慢慢下沉。船长命令大副："赶快通知那些先生们，穿上救生衣，马上从甲板上跳海。"几分钟后大副回来报告："真急人，谁也不肯往下跳。"于是，船长亲自出马，说来也怪，没多久，这些实业家们都顺从地跳下海去。"您是怎样说服他们的呀？"大副请教船长，船长说："我告诉英国人，跳海是一种运动；对法国人说，跳海是一种别出心裁的游戏；在俄国人面前，我就认真地表示：跳海是革命的壮举；对美国人说，我已经为他买了巨额保险。"

1. 态度诚恳、语气和蔼、表达得体

【小思考 3-3】

比较下面几句话表达的意思是否相同？给你的感受是否相同？

（1）"你知道吗？你明白吗？"和"你一定知道。你一定明白。"

（2）"你觉得这样不好！那你说出更好的来！"和"这样也许不是最好，但我实在想不出更好的办法来，也许你有？"

答：有时候我们说话想要表达的意思是相同的，但是因为态度、预期和表达方式的不同，受众的感受却有天壤之别。

2. 善于言辞

基辛格在《白宫岁月》中写道:"我平生所遇到的人中,印象最深刻的不过两三人,周恩来就是其中之一。他温文尔雅、聪慧过人、机巧敏捷、无比耐心,谈话间举重若轻地点破了我们间关系的要旨,仿佛除此之外,我们别无其他明智的选择。"

3. 善用幽默

幽默是指说话有趣且意味深长,它是智慧与知识的综合体,它需在人情人理之中,还需要一定的素质和修养,而不是毫无意义的插科打诨,不是没有分寸的卖关子。

【案例分析 3-8】

一天,达尔文先生应邀参加一个晚宴。刚落座,邻座的一位美貌女子想挖苦他一下,故意问道:"您说人是从猿猴变来的,那么您也是?"这时,同桌的人都有兴趣地看着他们,达尔文笑着说:"对呀,人是猿猴变的。只不过,我是一只普通的猴子变的,而您是一只迷人的猴子变的。"

4. 善用情感

美国心理学家哈特曼曾做过一个实验,实验的内容是在一次竞选活动中,为同一个党准备两份内容相同的宣言,其中一份是具有强烈情感色彩的传单,另外一份是条理清楚、说理透彻的传单。选举的结果是,在第一个选区竞选者获得了最多的选票。显然这说明情感因素优于理智因素。

5. 适当的恭维与赞美

适当的恭维与赞美会令对方喜悦,赞美的态度要诚恳,赞美的语言要得体,赞美的时机要合适。

6. 学会倾听

"人长着两只耳朵却只有一张嘴",就是让我们多听少说。一个好的谈话者就是一个好的倾听者。

7. 丰富词汇量

语言是一门应用的艺术,平时要多阅读书报,多留意听取良师益友的精辟言辞,关注时事新闻,多看书,增强文学素养。

3.2.8 交谈的时间

任何交谈都应适可而止。普通场合的小规模交谈,以半小时以内结束为宜,最长不要超过 1 个小时。在交谈中一个人的每次发言,最好不要长于 3 分钟,至多不要长于 5

分钟。

3.2.9 交谈的禁忌

交谈时,应遵循"五要"和"五不要"。

(1) 要双向沟通,不要始终独白。既然交谈讲究双向沟通,那么在交谈中就不要目中无人,要礼让他人,要多给对方发言的机会,让大家都有交流的机会。不要一人始终侃侃而谈,不给他人讲话的机会。

(2) 要活跃气氛,不要导致冷场。不允许在交谈中从头到尾保持沉默,使交谈冷场,破坏现场的气氛。不论交谈的内容与自己是否有关,自己是否有兴趣,都应热情投入,积极合作。万一交谈中因他人之故冷场"暂停",切勿"闭嘴"不理,而应努力"救场"。可转移旧话题,引出新话题。

(3) 要学会倾听,不要随意插嘴。出于对他人的尊重,在他人讲话时,尽量不要在中途予以打断。这种做法不仅干扰了对方的思绪,破坏了交谈的效果,而且会给人以自以为是、喧宾夺主之感。确需发表个人意见或进行补充时,应待对方把话讲完,或是在对方同意后再讲。不过,插话次数不宜多,时间不宜长,对陌生人的交谈则绝对不允许打断或插话。

(4) 要言论自由,不要与人抬杠。抬杠,指喜爱与人争辩,喜爱固执己见,喜爱强词夺理。在一般性的交谈中,应允许各抒己见,言论自由,不作结论,重在集思广益,活跃气氛,取长补短。若以"杠头"自诩,自以为一贯正确,无理辩三分,得理不饶人,非要争个面红耳赤,你死我活,大伤和气,是有悖交谈主旨的。

(5) 要赞美他人,不要否定他人。若对方所述无伤大雅,无关大是大非,一般不宜当面否定。对交往对象的所作所为,应当求大同,存小异,若不触犯法律,不违反伦理道德,没有辱国格人格,不涉及生命安全,一般没有必要判断其是非曲直,更没有必要当面对其加以否定。

【模拟训练 3-4】

训练目的: 掌握交谈的技巧

训练场景:

1. 星都小区是一个非常安静的小区,风景很好,一个月前星都小区的隔壁搬来了一家工厂,扰乱了小区的正常生活。每天都从这家工厂传出很大的噪音,小区的居民向工厂反映情况,可总得不到回应。居民们忍不住了,派了几个代表去工厂里协商解决这个问题,工厂里的一个接待人员接待了星都小区的代表们。

假如你是工厂接待人员,该怎么与小区代表进行交谈?

请两个同学一组,分别扮演小区代表和工厂接待人员。

2. 张波是你们班新来的同学,酷爱音乐。只是来班上好几天了都不愿意和同学们交谈。如果你是张波所在班的班长,很想和张波交朋友,应该如何与他进行交流沟通?

训练场所: 教室。

训练工具: 座椅。

3.3 沟通礼仪

美国学者卡耐基认为：一个人的成功，10%来自于他的先天条件和后天条件，20%取决于他的个人机遇，70%主要来自于他的人际关系。在维持人际关系的诸多方法中，"常来常往"是指相互走动、经常见面、利用通信和网络保持联系。

沟通礼仪是指人们在人际交往关系中进行通信、联络时所应当遵守的礼仪规范。它包括三个方面的内容，分别是电话沟通礼仪、网络礼仪和信函礼仪。

3.3.1 电话沟通礼仪

【案例分析3-9】

张洁是海潮公司新聘的前台接待人员。这天一大早，张洁正在忙着手中的活，突然电话响起来了，张洁拿起电话就说："您好，这里是海潮公司，请问您找谁？"当发现打错电话时，她的语气一变，说了句："打错了。"便挂了电话。不久，电话又响起来了，她接过电话，发现还是之前那个人打过来的，便提高了声音说："不是告诉过你打错了嘛？怎么还打过来？"不等对方说话，就把电话挂了。没几分钟，电话又打来了，还是那个人，张洁火了："你这个人怎么回事，告诉你打错了还打过来，烦不烦啊，不要再打了，这没你要找的人！"

分析： 在实际工作过程中，上述情况会经常遇到，作为接待人员，代表的是公司形象，无论对方是否打错、打错了几次，都不能发脾气，而应客气地告诉对方"我这里的电话是……你看是不是打错了？"这样对方才不至于多次打错电话而影响你的工作。

在所有的现代沟通手段中，电话毋庸置疑位居榜首。我们通过电话向外界传递信息，与对方沟通感情，维持联络。我们要正确地利用电话，更要自觉维护好自己的"电话形象"——自觉自愿做到知礼、守礼、待人以礼。

电话礼仪主要包括拨打电话和接听电话的礼仪。

1. 拨打电话

拨打电话时，我们应遵循以下几点：

（1）时间适宜。

我们应注意两点，一是何时通话为佳，二是通话多久为妙。

按照惯例，通话的最佳时间有：一是双方预先约定的时间；二是对方方便的时间。除非是比较紧急的事情，不要在他人休息时间内打电话。例如，每日上午7点之前、晚上10点之后以及午休的时间、节假日等。打公务电话，尽量要公事公办，不要在他人的私人时间，尤其是休假时间，去麻烦对方。

通话时间以短为宜，尽量简短明了的说明事情。

打电话时还应善解人意，多多体谅别人，还要注意受话人的反应。如若对方不方便接电话，应说声："对不起。"

（2）内容简练。

通话时应从以下几方面做到内容简练，尽量缩短通话时间。

事先准备：打电话前要理清思路，想清楚要表达的意思。

简明扼要：通话时应开门见山，简明扼要的表明意思。

适可而止：话说完，就可终止通话。

（3）表现文明。

通话过程中应语言文明、态度文明、举止文明。

- 语言文明：通话时，发话人不仅不能使用"脏、乱、差"的语言，而且还要讲好"电话基本文明用语"。接通电话要说"您好"。问候对方后，应自报家门。即将终止电话时，应说一声"再见"。

- 态度文明：打电话时应注意态度，要文明有礼，不要厉声呵斥，态度粗暴无礼，也不能低三下四，阿谀奉承。如若需要总机接转，应不忘说声"谢谢"。拨错号码应表示歉意：抱歉，我打错了。不要一言不发，挂断了事。

- 举止文明：打电话时，最好双手手持话筒，并起身站立。不要在通话时把话筒夹在脖子下，抱着电话随意走动，不要趴着、仰着、坐在桌角上或是高架双腿与人通话。通话时声音应适中，并轻拿轻放话筒。

2. 接电话

（1）接听及时。

电话铃声响起，应尽快予以接听。在电话礼仪中，有一条"响铃不过三声"原则。

（2）应对谦和。

接电话后，要自报家门，并首先向发话人问好。不论何种原因，应聚精会神地接听电话。替对方叫其他人接电话时，应说"请稍等"；转接电话应说："好的，马上为您转接过去，请稍等。"如果对方要找的人不在，可以礼貌地说："某某不在，估计什么时间能回来，您是再打来电话还是留言呢？"对方如果留言，应准确记录，及时转达，并为事主保密。当接到错拨的电话时，应善待并解释清楚。

（3）主次分明。

接听电话时，应以电话为自己活动的中心，不要与人交谈、看文件、看电视、吃东西等。

3.3.2 移动通信礼仪

移动通信礼仪主要是移动电话（手机）礼仪。

1. 方便他人为先

因联络需要，应及时交费，防止停机。更换了手机号码，应尽早告知交往对象。在约定的联络时间，不要随便关机。

2. 遵守公共秩序

不允许在公共场合，旁若无人地使用手机；在需要保持安静的公共场所，应使手机关机或处于静音状态；不能用手机偷拍他人。

3. 自觉维护安全

不要在驾驶汽车的时候使用手机通话；不要在飞机飞行期间或在医院、油库周围使用手机。

4. 放置到位

把手机放置在常规位置，如随身携带的公文包内，或是上衣口袋内，尤其是上衣内袋。如在开会等公务场合，可将手机暂时交给会务人员代管，也可以放在不起眼的地方，如背后、手袋，但不要放在桌上。

5. 接打的声音适度

不管是接电话还是打电话，讲话的声音要适度，不能大声嚷嚷，特别是在公共场所更要注意，不要妨碍和影响别人，以免引起大家的侧目和反感。如果遇到有些地方手机信号不好而导致无法通信的时候，可以先挂机，过一会儿再联络，千万不要大声喊叫，干扰别人，引起别人的反感。

6. 铃声的使用

传统的手机铃声似乎已经无法满足人们的需要了，现在越来越多的人，特别是年轻人喜欢使用搞笑、怪异的彩铃，但是如果你需要经常用手机联系业务，最好不要用过于怪异、格调低下的彩铃，以免影响你和单位的形象。

【模拟训练 3-5】
　　训练目的：掌握电话礼仪，提高声音技巧，使声音听起来更热情、悦耳。
　　训练场景：当你在上班时，突然接到一位好久没联系的老朋友的电话，这时你会怎么做？请二人一组，自设话题，模拟这个场景。
　　训练场所：教室。
　　训练工具：手机。

3.3.3　网络礼仪

网络礼仪主要是指人们在网上交流的过程中所要遵守的一种文明礼貌的行为规范和准则。

上网应遵守基本的惯例，不违反国家法律。

1. 公私分明

使用网络时应做到公私分明，不利用工作之便为个人谋福利。基本要求是"公款公用"和"因公上网"。不准占用公家电脑私人使用。

2. 控制时间

在利用网络资源学习、工作时，应注意时间的把握，做到择时上网和适度上网。

3. 确保安全

确保安全主要指严守秘密和防范"黑客"。在上网时要注意严格保守国家机密或商业秘密；上网要防止"黑客"入侵，也要防止成为"黑客"。

4. 文明交流

网上查阅新闻及发表观点言论时，应保持清醒的头脑，增强辨识能力，不要随意轻信他人，更不能人云亦云，以讹传讹，甚至是发布假消息提高知名度。

网上交流时，应确保用语的规范和文明，不得使用攻击性、挑衅性、侮辱性语言。

3.3.4　信函礼仪

【案例分析 3-10】

　　亲爱的小雯：

　　展信好。

　　你的来信已经收到，得知你近况很好，我很开心。

　　你让我帮忙买的书我已买好，随信一并寄出。

　　天气转暖，但你不要放松保养自己的身体，尤其是你的关节炎还是要多当心，早晚加件衣服，注意保暖。

　　我这里一切正常。本学期我报了英语四级，还有三个月就要考试了，现正在加紧复习，由于我的底子薄，也不知能不能一次通过，祝福我吧！

　　好了，要熄灯了，就此搁笔。

　　此致

进步！

挚友：小红

2015 年 3 月 1 日

　　分析：这是一封写给友人的信。全信层次清楚，先说朋友最关心的事，然后再叙自己的情况。语言简明扼要，格式规范，用语符合朋友的身份。

信函礼仪包括传统的纸质信函礼仪和电子邮件礼仪。

1. 纸质信函礼仪

尽管现在大家越来越多地使用电子邮件，但传统的纸质信函仍然是工作交往中的重要通信方式之一。

（1）书信的书写格式。

中文书信一般包括称谓、启词、正文、结束语、落款几个部分。称呼用语要礼貌，文体字迹要清晰，陈述内容要简洁，语法词汇要正确，格式书写要完整。

称谓应当恰当、准确，体现出对收信人的尊重。写在信文的开头，单独成行顶格书写。

启词是信文的首句，在称谓的下行，空两格书写。启词可以是问候语、祝贺语、承接语。

正文是信文的主体，在启词的下一行空两格书写。为表示对对方的礼貌和尊敬，正文宜先写对方最关注的事情，最后写自己的事情。

结束语表示信文已经结束，并对收信人礼貌致意或表示祝福。结束语要分两行写。

落款分为署名和日期两部分。署名写在结束语下一行的右下方。工作信函的署名一定要写全名，这样显得正式。如果用电脑打印信文，署名部分必须要手写签署。日期写在署名的下一行，署名的下方。一般应写清楚写信的年、月、日。

（2）求职信的书写格式。

求职信的基本格式和书信一样，主要包括收信人称谓、正文、落款和附件四个方面。

求职信的称谓一般是单位有实权录用你的人，要求严肃谨慎，不可过分亲近，可在职务前加上"尊敬的"，如"尊敬的人事部经理"，还可以称呼"贵单位"，忌用"某某老前辈""某某师兄"等。

正文包括问候语、求职原因、自我宣传、联系方式、鸣谢和祝颂语。问候语以简洁、自然为宜，可直接说"您好"，并单独成行，以示礼貌。求职信最好开门见山地说明你想求职的原因。同时，在求职信里，还要简明扼要地介绍自己与所学职位有关的学历水平、经历、成绩等以及能胜任职位的各种能力，这也是求职信的核心部分。求职信中还要写明自己的通信地址、联系电话等，方便别人联系你。最后，感谢别人阅读并考虑你的求职。求职信的祝颂语要热忱，一般就是"此致、敬礼"。

落款包括署名和日期，署名后可酌情加敬辞，如"您真诚的朋友王红敬上""学生王红敬上"，日期用阿拉伯数字书写，年、月、日全写上。

附件包括学历证书、获奖证书、职称证书、实习单位鉴定和评语等，并在正下方注明。

求职者在写求职信时，应态度诚恳，措辞得当，切忌狂妄自大，不着边际；实事求是，不落俗套，切忌弄虚作假，言之无物；言简意赅，字迹工整，切忌废话连篇，书写潦草。

2. 电子邮件礼仪

电子邮件（E-Mail），又称电子函件或电子信函，是建立在计算机网络上的一种通信形式。使用电子邮件进行对外联络，不仅方便快捷，而且大大降低了通信费用，目前已经在很大程度上取代了传统的书信，成为工作交流的最常用通信方式之一。

发送电子邮件时也应遵守一定的礼仪规范。

（1）合理设置。

设置好邮件主题、发件人和自动回复设置。电子邮件的邮件主题最好写清对方单位简称、对方姓氏加上职务，方便收件人辨识。如果可能，最好将发件人设置成单位名称再加上自己的名字。自动邮件的回复内容最好设置成有自己的落款、姓名、单位名称。

（2）认真撰写电子邮件。

正确表达电子邮件，对邮件中的字字句句都要慎重，要字斟句酌，注意地址和主题准确无误，内容简洁明了，语言明白晓畅，通俗易懂，发送之前要再三核对，避免电子邮件出错。

（3）及时回复。

定期查看自己的邮箱，新邮件一般要在一天之内予以回复。如果不能及时解决的，也要告诉对方已收到邮件。如由于公事或其他原因没有及时回邮件，应尽快给予回复。

【知识链接 3-5】

求　职　信

贵公司：

您好！

感谢您在百忙之中批阅我的简历。

我是武汉职业技术学院商学院工商企业管理专业的一名学生，即将毕业。

三年来，在师友的严格教益及个人的努力下，我具备了扎实的专业基础知识，系统地掌握了人力资源六大模块等有关理论；具备较好的英语听说读写译等能力；能熟练操作计算机办公软件。同时，我利用课余时间广泛地涉猎了大量书籍，不但充实了自己，也培养了自己多方面的技能。

此外，我还积极地参加各种社会活动，抓住每一个机会，锻炼自己。大学三年，我深深地感受到，与优秀学生共事，使我在竞争中获益；向实际困难挑战，让我在挫折中成长。

毕业后我欲到贵公司工作，不知是否有人力资源助理的相关岗位的空缺。现将个人简历及相关材料一并附上，企盼您真诚的选择。我的通信地址是武汉市××区××路××号，联系电话：××××××××，E-mail：×××@163.com。

祝愿贵单位事业蒸蒸日上！

此致

敬礼

您真诚的朋友：×××敬上

2019 年 4 月 5 日

附：

1. 个人简历一份

2. 身份证复印件一份

3. 学历证书复印件一份

4. 获奖证书复印件两份

【模拟训练 3-6】

训练目的：掌握书信礼仪及 E-mail 礼仪

训练程序：

1. 请给父母写一封家书，注意书信礼仪。

2. 请给某位同班同学以 E-mail 的形式发一封信，注意相关礼仪。

训练场所：教室、寝室。

训练工具：笔、纸。

3.4 餐饮礼仪

【案例分析 3-11】

　　刘小姐、张先生在一家西餐厅就餐，张先生点了海鲜大餐，刘小姐则点了烤羊排，主菜上桌，两人的话匣子也打开了。张先生边听刘小姐聊童年往事边吃着海鲜，心情愉快极了。正在陶醉的当口，他发现有根鱼骨头塞在牙缝中，让他不舒服。小张心想，用手去掏太不雅了，所以就用舌头舔，开始怎么也舔不出来，还发出啧啧喳喳的声音，好不容易将它舔吐出来，就随手放在了餐巾上。之后他在吃虾时又在餐巾上吐了一口虾壳。刘小姐对这些没太计较。可这时张先生突然想打喷嚏，急忙之中拉起餐巾遮嘴，用力打了一声喷嚏，餐巾上的鱼刺、虾壳随着喷嚏飞了出去，其中的一些正好飞落在刘小姐的烤羊排上，这下刘小姐有些不高兴了。接下来。刘小姐话少了很多，饭也没怎么吃。

　　分析：在社会交往中，客户、同事、朋友一起吃饭是经常的事，它可以增进了解、发展友谊、促进合作。这就需要我们掌握一些餐饮的基本礼仪，在必要的场合，不至于出现张先生的"意外"，让自己和对方陷入尴尬的境地。

　　餐饮礼仪是指人们以食物、饮料款待他人时，主客双方所必须遵守的行为规范。

　　在社交活动中，宴请是最常见的交际活动。如果不懂得有关餐饮的具体礼仪要求，除了尴尬之外，还会使自己的社交形象大打折扣。

　　1. 餐饮礼仪遵守的基本原则

　　（1）5M 原则：5M 指的是约会、菜单、举止、环境、费用，指在安排宴请或者自己参加餐饮活动时，必须优先对约会（约会的具体时间和对象）、菜单（宴请菜品）、举止、环境、费用五个方面的问题加以高度重视，并应力求使自己在这些方面的所作所为符合律己、敬人的行为规范。

　　（2）餐饮适量原则：在餐饮活动中，不论是活动的规模、参与的人数、用餐的档次，还是餐饮的具体数量，都要量力而行。

　　（3）照顾他人：不论是以主人的身份款待客人，还是陪同他人一道赴宴，都应在两相情愿的前提下，悉心照料在场的其他人士。

　　（4）客不责主：身为客人时，对主人为之安排的餐饮只宜接受，不宜随意评论、非议，尤其是不能寻衅滋事，借题发挥。

（5）突出特色：负责为他人安排餐饮时，在条件允许的前提下，应努力突出国家特色、地方特色、民族特色，使对方通过享用饮食来"品尝"文化。

2. 宴请的准备工作

（1）明确宴请对象、目的、范围、形式。

对象明确宴请主宾的身份、国籍、习俗、爱好等，以确定宴会的规格、主陪人、餐式等。

目的：明确目的，便于安排宴会的范围和形式。

范围：邀请哪些人参加，请多少人参加都应当事先明确。

形式：宴会形式要根据规格、对象、目的确定，分为正式宴会、冷餐会、酒会、茶会、工作餐等。

（2）选择时间。

按照民俗惯例：工作餐一般在中午，正式宴会在晚上。

主随客便：以方便客人为先。

适当控制：用餐尽量避开宾主双方都不方便的时间；对用餐时间的具体长度进行必要的控制。

（3）空间选择。

应选择环境幽雅、卫生良好、设施完备、交通方便的地方宴请。正规社交聚餐还应考虑两个问题：一是该有的设施是不是有，二是已有的设施能不能用。

（4）邀请与请柬。

精心制作请柬，认真发送确认，并应提前一至两周发出。将宴请活动的目的、名义、邀请范围、时间、地点等都写在上面。重大活动还要注明着装的要求及其他附加条件。口头约妥的活动，仍应补送请柬，并在请柬右上方或左下方注上"备忘"字样。需要安排座位的宴请活动，为确切掌握出席情况，以便做好准备，还要求被邀请者答复是否出席，请柬上一般注明"请答复"字样。请柬信封上，被邀请人的单位、姓名、职务要书写清楚准确。

（5）安排座位。

中餐桌次排列：

决定餐桌高低次序的原则是：主桌排定之后，其余桌次的高低以离主桌的远近而定，近者为高，远者为低；平行者以右桌为高，左桌为低。

常见的排列方法参见图 3-5，图中的座号就是桌次的高低序号。

中餐位次排列（见图 3-6）：

方法一：主人在主桌面对正门之位就座。

方法二：多桌宴请时，每桌都要有一位主人的代表在座。位置一般和主桌主人同向，有时也可以面向主桌主人。

方法三：各桌位次的尊卑，以距离该桌主人的远近而定，以近为上，以远为下。

方法四：各桌距离该桌主人相同的位次，讲究以右为尊，如果主宾身份高于主人，为

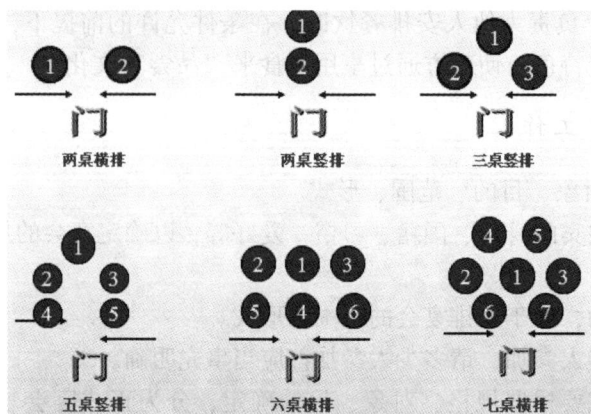

图 3-5　中餐桌次排列

表示尊重，也可以安排在主人位子上座，而请主人坐在主宾的位子上。

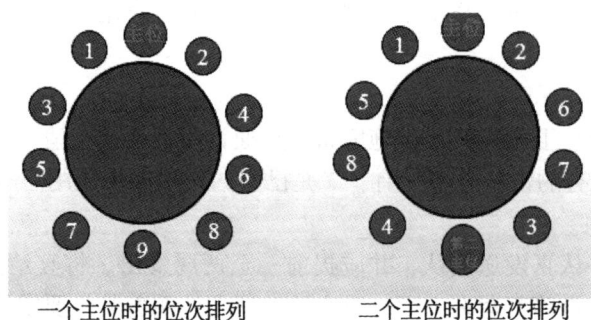

图 3-6　中餐位次排列

（6）拟订菜单。

点菜礼规：量入为出，相互体谅，上菜次序。

菜单准备：宜选的菜肴：有中餐特色的菜肴、有本地特色的菜肴、本餐馆的看家菜、主人的拿手菜；忌选的菜肴需考虑宗教禁忌、地方禁忌、职业禁忌、个人禁忌。

（7）宴会现场的布置。

环境和气氛的调节，可采用一些辅助手段来烘托、调节。如色彩的运用、灯光调节，背景音乐应以轻柔舒缓的抒情音乐为主，邀请文艺团体现场助兴。

3. 宴会中主人的礼仪

（1）迎宾和引导入席。

为表示对客人的尊重，主人应站在大厅门口迎接客人。主人陪主宾进入宴会厅主桌，接待人员引导其他客人入席。

（2）致辞、祝酒。

我国习惯在开宴之前讲话、祝酒、客人致答词。致辞应言简意赅、热情友好。

（3）用餐。

用餐过程中应就彼此都感兴趣的话题，亲切交谈，融洽气氛，并掌握进餐速度。一般宴会应控制在 90 分钟左右，最多以不超过 2 小时为宜。

（4）送别。

主宾告辞时，主人热情相送，感谢光临，与客人告别。

4. 赴宴的礼仪

（1）接受邀请事项。

接到宴会邀请，能否出席应尽早回复对方，以便主人做出安排。接受邀请后不要随意改变，万一遇到特殊情况不能出席时，尤其作为主宾，应尽早向主人郑重解释、道歉。

（2）出席。

出席宴会时，一般应梳洗打扮，女士要适当化妆，男士要梳理头发并剃须。衣着要求整洁、大方、美观，并应准时出席宴会。

（3）席上礼规。

席上也要遵循"十不"礼规：不违食俗，不坏吃相，不胡布菜，不乱挑菜，不争抢菜，不玩餐具，不吸香烟，不清嗓子，不作修饰，不瞎走动。

（4）席间祝酒。

敬酒顺序按身份高低或座次顺序进行。碰杯时主人与主宾先碰，人多时可同时举杯，不需逐一碰杯，男士举杯应略低于女士酒杯，主人祝辞时暂停进餐。

（5）席间谈话。

主人应主动提出交谈话题，不能只同个别人交谈，不能一言不发，不能大声说话或哈哈大笑、窃窃私语，不能一边说话一边进食。

（6）宴会结束。

当主人把餐巾放在桌上，或从餐桌旁站起来时，这是传递出的结束信号。离开桌子时，应把椅子放回原位，男士应帮助身边的女士移开座椅，并帮其放回原处。离开宴会顺序是身份高者、年长者或女士先走，一般情况下贵宾是第一告辞的人。离开时还应对主人表示感谢。

5. 中餐礼仪

（1）中餐的上菜顺序。

标准的中餐，不论是何种风味，上菜的顺序大体相同：冷菜——热菜——主菜——点心和汤——果盘。当冷盘已经吃了 2/3 时，开始上第一道热菜，一般每桌要安排 10 个热菜，各桌同时上菜。

（2）中餐餐具的使用礼仪。

中餐餐具分为主餐具与辅餐具两类。

主餐具是指进餐时主要使用的、必不可少的餐具，主要有筷、匙、碗、盘等。辅餐具指的是进餐时可有可无、时有时无的餐具，在用餐时发挥辅助作用，主要有水杯、湿巾、水盂、牙签等。

筷子：不敲筷子、不掷筷子、不交叉摆放筷子、不乱舞筷子、不舔筷子、不滥用筷子。如果要给客人或长辈布菜，最好用公筷。也可以把离客人或长辈远的菜肴送到他们跟前，按我们中华民族的习惯，菜是一个一个往上端的，如果同桌有领导、老人、客人的话，每当上来一个新菜时就请他们先动筷子，或者轮流请他们先动筷子，以表示对他们的重视。吃到鱼头、鱼刺、骨头等物时，不要往外面吐，也不要往地上扔，要慢慢用手拿到自己的碟子里，或放在紧靠自己餐桌边或放在事先准备好的纸上。

匙（勺子）：它的主要作用是舀取菜肴、食物。有时，用筷子取食物时，也可以用勺子来辅助，尽量不要单用勺子去取菜。不宜过满，以免溢出来弄脏餐桌或自己衣服。暂且不用勺子时，应置于自己的食碟上。用勺子取用食物后，应立即食用，不要把它再次倒回原处。若取用的食物过烫，不可用勺子将其折来折去，也不要用嘴对它吹来吹去。食用勺子里盛放的食物时，尽量不要把勺子塞入口中，或反复吮吸它。

碗：中餐中，主要是盛放主食、羹汤之用。不要端起碗来进食，尤其是不要用双手。应以筷、匙辅助食用碗内食物，不能直接下手或不用任何餐具而以嘴吸食。碗内若有食物剩余时，不可将其直接倒入口中，也不能用舌头伸进去乱舔。暂且不用的碗内不宜乱扔东西，如用作骨碟、烟缸等，不能把碗倒扣过来放在餐桌上。

盘：稍小一些的盘子，被称作碟子。盘子使用方面的讲究与碗略同。盘子在餐桌上一般应保持原位，不被搬动，而且不宜多个摆放在一起。食碟（用来暂放从公用的菜盘里取来享用的菜肴）不要一次取放过多菜肴。不要将多种菜肴堆放在一起。不宜入口的残渣、骨、刺不要吐在地上、桌上，而应将其轻轻取放在食碟前端，必要时再由侍者取走、换新的。

水杯：主要盛放清水、汽水、果汁、可乐等软饮料。不要以之盛酒。不要倒扣水杯。喝入口中的东西不能再吐回去，如茶叶。

湿巾（香巾）：用餐前的湿巾只能用来擦手，绝不可用以擦脸、擦嘴、擦汗。正式宴会结束前，再上一块湿巾，只能用来擦嘴。

水盂（洗指盅）：有时，品尝中餐者需要手持食物进食。此刻，往往会在餐桌上摆一个水盂，即盛放清水的水盆。用法：两手轮流沾湿指尖，然后轻轻浸入水中涮洗。洗毕，应将手置于餐桌之下，用纸巾擦干。

牙签：用中餐时，尽量不要当众剔牙。非剔不可，需避人。取食物，不要以牙签扎取。

【知识链接 3-6】

使用筷子的禁忌

1. 三长两短：在用餐前或用餐过程当中，将筷子长短不齐地放在桌子上。通常我们管它叫"三长两短"。其意思是代表"死亡"。因为中国人过去认为人死以后是要装进棺材的，在人装进去以后，还没有盖棺材盖的时候，棺材的组成部分是前后两块短木板，两旁加底部共三块长木板，五块木板合在一起做成的棺材正好是三长两短，所以说这是极为不吉利的事情。

2. 仙人指路：用大拇指和中指、无名指、小指捏住筷子，而食指伸出。这大多带有指责的意思。所以说，吃饭用筷子时用手指人，无异于指责别人。

3. 品箸留声：把筷子的一端含在嘴里，用嘴来回去嘬，并不时发出咝咝声响。这种行为被视为是一种无礼的行为。

4. 击盏敲盅：这种行为被看作乞丐要饭，其做法是在用餐时用筷子敲击盘碗。因为过去只有要饭的才用筷子击打要饭盆，其发出的声响配上嘴里的哀告，使行人注意并给予施舍。

5. 执箸巡城：手里拿着筷子，做旁若无人状，用筷子来回在桌子上的菜盘里寻找，不知从哪里下筷为好。此种行为是典型的缺乏修养的表现，且目中无人，极其令人反感。

6. 迷箸刨坟：手里拿着筷子在菜盘里不住地扒拉，以求寻找猎物，就像盗墓刨坟的一般。这种做法也属于缺乏教养的做法，令人生厌。

7. 泪箸遗珠：用筷子往自己盘子里夹菜时，手里不利落，将菜汤流落到其他菜里或桌子上。这种做法被视为严重失礼，也是不可取的。

8. 颠倒乾坤：用餐时将筷子颠倒使用，正所谓饥不择食，以至于都不顾脸面了，将筷子使倒，这是绝对不可以的。

9. 定海神针：在用餐时用一只筷子去插盘子里的菜品，这也是不行的，这被认为对同桌用餐人员的一种羞辱。

10. 当众上香：帮别人盛饭时，为了方便省事把一副筷子插在饭中递给对方。被会人视为大不敬，因为北京的传统是为死人上香时才这样做。

11. 交叉十字：将筷子随便交叉放在桌上，这是对同桌其他人的全部否定，就如同学生写错作业，被老师在本上打叉子的性质一样，不能被他人接受。除此以外，这种做法也是对自己的不尊敬，因为过去吃官司画供时才打叉子，这也就无疑是在否定自己。

12. 落地惊神：失手将筷子掉落在地上，祖先们全部长眠在地下，不应当受到打搅，筷子落地就等于惊动了地下的祖先，这是大不孝，所以这种行为也是不被允许的。

6. 西餐礼仪

【案例分析 3-12】

老张的儿子留学归国，还带了一位洋媳妇回来。为了讨好公公，这位洋媳妇一回国就诚惶诚恐地张罗着请老张一家到当地最好的四星级饭店吃西餐。用餐开始了，老张为在洋媳妇面前显示出自己也有讲究，就用桌上一块"很精致的布"仔细地擦了自己的刀、叉。吃的时候，学着他们的样子使用刀叉，既费劲又辛苦，但他觉得自己挺得体的。总算没丢脸。用餐快结束了，吃饭时喝惯汤的老张盛了几勺精致小盆里的"汤"放到自己碗里，然后喝下。洋媳妇先一愣，紧跟着也盛着喝了，而他的儿子早已经是满脸通红。

分析：老张闹了两个笑话：一个是他不应该用"很精致的布"（餐巾）擦餐具，那只是用来擦嘴或手的；二是"精致小盆里的汤"是洗手用的，而不是喝的。

西餐，是对西式饭菜的一种约定俗成的统称。

（1）西餐的菜序。

上菜的顺序大体是：头盘（开胃菜）——汤——副菜——主菜—蔬菜类菜肴——甜品——咖啡、茶。头盘一般包括冷头盘和热头盘，常见的品种有鱼子酱、鹅肝酱、熏鲑鱼、鸡尾杯、奶油鸡酥盒、焗蜗牛等。汤大致可以分为清汤、奶油汤、蔬菜汤和冷汤四类。副菜包括水产类菜肴与蛋类、面包类、酥盒菜肴类肉、禽类菜肴称为主菜，其中最有代表性的是牛排或牛肉。蔬菜类菜肴在西餐中称为沙拉，一般用生菜、西红柿、黄瓜、芦笋等制作。甜品主要有布丁、煎饼、冰激淋、奶酪、水果等。

（2）西餐的座次。

西餐座次排列的规则是女士优先、恭敬主宾、以右为尊、距离定位、面门为上、左侧进出、交叉排列。在排定用餐位次时，主位一般应请女主人就座，而男主人则应退居第二主位。在西餐之中，主宾极受尊重，男女主宾分别紧靠女主人和男主人就座。就某一位置而言，其右侧之位理应高于其左侧之位。一般地，西餐桌上位次的尊卑往往与其距离主位的远近密切相关，所以，距主位近的位子高于距主位远的位子。面门为上指的是面对餐厅正门的位子通常在序列上要高于背对餐厅正门的位子。

每个人入座或离座都应从座椅的左侧进出。西方习俗是男女交叉安排。

（3）座次排列。

西餐的餐桌一般有圆桌、方桌、长桌，或由其拼成各种图案的桌型。其中，最常见、最为正规的西餐桌当属长桌。

长桌：办法一：男女主人在长桌中央对面而坐；办法二：男女主人分别就座于长桌两端。

圆桌：在西餐里，使用圆桌排位的情况并不多见。

方桌：就位于餐桌四面的人数应相等。

（4）西餐餐具的使用礼仪。

西餐餐具的摆放如图 3-7 所示。

刀叉（餐刀、餐叉）：正规的西餐宴会，讲究吃一道菜换一副刀叉。刀叉一般有：吃黄油用的餐刀、吃鱼用的刀叉、吃肉用的刀叉、吃甜品用的刀叉等。吃黄油用的刀叉，一般横放在用餐者左手的正前方。其他刀叉则是在餐盘左右，右刀左叉，有三副之多。使用的时候，依次由两边由外侧向内侧取用。吃甜品的刀叉最后使用，一般横向放置在用餐者面前的餐盘的正前方。刀叉的使用一般有两种常规用法：一为英国式，二为美国式。切割食物时，不可弄出声响。切割食物时，双肘下沉，忌左右开弓。食物切割大小应刚好适合一下子入口，且以餐叉入口。注意刀叉朝向。掉在地上的刀叉切勿再用，可请侍者另换一副。刀右叉左，刀刃朝内、叉齿朝下，二者呈"八"字形状摆放在餐盘上，是暗示尚未吃完（见图 3-8）。

刀右叉左，刀刃朝内，叉齿朝上并排摆放在餐桌上或刀上叉下并排横放在餐盘上，暗

图 3-7　西餐餐具的摆放

图 3-8　尚未吃完时，刀叉的摆法

示可以收掉（见图 3-9）。

图 3-9　吃完时，刀叉的摆法

餐匙（调羹）：餐匙除了可以饮汤、用甜品之外，绝对不可直接去舀取红茶、咖啡以及其他任何主食、菜肴。取食物勿过量，使用餐匙的动作应干净利索，应保持餐匙的整洁干净。

已经使用的餐匙不可再次放回原处。正确的做法，是可以将其暂放于餐盘之上。

餐巾的铺放：应平铺在自己并拢的大腿上。注意：打开餐巾，并将其折放的整个过程应悄然进行于桌下，万勿临空一抖，吸引他人注意。切忌：餐巾掖于领口、围在脖子上、塞进衣襟里或系在裤腰上。餐巾的用途是保洁服装，擦拭口部，掩口遮羞，用来进行暗示（女主人铺开餐巾暗示用餐开始，女主人把餐巾放在桌上暗示用餐结束，放在椅面上暗示暂时离开）。餐巾的使用如图 3-10 所示。

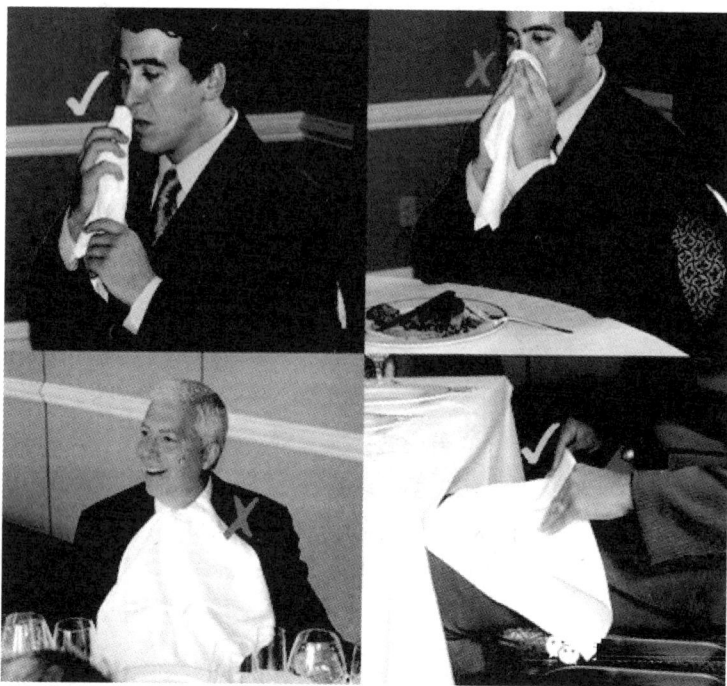

图 3-10　餐巾的使用

（5）西餐的要求。

举止高雅：进食禁声，防止异响，慎用餐具，正襟危坐，吃相干净。

衣着考究：用餐规模、档次不同，用餐时衣着也不尽相同。

尊重妇女：礼待女主人、照顾女宾客、不用女侍者。

积极交际：根据西餐礼仪，西餐宴会的主旨，就是促进人们的社交活动，应适当交际。

宾主交际：问候主人，与其叙旧。

来宾交际：与周围人都交谈上几句。

【模拟训练 3-7】

　　训练目的：掌握西餐服务礼仪，上菜的顺序及刀叉的使用。

　　训练程序：让学生扮演餐厅服务员，由其他学生和老师充当就餐的客人。

　　训练场所：酒店餐厅。

　　训练工具：餐厅桌椅及西餐刀叉。

【案例分析题 3-3】

　　由于市场竞争激烈，蓝天和白云这两家策划公司对某机电公司即将进行的产品策划都志在必得。于是蓝天公司的总经理李总约了机电公司的王总在酒店吃饭。李总和秘书小刘刚到酒店的一号房间，王总也到了，双方问好就座后，小刘便叫服务员开始点菜。15分钟后，小刘点好菜对王总说："王总，我也不知道这些菜合不合你的口味，你看还要点些其他的吗？"王总说不必了。在吃饭过程中，小刘为了表示热情就用自己的筷子不停地给王总夹菜，当两位老总因谈话逐渐深入时，小刘把筷子随意地横放在碗上，为两位老总添加饮料，加饮料时，也没有给予提示，差点把饮料泼在王总身上。

　　问题：小刘有哪些地方做得不好？

3.5　馈赠礼仪

【案例分析 3-13】

　　小王的同事小林刚刚生下宝宝，小王从家里找出自己三年前生孩子时朋友送的宝宝衣服礼盒，既没检查也没包装就送到小李家去了，送给小李时还说是她才买的。小李及其家人看着又破又旧的礼盒，顿时沉下脸来。

　　分析：馈赠礼品的选择有一定的规则需要遵循，否则不但达不到效果，而且会适得其反。案例中的小王拜访前未做充分的准备：没有认真思考拜访的意图，没有诚心诚意地准备礼品。虽然她所送礼品是适宜的，但又破又旧，所以只能是糟糕的拜访结果。

3.5.1　馈赠的含义

　　馈赠是人们在交往过程中通过礼物来表达对对方的尊重、敬意、友谊、纪念、祝贺、感谢、慰问、哀悼等情感与意愿的一种交际行为。它是商务活动中不可缺少的交往内容。随着交际活动的日益频繁，馈赠礼品因为能起到联络感情、加深友谊、促进交往的作用，越来越受到人们的重视。

3.5.2　馈赠的六要素

　　得体的馈赠要考虑六个方面的问题：送给谁（Who），为什么送（Why），送什么（What），何时送（When），在什么场合送（Where），如何送（How）。也就是要考虑馈赠对象、馈赠目的、馈赠时机、馈赠场合、馈赠方式六个要素，简称馈赠"5个W1个H"

规则。

1. 馈赠对象

馈赠对象即馈赠客体，是赠物的接受者。馈赠时要考虑到馈赠对象的性别、年龄、职位、身份、性格、喜好、数量等因素。

2. 馈赠目的

馈赠目的即馈赠动机。任何馈赠都是有目的的，或为表达友谊，或为祝颂庆贺，或为酬宾谢客，或为慰问哀悼。馈赠动机应高尚，以表达情谊为宜。

3. 馈赠内容

馈赠内容即馈赠物，是情感的象征或媒介，包括赠物和赠言两大类。赠物可以是一束鲜花、一张卡片或一件纪念品。赠言则有多种形式，如书面留言、口头赠言、临别赠言、毕业留言等。馈赠时，应考虑赠物的种类、价值的大小、档次的高低、包装的式样、蕴含的情义等因素。

4. 馈赠时机

馈赠时机即馈赠的具体时间和情势，主要应根据馈赠主客体的关系和馈赠形式来把握。

5. 馈赠场合

馈赠场合即馈赠的具体地点和环境，主要应区分公务场合与私人场合，根据馈赠的内容和形式来选择适当的场合。

6. 馈赠方式

馈赠方式主要有亲自赠送、托人转送、邮寄运送等。

3.5.3 送礼礼仪

1. 礼品的选择

（1）了解馈赠对象的有关情况。送礼的对象多种多样，由于各自的阅历、爱好不同，对物品的喜好也各不相同，因此在送礼前必须了解受礼者的年龄、性格特征、身份地位、民族习惯等情况，并针对不同对象的不同情况，选择不同的礼品，满足各自不同的需求。

（2）明确送礼的目的。送礼前，要了解因何事送礼，以便选择合适的礼品，取得良好的效果。不同的目的，选择的礼品是不一样的。

（3）尊重禁忌。由于各国的历史、文化、风格习惯及宗教信仰方面的影响，不同国家、不同民族的人对同一礼品的态度是不同的，或喜爱、或忌讳、或厌恶。

2. 礼品的包装

精美的包装是礼品的组成部分，它使礼品外观更具有艺术性和高雅情调，也显示了赠礼人的情趣和心意。注意包装的材料、容器、图案造型、商标、文字、色彩的选择和使用，应符合政策法规和习俗惯例，不要违反受赠方的宗教、民族禁忌。注意数字禁忌，"4""9"是日本的忌讳，"13"是欧美人的忌讳。注意色彩，日本忌绿色，喜红色；美国人喜欢鲜明的色彩，忌紫色。

3. 赠礼的时机

馈赠注意时间，把握好机会。

（1）传统的节日。春节、中秋节、圣诞节等，都可以成为馈赠礼品的黄金时间。

（2）喜庆之日。晋升、获奖、厂庆等日子，应考虑备送礼品以示庆贺。

（3）企业开业庆典。在参加某一企业开业庆典活动时，要赠送花篮、牌匾或室内装饰品以示祝贺。

（4）酬谢他人。当自己接受了别人的帮助时，事后可送些礼品以回报感恩。

送礼时机要视实际情况灵活掌握，选择好送礼时机。

4. 赠礼的场合

一般来说，在大庭广众之下，可以送大方、得体的书籍、鲜花一类的礼物。与衣食住行有关的生活用品不宜在公开场合相赠，否则会产生受贿的嫌疑。

5. 赠送时的礼仪

礼品最好亲自赠送。如果因故不能亲自赠送，要委托他人转交或邮寄时，应附上一份礼笺，注上姓名，并说明赠礼缘由。

赠礼时，态度要平和友善，举止大方，双手把礼物送给受礼者，并简短、热情、得体地加以说明，表明送礼的原因和态度。

3.5.4 授礼礼仪

1. 接受礼仪

作为受礼人，双手接过礼品时要表达谢意，而不能显得无动于衷，或随手放在一旁。如果条件允许，受赠者还可当面打开欣赏一番。这样做符合国际惯例，它表示看重对方，也很重视对方赠送的礼品。

"礼尚往来"是我们中国人世代相传的传统美德。接受别人的馈赠后，除办丧事等特殊情况不宜立即还礼，一般都要尽快还礼，或等适当机会给予回赠。

2. 拒礼礼仪

拒收礼品时，应保持礼貌、从容、自然、友好的态度，先向对方表达感谢之情，再向对方详细说明拒收的原因，以免对方难堪。以下几种情况应拒绝接收礼品：并不熟悉的人送的极其昂贵的礼品；隐含着发生违法乱纪行为的礼品；接受后或许会受到对方控制的礼品。

【知识链接 3-7】

花　　语

当我们用花为媒来传递友谊时，要注意运用正确的"花卉语"，以免出现尴尬。以下是几种常见的花卉的寓意：

荷花——纯洁，红玫瑰——爱情，百合——圣洁、幸福，康乃馨——健康长寿，毋忘我——永志不忘我，菊花——长寿高洁，红掌——大展宏图，金鱼草——繁荣昌盛，粉风信子——倾慕、浪漫，万年青——友谊，兰花——优雅，剑兰——步步高升，松柏——坚强，橄榄枝——和平，梅花——刚毅不屈，竹子——正直，红茶花——质朴、美德，牵牛花——爱情，丁香花——谦逊。

【模拟训练 3-8】

训练目的：掌握馈赠礼仪。

训练场景：华龙公司的一位退休老职工被车撞伤后住院，公司委托工会主席刘璐璐、秘书张雯去医院看望并送一份礼品，请按馈赠礼仪的要求选择合适的礼品，并分别扮演角色，演示探望的情景。

训练场所：医院。

训练工具：礼品。

【案例分析题 3-4】

李雯给朋友买了一条围巾，她说："亲，我送个礼物给你。"

A 朋友说："你等会儿，等我把电视连续剧看完再说。"

B 朋友把手下的事都停下来，立刻把包装打开，把围巾围在脖子上，然后再说："亲，这正是我需要的围巾，太好看了。"

问题：如果你是李雯，你更喜欢朋友的哪种态度？这个案例说明了什么问题？

【基本训练】

□知识题

3.1　阅读理解

1. 为他人介绍的先后顺序？

2. 使用手机时有什么基本要求？

3. 西餐的上菜顺序？

4. 交谈中宜谈论的话题有哪些？

3.2 知识应用

1. 判断题

（1）当别人介绍你的时候说错了你的名字，不要去纠正，免得对方难堪。（　　）

（2）客人较多时，如果无法安排座位，可以自由择座。（　　）

（3）当你不想要对方的礼物时，一定要解释其中的原因。（　　）

（4）在发电子邮件时，如果是多址同步传递（以同一封信传给不同的朋友），且需要保密时，请以秘密附件方式传递之，如此接信的人只会看见信的内容，而不会知道其他收件人是谁，他们的电子信箱又是什么代号等。（　　）

（5）政治与新闻是餐桌上的好话题。（　　）

2. 选择题

（1）交谈是一项很有技巧的商务活动形式，交谈得好会对商务活动有很大的促进作用，因此在商务活动中，你应该（　　）。

    A. 在交谈中充分发挥你的能力，滔滔不绝

    B. 在交谈中多向对方提问，越多越好，越彻底越好，以获得更多的商务信息

    C. 在交谈中应表情自然，语气和蔼，可亲，要注意内容，注意避讳一些问题

    D. 交谈发生争执时，一定要坚持自己的观点。

（2）宴会时，主人右侧的位置应该坐的是（　　）。

    A. 买单的人　　　　B. 主宾　　　　C. 次主宾　　　　D. 随意

（3）日常生活中，了解一些进出门的礼仪是十分有益的。关于正确的进出门礼仪是（　　）。

    A. 男士一定要为女士开门，以显示自己的绅士风度

    B. 主人在前为客人开门，以显示自己的好客之意

    C. 自己为自己开门，不必考虑别人，体现日益加快的生活节奏

    D. 没有严格的要求

（4）接电话时，如果自己不是受话人，可以怎样做？（　　）

    A. 应该马上把电话放下

    B. 听筒未放下，就应大声喊受话人来听电话

    C. 要告诉对方：请您稍等一下，我马上把他找来

    D. 问对方是谁，有何事然后再把受话人叫来

（5）在欧美国家，如遇到上司生病，你应该（　　）。

    A. 除打电话慰问外，还要带上礼品到所在医院或家中表示慰问

    B. 一般不随便到病人家中或医院去探望

    C. 打电话希望能够早日康复，并向他详细介绍公司最近发生的一切事情

    D. 就当没有发生

（6）如何恰当地介绍别人是商务人员必备的礼仪技巧，能够正确地掌握先后次序是十分重要的。通常在介绍中，下面不符合正确礼仪的是（　　）。

    A. 首先将职位低的人介绍给职位高的人

    B. 首先将女性介绍给男性

C. 首先将年轻者介绍给年长者

D. 首先将下级介绍给上级

【综合案例】

案例1：尴尬的中国人

一天傍晚，巴黎的一家餐馆来了一群中国人，老板安排了一位中国侍者为他们服务，交谈中得知他们是东北某县的一个考察团，今天刚到巴黎。随后侍者向他们介绍了一些法国菜，他们不问贵贱，主菜配菜一下子点了几十道，侍者担心他们吃不完，何况菜价不菲，但他们并不在乎。

点完菜，他们开始四处拍照，竞相和服务小姐合影，甚至跑到门外一辆凯迪拉克汽车前面频频留影，还不停地大声说笑，用餐时杯盘刀叉的碰撞声乃至嘴巴咀嚼食物的声音，始终不绝于耳，一会儿便搞得杯盘狼藉，桌子、地毯上到处是油渍和污秽。坐在附近的一位先生忍无可忍，向店方提出抗议，要他们马上停止喧闹，否则就要求换座位。

问题：请指出案例中的中国人的失礼之处。

案例2：在大陆和我国台湾地区学生一起吃饭

在一次宴会上，教授的学生和教授（携带教授夫人）在一起吃饭。教授的台湾学生是一家公司的老总，他来做东请教授和教授的其他学生。做东的学生坐在教授的对面，其他的学生随便坐。在吃饭的过程中，这位同学突然站起来出去了，没有人问他到底去干什么去了，大家继续原来的关于大陆与台湾地区局势的话题。饭桌上，大家互赠名片，谈论一些问题。

问题：请指出宴会上正确和失礼之处。

第4章 | 商务礼仪

【知识目标】

在学习完本章之后，你应该能够：

◎掌握商务接待礼仪程序、电话礼仪注意事项；

◎掌握仪式礼仪原则；

◎了解洽谈礼仪内容；

◎理解商务礼仪的重要性。

【技能目标】

◎在工作中运用商务礼仪知识。

☞ 引例

商务活动中的谈判

某市文化单位计划兴建一座影剧院。一天，公司经理正在办公，家具公司李经理上门推销座椅。一进门便说："哇！好气派。我很少看见这么漂亮的办公室。如果我也有一间这样的办公室，我这一生的心愿就满足了。"李经理就这样开始了他的谈话。然后他又摸了摸办公椅扶手说："这不是香山红木么？难得一见的上等木料呀。"

"是吗？"王经理的自豪感油然而生，接着说："我这整个办公室是请深圳装潢厂家装修的。"于是亲自带着李经理参观了整个办公室，介绍了计算比例、装修材料、色彩调配，兴致勃勃、自我满足，溢于言表。

如此，李经理自然可拿到王经签字的座椅订购合同。同时，互相都得到一种满足。

这一案例说明： 在商务谈判中应注意语言的表达技巧。礼节性的交际语言可以很好地增进谈判双方的了解，沟通感情，创造友好气氛。而专业性的语言体现了谈判者措辞的严谨性、规范性、专业性，赢得他人的好感，体现自身的能力。李经理对王经理办公室的赞美，赢得了王经理的好感，同时使谈判气氛非常融洽。王经理对办公室的夸奖，既有赞美，同时也体现了自己对家具知识的了解。双方成功签订协议，都获得了自身的满足，是成功的社交事件。

4.1 商务礼仪概述

4.1.1 商务礼仪的含义及作用

商务礼仪，通常指的是礼仪在商务行业之内的具体运用，主要泛指商务人员在自己的工作岗位上所应当严格遵守的行为规范。商务礼仪的核心是一种行为的准则，用来约束我们日常商务活动的方方面面。商务礼仪的核心作用是为了体现人与人之间的相互尊重。我们可以用一种简单的方式来概括商务礼仪，即它是商务活动中对人的仪容仪表和言谈举止的普遍要求。

在商务活动中，为了体现相互尊重，需要通过一些行为准则去约束人们在商务活动中的方方面面，这其中包括仪表礼仪、言谈举止、书信来往、电话沟通等技巧，从商务活动的场合又可以分为办公礼仪、宴会礼仪、迎宾礼仪等。

商务礼仪的作用，一言以蔽之，内强素质，外塑形象。比尔·盖茨讲"企业竞争，是员工素质的竞争"，进而到企业，就是企业形象的竞争，教养体现细节，细节展示素质。我们在商业交往中会遇到不同的人，与不同的人进行交往是要讲究艺术的，比如夸奖人也要讲究艺术，不然的话即使是夸人也会让人感到不舒服。在商务交往中个人代表整体，个人形象代表企业形象，个人的所作所为，就是本企业的典型活体广告。

4.1.2 商务礼仪的基本特征及原则

1. 商务礼仪的基本特征

（1）规范性。商务礼仪的规范是一个舆论约束，与法律约束不同，法律约束具有强制性。比如，替别人介绍的先后顺序，不分男女，不分老少，工作中是平等的；先介绍主人，后介绍客人，理论上讲叫作客人有优先了解权，这是客人至上的体现。

（2）对象性。即区分对象，因人而异，跟什么人说什么话。比如，引导者和客人的顺序，客人认识路时，领导和客人走在前面，不认识路时你要在左前方引导。再如，宴请客人时优先考虑的问题是什么？便宴优先考虑的应该是菜肴的安排。要问对方不吃什么，有什么忌讳的，不同民族有不同的习惯，我们必须尊重民族习惯。西方人有六不吃：不吃动物内脏；不吃动物的头和脚；不吃宠物，尤其是猫和狗；不能吃珍稀动物；不吃淡水鱼，淡水鱼有土腥味；不吃无鳞无鳍的鱼，以及蛇、鳝等。除了民族禁忌之外，还要注意宗教禁忌等。不同的对象要安排不同的内容，"洋的"要安排"土的"，"土的"要安排"洋的"，商务上讲叫吃特色、吃文化、吃环境。

（3）技巧性。问客人喝饮料，要问封闭式的问题。总经理和董事长在台上的标准位置怎样排列？三项基本原则，前面的人高于后排，中央高于两侧，左右的确定是有技巧的，左侧高于右侧，官方活动和政务礼仪是这样的。左右的确定，是当事人之间的位置来讲的，与别人没有关系。涉外交往和商务交往是讲国际惯例的，国际惯例正好相反，右高左低。

2. 商务礼仪的3A原则

商务礼仪的3A原则，是商务礼仪的立足之本，是美国学者布吉尼教授提出来的。3A原则实际上是强调在商务交往中处理人际关系需要注意的最重要的问题。

第一原则接受对方。我们在商务交往中不能只见到物而忘掉人。强调人的重要性，要注意人际关系的处理，不然就会影响商务交往的效果。要接受对方，宽以待人，不要难为对方，让对方难堪，客人永远是对的。比如在交谈时有"三不准"：不要打断别人；不要轻易地补充对方；不要随意更正对方，因为事物的答案有时不止一个。一般而言，不是原则性问题的话，要尽量接受对方。

第二原则重视对方、欣赏对方。要看到对方的优点，不要专找对方的缺点，更不能当众指正。重视对方的技巧：一是在人际交往中要善于使用尊称，称行政职务、技术职称等；二是记住对方，比如接过名片要看，记不住时，千万不可张冠李戴。

第三原则赞美对方。对交往对象应该给予的一种赞美和肯定，懂得欣赏别人的人实际上是在欣赏自己。赞美对方也有技巧：一是实事求是，不能太夸张；二是适应对方，要夸到点子上。

4.2 商务接待礼仪

商务接待一般建立在商业谈判或者商业合作上，它的礼仪规格比较高。

4.2.1 接待前充分准备

1. 了解清楚来宾的基本情况

包括所在单位、姓名、性别、职务、级别及一行人数以及到达的日期和地点。

2. 根据客户的具体情况确定具体的接待规格

特级接待：中央部、委、局、办和省、市主要领导视察；省级职能部门主要领导视察。

一级接待：国内、外大型企业负责人的考察及参观；区政府主要领导视察；市级党政群机关主要领导视察；区级党政群机关视察；战略投资伙伴、行业知名专家考察接待；新闻媒体发布会；金融机构主要负责人。

二级接待：国内中型企业负责人的考察、参观；区级街道部门参观接待；上游产品供应商业务洽谈。

一般接待：区政府、区街道部门带领的一般人士参观；业内人士、兄弟公司参观、交流接待；公司聘用的法律、设计、质量标准体系等顾问、专家的参观、交流接待。

3. 日程安排

根据对方意图和实际情况，拟出接待日程安排方案，报请领导批示。

4. 接待日常生活安排

根据来宾的身份和其他实际情况，安排具体接待人员、住宿、接待用车、饮食。

5. 工作安排

根据来宾的工作内容，分别做好以下安排：如来宾要进行参观或学习交流，则应根据对方的要求，事先安排好参观行程；通知相关交流人员，准备交流材料，筹备好相关情况介绍、现场演示等各项准备工作。

4.2.2 接待中的服务工作

1. 迎接来宾

根据来宾的身份和抵达的日期、地点、安排有关领导或接待人员到车站、机场迎接。

2. 来宾日程

来宾到达并住下后，双方商定具体的活动日程，尽快将日程安排印发有关领导和部门按此执行；并安排有关领导看望来宾，事先安排好地点及陪同人员。

3. 宴请

掌握宴请的人数、时间、地点、方式、标准，并提前通知酒店；精心编制宴会菜单，做好宴会设计；摆放席位卡，并核对确认；接待人员提前一小时到宴会厅，督促检查有关服务；陪餐领导先到达宴会地点；接待人员主动引导客户入席、离席；严格按拟定宴会菜单上菜、上酒水等，特殊情况按主陪领导意图办理，准确把握上菜节奏，不宜过快或过慢。

4. 商务会见、会谈安排

明确商务工作会见的基本情况、目的以及会见（谈）人的职位、姓名等基本信息；提前通知我方有关部门和人员做好会见（谈）准备；确定会见（谈）时间，安排好会见（谈）场地、座位；双方进入会议室后，由主持人开场，介绍双方领导、会议主题和会议议程；对方领导先后致辞；就会议内容进行发言或讨论；相关领导作总结发言；主持人宣布会议结束。

5. 记录和报道

来宾如有重要身份，或活动具有重要意义，则应事先安排记录人员做好记录并安排宣传人员负责报道。

商务参观考察安排：提前准备好一切相关物资、车辆；提前通知安排领导和随行陪同人员；相关领导提前至大门口迎接宾客的到来；宾客到达下车后，双方领导交换名片，初步认识；双方进入招商大厅，进行沙盘讲解后，将宾客带至项目参观；双方进入会议室就项目或其他话题进行座谈；安排好相关人员对接待过程中的突发情况进行现场处理。

6. 商务休闲娱乐征求客户意见，根据客户的喜好和习惯安排活动项目

安排活动场地、确定活动时间；安排电影、健身、体育等娱乐活动，举办文艺晚会，接待之前应做好相关准备工作；根据客户兴趣灵活掌握活动时间长度；根据领导指示或来宾要求，做好游览风景区和名胜古迹的安排。

4.2.3 商务接待礼仪

1. 介绍的礼节

介绍的手势：五指并拢，手心向上，指向被介绍人。

介绍的顺序：先介绍位卑者给位尊者。先将男士介绍给女士；将年轻的介绍给年长的；将自己公司的同事介绍给别家公司的同事；先将职位稍低者介绍给职位高者；将公司同事介绍给客户；将非官方人事介绍给官方人士；将本国同事介绍给外国同事；如果身边各有一人，先介绍右边的，再介绍左边的。

2. 握手的礼仪

握手时，距对方约一步远，上身稍向前倾，两足立正，伸出右手，四指并拢，虎口相交，拇指张开下滑，向受礼者握手。

掌心向下握住对方的手，显示着一个人强烈的支配欲，无声地告诉别人，他此时处于高人一等的地位。应尽量避免这种傲慢无礼的握手方式。相反，掌心向里握手显示出一个人的谦卑和毕恭毕敬。平等而自然的握手姿态是两手的手掌都处于垂直状态。这是一种最普通也最稳妥的握手方式。

戴着手套握手是失礼行为。男士在握手前先脱下手套，摘下帽子。女士可以例外。当然在严寒的室外也可以不脱。比如双方都戴着手套、帽子，这时一般也应先说声"对不起"。握手时双方互相注视，微笑，问候，致意，不要看第三者或显得心不在焉。

除了关系亲近的人可以长久地把手握在一起外，一般握两三下就行。不要太用力，但漫不经心地用手指尖"蜻蜓点水"式去点一下也是无礼的。一般要将时间控制在三五秒钟以内。如果要表示自己的真诚和热烈，也可较长时间握手，并上下摇晃几下。

握手时两手一碰就分开，时间过短，好像在走过场，又像是对对方怀有戒意。而时间过久，特别是拉住异性或初次见面者的手长久不放，显得有些虚情假意，甚至会被怀疑为"想占便宜"。

长辈和晚辈之间，长辈伸手后，晚辈才能伸手相握，上下级之间，上级伸手后，下级

才能接握；男女之间，女方伸手后，男方才能伸手相握；当然，如果男方为长者，遵照前面说的方法。

如果需要和多人握手，握手时要讲究先后次序，由尊而卑，即先年长者后年幼者，先长辈再晚辈，先老师后学生，先女士后男士，先已婚者后未婚者，先上级后下级。

交际时如果人数较多，可以只跟相近的几个人握手，向其他人点头示意，或微微鞠躬就行。为了避免尴尬场面发生，在主动和人握手之前，应想一想自己是否受对方欢迎，如果已经察觉对方没有要握手的意思，点头致意或微鞠躬就行了。

在公务场合，握手时伸手的先后次序主要取决于职位、身份。而在社交、休闲场合，它主要取决于年龄、性别、婚否。

在接待来访者时，这一问题变得特殊一些：当客人抵达时，应由主人首先伸出手来与客人相握。而在客人告辞时，就应由客人首先伸出手来与主人相握。前者是表示"欢迎"，后者就表示"再见"。这一次序颠倒，很容易让人产生误解。

应当强调的是，上述握手时的先后次序不必处处苛求于人。如果自己是尊者或长者、上级。而位卑者、年轻者或下级抢先伸手时，最得体的就是立即伸出自己的手，进行配合。而不要置之不理，使对方当场出丑。

在握手时，不妨说一些问候的话，可以握紧对方的手，语气应直接而且肯定，并在加强重要字眼时，紧握着对方的手，来加强对方对你的印象。

握手的场合也有讲究，在如下几种情况，应该握手，如：遇到较长时间没见面的熟人；在比较正式的场合和认识的人道别；在以本人作为东道主的社交场合，迎接或送别来访者时；拜访他人后，在辞行的时候；介绍给不认识的人时；在社交场合，偶然遇上亲朋故旧或上司的时候；别人给予你一定的支持、鼓励或帮助时；表示感谢、恭喜、祝贺时；对别人表示理解、支持、肯定时；得知别人患病、失恋、失业、降职或遭受其他挫折时；向别人赠送礼品或颁发奖品时。通常，上述所列举的情况都是适合握手的场合。

【知识链接 4-1】

握手的禁忌

不要用左手相握，尤其是和阿拉伯人、印度人打交道时要牢记，因为在他们看来左手是不洁的；在和基督教信徒交往时，要避免两人握手时与另外两人相握的手形成交叉状，这形状类似于十字架，在他们眼里是很不吉利的；不要在握手时戴着手套或墨镜，只有女士在社交场合戴着薄纱手套握手才是被允许的；不要在握手时另外一只手插在衣袋里或拿着东西；不要在握手时面无表情、不置一词或长篇大论、点头哈腰，过分客套；不要在握手时仅仅握住对方的手指尖，好像有意与对方保持距离，正确的做法，是要握住整个手掌，即使对异性，也要这么做；不要在握手时把对方的手拉过来、推过去，或者上下左右抖个没完；不要拒绝和别人握手，即使有手疾或汗湿、弄脏了，也要和对方说一下"对不起，我的手现在不方便"，以免造成不必要的误会。

3. 交换名片的礼仪

如果是坐着，尽可能起身接受对方递来的名片；辈分较低者，率先以右手递出个人的名片；到别处拜访时，经上司介绍后，再递出名片；接受名片时，应以双手去接，并确定其姓名和职务；接受名片后，不宜随手置于桌上；经常检查皮夹，不可递出污旧或皱褶的名片；名片夹或皮夹置于西装内袋，避免由裤子后方的口袋掏出；尽量避免在对方的名片上书写不相关的东西；不要无意识地玩弄对方的名片；上司在时不要先递交名片，要等上司递上名片后才能递上自己的名片。

4. 引导的礼仪

接待人员带领客人到达目的地，应该有正确的引导方法和引导姿势。在走廊的引导方法。接待人员在客人两三步之前，配合步调，让客人走在内侧。在楼梯的引导方法：当引导客人上楼时，应该让客人走在前面，接待人员走在后面，若是下楼时，应该由接待人员走在前面，客人在后面，上下楼梯时，接待人员应该注意客人的安全。在电梯的引导方法：引导客人乘坐电梯时，接待人员先进入电梯，等客人进入后关闭电梯门，到达时，接待人员按"开"的按钮，让客人先走出电梯。客厅里的引导方法：当客人走入客厅，接待人员用手指示，请客人坐下，看到客人坐下后，才能行点头礼后离开。如客人错坐下座，应请客人改坐上座（一般靠近门的一方为下座）。

【案例分析 4-1】

接待礼仪失败案例

小郑刚参加工作不久，公司举办了一次大型的产品发布会，要求国内很多知名企业人士参加。小郑被安排在接待工作岗位上。接待当天，小郑早早来到机场，当等到来参加发布会的人时，他便开口说："您好！是来参加发布会的吗？您的单位及姓名？我们好安排就餐与住宿问题。"小郑有条不紊地做好了记录。后来在会场，小郑帮客人引路，小郑一直小心翼翼，虽然自己一向走路很快，但是他放慢步伐，很注意与客人的距离不能太远，一路带着客人，电梯上下，小郑也是走在前面，做好带路工作。原本心想很简单的事情，却几次被上司批评。

分析：在迎接礼仪中，小郑与客人职位和身份并不相当，他应主动向客人做出礼貌的解释。而小张没有做出任何解释，容易引起客人误会。接到客人后要主动打招呼，握手表示欢迎，同时说些寒暄辞令、礼貌用语等，而小张没有事先了解要接待客人的相关信息，张口就问，十分不礼貌。在引导客人时，应主动配合客人的步伐，保持一定距离。在出电梯时，应改为客人先走出电梯，自己在后面，以保证客人安全，而小张出电梯时，自己走在前面也是不恰当的。小张既破坏了客人的心情，也被上级批评了，因此是失败的社交事件。

5. 乘车礼仪

（1）小轿车。

小轿车的座位，如有司机驾驶时，以后排右侧为首位，左侧次之，中间座位再次之，前坐右侧殿后，前排中间为末席。

如果由主人亲自驾驶，以驾驶座右侧为首位，后排右侧次之，左侧再次之，而后排中间座为末席，前排中间座则不宜再安排客人。

主人夫妇驾车时，则主人夫妇坐前座，客人夫妇坐后座，男士要服务于自己的夫人，宜开车门让夫人先上车，然后自己再上车。

如果主人夫妇搭载友人夫妇的车，则应邀友人坐前座，友人之妇坐后座，或让友人夫妇都坐前座。

主人亲自驾车，坐客只有一人，应坐在主人旁边。若同坐多人，中途坐前座的客人下车后，在后面坐的客人应改坐前座，此项礼节最易疏忽。

女士登车不要一只先踏入车内，也不要爬进车里。需先站在座位边上，把身体降低，让臀部坐到位子上，再将双腿一起收进车里，双膝一定保持合并的姿势。

（2）吉普车。

吉普车无论是主人驾驶还是司机驾驶，都应以前排右坐为尊，后排右侧次之，后排左侧为末席。上车时，后排位低者先上车，前排尊者后上。下车时前排客人先下，后排客人再下车。

（3）旅行车。

我们在接待团体客人时，多采用旅行车接送客人。旅行车以司机座后第一排即前排为尊，后排依次为小。其座位的尊卑，依每排右侧往左侧递减。

4.2.4 接待流程及标准

接待申请——确定接待级别——联系接待单位——安排接待人员——机场（车站）接车——安排住宿——营销中心参观——领导接见——餐饮安排——提出、收集合作事项——处理、确定合作事项——领导会谈——机场（车站）送车——电话回访。

1. 接待申请

某业务部员工在了解客户即将到访时通知行政办，要求进行客户接待的安排，如出差在外应及时以电话方式通知，并落实客户的联系方式、随行人数、是否需用车到机场或火车站接送；

2. 确定接待级别

接待根据来访人员的级别不同，可按以下标准安排接待：

普通人员级别：适合人员：经销商业务类考察人员、技术人员、家装公司设计师、厂家中层管理者、普通意向经销商等。住宿标准按对方人员要求，公司不负担住宿费用。餐饮标准：午餐简便消费控制在 300 元以下，晚餐消费控制在 400 元以下。接待陪同人员：

公司基层业务员、某地域经理。接待车辆：四驱车或的士。以上标准是以两名客户为基准，如超过两名客户，则餐饮另加 50 元/人标准计算。

高级人员级别：适合人员：工程采购、终端消费企业领导、合作经销商、厂家高层管理人员、出口公司负责人等。

a：住宿标准按对方人员要求，公司不负担住宿费用。

b：餐饮标准：午餐简便消费控制在 500 元以下，晚餐消费控制在 500 元以下。

c：接待陪同人员：某地域经理、某场督导。

d：接待车辆：四驱车或商务车或的士。

e：感情接待：此类人员，公司高层干部可安排做一次或两次家中接待，接待人员陪同，以增加彼此间的感情（视双方合作情况而定）。

f：其他接待项目：公司安排带客户到本地主要景点游玩或晚上娱乐，费用控制在 700 元以下；必要时，可于客户临行时赠送纪念品（视双方合作情况而定）。

g：以上标准是以两名客户为基准，如超过两名客户，则餐饮另加 100 元/人标准计算；娱乐另加 200 元/人标准计算。

特级人员级别：适合人员：主要某场经销商领导（包括内销、出口）、主要某场政府人员、本地行业相关部门负责人、厂家特邀领导、公司特邀领导、其他特殊人员等。

a：住宿标准四星级酒店以上，房价控制在 400~700 元/间，公司负担全程费用。

b：餐饮标准：午餐简便，消费控制在 1000 元以下，晚餐消费控制在 1000 元以下。

c：接待陪同人员：某地域经理、某场督导、营销总经理、股东。

d：接待车辆：商务车或租用高级用车。

e：其他接待项目：公司安排带客户到本地主要景点游玩或晚上娱乐，费用控制在 1200 元以下；必要时，可于客户临行时赠送纪念品（视双方合作情况而定）。

f：以上标准是以两名客户为基准，如超过两名客户，则另加 100 元/人标准计算；娱乐另加 250 元/人标准计算。

4.3　商务电话及传真礼仪

4.3.1　接电话礼仪

（1）及时接电话。

一般来说，在办公室里，电话铃响 3 遍之前就应接听，3 遍后就应道歉："对不起，让你久等了。"如果受话人正在做一件要紧的事情不能及时接听，代接的人应妥为解释。如果既不及时接电话，又不道歉，甚至极不耐烦，就是极不礼貌的行为。尽快接听电话会给对方留下好印象，让对方觉得自己被看重。

（2）确认对方。

对方打来电话，一般会自己主动介绍。如果没有介绍或者你没有听清楚，就应该主动问："请问你是哪位？我能为您做什么？您找哪位？"但是，人们习惯的做法是，拿起电话听筒盘问一句："喂！哪位？"这在对方听来，陌生而疏远，缺少人情味。接到对方打来的电话，您拿起听筒应首先自我介绍："你好！我是某某某。"如果对方找的人在旁边，您应说："请稍等。"然后用手掩住话筒，轻声招呼你的同事接电话。如果对方找的人不在，您应该告诉对方，并且问："需要留言吗？我一定转告！"

（3）讲究艺术。

接听电话时，应注意使嘴和话筒保持 4 厘米左右的距离；要把耳朵贴近话筒，仔细倾听对方的讲话。

最后，应让对方自己结束电话，然后轻轻把话筒放好。不可"啪——"地一下扔回原处，这极不礼貌。最好是在对方之后挂电话。

（4）调整心态。

当您拿起电话听筒的时候，一定要面带笑容。不要以为笑容只能表现在脸上，它也会藏在声音里。亲切、温情的声音会使对方马上对我们产生良好的印象。如果绷着脸，声音会变得冷冰冰。

打、接电话的时候不能叼着香烟、嚼着口香糖；说话时，声音不宜过大或过小，吐词清晰，保证对方能听明白。

（5）用左手接听电话，右手边准备纸笔，便于随时记录有用信息。

【案例分析 4-2】

电话接听的案例

接 线 生：早安，这里是 TECH2000，请问您要和谁通话呢？

客　　户：我想了解有关贵公司办公室系列的产品。

接 线 生：我帮您转接业务代表。

业务代表：您好，我是汤姆·霍普金斯，请问需要什么服务呢？

客　　户：我想了解有关贵公司办公室系列的产品，你们有目录可以寄给我吗？

业务代表：当然可以啦，请问您大名是……

客　　户：我叫马丁·吉蒂，你能寄给我有关各种产品和价格的资料吗？

业务代表：可以的，请问贵公司的名称和地址？

客　　户：我这里是唐马氏集团，地址在某某某，邮编：85251。

业务代表：对不起，邮地区号是……

客　　户：85251。

业务代表：马丁小姐，谢谢您。请问您是怎么找到我们公司的呢？

客　　户：是在报纸上的广告看的。

业务代表：请问您是对我们所有的产品有兴趣，还是在找某些项目的产品？

客　　户：我想了解你们所有的产品及价格，如果我能有目录那就太好了。

业务代表：我很乐意提供目录给您，事实上我今天下午会在您附近，我可以把目录直接拿给您吗？

客　　户：我不急着今天要目录，如果你要来也可以。

业务代表：马丁小姐，我知道您的时间宝贵，我今天下午的时间很弹性，什么时候拜访最好呢？今天下午两点还是四点呢？看您认为什么时间最好？

客　　户：我并不想约时间见面，我只是想先看看目录。

业务代表：没关系，只要您先给我一些资料，让我了解怎么样满足您的需求，也许我可以附上一些样品，让您看看我们的品质，因为您真的无法从照片上看出产品的品质，您同意吗？

客　　户：有道理，品质当然重要了，事实上价格是我们进货比较大的考量。

业务代表：我有个想法，您可以选出贵公司常用的一些产品，我把几个样品和价格带去给您。根据经验，我们如果越了解你们的需求，我们就越能够处理你们所关心的事。当然，也能提供您更好的服务，我想我可以花点时间和您见面，就长期来看能节省我更多的时间。

客　　户：那就请您四点来好了。

【情景测试练习 4-1】

作为服务人员来说，更多的是接电话。所以，接电话的时候必须做到心中有数、操作有度。下面是接电话测试：

这是我们在培训中做过的某企业的电话礼仪测试实例。该企业给我们提供了六个业务电话号码。我们随机打了四部电话，其中两个电话都是这样的情景。

情景一：

电话响了二十几秒后，有人接起电话"你好"，然后就没有声音了。我们测试人员也没有说话，但在听着电话。大概又过了五六秒，对方"啪"地挂了。

情景二：

电话响了约两声后，有人接起电话："你好，××公司。"

测试人员："找一下市场部的李华，谢谢。"

工作人员："市场部？打错了。"

"啪"地挂了电话。

另外有一部没有人接，只有一部电话基本符合礼仪规范（过程略）。

以下是我们的接电话礼仪测试题，可以对照自己平时接电话的实际表现，做一下评估：

1. 电话一响立即或者响过四五声再从容地接起来。（　　　）

2. 如果不是本部门的电话，就没必要理，免得耽误正常的工作。（　　　）

3. 如果是其他同事的业务电话，要立即大声喊他来接。（　　　）

4. 手头工作实在太忙的时候，可以不接电话或是直接把电话线拔掉。（　　　）

5. 如果两部电话同时响起来的时候，只能接一部，另一部不用管它了。（　　　）

6. 快下班的时候，为了能更好地解答客户咨询，让客户改天再打电话来。（　　　）

7. 接客户电话的时候，要注意严格控制时间长度，牢记"三分钟"原则。（　　　）

8. 如果电话意外中断了，即使知道对方是谁也不应该主动打过去，而是等对方打过来。（　　　）

9. 接到打错的电话，不用理会，马上啪地挂掉，不能耽误工作时间。（　　　）

10. 在和客户谈事的时候，如果手机响了，应该避开客户到其他地方接听。（　　）

说明：以上十道题的答案，全是"✕"。如果你有两道以上的题答错了，说明到了要注意自己电话形象的时候了。如果错了四个以上，你的电话形象已经影响到企业形象、公司业务的地步，改变已经刻不容缓了，否则你的企业只能很快改变接电话的人。

可见，接电话的时候一些不在意的小节，在客户看来却是"不耐烦""敷衍"的代名词。

接电话的准备工作上，没有必要像打电话那么复杂，但应该在桌上准备好笔、纸，以准备随时做记录、备忘录用。

在实际服务过程中，由于具体情况的不同，接电话可以分为亲自接听、代接电话两种情况。

4.3.2　传真礼仪

商界人士在利用传真对外通信联络时，必须注意下述三个方面的礼仪问题。

第一，必须合法使用。国家规定：任何单位或个人在使用自备的传真设备时，均需严格按照电信部门的有关要求，认真履行必要的使用手续，否则即为非法之举。

具体而言，安装、使用传真设备前，需经电信部门许可，并办理相关的一切手续，不准私自安装、使用传真设备。

安装、使用的传真设备，必须配有电信部门正式颁发的批文和进网许可证。如欲安装、使用自国外直接带入的传真设备，必须首先前往国家所指定的部门进行登记和检测，然后方可到电信部门办理使用手续。使用自备的传真设备期间，按照规定，每个月都必须到电信部门交纳使用费用。

第二，必须得法使用。使用传真设备通信，必须在具体的操作上力求标准而规范。不然，也会令其效果受到一定程度的影响。本人或本单位所用的传真机号码，应被正确无误地告之自己重要的交往对象。一般而言，在商用名片上，传真号码是必不可少的一项重要内容。对于主要交往对象的传真号码，必须认真地记好，为了保证万无一失，在有必要向对方发送传真前，最好先向对方通报一下。这样做既提醒了对方，又不至于发错传真。发送传真时，必须按规定操作，并以提高清晰度为要旨。与此同时，也要注意使其内容简明扼要，以节省费用。单位所使用的传真设备，应当安排专人负责。无人在场而又有必要时，应使之自动处于接收状态。为了不影响工作，单位的传真机尽量不要同办公电话采用同一条线路。

第三，必须依礼使用。商界人员在使用传真时，必须牢记维护个人和所在单位的形象问题，必须处处不失礼数。

在发送传真时，一般不可缺少必要的问候语与致谢语。发送文件、书信、资料时，更是要谨记这一条。出差在外，有必要使用公众传真设备，即付费使用电信部门所设立在营业所内的传真机时，除了要办好手续、防止泄密之外，对于工作人员也需以礼相待。

人们在使用传真设备时，最为看重的是它的时效性。因此在收到他人的传真后，应当在第一时间内即刻采用适当的方式告知对方，以免对方惦念不已。需要办理或转交、转送他人发来的传真时，千万不可拖延时间，耽误对方的要事。

4.4　商务拜访礼仪

拜访是指亲自或派人到朋友家或与业务有关系的单位去拜见访问某人的活动。人与人之间、社会组织之间、个人与企业之间都少不了这种拜访。拜访有事务性拜访、礼节性拜访和私人拜访三种，而事务性拜访又有商务洽谈性拜访和专题交涉性拜访之分。但不管哪种拜访，都应遵循一定的礼仪规范。在商务交往过程中，相互拜访是经常的事，如果懂得商务拜访礼仪，无疑会为拜访活动增添色彩。

4.4.1　拜访前的准备

有句古话说得好：不打无准备之仗。商务拜访前同样需要做好充分准备。

1. 预约不能少

拜访之前必须提前预约，这是最基本的礼仪。一般情况下，应提前三天给拜访者打电话，简单说明拜访的原因和目的，确定拜访时间，经过对方同意以后才能前往。

2. 明确目的

拜访必须明确目的，出发前对此次拜访要解决的问题应做到心中有数。例如，你需要对方为你解决什么，你对对方提出什么要求，最终你要得到什么样的结果等，这些问题的相关资料都要准备好，以防万一。

3. 礼物不可少

无论是初次拜访还是再次拜访，礼物都不能少。礼物可以起到联络双方感情，缓和紧张气氛的作用。所以，在礼物的选择上还要下一番苦工夫。既然要送礼就要送到对方的心坎里，了解对方的兴趣、爱好及品位，有针对性地选择礼物，尽量让对方感到满意。

4. 自身仪表不可忽视

肮脏、邋遢、不得体的仪表，是对被拜访者的轻视。被拜访者会认为你不把他放在眼里，对拜访效果有直接影响。一般情况下，登门拜访时，女士应着深色套裙、中跟浅口深色皮鞋配肉色丝袜；男士最好选择深色西装配素雅的领带，外加黑色皮鞋、深色袜子。

【知识链接 4-2】

男士商务着装选择

商务男士要事业成功，就需要成功的商务交往，而高雅、整洁的商务着装选择会给男士增添气质风度，增加信任感。选择适合自己肤色的得体西装，可以选择蓝色、灰色或者带有条纹的。搭配正式西装的衬衣以白色为佳。若选择有色衬衣，也应该是接近白色的极浅淡的颜色。衬衣不可有图案，质地是薄而硬的涤类衬衣。领带不要太花哨，图案要小，质地以丝质为佳。成套的西装拆开来搭配就形成便装型商务西装。上装和下装的质地、色泽要较为接近，鞋子的颜色与上装一致。在颜色搭配上，如果下装颜色比上装颜色浅，会在视觉上给人个高的感觉；而下装颜色比上装颜色深的话，会给人稳重之感。在搭配便装型西服时，可根据个人需要做颜色上的调整。当然，为了恰当地让着装体现出你的职位，不会让初次见面造成不必要的误会，在西装的款式上面，也应该选择与身份一致的。

【知识链接 4-3】

女士商务着装选择

作为一位商务女士，着装既要体现魅力风采，又要保持职业风范。女性的穿着打扮应该灵活有弹性，要学会怎样搭配衣服、鞋子、发型、首饰、化妆，使之完美和谐。女士商务着装需要注意以下几点：服装色彩与个人的气质、精神面貌协调；服装色彩与个人的性格、体型、年龄、职业协调；服装色彩与个人的肤色协调；服装与季节、场合协调。

4.4.2　拜访过程

商务拜访中，一个人的行为举止既体现他的道德修养、文化水平，又能表现出他与别人交往的诚意，更关系到一个人形象的塑造，甚至会影响到企业的形象。粗鲁无礼、矫揉造作的举止，无疑有损于良好的形象。相反，端庄含蓄的行为，给人稳健的印象；热情礼貌，则会使人赏心悦目。所以，在商务拜访中应该使自己成为举止优雅的形象代言人。

1. 具备较强的时间观念

拜访他人可以早到却不能迟到，这是一般的常识，也是拜访活动中最基本的礼仪之一。早些到可以借富裕的时间整理拜访时需要用到的资料，并正点出现在约定好的地点。而迟到则是失礼的表现，不但是对被拜访者的不敬，也是对工作不负责任的表现，被拜访者会对你产生看法。

值得注意的是：如果因故不能如期赴约，必须提前通知对方，以便被拜访者重新安排工作。通知时一定要说明失约的原因，态度诚恳地请对方原谅，必要时还需约定下次拜访的日期、时间。

2. 先通报后进入

到达约会地点后，如果没有直接见到被拜访对象，拜访者不得擅自闯入，必须经过通报后再进入。一般情况下，前往大型企业拜访，首先要向负责接待人员交代自己的基本情况，待对方安排好以后，再与被拜访者见面。当然，生活中不免存在这样的情况，被拜访者身处某一宾馆，如果拜访者已经抵达宾馆，切勿鲁莽直奔被拜访者所在房间，而应该由宾馆前台接待打电话通知被拜访者，经同意以后再进入。

【知识链接4-4】

商务拜访敲门礼仪

敲门是商务拜访中的礼仪细节，敲门的好坏直接关系到拜访的成功与否，更是关系公司形象或者个人素养的不可估量的细节因素。正确的敲门礼仪不仅是对他人的尊重，更是对自己的尊重。敲门最适当的做法应该是先敲三下，没有反应，隔一会儿再敲。敲门的声音要有节奏而且要控制适当。不要太重；不能用拳头捶门；不能用手掌砸门；更不能用脚踢门。敲门时听到里面有人过来，自觉地后退几步以便里面的人开门。这样的好处是方便别人，也可以看清楚来访者是谁，要不要开门。即使门是开着的，也应该有礼貌地敲门，以便提醒对方有来访者。

3. 举止大方，温文尔雅

见面后，打招呼是必不可少的。如果双方是初次见面，拜访者必须主动向对方致意，简单地做自我介绍，然后热情大方地与被拜访者行握手之礼。如果双方已经不是初次见面了，主动问好致意也是必需的，这样可显示出你的诚意。说到握手不得不强调一点，如果对方是长者、高职或女性，自己绝对不能先将手伸出去，这样有抬高自己之嫌，同样可视为对他人的不敬。

见面礼行过以后，在主人的引导之下，进入指定房间，待主人落座以后，自己再坐在指定的座位上。

【知识链接4-5】

就座礼仪

就座基本要求：在正式社交场合，要求男性两腿之间可有一拳的距离，女性两腿并拢无空隙。两腿自然弯曲，两脚平落地面，不宜前伸。在日常交往场合，男性可以跷腿，但不可跷得过高或抖动，女性大腿并拢，小腿交叉，但不宜向前伸直。如果主人是长者或有一定的地位，应等主人坐下或招呼坐下后方可落座。优雅坐姿：要想坐姿优雅，入座时就要轻柔和缓，就座时不可以扭扭歪歪，两腿过于叉开，不可以高跷起二郎腿，若跷腿时悬空的脚尖应向下。坐下后不要随意挪动椅子、腿脚不停地抖动。女士着裙装入座时，应用手将裙装稍稍拢一下，不要坐下后再站起来整理衣服。在正式场合与人会面时，不可以一开始就靠在椅背上。就座时，一般至少坐满椅子的2/3，不可坐满椅子，也不要坐在椅子边上过分前倾。

4. 开门见山，切忌啰唆

谈话切忌啰唆，简单的寒暄是必要的，但时间不宜过长。因为，被拜访者可能有很多重要的工作等待处理，没有很多时间接见来访者，这就要求谈话要开门见山，简单的寒暄后直接进入正题。

当对方发表自己的意见时，打断对方讲话是不礼貌的行为。应该仔细倾听，将不清楚的问题记录下来，待对方讲完以后再请求对方就不清楚的问题给予解释。如果双方意见产生分歧，一定不能急躁，要时刻保持沉着冷静，避免破坏拜访气氛，影响拜访效果。

【知识链接 4-6】

商务拜访交谈礼仪

控制交谈时间。在商务拜访中，特别是去拜访顾客的时候，一定要注意在对方办公室停留的时间长度，应当具备良好的时间观念。不要停留时间过长，以免影响对方的安排。拜访中，尤其是初次拜访，时间应该控制在 15 分钟到 30 分钟；最长的拜访时间，通常也不应该超过两个小时。重要的商务拜访，双方会提前确定拜访的时间以及长度。在这种情况下，就务必要严守时间约定了，决不能单方面延长拜访的时间或者推迟时间。拜访者要是提出告辞，即使被访者表示挽留，仍需要决意离开。

控制交谈内容。商务拜访中交谈的内容应该清晰、简短、明了。拜访来意：初次和客户见面时，在对方没有接待其他拜访者的情况下，我们可用简短的话语直接将此次拜访的目的向对方说明。自我展现：正式的商务拜访中，应该想办法在客户面前突出自我，展现自我，赢得客户的关注。投其所好：在最短的时间内，抓住对方的心理，投其所好，就对方喜欢的话题进行交谈。

控制交谈范围。交谈中要集中于正题，少说或不说废话。要认真聆听对方讲话，并注意对方情绪的变化，适时而恰当地应对，不要用争辩和补充说明打断对方的话。

5. 把握拜访时间

在商务拜访过程中，时间为第一要素，拜访时间不宜拖得太长，否则会影响对方其他工作的安排。如果双方在拜访前已经设定了拜访时间，则必须把握好已规定的时间，如果没有对时间问题做具体要求，那么就要在最短的时间里讲清所有问题，然后起身离开，以免耽误被拜访者处理其他事务。

4.4.3　拜访结束

拜访结束时，如果谈话时间已过长，起身告辞时，要向主人表示歉意。出门后，回身主动与主人握别，说"请留步"。待主人留步后，走几步再回首挥手致意"再见"。

商务拜访是当今最流行的一种办公形式，也是对礼仪要求最多的活动之一。掌握好上述礼仪要领，将有助于你的商务工作顺利进行。

4.5 商务仪式礼仪

仪式，是指人们在人际交往中，特别是在一些比较盛大、比较热烈、比较庄严、比较隆重的场合，为了激发出席者的某种情感，或是为了引起其重视，而郑重其事地按合乎规范与惯例的程序，按部就班地所举行的某种活动的形式。

仪式礼仪规定：在对外交往中，郑重其事地举行某种仪式，换言之也就是举行所谓典礼，要酌情而定、规模适度、宁少毋滥。如下三条规则，是我们在筹划典礼时，所必须遵守的。第一，典礼要适度；第二，典礼要隆重；第三，典礼要俭省。

4.5.1 剪彩仪式礼仪

剪彩仪式上有众多的惯例、规则必须遵守，其具体的程序也有一定的要求。剪彩的礼仪，就是对此所进行的基本规范。

一般来说，剪彩仪式宜紧凑，忌拖沓，所耗时间越短越好，少则一刻钟即可，长则不宜超过半小时。剪彩仪式通常包含如下六项基本的程序：

请来宾就位：剪彩仪式上，通常只为剪彩者、来宾和本单位的负责人安排座席。

宣布仪式正式开始：主持人宣布仪式开始后，乐队应演奏音乐，现场可燃放鞭炮或放飞彩球，全体到场者应热烈鼓掌。此后，主持人应向全体到场者介绍到场的重要来宾。

奏国歌：此刻需全场起立。必要时，也可随之演奏本单位标志性歌曲。

进行发言：发言者依次应为东道主单位的代表、上级主管部门的代表、地方政府的代表、合作单位的代表，等等。其内容应言简意赅，每人不超过三分钟，重点分别应为介绍、道谢与致贺。

进行剪彩：此刻，全体应热烈鼓掌，必要时还可奏乐、放飞彩球或燃放鞭炮。在剪彩前，需向全体到场者介绍剪彩者。

进行参观：剪彩之后，主人应陪同来宾参观被剪彩之物。仪式至此宣告结束。随后，东道主单位可向来宾赠送纪念性礼品，并以自助餐款待全体来宾。

当主持人宣布进行剪彩之后，礼仪小姐即应率先登场。在上场时，礼仪小姐应排成一行行进。从两侧伺时登台，或是从右侧登台。登台之后，拉彩者与捧花者应当站成一行，拉彩者处于两端拉直红色缎带，捧花者各自双手手捧一朵花团。托盘者需站立在拉彩者与捧花者身后一米左右，并且自成一行。

在剪彩者登台时，引导者应在其左前方进行引导，使之各就各位。剪彩者登台时，宜从右侧出场。当剪彩者均已到达既定位置之后，托盘者应前行一步，到达前者的右后侧，以便为其递上剪刀、手套。

剪彩者若不止一人，则其登台时也应列成一行，并且使主剪者行进在前。在主持人向全体到场者介绍剪彩者时，后者应面含微笑向大家欠身或点头致意。剪彩者行至既定位置之后，应向拉彩者、捧花者含笑致意。当托盘者递上剪刀、手套时，亦应微笑着向对方道谢。

在正式剪彩前，剪彩者应首先向拉彩者、捧花者示意，待其有所准备后，集中精力，右手持剪刀，表情庄重地将红色缎带一刀剪断。若多名剪彩者同时剪彩时，其他剪彩者应注意主剪者的动作，与其主动协调一致，力争大家同时将红色缎带剪断。

按照惯例，剪彩以后，红色花团应准确无误地落入托盘者手中的托盘里，而切勿使之坠地。剪彩者在剪彩成功后，可以右手举起剪刀，面向全体到场者致意。然后将剪刀、手套放于托盘之内，举手鼓掌。接下来，可依次与主人握手道喜，并列队在引导者的引导下退场。退场时，一般宜从右侧下台。待剪彩者退场后，其他礼仪小姐方可列队由右侧退场。

4.5.2　商务庆典

商务庆典，是各种商务庆祝礼仪式的统称。在商务活动中，商务人员参加庆祝仪式的机会是很多的，既有可能奉命组织一次庆祝仪式，也有可能应邀去出席外单位的某一次庆祝仪式。

组织筹备一次商务庆典，如同进行生产和销售一样，先要对它作出一个总体的计划。商务人员如果受命完成这一任务，需要记住两大要点：

其一，要体现出庆典的特色。

其二，要安排好庆典的具体内容。

商务庆典既然是庆祝活动的一种形式，那么它就应当以庆祝为中心，把每一项具体活动都尽可能组织得热烈、欢快而隆重。不论是举行庆典的具体场合、庆典进行过程中的某个具体场面，还是全体出席者的情绪、表现，都要体现出红火、热闹、欢愉、喜悦的气氛。唯独如此，庆典的宗旨——塑造本单位的形象、显示本单位的实力、扩大本单位的影响，才能够真正地得以贯彻落实。

商务庆典所具有的热烈、欢快、隆重的特色，应当在其具体内容的安排上，得到全面体现。

1. 商务庆典的分类

就内容而论，在商界所举行的庆祝仪式大致可以分为四类：

第一类，本单位成立周年庆典。通常，它都是逢五、逢十进行的。即在本单位成立五周年、十周年以及它们的倍数时进行。

第二类，本单位荣获某项荣誉的庆典。当单位本身荣获了某项荣誉称号、单位的"拳头产品"在国内外重大展评中获奖之后，这类庆典基本上均会举行。

第三，本单位取得重大业绩的庆典。例如千日无生产事故、生产某种产品的数量突破10万台、经销某种商品的销售额达到1亿元等，这些来之不易的成绩，往往都是要庆祝的。

第四类，本单位取得显著发展的庆典。当本单位建立集团、确定新的合作伙伴、兼并其他单位、分公司或连锁店不断发展时，自然都值得庆祝一番。

具体来说有下面几种类型：

（1）周年庆功。

周年庆典即为企业成立周岁庆典，一般而言，它都是逢五、逢十进行的。即在本单位成立五周年、十周年以及它们的倍数的时候进行。

（2）节庆典礼。

节庆典礼是指根据单位或成员获得某项荣誉、取得某些重大成就、重大业绩、重大进展而举行的庆祝活动。如某市荣获"全国卫生城市"称号、某企业荣获"建设部评定装饰施工一级和设计甲级企业"称号、某轿车厂"第100万辆轿车下线"、某电视机厂"超大屏幕彩色电视机开发研制成功"等。

（3）奠基庆典。

奠基庆典是指重大工程项目如楼宇、道路、桥梁、河道、水库、电站、码头、车站等建设项目正式开工时，举行破土动工的仪式。这类庆典起庆祝性、纪念性作用。

（4）开业庆典。

开业庆典是指单位机构成立创建、企业开始正式营业时隆重举行的庆祝仪式。这类典礼的目的是扩大宣传，树立组织机构的形象。

（5）竣工庆典。

竣工庆典是指某一工程项目建成完工时举行的庆贺性仪式。包括建筑物落成、安装完工、重大产品成功生产等。这类典礼一般在竣工现场举行。

2. 商务庆典的内容

参加庆典时，不论是主办单位的人员还是外单位的人员，均应注意自己临场之际的举止表现。其中，主办单位人员的表现尤为重要。

（1）要仪容整洁。

参加庆典的本单位人员，一定要干净整洁，男士应刮胡须，女士应化淡妆。

（2）要服饰规范。

有统一式样制服的单位，应要求以制服作为本单位人士的庆典着装。无制服的单位，应规定届时出席庆典的本单位人员必须穿着礼仪性服装，即男士应穿深色的中山装套装，或穿深色西装套装，配白衬衫、素色领带、黑皮鞋。女士应穿深色西装套裙，配长筒肉色丝袜、黑色高跟鞋，或者穿深色的套裤。此外，近年来颇为流行的旗袍作为礼服，在很多庆典场合也很受尊重。

（3）要遵守时间。

无论是本单位的最高负责人，还是级别最低的员工，都不得姗姗来迟、无故缺席或中途退场。如果庆典的起止时间已有规定，则应当准时开始、准时结束。

（4）要表情庄重。

在举行庆典的整个过程中，都要表情庄重、全神贯注、聚精会神。庆典之中一般会安排升国旗、奏国歌、唱"厂歌"的程序，一定要依礼行事。起立，脱帽，立正，面向国旗或主席台行注目礼，都要认认真真，表情庄严肃穆。

（5）要态度友好。

主要是对来宾态度要友好。遇到了来宾，要主动热情地问好。对来宾提出的问题，都要立即予以友善的答复。当来宾在庆典上发表贺词时，或是随后进行参观时，要主动鼓掌表示欢迎或感谢。

（6）要行为自律。

在出席庆典时，主方人员在举止行为方面应当注意的问题有：不要在庆典举行期间到处乱走、乱转。不要找周围的人说"悄悄话"、开玩笑，不要有意无意地做出对庆典毫无兴趣的姿态。

（7）要发言简短。

本单位员工在庆典中发言，应注意以下四个问题：

①上下场时要沉着冷静。走向讲坛时，应不慌不忙，在开口讲话前应平心静气。

②要讲究礼貌。在发言开始，勿忘说一句"大家好"或"各位好"。在提及感谢对象时，应目视对方，在表示感谢时，应郑重地欠身施礼。对于大家的鼓掌，则应以自己的掌声来回礼，在讲话末了，应当说一声"谢谢大家"。

③发言一定要在规定的时间内结束，宁短勿长。

④应当少做手势。

4.5.3 商务签字仪式的礼仪

商务签字仪式，是商务活动中的合作伙伴经过洽商或谈判，就彼此之间进行商务合作、商品交易或某种争端达成协议或订立合同后，由各方代表正式在有关的协议或合同上签字的一种庄严而隆重的仪式。

举行签字仪式。应注意以下几个环节：

1. 待签文本的准备

（1）对文本的准备要慎重严肃。

洽谈或谈判结束后，双方应指定专人按谈判达成的协议做好待签文本的定稿、翻译、校对、印刷、装订、盖印等工作。文本一旦签字就具有法律效力，因此，文本的准备应当慎重严肃。

（2）核对各种批件要认真。

在准备文本的过程中，除要校对谈判协议条件与文本的一致性以外，还要核对各种批件，主要是项目批件、许可证、设备分交文件、用汇证明、订货卡等是否完备，合同内容与批件内容是否相符等等审核文本，必须对照原稿件，做到每字不漏，对审核中发现的问题，要及时互相通报，通过再谈判，达到谅解一致，并相应调整签约时间。在协议或合同上签字的有几个单位，就要为签字仪式提供几份文本。如有必要，还应为各方提供一份副本。与外商签署有关的协议、合同时，按照国际惯例，待签文本应同时使用宾主双方的母语。待签文本通常应装订成册，并以真皮、仿皮或其他高档质料作为封面，以示郑重。其规格一般是大八开，所使用的纸张务必高档，印刷务必精美。作为主方应为文本的准备提供准确、周到、快速的服务。

2. 签字人员的安排

在举行签字仪式之前，有关各方应预先确定好参加签字仪式的人员，并向其有关方面通报。客方尤其要将自己一方出席签字仪式的人数提前通报给主方，以便主方安排。签字者的人选要视文件的性质来确定，可由最高负责人签，也可由具体部门负责人签，但双方签字人的身份应该对等。参加签字的有关各方事先还要安排一名熟悉签字仪式详细程序的助签人员，并商定好签字的有关细节。其他出席签字仪式的陪同人员，基本上是双方参加谈判的全体人员，按一般礼貌做法，人数最好大体相等。为了表示重视，双方也可对等邀请更高一层的领导人出席签字仪式。

3. 签字场地的布置

举行签字仪式的场地，一般视参加签字仪式的人员规格、人数多少及协议中的商务内容重要程度来确定。多数是选择在客人所住的宾馆、饭店或东道主的会客厅、洽谈室。无论选择在何处举行，都应征得对方的同意。

签字场地的布置：一般是在签字厅（或室）内设置长方桌作为签字桌，桌面覆盖深绿色台呢布（但要注意双方的颜色忌讳）、桌后放置两张椅子作为双方签字入座位，主左客右。座前陈列各自保存的文本，上端分别放置签字时使用的文具，如签字笔、吸墨器等。如与外商签署协议或合同，还应将各自一方的国旗布置在该方签字者的正前方。如签署多边性协议时，各方的国旗则应依一定的礼宾顺序插在各方签字者的身后。

4. 签字仪式的程序

签字程序礼仪性极强。所有参加签字仪式的人员都应注意自己的仪表、仪态，穿着打扮要整洁、得体，举止要大方、自然，既不能严肃有余，也不能过分喜形于色。双方出席签字仪式的人员准时步入签字厅后，签字者按主左客右的位置入座。双方其他陪同人员分主客两方各自以职位、身份高低为序，自左向右（客方）或自右向左（主方）排列站立于各签字者之后，或坐在己方签字者的对面。双方助签人员则分别站在己方签字者的外侧，协助翻揭文本，指明签字处，并为业已签署的文件吸墨。

签字时，按国际惯例，遵守轮换制。签字者首先在各自保存文本的左边首位处签字，然后由助签人员互相传递文本，再在对方保存的文本上签字，虽后由双方签字者起立互相交换文本，并相互握手致意，其他陪同人员鼓掌祝贺，仪式达到高潮时宣告结束。

随后服务小姐用托盘端上香槟酒，供双方出席签字仪式的人员举杯庆贺。接着请双方最高领导者及客方先退场，然后东道主再退场。整个仪式以半小时为宜。

4.6　商务洽谈礼仪

商务洽谈是商务运营中交易或合作的必然前提。

4.6.1　商务洽谈原则

良好的商务洽谈应遵循以下原则：

1. 以诚待人

古人有言："精诚所至，金石为开。"作为洽谈的首要条件，就是各方的诚意，坦率地将自己的意图、目标、需要真诚地向对方交代清楚。对于洽谈人员来说，最忌讳弄虚作假、口蜜腹剑。商务洽谈提倡的是开诚布公、光明磊落。以诚待人能为洽谈创造和谐轻松的气氛，改变由于误解等原因形成的不友好场面。获得对方的谅解，达到化干戈为玉帛的效果。

2. 信誉至上

信誉至上是洽谈中不可动摇的原则，各方均应严格遵守所达成的协议，履行各自的诺言。洽谈中双方可以亮出自己的利益和要求，必要时可争论一番。但是，如果各方就某些问题经过协商、达成协议后，就有义务和责任严格遵守。

3. 礼敬对方

礼敬对方就是要求洽谈者在整个洽谈过程中，排除一切心理和情绪上的干扰，始终如一地对自己的洽谈对象保持尊重与礼貌。在洽谈会上，文明的语言、诚挚的笑容、友好的态度、得体的举止等，有助于消除双方的隔阂与抵触心理。在洽谈桌上，始终如一地维持君子风度，有利于赢得对方的尊重和好感。

4.6.2　洽谈准备的重点

商界所进行的业务洽谈，又称商务谈判，是重要的商务活动之一。商务洽谈是指在商务活动中，具有利害关系的双方或多方，为谋求一致，进行合作、化解分歧、处理争端、达成协议等而进行的协商活动。

俗话说："知己知彼，百战不殆。"在洽谈之前，如能对对手有所了解，并有所准备，那么在洽谈中，就可以扬长避短，取得好的效果。工作准备主要有：

1. 主题和实力分析

既然是洽谈就应该有一个主题，也就是要明确所协商解决的问题是什么。这个问题，可以是立场观点方面的，也可以是基本利益方面的，还可以是行为方式方面的。主题明确后，应紧密围绕这一中心，分析双方实力：我方的优势是什么，不足在哪里；对方的优势是什么，问题在哪里。并就此制定自己的洽谈战略，反复审核，精益求精。

2. 了解对手

对洽谈对手的了解，应集中于以下方面：对方真正的决策人是谁；洽谈对手的个人资料；谈判风格和谈判经历；洽谈对手在商务活动、人际关系、政治等方面的背景资料；洽谈对手以往谈判成功案例及失败案例等。

3. 挑选成员

洽谈的成功固然与议题有关，但另一方面与洽谈人员的素质和修养也密切相关。为使洽谈能圆满成功，参与人员应深谙专业、知识渊博、能言善辩、熟知洽谈策略、反应机敏、充满自信、刚毅果断、有理有节。同时，在洽谈前要多做案头准备工作，精心细致地研究各种资料及应变对策，以便做到胸有成竹、处变不惊。

4.6.3 洽谈过程中的礼仪

洽谈是一项双方合作的事项，是双方派出己方代表，在特约的时间、地点进行的一场正规的洽谈，具有特定的规则程序。一般来说，从开始到结束划分为六个阶段。

（1）导入阶段。在洽谈刚开始的导入阶段，一般不会费时较多，主要是让洽谈者通过介绍或自我介绍彼此熟悉。在双方入座后，由各自的主要谈判代表分别向对方介绍己方谈判人员。如果是一方代表同时介绍双方的谈判人员，应先介绍己方人员，然后再介绍他方人员，以示对他方人员的尊重。

介绍与被介绍时应遵循介绍的基本礼仪：双方均要以和善友好的态度出现，行握手礼，面带微笑并说一声"您好"，在需要表示庄重或特别客气时，还可略鞠一躬。

接下来双方稍做寒暄。为了营造一个轻松愉快的洽谈气氛，话题应是松弛的、非业务性的，比如社会新闻、生活趣事等，要避免带有攻击性或胁迫性的话题。如："听说贵企业发行的股票又升值了？""以你们目前的状况，如果洽谈不能成功，是否会造成很大损失？"

（2）概说阶段。概说阶段的目的，是让对方了解自己的目标和想法，双方做一些双向沟通。谈判代表发言时应当尽可能简短、清晰、准确，避免含混不清和转弯抹角，并且要善于向对方表示友善的情感，言辞和态度尽量不要引起对方的焦虑与愤怒。一方发言时，另一方应认真倾听，尽量不要中间插话打断别人的发言。这个阶段的主要工作是陈述己方立场，提出己方条件，在这个问题上，双方都应采用审慎的、实事求是的态度，讲究信誉，注重自己的谈判形象。大量实例表明，在互相比较信赖的双方，如果有一方总是违反平等互利的原则、耍弄手段，利用他人对自己的信赖以谋求谈判桌上的优势，最终必然会导致合作失败。

（3）明示阶段。洽谈中双方代表必定会有一些意见或争议。明示阶段的任务就是把这些问题及早提出，并加以解决。对这些必须解决的问题，双方都应遵循平等互利的原则。相互尊重，以平等协商的态度达成谅解，不允许采用强制、欺骗的手段仗势压人，要时刻注意维护自身与企业的信誉和形象。

（4）交锋阶段。对立，可以说是洽谈的命脉。在交锋阶段，为了达到己方的目标，应该表现出勇气、自信与毅力。同时也要牢记坚持礼敬对手、以诚待人的原则与立场。在交锋阶段，双方都会列举大量事实反驳、说服对手，在反驳对方意见时，要避免使用对抗性的绝对性的语言，如"你们要么接受，要么放弃，没有协商的余地"等。如果对手说了过火的语言或提出不合理要求，也应保持沉着冷静的态度，以理服人，对事不可不争，对人不可不敬，要避免在暴躁的状态下进行人身攻击。

（5）妥协阶段。妥协阶段是洽谈过程中的讨价还价环节，即为了达成一致而进行的让步讨论。在任何一次洽谈中，都没有绝对的胜利者和绝对的失败者。妥协是在求同存异的原则下，通过双方的相互让步来实现的。让步要互惠互利、公平合理、自愿，切忌穷追猛打、以大压小。现代的商界社会，讲究的是伙伴双方的同舟共济，所谓买卖不成仁义在。

（6）协议阶段。经过交锋和协商，双方认为已经基本达到了自己的目的，便表示拍板同意，然后由双方决策人代表已方在协议上签字，这就需要一个签字仪式。主方在安排签字仪式时，首先要做好文本工作。文本要用规范的文句加以陈述，要表述准确、内容全面，不允许有歧义和遗漏。同时准备好签字用的文具。签字时应是先在己方保存文本上签名，再在对方保存文本上签字，然后交换文本，握手言和。协议书一旦签署生效，双方必须认真履行。

【知识链接4-7】

出席洽谈会的商界人士最重视的是服装，参加人员衣着是否得体，不仅体现了个人及所代表的企业形象，同时也从侧面反映出对会晤的重视程度及对对方的尊重。男士应穿深色西装配白衬衫，打素色条纹或圆点式领带。黑色系皮鞋配深色袜子。女士则可选择单一色彩的西装套裙，内衬白衬衫，肉色长筒丝袜，黑色中低跟浅口皮鞋。发式方面：男士应以整洁传统的短发为主；女士则要以体现职业女性干练、简洁、大方、端庄的发型为首选。同时，女士面部应配以清新淡雅的化妆。

【案例分析4-3】

成功的商务洽谈

第二次世界大战结束后，日本许多商店人手奇缺，为减少送货任务，有的商店就将问话顺序进行了调整，将"是您自己拿回去呢，还是给您送回去"改为"是给您送回去呢，还是您自己带回去"，结果大奏奇效，顾客听到后一种问法，大多说："我自己拿回去吧。"

又如，有一家咖啡店卖的可可饮料中可以加鸡蛋，售货员就常问顾客："要加鸡蛋吗？"后来在一位人际关系专家的建议下改为："要加一个鸡蛋，还是加两个鸡蛋？"销售额大增。

分析：商务活动中的语言应具有强烈的目的性，在服务性强的领域要使用服务对象所接受和适合服务情景的语言，同时在洽谈中要有一定的语言技巧，通过语言指令影响他人行为。在上述两个事例中，商家通过把握顾客心理，运用恰当的语言洽谈技巧，让顾客能够接受，取得了好的业绩，这些是成功的商务洽谈事例。

【基本训练】

□知识题

4.1 阅读理解

1. 简述开业典礼有什么作用？
2. 在不同的商务活动场所，尊位的确定可以遵循哪几个原则？
3. 商务洽谈分哪几个阶段？每个阶段应注意什么？
4. 接待有几个级别？如何划分？
5. 签字仪式有哪几个环节？

4.2　知识应用

1. 判断题

（1）一位外国女士，看到中国古代的落地钟非常漂亮，认为他的中国朋友一定会喜欢，就买了一台送给他的客户。（　　　）

（2）求职电话什么时候打都可以。（　　　）

（3）电视电话会议只要看电视或只要打个电话就可以了。（　　　）

（4）当进行正式宴会时，一定要在主人宣布开饭之后再动手吃饭。（　　　）

（5）拒绝邀请只说声对不起而不交代理由是不礼貌的。（　　　）

2. 选择题

（1）打电话时谁先挂，交际礼仪给了一个规范的做法（　　　）。

　　　　A. 对方先挂　　　　　　　　B. 自己先挂

　　　　C. 地位高者先挂电话　　　　D. 以上都不对

（2）在筹划典礼时，所必须遵守的是（　　　）。

　　　　A. 典礼要适度　　　　　B. 典礼要隆重　　　　C. 典礼要俭省

（3）良好的商务洽谈应遵循以下原则（　　　）。

　　　　A. 以诚待人　　　　　　B. 礼敬对方　　　　　C. 信誉至上

（4）出席洽谈会的商界女士应着（　　　）。

　　　　A. 单一色彩的西装套裙　　B. 时髦的超短连衣裙　　C. 舒适的休闲装

（5）接名片应该是（　　　）。

　　　　A. 双手　　　　　　　　B. 左手　　　　　　　　C. 右手

□技能实训

1. 大学刚毕业的丽华非常羡慕礼仪小姐优雅的走姿，她对着镜子练了好几次，但始终难把握，请你告诉丽华行走时的姿态是否优雅取决于哪些因素？

2. 假如你是公司的市场部经理，需要组织一个公司的十周年庆典，庆典在某酒店举行，庆典及宴会多功能厅在 3 层，有电梯直达。你要求嘉宾下午 4 点到场。请发挥一下自己的想象力，细述怎样对客户进行邀请、接待时的规格，见面的时候如何用礼貌用语、如何握手、递名片以及引导客户到达指定地点；并描述公司组织中餐宴会的细节（桌次、座次安排、就餐礼仪）与自己衣着关键，如何告别等礼仪。

3. 假如你是公司的总经理，准备和国际某著名企业建立合作伙伴关系，需要和对方公司进行谈判，会议谈判在你所属公司的大厦举行，谈判及宴会安排在 15 层多功能厅，有电梯直达。请发挥一下自己的想象力，细述怎样对客户进行邀请，见面的时候如何用礼貌用语、如何握手、递名片以及引导客户到达指定地点、如何安排会议谈判座次；并描述公司组织西餐宴会的细节（桌次、座次、西餐就餐顺序、就餐礼仪）安排与自己衣着关键，如何告别等礼仪。

4. 假如今天是你公司的开业典礼，你公司邀请了公司所在地区的几位贵宾参加开业剪彩仪式，开业典礼在公司所在大厦一楼大厅举行。请发挥一下自己的想象力，细述怎样对贵宾进行邀请，接待时如何用礼貌用语、如何握手、如何引导宾客到达指定地点、如何安排贵宾的列席，如何向在座的参加人员介绍贵宾，如何安排贵宾致辞，并详述剪彩过程中应遵循的礼仪；剪彩仪式结束后，如何送别宾客等礼仪。

【综合案例】

案例 1：吃西餐

司马小姐至今都记得自己第一次吃西餐的情形。走进餐厅，就看到豪华而气派的装饰，而且整个餐厅很静，若有若无的音乐轻轻回荡，让司马小姐心动，同时也不免紧张。她走到餐桌边，伸手去拖餐椅，而侍从赶紧过来，帮她轻轻挪动椅子，司马小姐同时发现自己站在了椅子的右边，脸一下子就红了。接下来进餐的过程中，她牢记左叉右刀的原则，但是其实她是左撇子，而且第一次用，心里很紧张，更显得笨拙。整个进餐过程中，司马小姐觉得像是在受罪，音乐、环境对她而言都不曾留下什么印象，只有紧张与小心翼翼，以及小心翼翼后的笨拙，令她终生难忘。

问题：司马小姐为何出现尴尬局面？中餐和西餐礼仪有和不同？

案例 2：在曼谷的国际电信公司

一家外国电信公司在泰国曼谷设立一分公司选地址时，看中了一处房价适中，交通方便且游人众多的地段，而这幢楼的对面竖着一尊并不十分高大，但又非常显眼的如来佛像，有关心者警告公司经理说，贵公司若在此开业，生意会很糟糕的，但公司经理非常自信，认为这不可能，因为公司在中东地区开设的另外几家公司，业务开展都很红火，所以，公司经理没听劝阻，就在这里如期开业了。

几年来，这家公司果然生意清淡。公司经理终于面对现实，不得不挪动了公司地址，生意这才明显地好起来。经理本人对此始终大惑不解，到处打听原因，得到的解释是，业务不景气的根源在于公司的大楼高度超过了对面的如来佛像两层，也就是说，公司的位置在如来佛像之上。这在一个信仰佛教的国家，是严重犯忌的，没有尊重当地人对佛像的信仰和敬畏，他们自然产生感情上的不快甚至愤怒，当然不愿与公司往来做生意了。

问题：在涉外商务交往中如何理解尊重原则？

【综合实训】

一、实训地点

学生所在学校所在院系提供。

二、实训目的

商务礼仪实训是教学过程中的重要环节，通过礼仪实训，使学生认识到礼仪在商务活动中的重要性，了解在什么场合什么环境下把握好相关的礼仪，掌握商务礼仪基本技能和基本规范要求，培养学生独立思考、自己解决实际问题的能力，提高学生商务礼仪素养和基本的文明素质。

三、实训内容

（1）每小组抽签选题目，然后小组进行讨论，认真筹划，共同完成所分配任务，每小组6人；

（2）商务礼仪——拜访礼仪，通过 PPT 以及模拟情景向大家展示拜访礼仪，小组成员共同完成；

（3）商务礼仪——涉外交往，通过 PPT 以及模拟情景向大家展示拜访礼仪，小组成员共同完成。

"拜访礼仪"以及"涉外交往"情景剧。

拜访礼仪。6个人明确分工，分了5个方面来讲：约定时间、服装、握手姿势、递交名片、告辞。主要形式是通过 PPT 以及人物表演来向大家展示拜访礼仪的一些基本要求。我是负责宣讲服装仪表这一方面的知识，在商务活动中，不管是进行哪一方面的活动，一个人的服装礼仪代表着他平时的处世风格，是给别人留下的第一印象，这是非常需要注意的。

涉外交往。仍然是小组6个人，仍是通过 PPT 以及人物表演来进行模拟情景。大概的情节是：组员作为美方公司来中方进行谈判，第一次因中方太过于热情且不尊重中方而不欢而散；第二次中方改变许多使双方达成一致。

第5章 | 职场礼仪

【知识目标】

◎ 学会并掌握求职面试的礼仪知识；

◎ 学会并掌握办公室的礼仪知识；

◎ 学会并掌握会议礼仪；

◎ 了解常用的参观礼仪、慰问礼仪。

【技能目标】

◎ 掌握求职面试的礼仪技巧；

◎ 商务会议的筹备、商务参会人员的礼仪；

◎ 能够正确选择参观项目，为外出参观和组织开放参观做好充分的准备工作；

◎ 能够在慰问活动中自觉地遵守慰问礼仪。

引例

黄总的用人观

黄总是业内名人。八年来，他带领企业成功转制，前年又带领企业在美国成功上市，成为该行业首家上市的公司。

黄总的成功，除了国家宏观政策的支持、他个人的魄力外，用他自己的话说，他有一批非常得力的员工。

黄总认为，作为一名职业人士，首先要有职业意识：积极向上、不断学习、团队合作。只拥有高学历，没有职业意识、职业礼仪，并不是一个合格的人才，发展潜质、对单位的奉献和价值的创造都不可能实现最大化。

所以，黄总说，他宁愿用一位学历低但有职业意识和职业礼仪的员工，而不愿用虽有高学历但没有职业意识和职业礼仪、个人主义浓厚的员工。

这一案例表明：态度决定行动。人在职场，首先就要有积极的工作态度和良好职场礼仪，才能有良好的职场行为，才能做好工作，才能成为职场中受欢迎的人。

职场礼仪是指人们在职业场所中应当遵循的一系列礼仪规范。了解、掌握并恰当地运用职场礼仪会使你在工作中左右逢源，使你实现职业理想。

"礼仪体现细节"，每位员工细节化的举止行为不仅是个人良好修养和素质的体现，也是一个企业完善而严谨的企业文化的反映。职场礼仪必须首先从"我"做起，严格要求自己。在将这些礼仪行为培养成自己的行为习惯之后，在举手投足、言谈举止间也就体现了自己良好的素质，从而能最大限度地获得别人的善意、好感和尊重。同时，职业礼仪也是企业中每个人的责任，必须从"我"做起，从现在做起。只有每个人都有训练有素的举止行为，这个企业的形象和行为才是最佳的。

【小思考5-1】职场礼仪有什么作用？

答：职场礼仪是指人们在职业场所中应当遵循的一系列礼仪规范。了解、掌握并恰当地运用职场礼仪会使你在工作中左右逢源，使你实现职业理想。良好的职场礼仪不仅是个人良好修养和素质的体现，也是一个企业完善而严谨的企业文化的反映。

5.1　求职面试礼仪

【案例分析5-1】

张文艺到华龙集团总部面试时，主考官问他对华龙集团了解多少。他想了半分钟后说道："我接到面试通知后，还没来得及查看你们公司的资料，所以不太了解。"主考官对他说："我们招聘的人应该能了解华龙。你还是回去再多了解了解吧。"

李宏大学毕业后，一直期望到某两个会计师事务所就职。他一路过关斩将，终于进入两家事务所的最后一轮面试，也就是要去见事务所的合伙人。能在数千人求职大军中杀出重围实属不易。然而，在见合伙人的时候，他特别紧张，以至于在见A事务所的合伙人时，他竟然叫错了对方的名字，临走时还把包忘在了他的办公室里；在见B事务所的合伙人时，由于是英文面试，他数次说错了几个单词，结果两家国际一流的会计师事务所都在最后的面试时将他拒之门外。

分析："机会永远垂青于那些有准备的人。"案例中的张文艺对用人单位缺乏了解，居然连常规的问题都回答不出；李宏神经过度紧张，缺乏自信，最终和他理想中的公司失之交臂。要想在面试中脱颖而出，给招聘人员留下较好的印象，就要克服紧张，建立自信；知己知彼，对自己和用人单位都有客观的认识。求职是一个了解自己和用人单位，向用人单位展示自己能力和素质的过程，只有做了充分的准备，才能凭借自己的实力实现职业理想。

求职面试是一种经过组织者精心设计，在特定场景下，以考官对考生的面对面交谈与观察为主要手段，由表及里地考评学生的知识、能力、经验等有关素质的一种考试活动。面试的过程一般包括：见面前的准备、面试的前十分钟（产生第一印象）、面试交谈、人事主管给求职者的提问机会（最后十分钟）、结束面谈。

面试是如愿走上心仪工作岗位的必经关卡。求职者能否实现求职目标，关键的一步是与用人单位见面并有一定的信息交流。面试是其他求职形式永远无法代替的，因为在人与人的信息交流形式中，面谈是最有效的。在面谈中，面试官对求职者的了解，语言交流只占了30%的比例，眼神交流和面试者的气质、形象、身体语言占了绝大部分，所以求职者应充分掌握求职面试中的礼仪规范，为迈向理想工作岗位做好准备。

5.1.1 面试前的准备

1. 物件、资料的准备

包括公文包、求职记录笔记本、多份打印好的简历、面试准备的材料、个人身份证、登记照等，所有准备好的文件都应该平整地放在一个牛皮纸的信封里。

公文包：求职时带上公文包会给人以专业人员的印象。公文包不要求买很贵重的真皮包，但应看上去大方典雅，大小应可以平整地放下 A4 纸大小的文件。

笔记本：里面应记录有参加过求职面试的时间、各公司名字、地址、联系人和联系方法，面试过程的简单记录、跟进记录等。求职记录本应该随时带在身边，以便记录最新情况或供随时查询。

除此以外，还应好准备好面试过程中可能会遇到的问题，如自我介绍、公司背景和岗位等相关问题、学习成绩、实践经验、个人评价等。

2. 形象准备

参加面试的服饰要求一切了为符合求职者的身份。面试时，合乎自身形象的着装会给人以干净利落、落落大方、有专业精神的印象，男生应显得干练大方，女生可化淡妆，这样显得庄重俏丽。

男生面试时的服饰礼仪：

西装：准备好一至两套得体的灰色、深蓝色或黑色的西装，面试前西装应熨烫平整、整洁，西装口袋不放东西。

衬衫：以白色或浅色为主，面试前应熨平整，不能给人"皱巴巴"的感觉。同时，应保持领口、袖口无污迹。

皮鞋：不要以为越贵越好，而要以舒适大方为度。皮鞋以黑色为宜，且面试前一天要擦亮。

领带：男生参加面试一定要在衬衣外打领带，领带以真丝的为好，上面不能有油污，不能皱巴巴，还应紧贴领口，美观大方，平时应准备好与西服颜色相衬的领带。

袜子：袜子必须是深灰色、蓝色、黑色等深色，以便于西装相搭配。

头发：在面试前一天洗干净头发，避免头屑留在头发或衣服上，保持仪容整洁，但发型不应太新潮。

此外，男生要将胡须剃干净，并且在刮的时候不要刮伤皮肤，指甲应在面试前一天剪整齐，保持清洁。

女生面试时的服饰礼仪：

套装：每位女生应准备一至两套较正规的套服，以备去不同单位面试之需。套服应大方、得体，花样可根据自己的喜好和用人单位的要求来选择，但原则是必须与准上班族的身份相符，颜色鲜艳的服饰会使人显得活泼、有朝气，素色稳重的套装会使人显得大方干练。

化妆：参加面试的女生可以适当地化点淡妆，包括口红，但不能浓妆艳抹、过于妖娆，不符合学生的形象与身份。

发型：发型应文雅、庄重，梳理整齐，长发用发夹夹好，但不能染鲜艳的颜色。

皮鞋：鞋跟不宜过高，过于前卫，夏日最好不要穿露出脚趾的凉鞋，更不宜将脚指甲涂抹成红色或其他颜色，丝袜以肉色为主，不能有破洞，皮鞋应光亮、整洁。

皮包：女生的皮包要能背的，与装面试材料的公文包有所区别，可以只拿公文包而不背皮包，但不能把公文包里的文件全部塞在皮包里而不带公文包。

手表：面试时不宜佩戴过于花哨的手表，给人过于稚气的感觉。面试前应调准时间，以免迟到或闹笑话。

指甲：指甲不宜过长，并保持清洁，涂指甲油需自然色。

禁忌：男女生都不能在面试时穿休闲类服装，如 T 恤、牛仔裤、运动鞋，一副随随便便的样子。女生不能穿得过于花枝招展、性感暴露。应聘时不宜佩戴太多饰物。

5.1.2 面试中的礼仪

求职者在面试过程中应掌握一定的面试技巧和礼仪，自始至终保持斯文有礼、不卑不亢、大方得体、生动活泼。

1. 守时守约

求职时一定要守时守约，不迟到或违约。迟到和违约都是不尊重主考官的表现，也是不礼貌的行为。提前 10~15 分钟到达面试地点效果最好。不管有什么原因，迟到都会被视作缺乏时间观念和约束能力。如由于客观原因需要改期面试，或不能如约按时到场，应事先打个电话通知公司，以免其久等。如果已经迟到，不妨主动陈述原因，宜简洁表白，如"对不起，路上塞车太厉害"。这是必备的礼仪。如过早到达面试地点，不能立刻进入面试地点，可在附近的咖啡厅等候，以免影响公司的正常工作。

2. 出入礼仪

如果被招呼进去面试时，一定要敲门。即使面试房间的门是开着或虚掩着，也要敲门，千万不要冒失闯入，给人以鲁莽、无礼的印象；敲门时注意敲门声音的大小和敲门的速度，一定要轻轻地、缓慢地敲，待得到允许后再轻轻地进门，入室后转身把门关好，动作要轻，尽量不发出声音，然后缓慢转身面对考官。

面试结束后，与面试官最好以握手的方式道别，离开办公室时，还应把坐过的椅子扶正，然后致谢出门。

3. 关好手机

在面试时，自觉把手机关掉或打到静音。不能在面试时手机作响或接听手机，这是极不礼貌的行为。

4. 握手礼仪

这是与面试官的初次见面，与面试官握手应坚实有力，双眼要直视对方，不要太使劲，不要左右摇晃。而且手应该是干燥、温暖的。

5. 双手递物

求职要带上个人简历、证件、介绍信或推荐信等必要的求职资料。见面时，一定要保证不用翻找就能迅速找到所需要的资料。如果要送上这些资料时，要把资料的文字正面对着考官，双手奉上，说："这是我的相关材料，请您过目。"表现得大方、得体和谦和。

6. 微笑礼仪

真诚的微笑是人际交往的通行证，是推销自己的润滑剂，是礼仪之花，友谊之桥，具有塑造形象、表现性格、协调关系等功能，是求职者与考官之间最好的一种沟通方式，也是最有价值的面部表情，微笑必须是真诚的、发自内心的、自然的，微笑必须适度、得体。

7. 眼神礼仪

面试时应注视面试官，但不能死死瞪着面试官，如果是多人面试，应用目光环视一下几位面试官，求职的目光应是和善友好、清澈坦荡的，表现出坚定和自信。面试说话时不要低着头，要看着对方的眼睛或鼻梁，不要回避视线。

8. 姿态礼仪

站姿是人体最基本的姿势，能反映求职者的外在形象和礼貌修养。面对考官不论是男生还是女生均应采用标准的礼仪站姿，即双腿并拢，两手自然下垂。在求职场合，不要未经许可就自己坐下，要站在原地等待考官对你说"请坐"后再落座。坐的时候不要紧贴着椅背做，不要坐满，坐下后身体要略向前倾。一般以坐满椅子的2/3为宜。不要摆弄双腿，不要交叉双腿，也不能跷二郎腿。千万不能做一些不经意的小动作如玩手指、折纸、转笔、乱摸头发、耳朵等，既显得不严肃，也分散对方的注意力。

9. 面试时的谈吐

展示个性，突出个人优点和特长，可以引用老师及同学对自己的评价来进一步证实。多用事实说话，不说空话大话。注意语言逻辑，语言要概括、简洁、有力，通俗易懂，层次分明、重点突出，观点鲜明，论据充分。针对提出的问题，见解独到，分析透彻，论证有力。当不能回答某一问题时，应如实告诉对方，不要含糊其词。语言表达应口齿清楚，发音正确，说普通话，适当控制语速、语调。

5.1.3 面试后礼仪

面试之后，应该及时总结，总结经验，吸取教训，为下一次面试做准备。同时，为了加深招聘人员的印象，增加求职成功的可能性，面试后的两三天内，求职者最好给招聘人员写封 E-mail 表示感谢，重申自己对公司及岗位的兴趣。

5.1.4 电话求职礼仪

1. 接听求职电话礼仪

思考题：王伟正逛街，突然接到某公司的电话面试。此时的他应如何应对？

答："不好意思，我正在外面，环境比较吵闹，是否能过 10 分钟给您打回去呢？"

分析：注意求职电话要选择在安静的环境下接听。很多企业在收到简历后，会先通过电话面试来做初步筛选。电话面试会准备几个目的性问题，用以考察求职者的背景和语言表达能力等，通话时间一般在 15~20 分钟，求职者应在电话面试前做好充分准备，并多用"您好、谢谢、麻烦了"等礼貌用语增加印象分。

2. 拨打求职电话礼仪

思考：王莉莉下午 5 点多在报摊上买了一份招聘类报纸，查阅到一个心仪职位。为在第一时间与招聘方联系，就立刻拨通了对方电话："喂，请问是利达公司吗？我看了报纸，想来应聘会计岗位。"还没等她说完，对方就说马上要下班了，会把她电话记下来，第二天联系。王莉莉此次电话求职成功了吗？为什么？

分析：求职者在电话自荐过程中，应注意选择好通话时间，一般上午 9：30~11：00，下午 14：00~16：00 较为合适。临下班前半小时不宜打电话，午休、晚上 10 点半以后，早上 7 点钟之前，三餐时间不宜打电话。接通后，应礼貌地向对方询问公司名称及姓名，寻找要找的人，不要在喧闹的环境下打电话，应简明扼要地叙述，语速不急不缓，打完电话应致谢并说再见，轻轻放下话筒。

5.1.5 面试礼仪禁忌

下列行为会严重影响面试的成功率，求职者在面试过程中，应注意避免。

（1）不准时入场。必须准时出现在面试地点，否则一开始就会给面试主考人员留下对面试不重视，不讲效率，不珍惜别人的时间，没有礼貌等不好的印象。

（2）着装举止不得体。如服饰怪异，或不相称、不搭配、不干净；又如，进门时表现慌里慌张；面试中毫无表情，或左顾右盼，或面带疲倦、哈欠连天，或窥视主考人员的桌子、稿纸和笔记，或不停地看手表，或面试顺利时，得意忘形、大声喧哗等。

（3）当面询问面试结果。

（4）进门时不打招呼，临走时不说谢谢，连最起码的礼貌都不懂。

（5）临走时应该以一种真诚的态度对面试主考人员说：认识您很高兴，谢谢您宝贵的时间。即使求职者认为自己面试效果不理想，也不能转身就走，扬长而去。

（6）急于表现自己。比如一上来就说英语，这样，会给人哗众取宠、华而不实的感觉。

（7）面试过程中接手机，这是非常忌讳的。第一，会耽误主考人员的时间；第二，会给人不重视面试的感觉；第三，会破坏刚刚建立的对话氛围，打断谈话思路。面试主考人员会因此改变对你的最初印象，并匆匆结束面试。

（8）为一些小事或失误过多解释或道歉。比如迟到了，对面试主考人员说一句抱歉就行了，或者简要加上真实的原因。不要试图编故事，越抹越黑。

（9）随意打断面试主考人员的讲话，或者随意转移话题。这会引起面试主考人员的反感。更不要试图控制局面或支配话题，即使与面试主考人员在观点上有分歧也不要面露不满，甚至情绪激动，与面试主考人员顶撞和辩论。

【知识链接 5-1】

面试如何消除紧张感

求职者在面试的时候往往容易产生焦虑紧张的情绪，常常因为过度紧张影响面试的成败。那怎样才能消除求职者在面试时的紧张和恐慌呢？

1. 自我认识清晰

自我认识是对自我的能力、品质、修养、行为举止、知识和需求的不断评估，是通过观察、分析外部活动及情景和社会比较获得的。在找工作之前要对自我有一个清晰的认识，自己想要什么样的工作，自己有没有能力胜任，自己的人生目标是什么样的？

2. 人生定位准确

每个人都有自己的人生定位，给自己的人生定位的时间可以有长有短。刚毕业的年轻人应找准自己的定位，有合适的期望值，不断地尝试去发现什么是最适合自己的，什么才是自己想要的方向和目标。

3. 平常心态

在竞争激烈的社会，人们紧张是很普遍的现象。我们应承认自己的紧张，找到解决办法，调整好心态，保持一种"平常心"，既积极主动，尽力而为，又顺其自然，不可苛求事事完美。

4. 信心十足

自信心源于超越自己，初次面试不成功，只要善于总结面试失败的原因，不在意别人的评价，你的自信心就会越来越强。同时，还应在面对失败时，坦率承认错误，越挫越勇，长期坚持就会产生超强的自信心。

5. 充分准备

实践证明，面试准备得越充分，紧张的程度就会越小。在面试前，充分准备好面试知识，面对面试官的问题就不会紧张，而能从容应答。

6. 目的明确

面试一个工作时，应该目的明确，明确事业的目的和意义，是单纯为了温饱问题，是为了挣更多的钱，还是为了自我的提升，学习了解更先进的东西。面试一个工作要明白自己想要的，还要想到自己能够在工作中做什么，能带给自己什么。

【知识链接 5-2】

电话求职面试成功秘籍

1. 记得微笑，对方会感受到你的笑容。
2. 准备一杯水，在面试的过程中你肯定会需要它。
3. 不要主动把时间拖得太长，对方也有一个时间表，不可能在一个人身上花太多时间。
4. 不要主动提出薪水报酬方面的问题，但如果被问到这样的问题，也不要刻意回避。
5. 面试是双方相互观察和了解的过程，应聘者也可以向面试官提出任何你想了解的问题，这样显得你更加关注公司。

【模拟训练 5-1】

训练目的：掌握面试的技巧。

训练程序：训练前准备、分好角色、角色扮演、教师点评。

训练情景：

1. 刘红是会计专业的毕业生，要到三明公司应聘行政助理一职，刘红已经投了简历，现在在三明公司的人事处办公室等待面试，三个同学一组，其中两名同学扮演面试官，一名同学扮演求职者，轮流表演。

2. 沈丽给天安科技公司投了一份简历，求职财务部会计一职，天安科技公司的人事专员将要打电话面试沈丽，请两个同学一组，分别扮演人事专员和沈丽，模拟这一过程。

训练场所：教室。

训练工具：桌椅等。

【案例分析题 5-1】

在一次人才洽谈会上，笔者与一位用人单位老总聊起人才招聘的事，该老总抱怨说："不是我眼界高，确实在众多的应聘者里，很少有让我头一眼就觉得满意的。来应聘的大学生们好像没有礼貌的概念。一边说话，一边给女朋友发短信。有的还与女友紧紧相依，或者把头发染成红色。还有的竟然口里含着口香糖和我说话。你看刚才那位，一坐下就跷起二郎腿，前后摇摆，派头比我还大。"最后，他苦笑着说："现在的大学生怎么啦？"

问题：请从礼仪的角度谈谈你的看法。如有不当之处，应如何改进？

【案例分析题 5-2】

某科研机构招聘科研人员。由于待遇优厚，应聘者如云。某高校李云小姐前往面试。只见她挽着同宿舍的张某袅袅婷婷地步入科研所面试大厅。进入前她又掏出化妆盒补了一下妆。进入面试所在的屋子后，主考官问她有什么特长，她说她在学校是公关部长，有能力组织各种文艺活动，说着将她想给主考官看的资料从包里拿出来，结果在包里翻了半天，好不容易找到了，结果拿出来的时候将她的系列化妆品也带出来了，撒了一地。主考官们面面相觑。

问题：请指出失礼之处。如有不当之处，应如何改进？

5.2 办公室礼仪

【案例分析5-2】

一位职场新人（下文简称A）进公司后，很快就成了同事们的"烦客"。她只要对哪位上司有意见，很快就会有不少这位上司的小道消息、绯闻和大家"分享"；看不惯哪个同事，就会跟办公室所有同事逐个"我只跟你讲"。而她一旦在某个方面获得不错的业绩，就马上对业绩差的同事逐一表达"关心"，指出不足……很快她就变成了人见人烦的人。

分析：A之所以成为"烦客"，是因为她不懂得办公室的礼仪及谈吐原则，犯了职场禁忌，办公室里不乱说话，同事或者上司的负面问题，绝对不能在办公室里说，不受欢迎是当然的事情。

办公室是一个处理公司业务的场所，办公室的礼仪不仅是对同事的尊重和对公司文化的认同，更重要的是每个人为人处世，礼貌待人的最直接表现。办公室礼仪涵盖的范围很广，包括电话、接待、会议、网络、公务、公关、沟通等礼仪。在办公室遵守礼仪，是职场人士的基本要求。

5.2.1 仪表礼仪

办公室工作人员必须仪表端庄、整洁。具体要求是：

头发：头发要经常清洗保持清洁，做到无异味，无头皮屑；男士的头发前边不能过眉毛，两边不能过鬓角；女士在办公室尽量不要留披肩发，前边刘海不能过眉毛。

指甲：指甲不能太长，应经常注意修剪，女性职员涂指甲油要尽量用淡色。

面部：女士职员要化淡妆上岗，男士不能留胡须，胡须要经常修剪。

口腔：保持清洁，上班前不能喝酒或吃有异味的食品。

服装：服饰应清洁、方便，以体现精明能干为宜。男士适合穿黑、灰、蓝三色的西服套装。女士则最好穿西装套裙、连衣裙或长裙。男士注意不要穿印花或大方格的衬衫；女士则不宜把露、透、短的衣服穿到办公室里去，否则使内衣若隐若现很不雅观。具体要求是：

（1）衬衫：无论是什么颜色，衬衫的领子与袖口不能有污迹。

（2）领带：正式办公场所应佩戴领带，并注意与西装、衬衫颜色相配。领带不得肮脏、破损或歪斜松弛。

（3）鞋子应保持清洁，如有破损应及时修补，不得穿带钉子的鞋。

（4）女性职员要保持服装淡雅得体，不得过分华丽。

（5）职员工作时不宜穿大衣或过分臃肿的服装。

5.2.2 仪态礼仪

在公司内职员应保持优雅的姿势和动作。具体要求是：

站姿：两脚脚跟着地，脚尖离开约45度，腰背挺直，胸膛自然，颈脖伸直，头微向下，使人看清你的面孔。两臂自然，不耸肩，身体重心在两脚中间。会见客户或出席仪式，或在长辈、上级面前，不得把手交叉抱在胸前。

坐姿：坐下后，应尽量坐端正，把双腿平行放好，不得傲慢地把腿向前伸或向后伸，或俯视前方。要移动椅子的位置时，应先把椅子放在应放的地方，然后再坐。

行姿：行姿应从容、轻盈、稳重，步幅适度，身体协调，造型优美，不应横冲直撞、蹦蹦跳跳、制造噪音、步态不雅。走通道、走廊时要放轻脚步。无论在自己的公司，还是在访问的公司，在通道和走廊里不能一边走一边大声说话，更不得唱歌或吹口哨等。在通道、走廊里遇到上司或客户要礼让，不能抢行。

公司内与同事相遇应点头行礼表示致意。

握手时用普通站姿，并目视对方眼睛。握手时脊背要挺直，不弯腰低头，要大方热情，不卑不亢。伸手时同性间应先向地位低或年纪轻的，异性间应先向男方伸手。

出入房间的礼貌：进入房间，要先轻轻敲门，听到应答再进。进入后，回手关门，不能大力、粗暴。进入房间后，如对方正在讲话，要稍等静候，不要中途插话，如有急事要打断说话，也要看住机会。而且要说：对不起，打断你们的谈话。

递交物件时，如递文件等，要把正面、文字对着对方的方向递上去，如是钢笔，要把笔尖向自己，使对方容易接着；至于刀子或剪刀等利器，应把刀尖向着自己。

5.2.3 电话礼仪

在拨打和接听电话时，代表的是公司，而不是个人，因此接听电话时应在电话铃响三声内接起，并在电话机旁准备好纸笔进行记录，确认记录下的时间、地点、对象和事件等重要事项；语言应礼貌，简洁明了，讲话语速不能太快，接到打错电话要有礼貌的回答，让对方重新确认电话号码。拨打电话时应考虑好打电话的时间是否合适，确认好对方的电话号码、单位和姓名，准备好相关的文件资料，讲话内容简洁明了，注意通话时间不宜过长，挂断电话应有礼貌地道别。

5.2.4 电梯礼仪

【案例分析 5-3】

一天，正是早上上班时间，写字楼的电梯显得格外忙碌，装得满满的。最后上来一位50多岁的老白领，刚走进来，超载铃声就响起来了，他只好下来等下一趟电梯。电梯开到二楼，就停了下来，下电梯的是一位打扮得体、西服革履的小白领，大家的目光一下扫向他，个个心里在想：这么年轻，还是二楼，为什么不让老白领上来，还影响了大家的时间。真讨厌，没教养。

电梯虽小，但充满着职业人的礼仪。一个人在电梯里不要看到四下无人，就乱写乱画，抒发感想。陪伴客人来到电梯门前，先按电梯按钮，电梯到达门打开时，可先行进入电梯，一手按住开门按钮，另一手按住电梯侧门，请客人们先进；进入电梯后，按下客人要去的楼层按钮；电梯内如有其他人员，应主动询问要去几楼，帮忙按下按钮。到达目的楼层，一手按住开门按钮，另一手做出请出的动作，说："到了，您先请！"进出电梯不站在近门处，面朝门的方向站立，依序进出，在电梯内不吸烟，不应大声喧哗，嬉戏打闹，影响他人。

5.2.5　环境礼仪

不在公共办公区吸烟、扎堆聊天、大声喧哗；节约水电；禁止在办公家具和公共设施上乱写、乱画、乱贴；保持卫生间清洁；在指定区域内停放车辆。

饮水时，如不是接待来宾，应使用个人的水杯，减少一次性水杯的浪费。不得擅自带外来人员进入办公区，会谈和接待安排在洽谈区域。最后离开办公区的人员应关电灯、门窗及室内总闸。

个人办公区要保持办公桌位清洁，非办公用品不外露，桌面码放整齐。当有事离开自己的办公座位时，应将座椅推回办公桌内。

下班离开办公室前，使用人应该关闭所用机器的电源，将台面的物品归位，锁好贵重物品和重要文件。

5.2.6　语言礼仪

办公室里不乱说话，不能评论同事或者上司的负面问题，不能说他人的是非，公司还没公布的消息，或者社会上的敏感事件，在办公室里传播，都不太合适。同事遇到不幸的事，不应再往伤口上撒盐。个人的宗教信仰、政治倾向，这些极易引起争论的问题，都不适合在办公室谈论。办公室里不要随便谈私事，不论得还是失，都不要把自己的故事带到工作中。不向同事倾吐苦水，也不要在办公室里谈论自己的心事，甚至职业生涯规划、离职想法。不人云亦云，学会发出自己的声音。不要在办公室里当众炫耀自己，不要做骄傲的孔雀。

5.2.7　开、关门的礼仪

一般情况下，无论是进出办公大楼还是办公室的房门，都应用手轻推、轻拉、轻关，态度谦和，讲究顺序。进出房门时，开关门的声音一定要轻，乒乒乓乓地关开门是十分失礼的。进他人的房间一定要先敲门，敲门时一般用食指有节奏地敲两三下即可。如果与同级、同辈者进入，要互相谦让一下。走在前边的人打开门后要为后面的人拉着门。假如是不用拉的门，最后进来者应主动关门。如果与尊长、客人进入，应当视门的具体情况随机应变，这里介绍通常的几种方法：

（1）朝里开的门。如果门是朝里开的，秘书应先入内拉住门，侧身再请尊长或客人进入。

（2）朝外开的门。如果门是朝外开的，秘书应打开门，请尊长、客人先进。

（3）旋转式大门。如果陪同上级或客人走的是旋转式大门，应自己先迅速过去，在另一边等候。

无论进、出哪一类的门，秘书在接待引领时，一定要"口""手"并用且到位。即运用手势要规范，同时要说诸如"您请""请走这边""请各位小心"等提示语。

5.2.8 用餐礼仪

在办公室吃饭，拖延的时间不要太长。他人可能要即时进入工作状态，也可能有性急的客人来访，双方都有点不好意思。

开口的饮料罐，长时间摆在桌上总是有损办公室雅观，也应尽快扔掉。如果不想马上扔掉，或者想等会儿再喝，把它藏在不被人注意的地方。

嘴里含有食物时，不要贸然讲话。他人嘴含食物时，最好等他咽完再对他讲话。由于大家围坐一堂，难免有人讲笑话，因此要防止大笑喷饭的情形，可以每口含不太多的食物。

弄得乱溅以及吃声音很响的食物，会影响他人，最好不吃，吃时也尽量注意点。

有强烈味道的食品，尽量不要带到办公室。即使你喜欢，也会有人不习惯的。而且其气味会弥散在办公室里，还是很损害办公环境和公司形象的。

食物掉在地上，要马上捡起扔掉。餐后将桌面和地板打扫一下，是必须做的事情。

准备好餐巾纸，不要用手擦拭油腻的嘴，应该用餐巾纸擦拭。

及时将餐具洗干净，用完餐把一次性餐具立刻扔掉，不要长时间摆在桌子或茶几上。如有突然事情耽搁，也记得礼貌地请同事代劳。

5.2.9 建立良好的人际关系

（1）遵时守约：一个不遵守时间的人，往往不被他人所信任。

（2）尊重上级和老同事：与上级或老同事说话时，应有分寸，不可过分随意。

（3）公私分明：上班时严禁私人电话，也不可将公共财物据为己有或带回家中使用。

（4）加强沟通、交流：工作积极主动，同事之间要相互配合，互帮互助。

（5）不回避责任：犯错误时，应主动承担，积极改正，不回避责任，相互推诿。同事之间经常相处，一时的失误在所难免。如果出现失误，应主动向对方道歉，征得对方的谅解；对双方的误会应主动向对方说明，不可小肚鸡肠，耿耿于怀。

【知识链接 5-3】

办公场所礼仪小细节

1. 早晨进办公室时主动向同事问早，下班回家时与同事互相道别；

2. 转接电话时应当使用文明用语；

3. 请求帮助时要向对方表达谢意，无论是上下级、秘书还是办公室的后勤人员；

4. 需要打扰别人先说对不起；

5. 不议论任何人的隐私；

6. 进出电梯时为需要帮助的人按住电梯门;

7. 在同事需要帮助的时候伸出援助之手;

8. 在开会或同事聚集的场合,不对任何不同意见做出轻蔑的举止;

9. 与来访者握手时做到大方得体,不卑不亢;

10. 与别人交换名片,双手送出以示恭敬;

11. 不在办公室脱鞋或将脚伸到桌上;

12. 将手机的声音调低或振动,以免影响别人;

13. 打电话时尽量放低声音,如果是私人电话,尽量减少通话时间;

14. 不翻动其他同事桌上的文件资料,甚至电脑、传真机上与自己无关的任何资料;

15. 有任何资料需要移交别人,一定要贴上小纸条,写清时间、内容、签名并且不忘道谢;

16. 将自己办公桌整理得干干净净,不可将废纸乱丢一地;

17. 尽量不在办公室里化妆、涂指甲,也不穿过分性感的衣服;

18. 不在办公室里制造流言蜚语或传播小道消息;

19. 在办公室见到同事或来访者不忘微笑;

20. 尽量不在办公室里与同事发生经济纠纷。

◎思考题 5-1 有客人来你办公室做公务拜访,但你已有约定要去赴约,此时你该怎么办?

【案例分析题 5-3】

在上午即将召开的重要会议之前,另一个部门的一位同事来见你,她也要参加会议,你们已经有一年多没有见面了。她到你办公室时,离开会还有几分钟的时间。你站起身和她握手并且恭维她的新发型,正在这时你发现她的长筒袜上有跳丝的地方,还发现她的牙齿上有口红,裙子的拉链有点没有拉好。闲聊片刻,你们一起去参加会议,此时你才告诉她袜子和口红的事。

问题:请指出失礼之处何在?

【案例分析题 5-4】

我们经理有午睡的习惯,平时我不敢进去打扰他午睡。这一段时间公司业务实在太忙,董事长经常亲自来电要材料,都是急件,必须立即到经理房间查找核对有关数据资料,经常在他午睡时我还要进出他的办公室取送文件,有时一天中午还不止一两次。为了不把经理吵醒,每次我都轻手轻脚进出,开关门也轻轻地,生怕弄出声响,可出门带门时总会出现"咔嚓"一声的门锁响。我怕这烦人的"咔嚓"声吵醒经理,有时出门时就有意将门虚掩上,不让它出现"咔嚓"声。后来我发现经理经常在午睡醒后流露出对我打扰他午睡的不满,而我为了工作又必须进出经理房间。

问题:我有什么地方失礼吗?

5.3 会议礼仪

【案例分析 5-4】

小刘的公司应邀参加一个研讨会，该次研讨会邀请了很多商界知名人士参加。总经理特别安排小刘和他一道去参加，让他熟悉公司的合作伙伴。

小刘早上睡过了头，等他赶到，会议已经进行了二十分钟。他急急忙忙推开了会议室的门，"吱"的一声脆响，他一下子成了会场上的焦点。刚坐下不到五分钟，肃静的会场上又响起了摇篮曲，是谁在播放音乐？原来是小刘的手机响了！这下子，小刘可成了全会场的明星……

没过多久，听说小刘已经另谋高就了。

分析：不管是参加自己单位还是其他单位的会议，都必须遵守会议礼仪。稍有不慎，便会严重有损自己和公司的形象。

会议是洽谈商务、布置工作、沟通交流的重要方式，也是现代经济社会中一项重要的商务活动，会议礼仪贯穿于会议的筹备、组织、主持、参与等一系列环节中，对会议效果有着直接的影响。

按照时间划分，会议礼仪包括会前礼仪、会中礼仪和会后礼仪。

5.3.1 会前礼仪

会前礼仪即会前的准备工作。

（1）指导会务工作的原则。

会议准备应充分，组织严密，服务周到和确保安全。

（2）确定会议主题与议题。

会议的议题是根据会议目的来确定并付诸会议讨论或解决的具体商务问题，是会议活动的必备要素。举行会议首先要明确为什么而"议"和"议"什么。

（3）确定会议名称。

会议的名称要求能概括并能显示会议的内容、性质、参加对象、主办单位以及会议的时间、届次、地点、范围、规模等。如"武汉开发科技股份有限公司第十七次（2015 年度）股东大会"。

（4）确定会议规模与规格。

会议规模应本着精简效能的原则来确定，会议的规模有大型、中型和小型。会议的规格有高档、中档和低档。

（5）确定会议时间。

会议时间是指商务会议的召开时间和会期两方面。会议的召开时间，指的是会议开始和结束的时间节点。会期通常是指会议期间聚会活动一次以上的会议，从开始到结束之间所需要的时间段。会议可短可长，少则几分钟、十几分钟，多则数小时、几天，甚至十几天。

（6）确定会议所需用品和设备。

【案例分析 5-5】

某采购商招标一批计算机软件产品，约请200余家计算机软件供应商，供应商应约来到某地采购商选定的宾馆后，发现没有网线，客商无法上网查询任何信息，引起客商极大的不满。

必备用品是指各类会议都需要的用品和设备，包括文具、桌椅、茶具、扩音设备、照明设备、空调设备、投影和音像设备等。特殊用品是指一些特殊类型的会议，例如谈判会议、庆典会议、展览会议等所需的特殊用品和设备。必须确保会议所需的用品和设备在会议前全部到位。

（7）成立会议组织机构。

成立会议组织机构，包括会务组、宣传组、秘书组、文件组、接待组和保卫组。

（8）确定与会人员名单。

包括出席会议和列席会议的有关人员。组织人员应根据会议的性质、议题、任务来确定与会人员。

（9）确定会议地点。

会议地点是指商务会议召开的举办地，也可指举行会议活动的场所。为了使会议取得预期效果，应根据会议的性质、规模和内容，来综合考虑会场的大小、交通情况、环境与设备是否适合等因素，有时也考虑政治、经济、环境等因素。

（10）安排会议议程和日程。

会议日程是指会议在一定时间内的具体安排，对会议要通过的文件、所要解决的问题的概略安排，并冠以序号将其清晰地罗列出来。

会议主办方应当与受约方进行充分的协商，充分尊重对方意愿，在不损害基本原则的基础上，尽可能就会议议程达成一致，并形成文本加以确认。所有会议议程形成的文本必须在与会代表报到时一并提供。

（11）约请客人。

会议一般需要约请客人，弄清楚约请客人的姓名、公司名称、主营业务、客人的职务和会议的目的。会议通知必须写明开会时间、地点、会议主题及参加者等内容。要提前一定的时间发通知，以便使参加者有所准备。重要的客人必须亲自面请，并送交请柬备忘。会议通知的方式有书面、口头、电话和邮件。通知的形式有正式通知和非正式通知。

【案例分析 5-6】

秘书奉命约请十位客商参加一个商务会议。在约请前，秘书进行了精心的准备，将每一个客人的基本情况烂熟于心，然后亲自登门一一约请。

约请前三个客商非常顺利，可是到第四位客商时，晓霞一下子忘记了客商的姓氏，于是，秘书径直到了客商公司，故意大声与公司前台秘书攀谈，想套出客商的姓氏，很不辛，客商刚好这时候走进了公司大厅，秘书一时手足无措。

分析：约请客人必须有备而来，避免尴尬。

（12）制作会议证件。

会议证件的内容有会议名称、与会者单位、姓名、职务、证件号码等。重要证件还要贴上本人照片，加盖印章。

（13）准备会议文件资料。

主要有议程表、日程表、会场座位分区表和主席台及会场座次表、主题报告、领导讲话稿、其他发言材料、开幕词和闭幕词。其他会议材料等。

（14）座位排次。

一是环绕式。就是不设立主席台，把座椅、沙发、茶几摆放在会场的四周，不明确座次的具体尊卑，而听任与会者在入场后自由就座。这一安排座次的方式，与茶话会的主题最相符，也最流行。

二是散座式。散座式排位，常见于在室外举行的茶话会。它的座椅、沙发、茶几四处自由地组合，甚至可由与会者根据个人要求而随意安置。这样就容易创造出一种宽松、惬意的社交环境。

三是圆桌式。圆桌式排位，指的是在会场上摆放圆桌，请与会者在周围自由就座。圆桌式排位又分下面两种形式：一是适合人数较少的，仅在会场中央安放一张大型的椭圆形会议桌，而请全体与会者在周围就座。二是在会场上安放数张圆桌，请与会者自由组合。

四是主席式。这种排位是指在会场上，主持人、主人和主宾被有意识地安排在一起就座。

5.3.2 会中礼仪

1. 迎候礼仪

会议时，主人提前到达，主办方迎候人员应在大楼正门口或者接见厅、会见室门口迎候。迎候人员为公司负责人和接待负责人。

【案例分析 5-7】

应邀到甲公司参加商务会议的 8 位客人陆续到达公司，公司总经理在进入公司所在城市的高速公路出口等候，每接到一位客人就转给随从人员带到公司，8 位客人深受感动，商务会议取得了前所未有的成功。

分析：迎候表明了一种尊重、盛情和严谨，这是最好的合作伙伴具备的优秀品质。

2. 发言礼仪

会议发言有正式发言和自由发言两种，前者一般是领导报告，后者一般是讨论发言。正式发言者，应衣冠整齐，走上主席台应步态自然，刚劲有力，体现一种成竹在胸、自信自强的风度与气质。发言时应口齿清晰，讲究逻辑，简明扼要。如果是书面发言，要时常抬头扫视一下会场，不能低头读稿，旁若无人。发言完毕，应对听众的倾听表示谢意。

自由发言则较随意，应要注意，发言应讲究顺序和秩序，不能争抢发言；发言应简短，观点应明确；与他人有分歧，应以理服人，态度平和，听从主持人的指挥，不能只顾自己。

如果有会议参加者对发言人提问，应礼貌作答，对不能回答的问题，应机智而礼貌地说明理由，对提问人的批评和意见应认真听取，即使提问者的批评是错误的，也不应失态。

3. 与会礼仪

作为职场中人，在公司里，一定要养成顾全企业大局的习惯。在参加会议之前，要做好准备。

开会前，如果你临时有事不能出席，必须通知对方。参加会议前要多听取上司或同事的意见，做好参加会议所需资料的准备。进入会场之后，要把自己的手机关闭或调成振动状态。

开会的时候，如果让你发言，你的发言应简明扼要。在你听其他人发言时，如果有疑问，你要通过适当的方式提出来。在别人发言时，不要随便插话，破坏会议的气氛，开会时不要说悄悄话和打瞌睡，没有特别的情况不要中途退席，即使要退席，也要征得主持会议的人同意。要利用参加会议的机会，与各方面疏通，建立良好的人际关系 。

会议参加者应衣着整洁，仪表大方，准时入场，进出有序，依会议安排落座，开会时应认真听讲，不要私下小声说话或交头接耳，发言人发言结束时，应鼓掌致意，中途退场应轻手轻脚，不影响他人。

4. 主持会议

各种会议的主持人，一般由具有一定职位的人来担任，其礼仪表现对会议能否圆满成功有着重要的影响。主持人应衣着整洁，大方庄重，精神饱满，切忌不修边幅，邋里邋遢。走上主席台应步伐稳健有力，行走的速度因会议的性质而定，对快、热烈的会议步频应较慢。

入席后，如果是站立主持，应双腿并拢，腰背挺直。持稿时，右手持稿的底中部，左手五指并拢自然下垂。双手持稿时，应与胸齐高。坐姿主持时，应身体挺直，双臂前伸。两手轻按于桌沿，主持过程中，切忌出现搔头、揉眼、拦腿等不雅动作。主持人言谈应口齿清楚，思维敏捷，简明扼要。主持人应根据会议性质调节会议气氛，或庄重，或幽默，或沉稳，或活泼。主持人对会场上的熟人不能打招呼，更不能寒暄闲谈，会议开始前，可点头、微笑致意。

5. 会议服务

要做好会议记录，安排好专职的会议记录员，对参会人员的发言进行记录（特别是讨论性质的会议），记录内容会后留底。安排专人摄影（摄像、录音），会后留底。参会人员入座后会议正式开始，这时非参会人员应全部离开会议室；在会议进行中，双方要关闭所有的通信工具（或调到静音），人员也不要随便进出。除讲话人之外，服务人员是唯一走动的人，所以一定要注意着装。如：女性的皮鞋，走动时注意不能发出声响；动作要轻、慢、柔、避免快、重！讲师的行李包（或笔记本包）注意要放在椅子上或其他地方，应避免直接放置在地上，这能反映出服务细节的水平。会议时间较长时，可适当安排中途休息时间、会间的工作餐和卫生可口的饮料。会上所提供的饮料，最好便于与会者自助饮用，不提倡为其频频斟茶续水。

5.3.3 会后礼仪

会议结束，应做好必要的后续性工作。

1. 形成文件

整理好会议中的文字记录和图片、视频、音频记录，进行备案，尽快完成会议总结材料，材料内容应包括：会议议程各项内容、主要人员发言材料、会议讨论内容和总结性结论。

2. 处理材料

根据工作需要与保守商业秘密的需要，在会议结束后应对与其有关的一切图文、声像材料进行细致的回收、整理工作。回收、整理会议的材料时，应遵守规定与惯例，应该汇总的材料，一定要认真汇总；应该存档的材料，要一律归档；应该回收的材料，一定要如数收回；应该销毁的材料，则一定要仔细销毁。

【案例分析 5-8】

为了回收商务会议讨论文本，秘书小刘设计了一个控制办法，所有讨论文本的每一页全部标示"未定稿讨论使用"，文件回收效果显著。

3. 协助返程

大型会议结束后，其主办单位一般应为外来的与会者提供一切返程的便利。若有必要，应主动为对方联络、提供交通工具，或是替对方订购、确认返程的机票、船票、车票。当团队与会者或与会人士有特殊情况需要离开本地时，可安排专人为其送行，并帮助其托运行李。如有必要，还可赠送公司的纪念品；带客人参观，如参观公司或厂房等。如果必要，也可合影留念。安排合影位次，主客居中，主人的右侧为上，主要会议人员事先写好姓名，贴在座椅上。

【案例分析 5-9】

顾总经理应邀参加甲公司的商务会议，参加会议期间，顾总经理不幸染病，会议结束时都没有痊愈，甲公司老总安排秘书将顾总经理直接送回家中，顾总经理深受感动。

【知识链接 5-4】

会议礼仪禁忌事项

1. 发言时不可长篇大论。
2. 不可从头到尾沉默到底。
3. 不可取用不正确的资料。
4. 不要尽谈些期待性的预测。
5. 不可做人身攻击。
6. 不可打断他人的发言。
7. 不可不懂装懂，胡言乱语。
8. 不要谈到抽象论或观念论。
9. 不可对发言者吹毛求疵。
10. 不要中途离席。

【案例分析题 5-5】

"时装秀"方案

某服装集团为了开拓夏季服装市场，拟召开一个服装展示会，推出一批夏季新款时装。秘书小李拟了一个方案，内容如下：

1. 会议名称："2015××服装集团夏季时装秀"。
2. 参加会议人员：上级主管部门领导 2 人；行业协会代表 3 人；全国大中型商场总经理或业务经理以及其他客户约 150 人；主办方领导及工作人员 20 名。另请模特公司服装表演队若干人。
3. 会议主持人：××集团公司负责销售工作的副总经理。
4. 会议时间：2015 年 4 月 18 日上午 9 点 30 至 11 点。
5. 会议程序：来宾签到，发调查表。展示会开幕，上级领导讲话。时装表演。展示活动闭幕、收调查表，发纪念品。
6. 会议文件：会议通知、邀请函、请柬、签到表、产品意见调查表、服装集团产品介绍资料、订货意向书、购销合同。
7. 会 址：服装集团小礼堂。
8. 会场布置：蓝色背景帷幕，中心挂服装品牌标志，上方挂展示会标题横幅。搭设 T 形服装表演台，安排来宾围绕就座。会场外悬挂大型彩色气球及广告条幅。
9. 会议用品：纸、笔等文具。饮料、照明灯、音响设备、背景音乐资料。足够的椅子。纪念品（每人发××服装集团生产的 T 恤衫 1 件）。

10. 会务工作：安排提前来的外地来宾在市中心花园大酒店报到、住宿。安排交通车接送来宾。展示会后安排工作午餐。

问题： 小李的会议方案有无问题？

【案例分析题 5-6】

请柬发出之后

某机关定于某月某日在单位礼堂召开总结表彰大会，发了请柬邀请有关部门的领导光临，在请柬上把开会的时间、地点写得一清二楚。

接到请柬的几位部门领导很积极，提前来到礼堂开会。一看会场布置不像是开表彰会的样子，经询问礼堂负责人才知道，今天上午礼堂开报告会，某机关的总结表彰会改换地点了。几位领导同志感到莫名其妙，个个都很生气，改地点了为什么不重新通知？一气之下，都回家去了。

事后，会议主办机关的领导才解释说，因秘书人员工作粗心，在发请柬之前还没有与礼堂负责人取得联系，一厢情愿地认为不会有问题，便把会议地点写在请柬上，等开会的前一天下午去联系，才知得礼堂早已租给别的单位用了，只好临时改换会议地点。

但由于邀请单位和人员较多，来不及一一通知，结果造成了上述失误。尽管领导登门道歉，但造成的不良影响也难以消除。

问题： 这个案例告诉秘书在会议准备时应注意什么问题呢？

5.4 参观、慰问礼仪

【案例分析 5-10】

南方某市与国外的一个城市结为"友好城市"，值十周年之际，该市被邀请前去参观。为了此次出国参观能顺利进行，该市指派一位副市长专门负责组织这项参观活动。

这位副市长很有经验，他首先提出参观人员名单，并对全体参观人员进行有针对性的培训，学习参观城市政治、经济、文化、习俗等方面的知识。此外，他还对全体参观者进行了分工，把领队、接洽、翻译、食宿、安全等工作落实到个人，同时也把提问、记录、录音、拍照等任务分配到人。

最后，他还请礼仪专家给全体团员讲授出国参观的礼仪规范，对团员的着装、交际应酬等方面作了具体规定。

该团出国参观结束后，外国朋友对团员在参观时的表现十分赞赏。

分析： 所谓参观指的是有计划、有准备地对特定的项目所进行的实地观察。这位副市长把这次参观工作安排得井井有条，尤其在礼仪方面的培训和要求做得更加具体，得到了外国友人的好评，体现了我国公民的良好形象。

5.4.1 参观礼仪

参观，指的是有计划、有准备地对特定的项目所进行的实地观摩与考察。参观可以使参观者开阔眼界、增长知识、陶冶情操和获取有助于自己开展工作的第一手材料，而且还可以增进其对参观项目的了解，促进与参观单位的关系发展和融洽。

1. 参观活动的分类

（1）自己事先计划的为完成某个考察计划而进行的参观；

（2）出访时由东道主安排的参观；

（3）某些单位或组织为了扩大自身的影响而有一定的目的、有所准备地邀请外界来本单位或组织进行参观，也就是单位或组织开放的参观活动。

参观和组织参观活动都是一种关系到组织形象的活动，所以应该遵守参观的礼仪规范。

2. 参观礼仪的运用

（1）恰当地选择好项目。

- 参观的具体项目，应当在一定的程度上同自己的业务范围相关。
- 针对性，对自己是最重要、最有实际价值的项目。
- 量力而行，同时兼顾费用的高低、时间的长短、路途的远近以及当时工作繁忙的具体程度。
- 照顾个人意愿。
- 讲究客随主便，参观项目应由宾主双方共同商定。凡因公进行的正式参观，都要提前做好必要的计划。

（2）做好充分的准备工作。

外出参观应该做好充分的准备工作。参观计划的主要内容大体包括：一是参观项目，二是参观人数，三是负责人以及工作人员，四是起止时间，五是交通工具，六是饮食住宿，七是安全保障，八是费用预算。

以上内容，在报请上级批准后，应酌情向东道主进行通报，并向全体参观人员进行传达，以便使大家有所准备。同时还应准备以下内容：

①了解背景。要对参观项目的有关背景进行充分的了解，如参观项目的历史、现状、发展前景，参观项目的主要特色、优点与不足，参观项目在本地区、本行业以及在国内外的反响，等等。赴国外进行参观，除对参观项目的背景要有所了解外，还应进行外事纪律教育，并组织参观者学习参观项目所在国的政治、经济、文化、习俗等方面的常识。

②分工明确。要对全体参观人员进行详细的分工。把领队、带路、接洽、应酬、翻译以及交通、膳宿、安全保障等各个方面的具体工作，都落实到个人，使每一件事情都能有专人负责。在进行参观时，大家都按照具体分工各司其职。

③交际应酬。要对必要的交际应酬进行认真的预备。要安排专人，提前准备好在必不可少的礼仪性场合，如东道主迎送参观者时，出面与对方进行应酬、寒暄。要确定在必要

之时进行即席发言的相关人选。要为东道主预备具有象征意义、纪念意义的礼品，以酬谢对方的盛情款待。

④规定具体。要对个人的准备进行明确和具体的规定，主要包括有关装束的规定和有关用具的规定。在参观时的装束，既要注意时令与行动方便，也要兼顾具体的参观项目。比如，在参观工厂、农村、部队、学校与机关时，应着正装。在参观寺庙、纪念堂时，要遵守具体的要求，而只有在参观风景名胜时，才适合穿便装。在参观时，通常应预备一些必要的辅助工具，如记录工具。

(3) 遵循客随主便的原则。

在进行参观时，必须讲究客随主便，认真遵从东道主的有关规定。

东道主方面的有关规定，通常会涉及以下一些问题：

- 时间。每个具体的参观项目，可供参观的具体时间都有一定的规定。超过规定的时间之外，通常不会予以接待。
- 内容。对于参观的具体内容，往往内外有别，不同关系、不同单位、不同层次者，会有各不相同的"待遇"。
- 路线。各种参观，都会划定一定的行进路线。参观者在参观时只能按此行进，而绝不容许独闯"禁区"去进行"探险"。
- 行动。对于参观者的行动，如能否当场提问、触摸或试用现场的陈列物品，可否接触东道主方面的其他非接待人员以及参观者的活动区域等，东道主有时也会有所规定。
- 服饰。或是为了表示庄严肃穆，或是为了保护环境，或是为了方便工作，对参观者的服饰有时也会有一定的要求。参观者应按规定着装，或者在现场按要求换装，特别是一些食品生产企业。
- 物品。出于卫生、安全等方面的考虑，有些参观场所是限制参观者携带某些物品自由出入的。如带壳的食物、带罐的饮料、带异味的物品、易燃品、易爆品、武器弹药等，通常被禁止带入参观场所。有的参观项目对于笔记、绘画、录音、拍照、摄像及其用具，也有明文禁止或限制。
- 传播。某些涉及专利、秘密的参观项目，不仅拒绝新闻界对此进行采访报道，而且还要求参观者在一定范围内或一定时间内为之保密，不公开进行扩散，不接受新闻界的采访，不向非相关人士进行传达，参观者对于此类规定需一诺千金。
- 人员。极少数的参观项目，有时还会按照特定的标准，对参观者的身份及其具体人数，做出一些限制性的规定。

在进行参观之前，应当对其具体要求与规定进行全面的了解。一般而言，只要这些规定是合情合理、一视同仁的，不含敌对、侮辱、歧视、刁难和挑衅之意的，大体上都可以接受。反之，则决不能委曲求全，更不能为此蒙受耻辱。

对于东道主临时附加的参观规定，尤其是针对我方的规定，应具体问题具体分析。不过，一般对此是不宜全部接受的。但在拒绝时，要注意有礼、有节，不要过于生硬。

(4) 全力以赴专心参观。

全力以赴是完成好参观任务的基本保证。

①集中全力。

参观时必须把全部注意力放在参观项目上。最重要的是要看好、听好、问好和记好。

看好。具体指的是要对参观项目进行全面而仔细的观察。

听好。具体指的是在参观时要专心聆听东道主方面人士所作的各种介绍。

问好。具体指的是在参观途中有准备、有目的、合乎礼貌地向东道主方面的有关人员提出疑问，直到对方作出让自己满意的答复为止。提出问题要简单明了，使对方易于回答；还要有针对性，提问时应当合乎礼貌，不要提出让对方尴尬、难堪、不易作答的问题，也不要为了自己的提问而中途打断他人的介绍、交谈，或是重复提问，反复追问。

记好。具体指的是在东道主方面允许的前提下，参观者应尽一切可能，以笔记、绘画、录音、拍照、摄像等各种形式，为自己的参观做好"记录"。

在参观之后，应"趁热打铁"，把自己所看、听、问、记的全部资讯进行汇总。必要时，还可举行全体会议，进行小结，发现不足，及时弥补。

②服从集体。

参观时个人必须服从集体。在整个参观的过程中，每一个人都要服务命令，听从指挥，不允许随意各行其是。在一般情况下，不应中途擅自离队。外出要请假，归队要守时准点，尽量不要在集体外出参观时进行个人行动。未经安排，不宜自行与东道主方面的任何人员私下进行接触。不准许随意代表自己所在的单位向东道主方面提出要求，或是对参观项目擅自进行评价。

在参观期间，遇到其他参观者，可以致以问候，但不宜随对方而行，或是随便与对方进行交流。尤其应当注意，不要信口开河，对其他单位的参观者大谈特谈自己对于参观的负面观感。

【知识链接 5-5】

参观旅游礼仪

1. 爱护旅游景点的一砖一瓦、一草一木。不可攀折花木，不得随意涂写、刻画，不要触摸珍贵的文物展品，不能戏弄游览点的动物，在山林中还应注意防火。

2. 整洁。游客在旅游观光时，都有整洁的责任与义务，在需要静谧观赏的地方，不要随意大声喧哗、嬉笑打闹。在外野餐之后，一定要将垃圾，集中丢弃在垃圾箱或垃圾点，不可信手丢弃，更不要随地便溺。

3. 顾及他人。旅游途中，游客间要以礼相待，主动谦让，如走在狭窄的曲径、小桥、山洞时，要主动给老幼妇孺让道，不争先抢行。如果不小心了他人，应及时致歉。如果你是随团队旅游，一定要听从导游的安排，应征得导游同意方可离队。在游览时不可玩得忘乎所以而误了归队时间，让全队人为你担心。

4. 遵守公共秩序。遇到购票或观看某景点的人较多时，要自觉排队，不要前拥后挤，制造混乱。

5. 注意个人形象。游山玩水时服饰可舒适自然，运动装、休闲装皆可，但不要赤身露体，有碍观瞻；到少数民族地区旅游，在领略独特的民族风情的同时，所到之处要入乡随俗，尊重当地风俗习惯和一些规矩，否则可能会因小事而酿成大错。

【案例分析题 5-7】

修养是第一课

有一批应届毕业生22人，实习时被导师带到北京的国家某部委实验室里参观。全体学生坐在会议室里等待部长的到来，这时有秘书给大家倒水，同学们表情木然地看着她忙活，其中一个还问了句："有绿茶吗？天太热了。"秘书回答说："抱歉，刚刚用完了。"林然看着有点别扭，心里嘀咕："人家给你水还挑三拣四。"轮到他时，他轻声说："谢谢，大热天的，辛苦了。"秘书抬头看了他一眼，满含着惊奇，虽然这是很普通的客气话，却是她今天唯一听到的一句。

门开了，部长走进来和大家打招呼，不知怎么回事，静悄悄的，没有一个人回应。林然左右看了看，犹犹豫豫地鼓了几下掌，同学们这才稀稀落落地跟着拍手，由于不齐，越发显得零乱起来。部长挥了挥手："欢迎同学们到这里来参观。平时这些事一般是由办公室负责接待，因为我和你们的导师是老同学，所以这次我亲自来给大家讲一些有关情况。我看同学们好像都没有带笔记本，这样吧，王秘书，请你去拿一些我们部里印的纪念手册，送给同学们作纪念。"接下来，更尴尬的事情发生了，大家都坐在那里，很随意地用一只手接过部长双手递过来的手册。部长脸色越来越难看，来到林然面前时，已经快要没有耐心了。就在这时，林然礼貌地站起来，身体微倾，双手握住手册，恭敬地说了一声："谢谢部长！"部长闻听此言，不觉眼前一亮，伸手拍了拍林然的肩膀："你叫什么名字？"林然照实作答，部长微笑点头，回到自己的座位上。早已汗颜的导师看到此景，才微微松了一口气。

两个月后，同学们各奔东西，林然的去向栏里赫然写着国家某部委实验室。有几位颇感不满的同学找到导师："林然的学习成绩最多算是中等，凭什么推荐他而没有推荐我们？"导师看了看这几张尚属稚嫩的脸，笑道："是人家点名来要的。其实你们的机会是完全一样的，你们的成绩甚至比林然还要好，但是除了学习之外，你们需要学的东西太多了，修养是第一课。"

问题：为什么最后林然获得了工作机会？请指出其他同学的失礼之处。

5.4.2 慰问礼仪

慰问活动是有关单位组织人员进行安抚问候的活动，它是常见的一种礼仪形式。一般是对病人、逝者家属、工作受挫者、生活困难者、遭受灾祸者等，在慰问场合需要使用慰问礼仪，在进行慰问的具体活动中需要遵守一定的慰问礼仪规范：

1. 慰问类型

（1）伤病慰问。

在国际交往中，一国元首或政府首脑患病或负伤，其他友好国家领导人通常会发电慰问，并令驻外使节前往探视。对有关领导、单位员工、同事伤病，也应组织慰问活动。

（2）灾情慰问。

对遭受重大自然灾害，或发生重大伤亡事故，国家之间通常会发电慰问，或驻当事国使节代表本国政府和人民表示慰问，还视灾情和两国关系捐赠资金和救灾物资。地区、单位发生灾情或重大事故，通常可以派员前往当地进行慰问活动。有条件的，可发动民众捐赠物资，或由地区政府、单位捐赠资金及救灾物资。

（3）节日慰问。

每逢重大传统节日，通常对坚守前线阵地、工作岗位的人员进行慰问。如"八一"建军节前后慰问驻地部队；春节慰问坚守岗位的员工等。

（4）犒劳慰问。

对参与一些重大建设项目、重大活动的人员，有关领导通常到现场进行慰问，对他们付出的辛劳表示问候。如慰问参加文艺汇演、体育比赛取得优异成绩者，建设工作的建设者等。

（5）个别慰问。

对有关领导、单位员工发生不幸、遭遇困难表示抚慰。如亲人患病、去世，家庭发生灾难，单位组织适当的慰问活动，表示安抚、同情和给予必要的帮助。

2. 慰问方式

（1）探视慰问。

登门探访慰问对象，或亲临现场进行慰问活动。通过探视、会见、交谈和现场察看，对慰问对象进行慰问、安抚和问候。

（2）电话慰问。

通过电话进行慰问，这是一种快捷、直接的慰问形式。这种方式既可以是异地慰问，也适用于本地慰问。电话慰问应态度诚恳，措辞恰当，语气得体，尽量简洁，把慰问的情意表达完了就结束，不要东拉西扯，海阔天空。

（3）书面慰问。

包括书信、函件、电报和电子邮件等形式的慰问。这种形式一般适用于慰问双方身处异地、异国。书面慰问应精心起草慰问函件，既要饱含感情，言辞恳切，具体明了，又要符合写作规范。

（4）礼品慰问。

就是向慰问对象赠送慰问品、慰问金，这是较有效的一种慰问方式。国家、地区间的慰问，通常通过一定的方式筹集或有专门机构赠送慰问物品和慰问金。慰问个人的物品，应根据慰问原因和对象选择，尽量做到别出心裁，富有新意。

慰问形式的选择，有时单用一种方式，有时可以同时使用两种方式，以强化慰问效果。

3. 慰问的细节规范

（1）突出主题。

慰问活动的主题就是给予慰问对象深切的关怀。不能在慰问的夹带请示汇报或布置工作，甚至涉及一些不相干的事情。慰问者应诚心诚意，真心地给予帮助和解决困难。特别是慰问伤病、灾害和遭受不幸或打击的，应尽量使慰问对象宽心，多做排解、开导、劝慰工作。

（2）方式恰当。

慰问活动采用什么方式，需要认真考虑和选择。不同的慰问对象，不同的慰问原因，采用不同的方式。有些慰问只能采用个别慰问，进行单独交谈，没有他人在场，可以无所顾忌，不必掩饰。有些则必须组织集体慰问，有一定的人数和规模，如慰问灾区、工地、工作现场，人数太少会影响效果。

（3）因事施礼。

往往是不同的因由决定不同的慰问形式。应掌握不同情况，区别对待，确定不同的慰问方式和重点。如慰问病人，应鼓励增强战胜病魔的信心，祝愿早日康复；慰问逝者家属，应寄托哀思，劝慰节哀顺变，多加保重；慰问受灾者，应讲究效率，及时慰问，同时尽力为受灾者排忧解难，协助受灾者重建家园；慰问工作受挫者，应着重于对对方的关心、理解、支持和帮助，以鼓励振作、吸取教训为主。

4. 慰问应注意以下细节

- 慰问人员应注意仪表仪容、言谈举止。
- 探视慰问应掌握时机，事先联系，不要突然到来，让人毫无准备。对不宜外界打扰的慰问对象，不应前往探视。
- 慰问时应做到八个"避免"：避免犯忌；避免揭短；避免添愁；避免哀怜；避免忆苦；避免假设；避免做假；避免戏说。

【知识链接 5-6】

慰问信

慰问信是机关或个人，以组织或个人的名义在他人处于特殊的情况下（如战争、自然灾害、事故），或在他人作出较大贡献，或在节假日的时候，向对方表达安慰、关切、问候之意的专用书信。它包括题目、称谓、正文和落款。

1. 题目：《慰问信》《写给××的慰问信》或者《××致××的慰问信》。

2. 称谓：单位要写全称；个人，要在姓名之后加上称呼如"同志""先生""师傅"之类，后边用冒号。在个人姓名前边，往往还要加上"敬爱的""尊敬的""亲爱的"等字样，以表示尊重。

3. 正文包括起笔、主体和结尾。起笔是交代慰问的背景，如工程完工、节日来临、事故发生等，然后表示问候同情之意。主体是用以叙述主要事实，历数主要成绩与贡献，或者事故情况与后果，特别要重点写明慰问对象在工作或灾难面前努力工作、奋勇斗争的事迹。结尾是提出希望，予以鼓励或祝愿。

　　4. 落款：如果慰问对象的单位或个人不止一个，要一一写上。

　　同时，要根据慰问的情况和对象来确定写法。感情要真挚、热切，情深意厚。语言要亲切，让对方真正感到温暖，受到鼓舞。

【知识链接 5-7】

测试你的职场礼仪

　　当你跑到游乐园里的哈哈镜馆，看到满屋子的各种形状的哈哈镜，你先会照哪个？

　　A. 圆形的哈哈镜　　　　　　B. 长方形的哈哈镜

　　C. 椭圆形的哈哈镜　　　　　D. 梯形的哈哈镜

　　答案：圆形的哈哈镜：你是个凡事要求尽善尽美的人，对你来说，周围人都是你的老板，你会在他们面前把你最好的一面表现出来；同时，你也很自信，礼仪对于你来说是自我展现的一种途径，你在赞美声中微笑。

　　长方形的哈哈镜：你是个中规中矩的人，你不想通过对某些人有礼貌而得到点什么，你认为这是你应该做的。在办公室里你是楷模，不管对于亲密的同事还是上级领导，你都会很有礼貌地表现自己。

　　椭圆形的哈哈镜：你是个很有上进心的人，在与人的交往中，你很注意别人的礼仪，做好随时吸收新知识的准备。你希望自己在职场中可以不断成长，你很擅长从公司的礼仪文化中获取你想要的机会。

　　梯形的哈哈镜：你认为礼仪是必要的，但要看场合而运用。对于熟识的同事可以省略基本的礼貌用语，但对于某些礼仪，例如办公室的个人隐私，你很清楚界线在哪，不会越界。所以办公室里的人都会很熟识并且喜欢你偶尔的"没礼貌"。

【模拟训练 5-2】

　　训练目的：掌握慰问礼仪。

　　训练场景：

　　小陈是某公司营销经理，得知他的一位重要客户王先生生病住院了，他该如何去探望慰问王先生？请五人一组，分别扮演营销经理小陈、客户王先生、王先生的妻子、母亲、医生，模拟此场景。

　　训练场所：医院。

　　训练工具：礼物。

【基本训练】

　　□知识题

　　5.1　阅读理解

　　1. 求职面试有哪些礼仪要求？

2. 伤病慰问时应注意什么？

3. 办公室礼仪的准则有哪些？

4. 会议前需要准备什么？

5.2 知识应用

1. 判断题

(1) 办公室礼仪，就是对公司职员在办公室地点内的仪容仪表、言谈话语、举止行为和待人接物等所作的基本规范。（　　）

(2) 在办公室处理与异性有关问题上若不自重，不但可能引火烧身，招致麻烦，而且也是在贬低自己、作践自己，让人看不起。（　　）

(3) 当遇到困难和不幸时应该多找同事诉说，让他们安慰自己，分担自己的不幸。（　　）

(4) 一位招聘者向一位刚进门的应聘者伸出了手而这位应聘者说："我从不跟女士握手。"（　　）

(5) 如果会议有内容演示，则最好用 U 字形的桌子。（　　）

(6) 当你被应聘的公司拒绝后，也应该出于礼貌写一封感谢信。（　　）

(7) 面试后，又想起几个问题，再打电话告诉应聘的主考官。（　　）

2. 选择题

(1) 在刚涉入工作场合时，往往会遇到这样那样的求助。有些对你来说是举手之劳，但有些对你来说却是很棘手。面对很棘手的事情时，你应该（　　）。

　　A. 学会说不，有些时候要得学会拒绝别人对你的不合理要求

　　B. 不管是否是自己力所能及都要勇于承担

　　C. 看对方与自己的亲切程度，如果关系不错就极力帮他

　　D. 放弃

(2) 办公室是我们工作的主要场所，因此处理好办公室里的关系，有一个良好的工作环境同样重要，以下办公室里的行为不符合商务礼仪的是（　　）。

　　A. "时间就是生命"，因此守时是很重要的

　　B. 在办公室里应爱惜办公用品，用完后应妥善处理，以方便下一个人使用

　　C. 不要谈及私人问题

　　D. 午睡时不要打扰到别人，所以可以不用锁门，免得弄出声音

(3) 当面试结束后，什么时候询问对方结果的最佳时机，什么样的礼仪会使双方都愉快，是需要注意的问题。关于面试后续礼仪不合规范的是（　　）。

　　A. 只要有时间就不停追问面试结果

　　B. 面试结束后要记得向主考官表示感谢，这样会给对方留一个好的印象

　　C. 给被拒绝的公司也要写感谢信来表达公司给自己锻炼机会的谢意

　　D. 即使没有通过也不能对面试单位抱有怨恨

(4) 布置会议室时有许多注意事项。下面不合规范的是（　　）。

　　A. 大型会议或重要会议要准备会议标语，悬挂或张贴于醒目之处，这样易于参

会者找到会议室

B. 会议室一般要准备好纸张、钢笔和宣传册材料等用品，与会者互相不熟悉时应在桌上放置好姓名卡

C. 在会议上一般不需要按照规则为与会者排好座次，按与会者来的先后次序就座即可

D. 会议的准备工作是不能马虎要认真对待，这关系到会议是否能够正常、顺利地召开

（5）到医院探望病人，与病人交谈时应选择（　　）的话题。

    A. 轻松   B. 严肃

    C. 有关死亡   D. 说说对病人得这种病的恐惧

（6）在拜访别人办公室的时候，你应该（　　）。

    A. 敲门示意，征得允许后再进入

    B. 推门而入，再作自我介绍

    C. 直接闯入，不拘小节

    D. 如果门是虚掩着就没有关系，可以直接进去

【综合案例】

案例 1：办公室无小事

在办公室里，事无小事，每一个细节都会成为你表现的机会，成为你塑造自己形象的机会。有这样一位同事，她是一个二十多岁的女孩，叫小林。刚到公司时，谁也没多注意她，因为在一些新招进的职员中是不太引人注目的一个，无论从哪一方面看她都是一般的人。可是，她对一些生活礼节细微得体的把握，赢得了大家甚至老板的心。例如在新年的前一个夜晚，我回老家探亲，大家都在一起兴高采烈地看电视，这时我的呼机突然响起来了，只见呼机上写着这么一行字，祝你新年快乐，万事如意。我在北京想你，你的朋友，小林。我挺意外，怎么也不会想到小林会在千里之外想着我，给我送上一句诚挚的节日祝福。心里十分温暖，其实，在平时我们的交情并不深，我想她是一个十分重情谊和情理的人，对别人的关心也是一样，周到，细心。想到在平时，在我们的办公室里，她对到办公室拜访的人都笑脸相迎，并且端茶倒水招待客人，还亲切地与客人交谈，在我们这样一个男性居多的环境下，这样的温柔的同事自然会得到大家的欢迎。果然，她很快就得到领导的重视，开会时领导往往让她去发言，并经常对她进行表扬，一年以后，她果然得到重用和提拔。虽然，有时我们会认为这样的人很功利，但是在生活中，我们需要笑脸、温情就像花儿需要阳光雨露一样，人们的生活太紧张，人与人的关系太复杂，缺少交流与合作，缺少细节的呵护与关心。

问题：

1. 对于像案例中的小林的所作所为，你是怎样看待的？

2. 你对于办公室内的礼仪的哪些方面最担心？

案例2：面试"轻轻关门"，应聘跨进银行大门

研究生毕业那年，就业形势相当严峻，连续几次应聘失败，仿佛经历一场噩梦，但工作不落实还得鼓起勇气继续找。忽然有一天看到一家银行门口贴着招聘广告，银行工作稳定，福利好，很多同学都想去。我想反正不交报名费，就试试吧。同学们知道我去参加了银行的应聘，都嘲笑我，可一周以后，我还真接到了银行的面试通知。参加面试的人很多，砰砰的关门声加剧了紧张的气氛。前面面试出来的人，有的喜形于色，有的万分沮丧。排在我前面的女孩儿长得很漂亮，身材也好，和她相比，我是相貌平平，我想我可真够倒霉的，排在她后头，主考官刚欣赏完一个美女，再来看我，反差也太大了。

漂亮女孩笑着从主考官办公室走出来，随着"砰"的一声关门声，下一个该轮到我了。我整整衣裳，大着胆子往里闯……很幸运，问题挺简单，在要求自我介绍后，只问了几个简单的小问题。我回答完后，主考官点点头，面无表情地说：你可以走了。没有看到微笑，我心想也许没戏了，就朝门口走去，我正准备开门时，出于礼貌又返身朝他们鞠了一躬："谢谢"，然后轻轻开门，又随手轻轻关上了门。从银行大厦里走出来，我安慰自己，银行的工作太刻板了，不来也好。

二十天后，银行方面打来电话通知我，我被录取了，我意外高兴。第一天上班，在我去领制服的时候，碰到了那天面试我的一个主考官，他向我表示祝贺。我奇怪地问他，在几百人中他怎么会记得我，他回答我说："那天我们接待了约300个应聘者，你是唯一一个向我们鞠躬，并且关门关得那么有礼貌的人。""我们是服务行业，礼貌待人是我们对员工的基本要求。"

这是我的一次求职经历，虽说是误打误撞的成功，却让我明白了一件事，也许我们不是最优秀的，但是即使是在我们失意时，也要讲礼貌，也要给人们展露我们的微笑。

问题：这个案例说明什么问题？在应聘的过程中礼仪所占的比重有多大？

第6章 | 国际礼仪

【知识目标】

在学习完本章之后，你应该能够：

◎了解国际礼仪的作用；

◎掌握国际礼仪的基本原则和要求；

◎了解几个主要国家的礼俗。

【技能目标】

◎在工作中熟练运用国际交往原则和要求；

◎熟练运用主要国家礼仪。

👉 引例

对外国公司代表的接待

有一家著名的外国公司打算在中国寻找一个合作伙伴，携手开拓中国市场。消息一经传出，众多中国公司跃跃欲试。若能与此外国公司合作，不仅有利于本公司的发展，而且会大大提高本公司的知名度。经过激烈的角逐，最终有一家中国公司获得了这家外国公司的青睐。为了考察这家中国公司的真正实力，外国公司特派几名代表去参观中国公司。中国公司对代表们的到来表示热烈欢迎，总经理亲自陪同代表们参观公司总部及各下属企业。这家公司的实力确实十分雄厚，但总经理及其他接待人员的一些做法却让代表们连连摇头。乘车时，总经理总是先上车，然后才请代表们上车；乘有专人服务的电梯时，总经理总是抢进去，再让代表们进去；对于参观计划，公司也安排得一团糟，浪费了代表们不少宝贵的时间……在代表们回去的当天，中国公司就收到了外国公司发来的传真。传真上写道："不能与贵公司合作，我们深表遗憾。但是，一个连基本的接待礼仪都不懂的公司，我们很难相信它会有发展前途。"

这一案例表明：在当今的世界，彼此往来的职场活动日趋频繁，接待工作也随着公司服务意识的增强而更讲究规范。此时所使用的接待礼仪，要求主人文明、礼貌和热情地对待客人。如果接待工作在礼仪方面做到严谨、热情、周到和细致，会大大加深客户对公司的了解，从而增强与公司合作的信心，促进双方业务的发展。

在国际社会，每个国家都有各自的民风民俗、礼仪礼节和禁忌，因此国际交往中的礼仪活动要复杂得多，敏感得多。一个精心安排的欢迎仪式，能使来宾一踏入被访国就能产生良好的第一印象；一个圆满的欢送仪式，也能给来宾留下一个难忘的回忆。反之，如果处理不好，不仅会影响到东道主与外宾的关系，甚至会影响到国家、民族之间的关系。因此，掌握好国际礼仪，适应中国国际交往的要求，是国人的一项紧迫任务。

6.1 国际交往礼仪概述

6.1.1 国际礼仪的作用

"礼"，是一个古老的概念。我国远古时代，人们便注重礼仪，人与人的交往必遵礼。随着人类历史的前进，随着社会经济、政治和文化的发展，人际交往日趋频繁，社会生活更加复杂和多样化，"礼"也不断丰富和发展。"礼"作为一种文化存在于世上，是一个国家上层建筑的一部分，自从有了阶级和国家，"礼"已不再是个人之间的交往的"私人礼节"，而是成了国家统治的一种手段。涉外礼仪便是从这时候发展的。

在人类历史上，国与国之间充满了矛盾、争斗和战争。而同时，又不断发生谈判、议和、结盟、互派使节、互通贸易、缔结条约（协定）等国际行为。国际礼仪是国际交往中的一种行为规范。它较之一个国家内的礼仪规范又发展了一步，而逐步为大多数国家所公认和接受。国际礼仪是各国在长期的国际交往中逐渐形成的，受到各国的普遍重视与广泛使用。无论是在官方的还是民间的友好往来中，都具有相当重要的作用。国际礼仪总的发展趋势：逐渐简化，更加灵活，更加注重实效。现代国际礼仪是在长期的国际交往中形成发展的。一个人在涉外场合的行为举止，不仅是一种私人行为，更代表着一定的对外形象。近年来，随着我国对外经济和社会交往活动的日益频繁，国际礼仪的作用日显重要，那么国际礼仪究竟有什么样的重要作用呢？

1. 国家层面

国际礼仪代表着我国在国际上的形象、地位。就像上文提到的一样，不管是民间的私人交往还是官方的涉外交往，你所代表的是一个国家的形象，你不再是一个个体，你代表的是"中国人"，你的行为直接决定或影响他国人对中国的评价。近年来，我国对外交往日益频繁，在这个开放性的大社会中，国际礼仪成为涉外交往中的一门必修课。每个国家的礼仪不尽相同，所以，在不断地国际交往中形成了各个国家通用的国际礼仪，而一个国家在外交场合中正确使用国际礼仪，更能体现一个国家的形象地位，让外国人对我国有一个好的印象。

2. 个人层面

国际礼仪代表着个人的形象、素质。礼仪是一个人文化修养的外在表现，国际礼仪更能反映一个人的内在素质、修养程度和精神面貌。周恩来总理便是这方面的典范，在很多次的外交场合中，他利用自身渊博的知识及机智的头脑，不仅维护了我国的尊严，提高了我国在国际上的形象、地位，而且自身的形象、素质也得到了很好的体现。周恩来总理当之无愧是我国外交第一人，他很重视对外礼宾工作，重要的代表团来访接待计划和出访方案他都亲自审阅、过问。他渊博的国际礼仪知识、潇洒的言谈举止、政治家和外交家的风度更为世人称道。

3. 涉外礼仪可减少中西文化上的冲突

文化与礼仪是密不可分的。礼仪蕴含着文化，也是文化的一种表现形式。礼仪是文化的一部分，也是一个国家上层建筑的一部分。礼仪的形成和发展受各种各样的因素制约。由于西方国家民族形成和发展的历史条件、所处的地理环境不同，从而形成了自己独特的政治制度、宗教信仰、社会习俗和生活方式。与中国礼仪文化相比较，自然会表现出多方面的差异。当前世界上通行的国际惯例尤以英美国家奉行的礼仪原则为主要礼仪规范，除了因其经济和文化具有强势、英语语言使用的广泛性之外，西方礼仪还具有简单务实的特点，易于学习掌握，这些也是其得到快速传播的原因。国际礼仪即人们在国际交往中共同采用并遵守的一些通用的礼仪做法，或者说是与人际交往相关的国际惯例。在跨文化交流中，遵循国际礼仪，可以有效地避免因为各自的文化、历史差异而产生误会、隔阂与矛盾。中国礼仪文化秉承了我们传统的价值观，比较重视血缘和亲情，非常强调共性。大家公认谦虚谨慎、含蓄内向、礼尚往来为重要的处世原则。在社会生活中，大家奉行个人从属于社会的价值观。而西方则强调个性，强调"个人主义"。这就是礼仪在文化上的冲突。

而今，随着社会的发展，良好的礼仪除了包括得体的言行举止之外，还包括能够认同所接触到的越来越多的不同文化和习俗。许多国家都注重将国际礼仪与国内礼仪创造性地结合起来，建立自己新的礼仪文化体系。尤其是 20 世纪 70 年代以后，国外在礼仪态度上的最大改变主要集中在种族关系、技术（网上礼仪）、异文化认同和对残疾人的尊重上。所以，国际礼仪是在各国不断交往中发展完善的，兼容各国的风俗文化，有利于减少中西文化上的冲突。

涉外礼仪是人们在涉外接触与交往中相互表示敬重和友好的行为规范。事实上，它是对双方行为的制约。涉外礼仪的核心是在尊重并且遵循对方习俗及文化的背景下对双方行为的恰当的融合。既然涉外礼仪有这么多重要的作用，那么，作为当代大学生的我们，应适应全球化的大背景，跟上时代的潮流。不仅要了解中国传统礼节，更要注重国际礼仪，不能在涉外场合中失礼。

6.1.2 国际礼仪原则

1. 维护形象

在国际交往之中，人们普遍对交往对象的个人形象倍加关注，并且都十分重视遵照规范的、得体的方式塑造、维护自己的个人形象。在涉外交往中，每个人都必须时时刻刻注意维护自身形象，特别是要注意维护自己在正式场合留给初次见面的外国友人的第一印象。个人形象在构成上主要包括六个方面，也称为个人形象六要素。

（1）仪容。仪容，是指一个人个人形体的基本外观。

（2）表情。表情，通常主要是一个人的面部表情。

（3）举止。举止，指的是人们的肢体动作。

（4）服饰。服饰，是对人们穿着的服装和佩戴的首饰的统称。

（5）谈吐。谈吐，即一个人的言谈话语。

（6）待人接物。所谓待人接物，具体是指与他人相处时的表现，即为人处世的态度。

2. 不卑不亢

不卑不亢，是涉外礼仪的一项基本原则。它的主要要求是：每一个人在参与国际交往时，都必须意识到自己在外国人的眼里，是代表着自己的国家，代表着自己的民族，代表着自己的所在单位的。因此，其言行应当从容得体、堂堂正正。在外国人面前既不应该表现得畏惧自卑、低三下四，也不应该表现得自大狂傲、放肆嚣张。

【案例分析 6-1】

有一次，一位外国人出席晚宴，当服务员端上洗手的水时，外国人误以为是饮用水，于是喝了下去。无疑，用碗里的水洗手才是符合餐饮礼仪的，然而，简单地将这一点指出来就是懂得礼仪的表现吗？如果你是当天的主人，你会怎么处理呢？

分析：对别人表示的关心和热情，在任何情况下都应恰到好处，令对方愉快地接受，所以在国际礼仪中既要注意为人热情，更要把握为人热情的具体分寸。在本案例中，如果简单地将这次外国客人的错误指出来，是在公共场合将其错误公开于众，会令外国客人感到相当尴尬，这是不懂礼仪的表现。如果我是当天的主人，会在事后选择适宜的时机、适当的方法，诚恳的态度告知本地有在吃饭前端上洗手水的特殊礼俗。

3. 求同存异

（1）应当如何对待中外礼仪与习俗的差异性？

（2）在国际交往中，到底应当遵守何种礼仪为好？

首先，对于中外礼仪与习俗的差异性，是应当予以承认的。

其次，在涉外交往中，对于类似的差异性，尤其是我国与交往对象所在国之间的礼仪与习俗的差异性，重要的是要了解，而不是要评判是非，鉴定优劣。在国际交往中，究竟遵守哪一种礼仪为好呢？一般而论，目前大体有三种主要的可行方法。

第一，是"以我为主"。所谓"以我为主"即在涉外交往中，依旧基本上采用本国礼仪。

第二，是"兼及他方"。所谓"兼及他方"，即涉外交往在基本上采用本国礼仪的同时，适当地采用一些交往对象所在国现行的礼仪。

第三，则是"求同存异"。所谓"求同存异"是指在涉外交往中为了减少麻烦、避免误会，最为可行的做法，是既对交往对象所在国的礼仪与习俗有所了解并予以尊重，更要对于国际上所通行的礼仪惯例认真地加以遵守。

4. 入乡随俗

"入乡随俗"，是涉外礼仪的基本原则之一，它的含义主要是：在涉外交往中，要真正做到尊重交往对象，首先就必须尊重对方所独有的风俗习惯。之所以必须认真遵守"入乡随俗"原则，主要是出于以下两个方面的原因。

原因之一是，世界上的各个国家、各个地区、各个民族，在其历史发展的具体进程中，形成了各自的宗教、语言、文化、风俗和习惯，并且存在着不同程度的差异。这种"十里不同风，百里不同俗"的局面，是不以人的主观意志为转移的，也是任何人都难以强求统一的。

原因之二是，在涉外交往中注意尊重外国友人所特有的习俗，容易增进中外双方之间的理解和沟通，有助于更好地、恰如其分地向外国友人表达我方的亲善友好之意。

5. 信守约定

作为涉外礼仪的基本原则之一，所谓"信守约定"的原则，是指在一切正式的国际交往之中，都必须认真而严格地遵守自己的所有承诺。说话务必要算数，许诺一定要兑现，约会必须要如约而至。在一切有关时间方面的正式约定之中，尤其需要恪守不怠。在涉外交往中，要真正做到"信守约定"，对一般人而言，尤须在下列三个方面身体力行，严格地要求自己。第一，在人际交往中，许诺必须谨慎。第二，对于自己已经作出的约定，务必要认真地加以遵守。第三，万一由于难以抗拒的因素，致使自己单方面失约，或是有约难行，需要尽早向有关各方进行通报，如实地解释，并且还要郑重其事向对方致以歉意，并且主动地承担责任。

6. 热情有度

"热情有度"，是涉外礼仪的基本原则之一。它的含义是要求人们在参与国际交往，直接同外国人打交道时，不仅待人要热情而友好。更为重要的是，要把握好待人热情友好的具体分寸。否则就会事与愿违，过犹不及。中国人在涉外交往中要遵守好"热情有度"这一基本原则，关键是要掌握好下列四个方面的具体的"度"。

第一，要做到"关心有度"。

第二，要做到"批评有度"。

第三，要做到"距离有度"。

在涉外交往中，人与人之间的正常距离大致可以划分为以下四种，它们各自适用于不同的情况。

其一，是私人距离，其距离小于 0.5 米。它仅适用于家人、恋人与至交。因此有人称其为"亲密距离"。

其二，是社交距离，其距离为大于 0.5 米，小于 1.5 米。它适合于一般性的交际应酬，故也称为"常规距离"。

其三，是礼仪距离。其距离为大于 1.5 米，小于 3 米。它适用于会议、演讲、庆典、仪式以及接见，意在向交往对象表示敬意，所以又称"敬人距离"。

其四，是公共距离。其距离在 3 米开外，适用于在公共场同陌生人相处。它也被叫作"有距离的距离"。

第四，要做到"举止有度"。要在涉外交往中真正做到"举止有度"，要注意以下两个方面。一是不要随便采用某些意在显示热情的动作。二是不要采用不文明、不礼貌的动作。

7. 不必过谦

不必过谦的原则的基本含义是：在国际交往中涉及自我评价时，虽然不应该自吹自擂，自我标榜，一味地抬高自己，但是也绝对没有必要妄自菲薄、自我贬低、自轻自贱，过度地对外国人进行谦虚、客套。

8. 不宜先为

所谓"不宜先为"原则，也被有些人称作"不为先"的原则。它的基本要求是，在涉外交往中，面对自己一时难以应付、举棋不定，或者不知道到底怎样做才好的情况时，如果有可能，最明智的做法是尽量不要急于采取行动，尤其是不宜急于抢先、冒昧行事。也就是讲，有可能的话，面对这种情况时，不妨先按兵不动，然后再静观一下周围之人的所作所为，并与之采取一致的行动。

"不宜先为"原则具有双重的含义。一方面，它要求人们在难以确定如何行动才好时，应当尽可能地避免采取任何行动，免得出丑露怯。另一方面，它又要求人们在不知道到底怎么做才好，而又必须采取行动时，最好先是观察其他人的正确做法，然后加以模仿，或是同当时的绝大多数在场者在行动上保持一致。

9. 尊重隐私

中国人在涉外交往中，务必要严格遵守"尊重隐私"这一涉外礼仪的主要原则。一般而论，在国际交往中，下列八个方面的私人问题，均被海外人士视为个人隐私问题。

其一，是收入支出。其二，是年龄大小。其三，是恋爱婚姻。其四，是身体状况。其五，是家庭住址。其六，是个人经历。其七，是信仰政见。其八，是所忙何事。

要尊重外国友人的个人隐私权，首先就必须自觉地避免在对方交谈时，主动涉及这八个方面的问题。为了便于记忆，它们也可简称为"个人隐私八不问"。

10. 女士优先

所谓"女士优先",是国际社会公认的一条重要的礼仪原则,它主要适用于成年的异性进行社交活动之时。"女士优先"的含义是:在一切社交场合,每一名成年男子都有义务主动自觉地以自己实际行动,去尊重妇女、照顾妇女、体谅妇女、关心妇女、保护妇女,并且还要想方设法,尽心竭力地去为妇女排忧解难。倘若因为男士的不慎,而使妇女陷于尴尬、困难的处境,便意味着男士的失职。

"女士优先"原则还要求,在尊重、照顾、体谅、关心、保护妇女方面,男士们对所有的妇女都一视同仁。

11. 爱护环境

作为涉外礼仪的主要原则之一,"爱护环境"的主要含义是:在日常生活里,每一个人都有义务对人类所赖以生存的环境,自觉地加以爱惜和保护。

在涉外交往中,之所以要特别地讨论"爱护环境"的问题,除了因为它是作为人所应具备的基本的社会公德之外,还在于在当今国际舞台上,它已经成为舆论倍加关注的焦点问题之一。

在国际交往中与此有涉时,需要特别注意的问题有两点。第一,要明白,光有"爱护环境"的意识还是远远不够的。更为重要的是,要有实际行动。第二,与外国人打交道时,在"爱护环境"的具体问题上要好自为之,严于自律。具体而言,中国人在涉外交往中特别需要在"爱护环境"方面倍加注意的细节问题,又可分为下列八个方面。其一,不可破坏自然环境。其二,不可虐待动物。其三,不可损坏公物。其四,不可乱堆乱挂私人物品。其五,不可乱扔乱丢废弃物品。其六,不可随地吐痰。其七,不可到处随意吸烟。其八,不可任意制造噪声。

12. 以右为尊

正式的国际交往中,依照国际惯例,将多人进行并排排列时,最基本的规则是右高左低,即以右为上,以左为下;以右为尊,以左为卑。大到政治磋商、商务往来、文化交流,小到私人接触、社交应酬,但凡有必要确定并排列时的具体位置的主次尊卑,"以右为尊"都是普遍适用的。

6.1.3　国际交往禁忌

1. 询问禁忌

中国人遇到老年人常问:"您老高寿?"遇到年轻人常问"多大了""结婚没有""你到哪里去""吃饭没有"等诸如此类的问题,并认为这是礼貌用语。但外国人认为这样问很粗鲁,他们不喜欢别人过问他们的个人生活。甚至家里的家具值多少钱都不能问。外国人认为这些纯属他个人的事情,无需别人知道。如果要问,也要说"我可以问你……好吗",由对方决定是否告诉你。

2. 行为禁忌

在泰国、印度和中东一些国家认为左手是不清洁的，若用左手递送食物和礼品，则被认为是不礼貌的。泰国人重视头部而轻视双脚，如果谁用手触摸泰国人不论大人还是小孩的头部都会被认为是一种失礼的行为而引起纠纷。泰国人的脚不能用以开门、指东西。泰国人睡觉时不能面向西方。泰国人死后用红笔将死者的名字写在棺材上，故泰国人通常不用红笔写字，更不能用红笔签名，红笔被认为是不吉利的。中国人的习惯是"摇头不算点头算"，但在保加利亚、斯里兰卡和印度等国，则恰好相反，而是"点头不算摇头算"。

6.1.4　国际交往中的基本要求

国际交往中的基本要求即基本礼仪包括五方面的内容：

(1) 讲究仪表与衣帽整洁，面、手、衣、履要洁净。

男子的头发、胡须不宜过长，应修剪整齐。指甲要经常修剪，一般与指尖等长，不留污垢，保持手部清洁，若手部有疾症或疤痕要戴手套。衣着要整洁笔挺，不能有褶皱，纽扣均应整齐，裤扣不能在室外或公共场合整理。衬衣一般为白色、硬领，袖与下摆不长于外套，且放入裤内。要按交际场所或交际需要着装，礼服、领带或领花应结好，佩戴端正，并备洁净手绢与梳子。皮鞋应擦亮。不得在人前做不雅的小动作，如刷牙、挖鼻孔、掏耳朵、剪指甲、搔痒等。

(2) 举止大方得体、态度和蔼端庄，精神饱满自然，言行检点。站、坐、走都要符合常规，略严肃些，因为任何失礼或不合礼仪的言行都会被视为有失体面。

(3) 说话客气，注意身份。说话时神情矜持和蔼，面带微笑，对萍水相逢之人不要轻易开口，应在有人介绍后方可交谈，随便与人攀谈也被视为有失体面。

(4) 遵守公共秩序，不打搅、影响别人，尊重别人。不随意指责别人，不给别人造成麻烦或不便。议论与指责别人会被认为缺乏教养。

(5) 守约遵时。与人约会不能有失约，不能超时。失约超时是很不礼貌的行为。承诺别人的事情不能遗忘，必须讲"信用"，按时做好。失信或失约有损自己的人格，是很丢面子的事情。

6.1.5　国际交往中的礼貌用语

礼貌用语是礼仪的表现形式，能传达爱心与礼节，使说话人更被人敬重。现在，我国正在提倡的礼貌用语十个字："您好""请""谢谢""对不起""再见"。在国际交往中，使用频率极高的有其中八个字：

"请"。几乎任何需要麻烦他人的事情，都应该说"请"。例如，如果你有疑难需人指点，你应向他人说："我想请教一个问题。"在另一种情况下，你可以说："请顺便帮我发一封信好吗？"在商店里买东西，你应当对营业员说："请拿这支笔给我看看。"你要问路，一定要以"请问"开头。"请"也是人际交往中尊重对方的礼节用语。当你开门迎接来宾时应说："请进。"客人走进房间应示意"请坐"。客人坐定后应说："请问，你喜欢喝点什么饮料？"饮料备好后应对客人说："请饮用。"

"谢谢"。西方通行的礼节是：只要别人为你做了什么，都应该说声"谢谢"，包括家人或关系亲密的朋友。行走时别人为你让路，必须说"谢谢"。在商店里买东西，要对售货员说"谢谢"。在某些特定交往场合，常常是交往的双方都互说"谢谢"。当你对别人说"谢谢"两个字时，就意味着你已充分认识到别人为你提供的帮助。而忽略这一点，则是非常失礼的行为。

"对不起"。西方人的习惯是：凡是不小心妨碍或干扰了别人，都要说"对不起"。如在公共场所无意中碰了人，就要说"对不起"；当你需要打断别人的谈话时应该说："对不起，请允许我打断一下好吗？"与别人共用餐时，无意中咳嗽一声或打个饱嗝，要说声"对不起"；与客人一起聚会时，临时需要离座一下，也应说"对不起"。否则别人会认为此人缺乏教养。

"再见"。"再见"不仅是同事、家人之间相互告辞时的礼貌用语，在西方社会也是陌生人之间接触后互相告辞时的礼貌用语。最常见的情况是在商店里，售货员与顾客交易后，相互说"再见"。乘坐出租车，司机与乘客结账后，也相互说"再见"，这是很平常的礼节。

【知识链接 6-1】

应邀到外国人家里拜访、做客的礼仪

应邀到外国人家里拜访、做客，应按主人提议或同意的时间抵达，早到或迟到都是不礼貌的。如发生迟到的情况，应致歉意。进行拜访，一般安排在上午十时或下午四时左右。西方习惯备有小吃和饮料招待，客人不要拒绝，应品尝一下，接受的饮料应喝掉（但实在不习惯时，也不必勉强）。

不经主人的邀请或没有获得主人的同意，不得要求参观主人的庭院和住房。在主人的带领下可参观住宅，但即使是较熟悉的朋友也不要去触动除书籍、花草以外的个人物品和室内的陈设。

对主人家中的人都应问候，尤其应问候夫人（丈夫）和子女。有小孩在场时，应主动与孩子握手、亲抱表示喜欢。家中养有猫狗的，不应表示出害怕、讨厌，不要去踢它、轰它。

离开时，应有礼貌地向主人告别，感谢主人的接待。

6.2　世界主要国家礼仪

6.2.1　中国礼仪

1. 行走之礼

在行走过程中同样注意人际关系的处理，因此有行走的礼节。古代常行"趋礼"，即

地位低的人在地位高的人面前走过时，一定要低头弯腰，以小步快走的方式对尊者表示礼敬，这就是"趋礼"。传统行走礼仪中，还有"行不中道，立不中门"的原则，即走路不可走在路中间，应该靠边行走；站立不可站在门中间。这样既表示对尊者的礼敬，又可避让行人。

2. 见面之礼

人们日常见面既要态度热情，也要彬彬有礼。如何与不同身份的人相见，都有一定的规矩。比如一般性的打招呼，在传统上行拱手礼。拱手礼是最普通的见面礼仪，方式是双手合抱（一般是右手握拳在内，左手加于右手之上）举至胸前，立而不俯，表示一般性的客套。如果到人家做客，在进门与落座时，主客相互客气行礼谦让，这时行的是作揖之礼，称为"揖让"。作揖同样是两手抱拳，拱起再按下去，同时低头，上身略向前屈。作揖礼在日常生活中为常见礼仪，除了上述社交场合外，向人致谢、祝贺、道歉及托人办事等也常行作揖礼。身份高的人对身份低人的回礼也常行作揖礼。传统社会对至尊者还有跪拜礼，即双膝着地，头手有节奏地触地叩拜，即所谓叩首。现今跪拜礼只在偏远乡村的拜年活动能够见到，一般不再施行。在当今社会人们相见，一般习用西方社会传入的握手礼。

3. 入座之礼

传统社会礼仪秩序井然，座席也有主次尊卑之分，尊者上坐，卑者末坐。何种身份坐何位置都有一定之规，如果盲目坐错席位，不仅主人不爽，自己事后也会为失礼之事追悔莫及。如果自己不能把握坐何种席次，最好的办法是听从主人安排。室内座次以东向为尊，即贵客坐西席上，主人一般在东席上作陪。年长者可安排在南向的位置，即北席。陪酒的晚辈一般在北向的位置，即南席。入座的规矩是，饮食时人体尽量靠近食案，非饮食时，身体尽量靠后，所谓"虚坐尽后"。有贵客光临，应该立刻起身致意。

4. 饮食之礼

饮食礼仪在中国文化中占有极重要的位置，在先秦人们以"以飨燕之礼亲四方宾客"，后代聚餐会饮也常常是一幕幕礼仪活剧。迎宾的宴饮称为"接风""洗尘"，送客的宴席称为"饯行"。宴饮之礼无论迎送都离不开酒品，"无酒不成礼仪"。宴席上饮酒有许多礼节，客人需待主人举杯劝饮之后，方可饮用。所谓："与人同饮，莫先起觞。"客人如果要表达对主人的盛情款待的谢意，也可在宴饮的中间举杯向主人敬酒。在进食过程中，同样先有主人执筷劝食，客人方可动筷。所谓："与人共食，慎莫先尝"。古代还有一列进食规则，如"当食不叹""共食不饱，共饭不泽手""毋投骨于狗"等，主客相互敬重，营造和谐进食、文明进食的良好氛围。

5. 拜贺庆吊之礼

中国自古是一个人情社会，人们相互关怀、相互体恤，在拜贺庆吊中有许多仪礼俗规。拜贺礼一般行于节庆期间，是晚辈或低级地位的人向尊长的礼敬，同辈之间也有相互的拜贺。如古代元旦官员朝贺，民间新年拜年之礼。行拜贺礼时，不仅态度恭敬，口诵贺词，俯首叩拜，同时也得有贺礼奉上。庆吊之礼，主要行于人生大事中。人的一生要经历诞生、成年、婚嫁、寿庆、死亡等若干阶段，围绕着这些人生节点，形成了一系列人生礼仪。子孙繁衍是家族大事，诞生礼自然隆重热闹。婴儿满月时，亲戚朋友纷纷上门恭贺，并馈赠营养食品与幼儿鞋帽衣物。小孩长大成人时要行成年礼，成年礼在中国传统社会称为冠笄之礼。男子 20 岁行加冠礼，重新取一个名号，表示该男子具有了结婚、承担社会事务的资格。女子 15 岁行绾发加笄礼，表示到了出嫁的年龄。现代成年礼的年龄在 18 周岁，学校举行集体的成年宣誓仪式，强调青年人的成年意识。婚嫁是人生的大事，传统社会十分看重。传统婚礼有六道程序，所谓"周公六礼"，即纳采、问名、纳吉、纳征、请期、亲迎等。宋代简化为纳采、纳币、亲迎三礼。婚礼的高潮在亲迎，新郎要到女家亲自迎娶新娘，新婚夫妇拜堂之后入洞房，行结发礼与合卺礼。大婚之日，亲友纷纷前来恭贺，主人要大宴宾客。寿诞礼，一般在四十岁以后开始举行。生日那天有庆生仪式，亲友送寿礼致贺。最后一道人生仪礼是丧礼，谁也逃脱不了。中国人重视送亡，丧礼发达。人死于正命，是白喜事。亲戚朋友都来吊唁热闹。为了表示哀悼心情，人们要奉上挽联、挽幛或礼品、礼金。亡者一般在三五天内入殓安葬。拜贺庆吊之礼显示了人们相互扶助的社会合作精神与社会团结的气象。

中国人的礼制精神是亲亲爱人，礼仪原则是自卑尊人。在与人交往时要放低姿态，谦恭待人、尊重他人，以赢得他人的尊重。如果地位高的人屈尊结交比他地位低的人会得到很好的社会效果，"若要好，大敬小"。并且敬人不仅是礼貌的姿态礼仪性的表示，而是要有发自内心地对他人的尊重。如果没有发自内心的恭敬，礼节就成为虚套，这就不符合传统的礼仪标准。传统礼俗中诚敬谦让、和众修身的礼仪原则在当代社会仍然值得提倡。当然现在我们对传统礼俗的继承是一个复杂的问题，需认真辨析，择善而从。

6.2.2 美国礼仪

西方国家人民在传统上有一套烦琐的见面礼节，从握手、问候到互相介绍都有约定俗成的习惯。相形之下，美国人在人与人间的交往上就比较随便。在美国，朋友之间通常是熟不拘礼地招呼一声"哈罗"，哪怕两个人是第一次见面，也不一定握手，只要笑一笑，打个招呼就行了，还可直呼对方的名字，以示亲热。

但在正式场合下，人们就要讲究礼节了。握手是最普通的见面礼。在美国，握手时，男女之间由女方先伸手。男子握女子的手不可太紧，如果对方无握手之意，男子就只能点头鞠躬致意。长幼之间，年长的先伸手；上下级之间，上级先伸手；宾主之间，则由主人先伸手。握手时应注视对方，并脱下手套。如果因故来不及脱掉手套，需向对方说明原因并表示歉意。还应注意人多时不可交叉握手，女性彼此见面时可不握手。同握手的先后顺序一样，介绍两人认识时，要先把男子介绍给女子，先把年轻的介绍给年长的，先把职位低的介绍给职位高的。

称呼随便，舍姓喊名。大多数美国人不喜欢用先生、夫人或小姐这类称呼，他们认为这类称呼过于郑重其事了。美国男女老少都喜欢别人直呼自己的名字，并把它视为亲切友好的表示。

人们初次见面，往往是连名带姓一起介绍，譬如说："我叫玛丽·史密斯。"这时对方可以随便叫她"玛丽"或"史密斯小姐"。常见的情况是，交谈之初可能互相用姓称呼，过不了一会儿就改称名字了。有时刚同一个美国人结识，不知如何称呼好，你可以只称先生或女士。这时，对方会很快理解你的心理。热情地告之："我叫詹姆斯·威尔逊，叫我詹姆斯好了。"或者"别叫我史密斯夫人，叫我萨利好了。"的确，美国人之间，不论职位、年龄，总是尽量喊对方的名字，以缩短相互间的距离。美国有家刊物曾专就称呼问题在150种工商行业中做过调查，结果发现他们之中85%的称呼是只喊名字。

美国人很少用正式的头衔来称呼别人。正式的头衔一般只用于法官、高级政府官员、军官、医生、教授和高级宗教人士等。例如：哈利法官、史密斯参议员、克拉克将军、布朗医生、格林教授、怀特主教等。值得注意的是，美国人从来不用行政职务如局长、经理、校长等头衔称呼别人。

与人交谈莫问私事。在美国社会中，人们的一切行为都以个人为中心，个人利益是神圣不可侵犯的。这种准则渗透在社会生活的各方面。人们日常交谈，不喜欢涉及个人私事。有些问题甚至是他们所忌谈的，如询问年龄、婚姻状况、收入多少、宗教信仰、竞选中投谁的票等都是非常冒昧和失礼的。

美国人看到别人买来的东西，从不去问价钱多少。见到别人外出或回来，也不会去问上一句"你从哪里来"或"去哪儿"。至于收入多少，更是不能随便问的事，谁想在这些方面提出问题，定会遭人厌恶。美国人往往用"鼻子伸到人家的私生活里来了"这句话来表示对提问人的轻蔑。

值得一提的是，美国人对年龄的看法同我们大不相同。在我国，老年人受到尊敬，而在美国却是"人老珠黄不值钱"。因此在美国，老年人绝不喜欢别人恭维他们的年龄。有一次，中国留学生在美国中西部的一个城市举行盛大聚会，宾客如云。当地一位名牌大学的校长与其母亲也光临盛会。留学生在欢迎辞中说："××老夫人的光临使我们全体同学感到荣幸。""老"字在中国是尊称，不料却触痛了这位老夫人，当时她脸色遽变，尴尬不堪，并从此再也不在中国留学生的聚会上露面了。

美国人还十分讲究"个人空间"。和美国人谈话时，不可站得太近，一般保持在50厘米以外为宜。平时无论到饭馆还是图书馆也要尽量同他人保持一定距离。不得已与别人同坐一桌或紧挨着别人坐时，最好打个招呼，问一声"我可以坐在这里吗？"得到允许后再坐下。

社交场合女士优先。美国妇女在社会政治生活中的地位究竟如何，这里姑且不论。但在社交场合中，她们总是会得到格外的优待。尊重妇女是欧美国家的传统习俗，从历史角度分析，是受到欧洲中世纪骑士作风的影响；若从宗教的角度分析，它是出于对圣母玛利亚的尊敬。

按照美国人的习惯，在社交场合，男子处处都要谦让妇女，爱护妇女。步行时，男子应该走在靠马路的一边；入座时，应请女子先坐下；上下电梯，应让女子走在前边；进门时，男子应把门打开，请女子先进。但是下车、下楼时，男子却应走在前边，以便照顾女子；进餐厅、影剧院时，男子可以走在前边，为妇女找好座位；进餐时，要请女子先点菜；同女子打招呼时，男子应该起立，而女子则不必站起，只要坐着点头致意就可以了；

男女握手时，男子必须摘下手套，而女子可以不必摘下。女子的东西掉在地上时，男子不论是否认识她，都应帮她拾起来。

总之，美国男子在社交场合同女子接触时，一方面事事尊重她们，另一方面又要处处以保护人的姿态出现，以显示男子的地位。

礼貌用语多多益善。不少到过美国的人，都有这样一种印象，即美国人讲话嘴很甜，他们对好听的话从不吝啬，常令听者心舒意畅。的确，在美国"请""谢谢""对不起"之类的语言随处可闻，不绝于耳。

在美国，不论什么人得到别人的帮助时都会说一声"谢谢"，即使总统对待者也不例外。在商场里，售货员的脸上总是堆着笑容，当顾客进门时，他们会主动迎上来，问一声"我可以帮助你吗"。当顾客付款时，他们会微笑着道谢。最后还会以谢声送你离去。同样，顾客接过商品时也会反复道谢。

美国人在一家人之间也是客气话不离口，不仅夫妻之间如此，对小孩子们说话也常带"请"和"谢谢"，这样，孩子便自然地养成了讲礼貌的好习惯。

美国人还习惯于对别人说"对不起"。当人们发生小摩擦时，一声"对不起"，常使芥蒂烟消云散。就是遇到一些微不足道的小事，例如向别人问路、在剧场中从别人座位前走过等，美国人也会连声表示歉意。美国人把在公共场所打嗝或与别人交谈时打喷嚏、咳嗽都视为不雅，遇到这种情况，他们就会说声"对不起"，请对方原谅。

6.2.3　俄罗斯礼仪

在交往过程中，俄罗斯人有许多由传统习惯形成的忌讳，要特别予以注意。

握手时，忌形成十字交叉形，即当他人两手相握时，不能在其上下方再伸手，更不能依在门槛和隔门握手。

俄罗斯有"左主凶，右主吉"的传统说法，因此，切忌伸左手给对方，无论是握手还是递还物品。

遇老者、妇女、上级时不应主动伸手，要等待对方。脸要保持微笑，若脸冷若冰霜，没有表情，则对方视为冷淡的表现。

称呼女性时，切莫用"太太"一词，这将引起对方的不快。有职衔称职衔，或给对方介绍的机会，伺机行事。

忌用手指指点点，不论在任何场合都是如此，俄罗斯人认为这是对人的莫大污辱。在人面前，不能将手握成拳头，大拇指在食指和中指间伸出，俄语中称此手势为"古基什"，是蔑视嘲笑的粗鲁行为。而美国人常用的手势——用大拇指和食指接触成"O"形，其他三指伸直（OK），在俄罗斯则是非礼的表示。

交往中切忌用肩膀相互碰撞，这种行为一般只发生在挚交朋友之间，否则，身体碰撞是极为失礼的行为。

避免交谈中使用"你应该"一词，俄罗斯人向来尊重个人意见，反感别人来发号施令于己。

不能说"你发福了"之类的话。朋友久别重逢，寒暄问候时，切不可论胖谈瘦。俄罗斯人觉得这是在形容其臃肿、丑陋。

打招呼忌问:"你去哪儿?"这不是客套的问候,对俄罗斯人来说,这是在打听别人的隐私。

让烟不能给单支,要递上整盒。点烟时忌讳划一根火柴或用打火机给三个人同时点火,不能将别人的烟拿来对吸。

男女在社交场合,临别时,男人要为妇女穿大衣、拉开门,要让妇女先行,不能自己开门拂袖而去。

送礼不得送两样物品:刀和手绢。在俄罗斯,刀意味着交情断绝或彼此将发生打架、争执;手绢则象征着离别。

不要在喝酒时劝酒或蓄意灌酒。俄罗斯人十分贪杯,酒鬼遭人蔑视,故意引别人喝醉,则令人憎恨、厌恶。

不得在桥上或桥下告别,这样的告别意味着永远地离去。

不能用脚踢狗或其他动物。外出遇到拦路狗,要说话将它赶走。俄罗斯的狗听得懂指令,而踢则是犯忌的。

6.2.4 日本礼仪

日本人见面多以鞠躬为礼。一般人们相互之间是行30度和45度的鞠躬礼,鞠躬弯腰的深浅不同,表示的含义也不同,弯腰最低,也最有礼貌的鞠躬称为"最敬礼"。男性鞠躬时,两手自然下垂放在衣裤两侧;对对方表示恭敬时,多以左手搭在右手上,放在身前行鞠躬礼,女性尤其如此。

在国际交往中,日本人也习惯握手礼,尤其是年轻人或和欧美人接触较多的人,也开始有见面握手的习惯。

在日本,名片的使用相当广泛,特别是商人,初次见面时有互相交换名片的习惯。名片交换是以地位低或者年轻的一方先给对方,这种做法被认为是一种礼节。递交名片时,要将名片正对着对方。名片在日语中写为"名刺",女性大多使用比男性名片要小的名片。

AA制日语叫作"割勘"。一般情况下朋友们一起上餐馆、酒吧,如果事先没有说好谁请客,就都采用AA制的付钱方式,"割勘"的意思是按人头数分摊计算,各自分担自己的费用,AA制源于欧美,它的好处是各付各的,自用自付,心安理得,免得欠下别人请客吃饭的人情债,不但上餐馆是这样,就连乘公共汽车也是如此,各付各的车费,相互之间清清楚楚。

日本人比较喜欢送礼物!日本人在送礼时,多采取这样的做法:即送些对主人毫无用途的礼品,因为收礼的人可转送给别人,那个人还可以再转送给第三者。

日本人对装饰有狐狸、獾图案的东西甚为反感,因为狡猾的狐狸是贪婪的象征。

去日本人家做客,携带的菊花只能有十五片花瓣,因为只有皇室帽徽上才有十六片瓣的菊花。

礼物要双手接,不当面打开礼物,当接受礼物后,再一次见到送礼的人一定会提及礼物的事并表示感谢。

送礼物忌送梳子,因为梳子的发音与死相近。不要送菊花,因为菊花一般是王室专用花卉。

日本人无论在正式场合还是非正式场合，都很注重自己的衣着。在正式场合，男子和大多数中青年妇女着西服。男子穿西服通常都系领带。和服是日本的传统服装，其特点是一般由一块布料缝制而成。现在男子除一些特殊职业者外，在公共场所很少穿和服。日本妇女喜欢描眉，她们普遍爱画略有弯度的细眉，认为这种眉毛最具现代女性的气质。

日本人常常是满脸笑容，然而不仅高兴时微笑，在处于窘迫发怒时，也会发笑，以掩饰自己的真实情感。妇女在地板上就座时，总是坐在卷曲的腿上。

不同的手势有不同的含义：大拇指和食指合成一个圆，其余三个指头向上伸开，表示钱；伸出小指头，表示女人等。

日本人的名字一般由四个字组成。前两个字是家族的名字，后两个字是自己的名字。一般情况下，日本人不喜欢作自我介绍。作为介绍人，通常要说出被介绍人与自己的关系，以及他的称谓和所在单位名称等。

日本人自古以来就以大米为主食，而且他们爱吃鱼。一般不吃肥肉和猪内脏，有的人不吃羊肉和鸭子。不论在家中还是餐馆内，座位都有等级，一般听从主人的安排即可。日本有一种富有参禅味道，用于陶冶情趣的民族习俗——茶道。虽然不少现代日本青年对此已不感兴趣，但作为一种传统艺术仍受到社会的重视。

在日本，人们很重视新生命的诞生。日本传统的婚礼仪式是：婚礼前三天，新娘家里的人把新娘全部用品搬到新房；结婚那天，女理发师要替新娘打扮。现在，日本的婚礼形式多样，有在神社举办的，也有在基督教堂举办的。

到日本从事商务活动，宜选择在 2—6 月，9—11 月，其他时间当地人多休假或忙于过节。日本人在商务活动中很注意名片的作用，他们认为名片表明一个人的社会地位，因此总是随身携带。日本商人比较重视建立长期的合作伙伴关系。他们在商务谈判中十分注意维护对方的面子，同时希望对方也这样做。赠送礼品时，当地人非常注重阶层或等级，因此不要给他们赠送太昂贵的礼品，以免他们为此而误认为你的身份比他们高。

在日本，很多街道没有名字，迷了路可求助于警察，市区的公共汽车四通八达。坐出租车费用很高。在日本不很流行付小费，如果拿不准，就不要给小费。付小费应把钱放在信封里或用纸巾包裹着，日本人认为收现钞是一件很难堪的事。

日本人不喜欢紫色，认为这是悲伤的色调；最忌讳绿色，认为是不祥之色。他们忌9、4 等数字；他们还忌讳三人一起合影，认为中间的人被左右两人夹着，是不幸的预兆。日本人讨厌金银色的猫，认为看到这种猫的人要倒霉；他们也不喜欢狐狸。

6.2.5　法国礼仪

和英美等国不同，法国人接待客人比较讲究。第一次邀请通常是隆重而正式的，一般来说，相识一段时间后才会被邀到法国家庭做客。饭桌上，必须等所有人面前都已有菜才能开始享用。可以请求允许吸烟。

就打招呼而言，一般与人问好或道别，双方是以握手方式，但在较熟的朋友间则是互相拥抱吻颊。

法国人在谈话时，用"您"（Vous）表示尊敬、重视、距离。在跟一个不太认识的人、一个比自己年长的人或自己的上司说话时，人们一般用"您"称呼对方。"你"（Tu）表示爱和友谊。朋友之间，从"您"到"你"的转变常常是自然的。在未得到许可时不能用"你"跟一个比自己年长的人说话。

另外也需注意到下列事项：

—晚上 10 点过后，勿打电话给他人。

—受邀做客，无需提早到达，让主人有充分时间准备。

—看诊求医需先预约。

—接受礼物应当面打开以表达谢意。

法国是一个讲文明礼貌的国家。对妇女谦恭礼貌是法国人引以为自豪的传统。法国人见面打招呼，最常见的方式莫过于握手。不过握手时一是时间不应过长，二是没有必要握住人家的手使劲晃动。一般是女子向男子先伸手，年长者向年幼者先伸手。上级向下级先伸手。

法国是第一个公认以吻表示感情的国家。法国人的吻有严格的界限：他们在见到久别重逢的亲友、同事时，是贴贴脸或颊，长辈对小辈则是亲额头，只有在爱人和情侣之间，才亲嘴或接吻。

结婚前先订婚，仪式简单，一般由女方的家长宴请男方的家长及兄弟姐妹，也可同时邀请其他亲戚，甚至一两名好友出席。婚礼也已逐渐简化，但仍不失为最隆重的家庭节日，带有庄严神圣的色彩。婚礼由市长或他的一名副手主持，习惯上是在周二、周四、周五、周六早九时至下午五时。婚后大宴宾客。法国农村有的地方在婚前要签订财产婚约并办理公证。婚约中要写明未婚夫妇的全部财产、未婚妻的嫁妆和未婚夫的产业。婚龄纪念在民间已成为一种喜庆的风俗。女子守寡 300 天后，或宣布与丈夫分居 300 天后可以再嫁，男子则无时间上的限制。

每年 11 月 1 日圣灵节，相当于中国的清明节。法国人习惯上在这一天去墓地祭奠，缅怀为国捐躯的先烈。圣喀德琳娜节——巴黎"大龄女青年"的节日，每年 11 月 25 日这一天，年满 25 岁而尚未婚配的姑娘们到喀德琳娜塑像前献一束鲜花，再到大时装店跳舞，饮酒狂欢，最后选出一位最美的姑娘作为节日的王后。

法国人把烹调看成是一门艺术，法国菜也确实风靡全球。在法国，一日三餐通常是这样安排的：早餐：面包、咖啡、热巧克力。午餐：午餐是法国人最重要的一餐，一般在下午一点左右，晚餐则在九点以后。法国人社交的正餐一般要持续两小时以上，开始先是开胃菜，然后是鱼或意大利面条，再才是主菜，主菜还附带许多生菜、沙拉、奶酪、水果，有时还有甜点心，餐后咖啡也必不可少。

与英国人和德国人相比，法国人在待人接物上的表现是大不相同的。主要有以下特点：

第一，爱好社交，善于交际。对于法国人来说社交是人生的重要内容，没有社交活动的生活是难以想象的。

第二，诙谐幽默，天性浪漫。他们在人际交往中大多爽朗热情。善于雄辩，高谈阔论，好开玩笑，讨厌不爱讲话的人，对愁眉苦脸者难以接受。受传统文化的影响，法国人不仅爱冒险，而且喜欢浪漫的经历。

第三，渴求自由，纪律较差。在世界上法国人是最著名的"自由主义者"。"自由、平等、博爱"不仅被法国宪法定为本国的国家箴言，而且在国徽上明文写出。他们虽然讲究法制，但是一般纪律较差，不大喜欢集体行动。与法国人打交道，约会必须事先约定，并且准时赴约，但是也要对他们可能的姗姗来迟事先有所准备。

第四，自尊心强，偏爱"国货"。法国的时装、美食和艺术是世人有口皆碑的，在此影响之下，法国人拥有极强的民族自尊心和民族自豪感，在他们看来，世间的一切都是法国最棒。与法国人交谈时，如能讲几句法语，一定会使对方热情有加。

第五，骑士风度，尊重妇女。在人际交往中法国人所采取的礼节主要有握手礼、拥抱礼和吻面礼。

法国人对于衣饰的讲究，在世界上是最为有名的。所谓"巴黎式样"，在世人耳中即与时尚、流行含义相同。在正式场合：法国人通常要穿西装、套裙或连衣裙，颜色多为蓝色、灰色或黑色，质地则多为纯毛。出席庆典仪式时，一般要穿礼服。男士所穿的多为配以蝴蝶结的燕尾服，或是黑色西装套装；女士所穿的则多为连衣裙式的单色大礼服或小礼服。

对于穿着打扮，法国人认为重在搭配是否得法。在选择发型、手袋、帽子、鞋子、手表、眼镜时，都十分强调要使之与自己的着装相协调、相一致。

法国是世人皆知的世界三大烹饪王国之一，法国人十分讲究饮食。在西餐之中，法国菜可以说是最讲究的。法国人爱吃面食，面包的种类很多；他们大多爱吃奶酪；在肉食方面，他们爱吃牛肉、猪肉、鸡肉、鱼子酱、鹅肝，不吃肥肉、宠物、肝脏之外的动物内脏、无鳞鱼和带刺骨的鱼。法国人特别善饮，他们几乎餐餐必喝，而且讲究在餐桌上要以不同品种的酒水搭配不同的菜肴；除酒水之外，法国人平时还爱喝生水和咖啡。法国人用餐时，两手允许放在餐桌上，但却不许将两肘支在桌子上，在放下刀叉时，他们习惯于将其一半放在碟子上，一半放在餐桌上。

法国的国花是鸢尾花。对于菊花、牡丹、玫瑰、杜鹃、水仙、金盏花和纸花，一般不宜随意送给法国人。法国的国鸟是公鸡，他们认为它是勇敢、顽强的化身。法国的国石是珍珠。法国人大多喜爱蓝色、白色与红色，他们所忌讳的色彩主要是黄色与墨绿色。法国人所忌讳的数字是"13"与"星期五"。

在人际交往之中，法国人对礼物十分看重，但又有其特别的讲究。宜选具有艺术品位和纪念意义的物品，不宜送刀、剑、剪、餐具或是带有明显的广告标志的物品。男士向一般关系的女士赠送香水，也是不合适的。在接受礼品时若不当着送礼者的面打开其包装，则是一种无礼的表现。如果初次见面就送礼，法国人会认为你不善交际，甚至认为你粗俗。

6.2.6　韩国礼仪

在韩国，男子见面微微一鞠躬，互握双手或合手。分手时也鞠躬。男子不能主动与妇女握手。交谈时要避开。

韩国人自尊心很强，与之交谈应避免公开批评或表示异议。

韩国重男，出门时妇女让男子先走，宴会时致辞以"先生们、女士们"开头。在宴会等场合，男女分开进行社交活动。两人在过道上交谈，应让第三者从两人中间通过。

在韩国长者得到特别尊重，在长者面前不能抽烟，与长者谈话要摘掉墨镜。

到韩国朋友家做客的礼仪。韩国素有"礼仪之国"的称号，韩国人十分重视礼仪道德的培养，尊敬长辈是韩国民族恪守的传统礼仪。韩国人热情好客，每逢宾客来访，总是根据客人身份举行适当规格的欢迎仪式。接待外国首脑来访，要按国际惯例举行盛大迎送仪式，数十万人夹道欢迎或送别，场面隆重。无论在什么场合遇见外国朋友，韩国人总是彬彬有礼，热情问候，谈话得体，主动让道，挥手再见。到韩国朋友家中做客，主人家事先要进行充分准备，并将室内院外打扫得干干净净。韩国人时间观念很强，总是按约定的时间等候客人的到来，有的人家还要全家到户外迎候。客人到来时，主人多弯腰鞠躬表示欢迎，并热情地将客人迎进家中，有饮料、水果等招待。韩国人素来待客慷慨大方，主人总要挽留客人吃饭，许多人家还要挽留远道而来的客人在家中留宿几天，用丰盛的饭菜款待。

韩国的食"礼"。韩国饭馆内部的结构分为两种：使用椅子和脱鞋上炕。在炕上吃饭时，男人盘腿而坐，女人右膝支立——这种坐法只限于穿韩服时使用。现在的韩国女性平时不穿韩服，所以只要把双腿收拢在一起坐下就可以了。坐好点好菜后，不一会儿，饭馆的大妈就会端着托盘，先取出餐具，然后是饭菜。韩国人平时使用的一律是不锈钢制的平尖儿的筷子。中国人、日本人都有端起饭碗吃饭的习惯，但是韩国人视这种行为不规矩。而且也不能用嘴接触饭碗。圆底儿带盖儿的碗"坐"在桌子上，没有供你手握的把。再加上米饭传导给碗的热量，不碰它是合情合理的。至于碗盖，可以取下来随意放在桌上。既然不端碗，左手就一定要听话，老实地藏在桌子下面，不可在桌子上"露一手儿"。右手一定要先拿起勺子，从水泡菜中盛一口汤喝完，再用勺子吃一口米饭，然后再喝一口汤、再吃一口饭后，便可以随意地吃任何东西了。这是韩国人吃饭的顺序。勺子在韩国人的饮食生活中比筷子更重要，它负责盛汤、捞汤里的菜、装饭，不用时要架在饭碗或其他食器上。而筷子呢？它只负责夹菜。这首先是食礼的问题，其次是汤水有可能顺着筷子流到桌子上。筷子在不夹菜时，传统的韩国式做法是放在右手方向的桌子上，两根筷子要拢齐，2/3在桌上，1/3在桌外，这是便于拿起来再用。韩国人是一个好动感情的民族，对于把感情通过聚餐表现，应该给予充分的理解，同时又必须在理智上承认它是一种不卫生的"食礼"。

韩国饮酒礼仪。韩国人家里如有贵客临门，主人感到十分荣幸，一般会以好酒好菜招待。客人应尽量多喝酒，多吃饭菜。吃得越多，主人越发感到有面子。在饮酒时，韩国人很讲究礼仪。在酒席上按身份、地位和辈分高低依次斟酒，位高者先举杯，其他人依次跟随。级别与辈分悬殊太大者不能同桌共饮。在特殊情况下，晚辈和下级可背脸而饮。

传统观念是"右尊左卑"，因而用左手执杯或取酒被认为不礼貌的。经允许，下级、晚辈可向上级、前辈敬酒。敬酒人右手提酒瓶，左手托瓶底，上前鞠躬、致辞，为上级、前辈斟酒，一连三杯，敬酒人自己不饮。要注意的是，身份高低不同者一起饮酒碰杯时，身份低者要将杯举得低，用杯沿碰对方的杯身，不能平碰，更不能将杯举得比对方高，否则是失礼。

6.2.7 西班牙礼仪

仪态礼仪。当地妇女有"扇语",如当妇女打开扇子,把脸的下部遮起来,意思是:我是爱你的,你喜欢我吗?若一会儿打开一会儿合上,则表示:我很想念你。因此初到西班牙的妇女,如果不了解扇语,最好不要使用扇子。

相见礼仪。西班牙人通常在正式社交场合与客人相见时行握手礼。与熟人相见时,男朋友之间常紧紧地拥抱。西班牙人的姓名常有三四节,前一二节为本人姓名,倒数第二节为父姓,最后一节为母姓。通常口头称呼称父姓。

商务礼仪。西班牙人很重视信誉,总是尽可能地履行签订的合同,即便后来发现合同中有对他们不利的地方,他们也不愿公开承认自己的过失。如在这种情况下,对方能够善意地帮助他们,则会赢得西班牙人的尊重与友谊。西班牙人只有在参加斗牛比赛活动时才严守时间,但客人应当守时,即便对方晚到,也不要加以责怪。

旅游礼仪。西班牙人性格开朗、热情,但容易激动,有时发生争吵是很正常的,他们对此已习以为常。西班牙人吃东西时,通常会礼貌地邀请周围的人与他分享,但这仅是一种礼仪上的表示,不要贸然接受,否则会被他们视为缺乏教养。

6.3 东西方礼仪的比较

6.3.1 家族本位与个人本位

中国人一向有着很强的家族观念。在中国古代社会,人们以家族为本位,每个人作为家族中的一员,视家族利益为根本,可以说除了家族的利益外并无个人独立的礼仪。重视家族观念,还表现在许多流落海外的中国人念念不忘家乡,怀念亲友,千方百计地为家乡的建设尽自己的一分力量。

在西方社会,个人本位的观念则占据主导地位。他们信奉每个人都是独立的,不依靠任何人而存在,个人的权利任何人不得侵犯。夫妻关系不过是男女订立契约的结果,当事人双方各自为个体,保持着独立的活动,双方一般不干涉对方的社交自由。即使父子关系也界限划分明确,儿子帮父母干活,父母要给儿子报酬的事例并不鲜见。

6.3.2 看重人情与讲求功利

由于中国人十分重视人伦亲情,中国实是一个人情的社会。中国人一向把情义摆在利益之上,"君子喻于义,小人喻于利"成了中国妇孺皆知、代代相传的道德信条。每逢节庆,亲友之间总要走动走动,相互致意问候。如果遇到天灾人祸,亲友之间也常常相互支持和周济。同样,"一人得道,鸡犬升天"也是必然的了。

西方人办事交际讲求功利和实际效益。各人在法律允许的范围内追求自身的利益,决不认为是不道德的,而对别人侵害自己利益的行为也决不姑息。这种务实的精神,一方面激发了人们自我奋斗的激情,另一方面也使人们时常感到内心的孤独。

6.3.3　重视身份与追求平等

中国的礼仪历来就强调一个"分"字。"贵贱有等，长幼有序，贫富轻重皆有称"是中国古人追求的一种理想的社会境界。到了现代，中国人"官本位"的意识仍然十分浓重，不论从事何种职业，都要拿到行政官员的级别上套一套，以此来区分人的高低贵贱。另外，在夫妻生活中，男主外、女主内仍然是许多人向往的一种生活模式。

西方社会的阶级、阶层的对立和差别是客观存在的，不同身份的人有着不同的社交圈子。但是，在日常交际生活中，每个人都很重视自己的尊严，不喜欢打听对方的身份，一些带有浓重等级色彩的礼仪形式已越来越不受人欢迎。相反，像自助餐、鸡尾酒会这样一些不讲等级身份的交际形式却日益流行起来。另外，西方人追求平等的一个突出表现是，妇女在交际生活中受到了人们的普遍尊重。

6.3.4　谦恭自制与情感外露

中国人一向视谦虚为一种美德，"满招损，谦受益"被视为千古不变的规律。因此，在交际生活中，中国人很少夸夸其谈、自吹自擂。同时，中国人还很善于控制自己的情感，"动于心，发于情，止于礼仪"被人视为有良好道德修养的表现。

多数西方人则与此相反，他们不喜欢过分谦虚，有一说一，决不害怕"锋芒外露"，"东方式的谦虚"在他们看来不是虚伪就是无能。同时，他们大多性格豪爽，感情热烈，拥抱礼、亲吻礼、吻手礼这些礼仪形式，都淋漓尽致地表现了他们民族的性格特征和文化心理。

6.3.5　崇尚礼仪与法律至上

在中国历史上，礼仪的政治作用往往被提到了无以复加的高度。儒家的德主刑辅、先德后刑的礼治主义，长期受到了统治阶级的青睐。因此，礼仪往往被摆在了法律之上，或者说礼仪已经包含法的成分，这使得中国成了一个举世公认的"礼仪之邦"。

西方人虽然也重视礼仪的社会功能，但更强调法律的作用。特别是资产阶级在其革命的时期就把建立法制社会作为自己政治活动的重要目标。在西方国家，法制观念远较礼仪观念更为深入人心，这是西方文明的一个重要特点。

6.4　国际商务谈判礼仪

在国际商务谈判中，我们要懂得运用礼仪之法，在谈判前便取得很好的印象以及加分，也可以在礼仪接触中对对方进行了解，便于日后谈判。对于自身心理的控制也是十分重要的，只有能有效地控制自己的情绪及心理，才能更好地察言观色，从而促进谈判主动权的转移或者稳定。而对对手性格的分析及其他注意事项，便是不可忽略的大事，基本摸清对手的性格，就能够对症下药，在把握主动权的情况下，一举促成谈判的成功。

6.4.1　国际商务谈判中的洽谈礼仪

在洽谈过程中，要遵守一些谈话礼仪准则，尊重他人，谈吐文明，温文尔雅，话题适宜，善于聆听，以礼待人。具体来说，便是在参与别人谈话前，要提前打招呼，不能够显得冒失，不要凑前旁听别人谈话，不要涉及疾病、死亡等不愉快的话题，不要涉及财产、履历、婚姻等私人问题，不要刨根问底。会谈过程中的用语是很重要的，用语指在会谈中如何在恰当的时机选择适当的词语，表明自己的立场、观点、态度和意思。谈判中常见的用语有五种，即礼节性的交际语言、专业性的交易语言、弹性语言、幽默语言以及劝诱性语言。说话的语速、语调和音量也是重要因素，在选择好合适的词语以后，还需将选择好的用语以适当的方式表达出来，考虑用什么样的语速、何种语调、多高的声音去进行洽谈。

除了说话，会谈时的体态和手势更是一种无形的语言，体态是一种身体语言，洽谈中，有人会有一些不经意的动作，它们能透露出有关内心活动的有用信息。人在某种环境下，可以通过自觉的意识，在语言、语气等方面显示出强硬和雄辩，显示出信心十足，决不后退，但因为内心并不踏实，没有把握，便在下意识中借助动作掩饰自己，平衡内心的紧张。比如频繁的擦汗动作、抚摸下颌、敲击桌面等都反映出内心的紧张不安。会谈时的距离和面部表情也是容易影响谈判的，会谈时双方间隔的距离往往受谈判进度的影响。人们之间的空间距离与心理距离联系密切，空间距离大小直接影响洽谈双方心理上的距离。一般情况下，人们交谈时，无论站、坐，都应避免直接相对，要保持一定的角度，而洽谈活动中，双方却是直接面对，没有什么回旋余地的。这使洽谈活动中，距离变得更为敏感易察，较合适的距离在一米与一点五米之间，这也是谈判桌的常规宽度。距离过大，双方交谈不方便，难以相互接近，有谈不到一起的感觉。

6.4.2　国际商务谈判的宴请礼仪

宴请的形式有宴会、招待会、茶会、工作餐。每种形式均有特定的规格和要求。宴请的安排包括宴请的方式、宴请的日期和时间、邀请的方式和宴会座次的安排。正式宴请分为迎宾、致辞、席间交流、送别等几个步骤。中餐和西餐的就餐礼仪值得重视。

6.4.3　国际商务谈判的馈赠礼仪

选择礼品的原则：

（1）投其所好。

（2）考虑具体情况。

（3）把握馈赠时机和场合。

（4）礼物的价格不宜过高。

礼物的价值不宜过高，但要有特色。各国对于礼物价值的要求有所不同，在美国一般的商业性礼物的价值在二十五美元左右，而亚洲、非洲、拉美、中东地区的客商与欧美客商相比有所不同，他们往往比较注重礼物的货币价值。在具体选择礼物时，应根据对方的喜好与习惯，选择富有感情，既有中国民族特色，又有一定纪念意义的物品，一般偏重于艺术价值和纪念意义。要注重对方的习俗和文化修养，照顾到外国朋友喜欢我国土特产的情况，注意送礼的数字，注意包装，注意时机和场合。比如，如果您在法国谈判并送礼，那么就有学问了，千万记得初次见面不送礼，礼品包装要精美，最好是知识性、艺术性的，可以是画片、相册、工艺品之类的；在法国，仙鹤代表愚蠢，核桃代表不吉利，所以送礼时要筹备好，千万不要因小失大。

6.4.4 国际商务谈判的签约礼仪

在商务交往中，人们在签署合同之前，通常会竭力做好以下几个步骤的准备工作：

签约人员的确定。签字人应视文件的性质由缔约各方确定，双方签约人的身份应大体相当。出席签约仪式的人员，应基本上是参加谈判的全体人员。如果因某种需要，一方要求让某些未参加会谈的人员出席，另一方应予以同意。双方出席人数应大体相等。

必要的签约准备工作。首先是签字文本的准备，有关单位应及早做好文本的定稿、翻译、校对、印刷、装订、盖火漆印等项工作，同时准备好签约使用的文具、国旗等物品。

签字厅的布置。由于签字的种类不同，各国的风俗习惯不同，因而签约仪式的安排和签字厅的布置也各不相同。在我国，一般在签字厅内设置长方桌一张作为签字桌。桌面覆盖深绿色台呢，桌后放置两把椅子，作为双方签字人的座位，面对正门主左客右。座前摆放各自的文本，文本上端分别放置签字的工具。签字桌中央要摆放一个悬挂双方各自国家国旗的旗架。需要同时悬挂多国国旗时，通行的做法，是以国旗自身面向为准，让旗套位于右侧。越往右侧悬挂的国旗，被给予的礼遇就越高；越往左侧悬挂的国旗，被给予的礼遇就越低。在确定各国国旗的具体位次时，一般按照各国国名的拉丁字母的先后顺序而定。在悬挂东道国国旗时，可以遵行这一惯例，也可以将其悬挂在最左侧，以示东道国的谦恭。

签字仪式的程序。双方参加签字仪式的人员进入签字厅后，签字人入座，其他人员分主方和客方按照身份顺序排列于各方的签字人员座位之后。双方的助签人员分别站立在各自签字人员的外侧，协助翻揭文本及指明签字处。在签完本国本企业保存的文本后，由助签人员互相传递文本，再在对方保存的文本上签字，然后由双方签字人交换文本，相互握手。有时签字后，备有香槟酒，共同举杯庆贺。

6.4.5 国际商务谈判时需要注意的细节

1. 不能忽视自认为不太重要的细节问题

有些谈判人员在对外贸易交易磋商过程中往往仅就交易的几个重要内容反复磋商，忽视了对次要环节的讨论，而这些所谓的次要环节往往有可能就是引起后面纠纷的祸根。

一般地，国际贸易主要磋商应包括以下十个方面的内容：品质、数量、包装、价格、交货（装运）、保险、交付、商品检验、索赔与仲裁、不可抗力。但在实际交易磋商中，有不少业务员很看重品质、数量、包装、价格、装运、保险、支付七个交易条件，而对其他的三个交易条件却觉得无足轻重，或根本不谈，或敷衍了事，正因如此，在交易合同的履行过程中，这三个方面的纠纷时常出现。

【案例分析6-2】

在我国某外贸公司与外商进行的某种工业品出口的交易磋商中，双方未就商品检验问题进行磋商，合同中也未明确规定。结果买方收到我方货物并进行检验后，认为我方所交货物不符合合同规定，并提出索赔。尽管我方在货物运出之前，请国内某商品检验局进行了品质检验，取得的检验报告也证明上述商品品质与合同相符，但买方断然拒绝我方检验结果，坚持索赔，双方因此产生纠纷，虽然事情最终得到妥善解决，但这次教训却很值得我们吸取。

分析："千里之堤，溃于蚁穴"，本案例也让我们充分认识到，交易内容的每一个环节都需要引起我们足够的重视，严防每一个可能出现潜在纠纷的细节，才能防患于未然。

2. 不能忽视合同中某些条款文字表述的具体明确

谈判是一个紧张的过程，尤其是对一些新业务员来说更是如此，这种紧张的情绪，加上经验不足，很容易影响到对某些关键性语言或词句的阐述表达，从而将某些模棱两可的语言带入合同，在交易过程中往往会造成一定的麻烦。

例如，在规定信用证开给卖方的最后期限时，写成"买方应该于2009年9月6日之前将信用证开给卖方。"很明显这一描述有三个漏洞：①时间的确立不明确，不知是北京时间还是其他时间；②"于2009年9月6日"之前是否包括"6日"这一天；③"开给卖方"是以开到为准，还是以投邮为准。为此，上面的描述可以修正为"买方应于北京时间2009年9月6日之前将信用证开到卖方"。

因此，在国际商贸谈判中怎样把握好细节性、关键性的环节很重要，需要谈判人员提高自身心理素质和业务素质，只有做到临危不乱，才能于冷静中占得主动，避免风险，把握成功。

3. 不能忽视对对方心理状态的揣摩研究和谈判时机的把握

国际商务谈判也有技巧，要善于对对方的心理进行科学的分析，心理状态揣摩不够，有可能会影响到商机。

曾有一个日本商人与我国某外贸公司洽谈进口某产品，日商面对该外贸公司给出的优惠条件却久拖不决。转眼过去了两个多月，原来一直兴旺的该类产品国际市场货满为患，价格暴跌，这时日商再以很低的价格收购，使我方吃了大亏。日本商人经常采取拖延战术稳住谈判对手，谈判中一定要注意时机的把握。

商务谈判人员更应重视谈判原则，否则会造成谈判失败。某国一公司曾派代表前往日本谈判。日方在接待时得知其在两个星期后返回。日方没急着开始谈判，而是花了一个多星期时间陪他到处游玩，晚上安排宴会。谈判终于在第12天开始，但每天都很早结束，为的是安排其去打高尔夫球。直到最后一天，日方才谈到重点。但这时外贸公司人员已无时间和对方周旋，只好答应对方条件，签订了协议。这手段不仅仅是拖延时间，更重要的是能软化人的心理，会不好意思拒绝对方的要求，毕竟"吃人家的嘴软，拿人家的手短"，其实该代表已违背了商务谈判原则，公事绝不能成为私利的牺牲品，这关系到一个谈判者的根本素质。

4. 不能忽视对谈判对手特点的充分了解

各国历史文化背景、商务惯例等差异导致来自不同文化背景的人沟通的障碍。国际商务谈判人员应充分了解对手情况，尤其是其信誉、文化习俗和贸易习惯特点、实力，乃至谈判特点、使用手法和以往实际情况。

如日本人谈判很有忍耐力，擅长拖延战术，在拖延中想方设法了解谈判对手的真实意图，对方若急于求成，就乘机抬价或压价，把对方弄得筋疲力尽、焦躁不安。另外，日本人的情报意识非常强，谈判之前广泛地收集情报，并以情报为依据作出决策。所以与日本人谈判，要注意做好商业保密工作。根据日本商人的特点，与其谈判时，必须搞清楚对手有多大的权力、能作出什么决定。谈判时，语言应尽量婉转，如果不得不否定某个建议，也要以明确、委婉而非威胁的态度来陈述理由。注意谈判策略，不要公开批评对方，不要直截了当地拒绝，而说你还得进一步考虑。

日本商人在谈判中有很强的团队意识，与日方谈判不能只重视对方谈判班子中的某个人，而要争取说服每个人。如果暂时未能全面达成一致意见，也不要急于催促，否则只能适得其反。

让日商了解我国厂家的国产化实力，在实际工作中这招很灵，往往会给其一定压力，让其觉得他们没啥特别了不得，自动降低要求，降低价格。要不动声色，表现出足够的耐心，因为急躁和没有耐心在日本人看来是软弱的表现。在等待的时间里，也同时做调查，从别处尽量多了解日方情况。

各国的文化历史背景、商务惯例、宗教信仰等不同，国际商务谈判中，应以跨文化的视角审视、分析和解决问题，积极地顺应和调适文化差异，充分重视容易产生潜在风险的各个环节。

【基本训练】

□知识题

6.1　阅读理解

1. 涉外人员在国际交往中维护个人形象有何必要性？
2. 在国际交往中怎样才能表现得不亢不卑？
3. 在国际交往中应当如何选择交谈的话题？
4. 在国际交往中有哪些常用的见面礼节？
5. 在国际交往中，涉外人员在遵守时间方面应重点注意哪三个方面？

6.2　知识应用

1. 判断题

（1）为了表示亲近，年龄相差不大的师生之间，学生可以对老师直呼其名。因为，在很多西方的校园里都是这样的。（　　）

（2）迎宾人员为了体现周到和礼貌，应主动为来宾拎包拿行李，包括来宾手中的外套、提包等。（　　）

（3）出入有人控制的电梯时，引导者应后入先出。（　　）

（4）涉外的双边谈判应设姓名签，通常，姓名应当一面一种文字，本国文字面对对方，外方文字面对自己。（　　）

（5）在外事交往中，悬挂双方国旗，按照国际惯例，在右为上，左为下。（　　）

（6）刚端上饭桌的汤很烫，为了降温，也为了安全，可以先用嘴吹一吹，不太烫了再喝。（　　）

（7）邻居礼仪有许多讲究，最基本的礼仪有两点：彼此尊重、相互照顾。（　　）

（8）送礼应讲究针对性，因人而异。（　　）

2. 选择题

（1）俗话说："没有规矩，不成方圆。"所谓礼宾规格，指的是礼宾工作具体过程中的各种规矩。在礼宾规格这一问题上，涉外人员应当注意以下要点（　　）。

    A. 掌握原则　　　　　B. 熟悉特征　　　　　C. 来宾分类

    D. 常规内容　　　　　E. 操作方式

（2）在涉外接待中，我方陪同人员往往需要与外方来宾长时间相处，为此我方陪同人员应严格要求自己，这就是要做到（　　）。

    A. 谨慎从事　　　　　B. 服从领导　　　　　C. 少说多听

    D. 计划周全　　　　　E. 注意保密、私交适度

（3）一般而论，有关礼宾规格确定与操作的基本原则主要包括（　　）。

    A. 服从外交　　　　　B. 身份对等　　　　　C. 一律平等

    D. 有所区别　　　　　E. 熟悉特征

（4）若要将迎来送往工作进行得圆满顺利，达到双方都满意的效果，我方有关人员首先应该充分掌握外方的具体情况，这是我方做好迎送工作的基本保证，一般而言，我方应充分掌握的外方状况包括：（　　）。

    A. 主宾的个人简况　　B. 来宾的总体情况　　C. 来宾的整体计划

    D. 来宾的具体要求　　E. 来宾的来去时间

（5）涉外人员在进行自我介绍时，应注意以下要点（　　）。

    A. 主动介绍　　　　　B. 先递名片　　　　　C. 时间简短

    D. 内容真实　　　　　E. 形式正规

□技能实训

1. 上海某科技有限公司召开了一次全国客户联络会，公司的江总经理带着秘书荀小姐亲自驾车到浦东机场迎接来自香港某集团的周总经理。为了表示对周总的尊敬，江总把周总请到后排左座，并让荀小姐在后排作陪。

周总到宾馆入住后，对荀小姐说，明天上午八点开会，我会打的到现场，就不麻烦你们江总亲自来接了。

周总为什么会这样说？江总在座次安排上有什么不妥吗？请你谈谈对乘车礼仪的看法。

2. 郑伟是一家大型国有企业的总经理。有一次，他获悉有一家著名的德国企业的董事长正在本市进行访问，并有寻求合作伙伴的意向。于是想尽办法，请有关部门为双方牵线搭桥。让郑总经理欣喜若狂的是，对方也有兴趣同他的企业进行合作，而且希望尽快与他见面会谈。到了双方会面的那一天，郑总经理对自己的形象刻意地进行一番修饰。他根据自己对时尚的理解，上穿夹克衫，下穿牛仔裤，头戴棒球帽，足蹬旅游鞋。无疑，他希望自己能给对方留下精明强干、时尚新潮的印象。

然而事与愿违，郑总经理自我感觉良好的这一身时髦的"行头"，却偏偏坏了他的大事。郑总经理的错误在哪里？

3. 张女士是位上午工作者，由于业务成绩出色，随团到中东地区某国考察。抵达目的地后，受到东道主的热情接待，并举行宴会招待。席间，为表示敬意，主人向每位客人一一递上一杯当地特产饮料。轮到张女士接饮料时，一向习惯于"左撇子"的张女士不假思索，便伸出左手去接，主人见情景脸色骤变，不但没有将饮料递到张女士的手中，而且非常生气地将饮料重重地放在餐桌上，并不再理睬张女士，这是为什么？

【综合案例】

案例1：竖起大拇指的案例

国际商务谈判中的礼仪，就像是给对方的一个三秒钟印象，百分之六十的外表和仪表，百分之四十的声音和谈话内容。要成就一次成功的谈判，第一印象非常重要，礼仪在其中便发挥了很大的作用。首先我们先来看一个案例，从中我们便可得知礼仪对于商务谈判的重要性及影响程度。

这是一个竖起大拇指的案例，让我们看一下一个英国商人在伊朗的遭遇：一个月来他事事顺利，同伊朗同事建立了关系，在谈判中尊重宗教信仰，避免了任何潜在的爆炸性的政治闲谈。最后，他兴高采烈地签署了一项合同。他签完字后，对着他的波斯同事竖起了大拇指。几乎是立刻，出现了紧张空气，一位伊朗官员离开了房间。英国的这位商人摸不着头脑，不知发生了什么，他的伊朗主人也觉得很尴尬，不知如何向他解释。

事例分析： 在英国，竖起大拇指是赞成的标志，它的意思是"很好"，然而在伊朗，它是否定的意思，表示不满，近似令人厌恶，是一种无礼的动作。由此我们可以清晰地看出，英国商人在不了解伊朗礼仪的前提下，做出的举动让伊朗官员觉得有失礼仪，因此虽然合同签成了，但是从本质来说这是一次不成功的谈判。

问题： 结合该案例，谈谈国际礼仪的重要性。

案例2：饭店的确定

美国某公司副总经理将与市场顾问、技术专家、秘书共四人，来北京考察生产企业，并商谈某商项产品向美国出口，扩大市场份额的问题，预计在北京停留3~4天。由于外商是第一次来北京，因此由中方负责介绍下榻饭店。

小张觉得美国某公司是比较有名的大公司，其高层管理人员身份比较高，因此确定饭店就为五星级，这也能表达公司的热诚。同时考虑中方公司所在地点以及外方要考察的企业都在北京经济开发区，商务谈判又定在公司进行，如果有时间还要请外商参观故宫和到王府井购物，所以选择饭店应方便上述活动，节省时间。北京涉外饭店的服务设施和服务质量都没有什么大问题，所以选择时主要考虑所在地点。经过周边几个饭店的比较，最终确定在北京饭店。与中方公司相距不远，考察企业来去都经过公司。饭店的设施比较齐全，服务水平较高。由于对方计划来四人，根据欧美国家每人单住单独房间的习惯，提前预订四个房单，时间初定四天。

问题：小张的想法对吗？选择饭店都要考虑哪些方面的问题？

第7章 | 沟通与合作

【知识目标】

在学习完本章之后，你应该能够：

◎掌握沟通与合作的意义、基础和原则；

◎掌握沟通与合作的基本知识和基本方法；

◎掌握有效沟通的途径。

【技能目标】

◎能根据有效沟通的基本原则进行商务洽谈，基本掌握合作的要求、常见的提问方法，以及沟通与合作的方法及技巧。

☞ 引例

上下级间的沟通

王飞刚办完一个业务回到公司，就被主管李东叫到了办公室。

"王飞，今天业务办得顺利吗？"

"非常顺利，李主管，"王飞兴奋地说，"我花了很多时间向客户解释我们公司产品的性能，让他们了解到我们的产品是最合适他们使用的，并且在别家拿不到这么合理的价钱了，因此很顺利就把公司的机器推销出去一百台。"

"不错，"李东赞许地说，"但是，你完全了解了客户的情况了吗？会不会出现反复的情况呢？你知道我们部门的业绩是和推销出的产品数量密切相关的，如果他们再把货退回来，对于我们的士气打击会很大，你对于那家公司的情况真的完全调查清楚了吗？"

"调查清楚了呀，"王飞兴奋的表情消失了，取而代之的是失望的表情，"我是先在网上了解到他们需要供货的消息，又向朋友了解了他们公司的情况，然后才打电话到他们公司去联系的，而且我是通过你批准才出去的呀！"

"别激动嘛，小王，"李东讪讪地说，"我只是出于对你的关心才多问几句的。"

"关心?"王飞不满道，"你是对我不放心才对吧!"

很明显主管李东做错了，关心下属的业务，被下属认为怀疑自己的业务能力，而业务能力是下属吃饭的根本，是不容任何人怀疑的，因此产生了冲突，影响了双方的心情，不利于工作的开展。李东主管认为王飞的意愿很好，但是能力可能不能达到他的要求，因此过多地询问了，而引起了王飞的不满。其实李主管是有权力询问下属关于工作方面的一切事情的，只是没有考虑到王飞是个"小心眼"，引起了误解。

王飞也有很严重的错误，上司询问你的工作情况，是上司的工作职责，如果上司连这点权力都没有，工作还如何开展? 所以要平和地看待这个问题，不要把上司询问工作情况视为对你工作的怀疑，或许上司只是好心提醒，或许上司对这个客户更了解，或许上司以前犯过类似的错误，想给你提一些建议，还或许上司对自己信心不足。连上司询问工作情况，都要产生逆反，怎么和上司相处? 怎么和其他同事相处? 另外有些话也不要说破:"你是对我不放心才对吧!"这样的话就没有给上司回旋的余地，上司怎么回答? 如果他同意你的观点，就证明他不相信你的能力，以后的工作就没有办法开展。如果他说相信你的能力，可你又不这么认为，他也询问了工作的情况，短时间改变你的观念很困难。所以王飞最后一句话是带着很强烈的情绪，上司将很为难。

这一案例表明: 在合作中有效的沟通具有重要意义，从小处说能避免人们交往中的误会，从大处说它关系到不同组织的正常合作。因此，要想处理好人际关系，使组织高效运转，必须进行有效沟通，防止出现沟通障碍。

7.1 沟通与合作的意义、基础与原则

7.1.1 沟通与合作的意义

1. 沟通的概念

沟通是每一个人都必须学会的，特别是企业经营管理者、商务营销人员。为了认识这个问题，我们先来认识沟通的内涵及基本原理。

沟通是为了一个设定的目标，把信息、思想和情感在个人或群体间传递，并且达成共同协议的过程。它有三大要素: ①要有一个明确的目标; ②达成共同的协议; ③沟通信息、思想和情感。

沟通是 21 世纪的通行证。我们每一个人都不是一座孤岛，每一个人在群体中生活，在群体中发展，就必须学会沟通，通过积极的人际交往，建立多方面、多层次的和谐的人际关系。沟通有助于我们获得社会生活所必需的人格品质、价值取向、理想信念以及社会赞许的行为方式，加快社会化进程。在这个形形色色的社会里，在错综复杂的现实面前，人们对问题的看法难免不同甚至针锋相对，只有进行沟通才能寻求有益于各方的解决途径

和方法，也只有进行沟通才能相互了解并接纳对方的思想观念和意识形态，修正和完善自己的价值观、人生观、世界观，形成自己的思想体系和行为方式。

2. 合作的概念

合作是一个永恒的主题。从刚刚懂事起，我们就已经作为社会的人在与人相处，与人合作了。最初，和我们相处的是我们的父母；之后，有托儿所、幼儿园的阿姨和小朋友；再后，又有从小学到大学期间的老师和同学；等到我们走上了社会，踏入了职场，我们的交际范围进一步扩大，各式各样的人物走进了我们的生活，进入了我们的合作范围，无论是家人、同学、朋友还是同事，我们都在与他们合作着，可以说，人的一生是合作的一生。21 世纪是信息共享的世纪，没有一个单一的公司或个人能够拥有他所需要的全部资源并完成所有的事情，社会分工越来越细密，对合作的要求就越来越高，每一个人、每一个公司都需要合作，合作已被提到了前所未有的高度上。个人的成功对合作提出了前所未有的要求，成功青睐于那些懂得如何将人们团结起来，利用创造性和多样化思维创造奇迹的人，合作是成功的源泉，合作是 21 世纪的社会准则。

合作的概念包含多个内容：共同创作；共同从事；二人或多人一起工作以达到共同目的；联合作战或操作。

我国过去曾经有许多关于合作的俗语，比如：

人心齐，泰山移。

独脚难行，孤掌难鸣。

水涨船高，柴多火旺。

三个臭皮匠，赛过诸葛亮。

一块砖头砌不成墙，一根木头盖不成房。

一个篱笆三个桩，一个好汉三个帮。

而对于合作的意义，现代有许多名人也给出了自己的感受：

30%的人永远不可能相信你。不要让你的同事为你干活，而要让我们的同事为我们的目标干活，共同努力，团结在一个共同的目标下面，就要比团结在你一个企业家底下容易得多。所以首先要说服大家认同共同的理想，而不是让大家来为你干活。

——马云

IBM 需要的，就是像野雁这样能独立作业，又能团队合作的人。

——许朱胜

不管努力的目标是什么，不管他干什么，他单枪匹马总是没有力量的。合群永远是一切善良思想的人的最高需要。

——歌德

单个的人是软弱无力的，就像漂流的鲁滨孙一样，只有同别人在一起，他才能完成许多事业。

——叔本华

凡是经过考验的朋友，就应该把他们紧紧地团结在你的周围。

——莎士比亚

3. 沟通与合作的意义

沟通与合作是人类社会的基本生活方式，沟通与合作在我们的工作生活当中无处不在，从某种意义上说，沟通与合作已经不再是一种职业技能，而是一种生活和生存的方式。

（1）沟通与合作是人的一种重要的心理需求，是职工解除内心紧张，表达自己思想感情与态度，寻求同情与友谊的重要手段。

（2）沟通与合作是改善人际关系、鼓舞士气的有效途径，有助于营造和睦相处的和谐氛围。

（3）沟通与合作可以转变职工对工作的态度，进而改变职工的行为，因为人们在不同的信息和意见的影响下，会形成不同的态度，引发不同的行为。

（4）沟通与合作可以使一个团队的人员之间互相了解，建立良好的同事关系，形成一种相互关心、相互帮助和相互支持的工作氛围，从而有利于工作的开展和促进单位工作目标的实现。

（5）沟通与合作是激发职工参与单位事务积极性的重要手段，职工通过各种沟通与合作渠道，既能发表对单位日常事务的意见和建议，也能得到对意见和建议的反馈，使职工感到被重视、被尊重，激发起他们的主人翁责任感，从而提高整个团队的凝聚力和战斗力，全面完成工作任务。

【案例分析 7-1】

张丹峰的苦恼

张丹峰刚刚从名校管理学硕士毕业，出任某大型企业的制造部门经理。张丹峰一上任，就对制造部门进改造。张丹峰发现生产现场的数据很难及时反馈上来，于是决定从生产报表上开始改造。借鉴跨国公司的生产报表，张丹峰设计了一份非常完美的生产报表，从报表中可以看出生产中的任何一个细节。

每天早上，所有的生产数据都会及时地放在张丹峰的桌子上，张丹峰很高兴，认为他拿到了生产的第一手数据。没过几天，出现了一次大的品质事故，但报表上根本没有反映出来，张丹峰这才知道，报表的数据都是随意填写上去的。为了这件事情，张丹峰多次开会强调认真填写报表的重要性，每次会后可以起到一定的效果，但过不了几天就变回了原来的状态。张丹峰怎么也想不通。

分析：张丹峰的苦恼是很多企业中经理人一个普遍的烦恼。现场的操作工人很难理解张丹峰的目的，因为数据分析距离他们太遥远了。大多数工人只知道好好干活，拿工资养家糊口。不同的人，他们所站的高度不一样，单纯地强调、开会，效果是不明显的。

站在工人的角度去理解，虽然张丹峰不断强调认真填写生产报表可以有利于改善产品质量，但这距离他们比较远，而且大多数工人认为这和他们没有多少关系。后来，张丹峰将生产报表与业绩奖金挂钩，并要求干部经常检查，工人们才认真填写报表。

在沟通中，不要简单地认为所有人都和自己的认识、看法、高度是一致的。对待不同的人，要采取不同的模式，要用听得懂的"语言"与别人沟通！

7.1.2 沟通与合作的基础

诚信既是人际交往的基本原则，也是人际交往的根本。值得信赖是赢得普遍尊重和信任的通行证。维系人与人之间的情谊，促进沟通的开展和合作的深入，最重要的是诚信。它是营造和谐的人际关系，加强与人的合作与沟通技巧的根本，是每一个同学在学会共处方面必须夯实的基础。

【知识链接 7-1】

关于在一定期限内适当限制特定严重失信人

乘坐火车　推动社会信用体系建设的意见

发改财金〔2018〕384 号

各省、自治区、直辖市、新疆生产建设兵团社会信用体系建设牵头单位、文明办、高级人民法院、财政厅（局）、人力资源社会保障厅（局）、国家税务总局、地方税务局，中国证监会各派出机构，铁路运输企业、铁科院、各铁路公安局：

为深入学习贯彻习近平新时代中国特色社会主义思想和党的十九大精神，落实习近平总书记关于构建"一处失信、处处受限"信用惩戒大格局的重要指示，按照《国务院关于建立完善守信联合激励和失信联合惩戒制度加快推进社会诚信建设的指导意见》（国发〔2016〕33 号）要求，防范部分旅客违法失信行为对铁路运行安全的不利影响，进一步加大对其他领域严重违法失信行为的惩戒力度，现就限制特定严重失信人乘坐火车提出以下意见。

一、限制范围

（一）严重影响铁路运行安全和生产安全有关的行为责任人被公安机关处罚或铁路站车单位认定的

1. 扰乱铁路站车运输秩序且危及铁路安全、造成严重社会不良影响的；

2. 在动车组列车上吸烟或者在其他列车的禁烟区域吸烟的；

3. 查处的倒卖车票、制贩假票的；

4. 冒用优惠（待）身份证件、使用伪造或无效优惠（待）身份证件购票乘车的；

5. 持伪造、过期等无效车票或冒用挂失补车票乘车的；

6. 无票乘车、越站（席）乘车且拒不补票的；

7. 依据相关法律法规应予以行政处罚的。

对上述行为责任人限制乘坐火车。

（二）其他领域的严重违法失信行为有关责任人

1. 有履行能力但拒不履行的重大税收违法案件当事人；

2. 在财政性资金管理使用领域中存在弄虚作假、虚报冒领、骗取套取、截留挪用、拖欠国际金融组织和外国政府到期债务的严重失信行为责任人；

3. 在社会保险领域中存在以下情形的严重失信行为责任人：用人单位未按相关规定

参加社会保险且拒不整改的；用人单位未如实申报社会保险缴费基数且拒不整改的；应缴纳社会保险费且具备缴纳能力但拒不缴纳的；隐匿、转移、侵占、挪用社会保险基金或者违规投资运营的；以欺诈、伪造证明材料或者其他手段骗取社会保险待遇的；社会保险服务机构违反服务协议或相关规定的；拒绝协助社会保险行政部门对事故和问题进行调查核实的；

4. 证券、期货违法被处以罚没款，逾期未缴纳的；上市公司相关责任主体逾期不履行公开承诺的；

5. 被人民法院按照有关规定依法采取限制消费措施，或依法纳入失信被执行名单的；

6. 相关部门认定的其他限制乘坐火车高级别席位的严重失信行为责任人，相关部门加入本文件的，应当通过修改本文件的方式予以明确。

对上述行为责任人限制乘坐火车高级别席位，包括列车软卧、G 字头动车组列车全部座位、其他动车组列车一等座以上座位。

二、信息采集

（一）铁路旅客相关失信信息采集

在铁路站车发生上述行为，被公安机关予以行政处罚或立为刑事案件的，由相关铁路公安局通报相关铁路局集团有限公司，并纳入惩戒名单。未被公安机关处理的上述行为，由铁路站车工作人员收集有关音视频证据或 2 名旅客以上的证人证言或行为责任人本人书面证明，报铁路运输企业审核、认定后，纳入惩戒名单。

（二）其他领域相关失信信息采集

国家发展改革委、最高人民法院、财政部、人力资源社会保障部、税务总局、证监会将本部门确定的因发生严重失信行为需要纳入限制乘火车高级别席位的名单归集至全国信用信息共享平台，由平台推送给铁路总公司，由其按国家规定程序纳入限制乘火车高级别席位名单。如果之前已和铁路总公司建立数据传输通道、实现名单信息共享，可以保持原数据传统通道和信息共享方式，全国信用信息共享平台不再重复推送名单信息。

向铁路总公司提供的名单信息应当包括：被列入限制乘火车高级别席位名单人员的姓名、旅行证件号码、列入原因，有作为依据的法律文书的，还应当提供该法律文书的名称与编号。有关部门应当确定名单异议处理人，并通报铁路总公司。

三、发布执行和权利救济

各铁路运输企业每月第一个工作日在中国铁路客户服务中心（12306）网站、"信用中国"网站发布限制购买车票人员名单的完整信息，有关部门的异议处理人联系方式应当同时公布。名单自发布之日起 7 个工作日为公示期，公示期内，被公示人可通过铁路"12306"客服电话或向有关部门提出异议，公示期满，被公示人未提出异议或者提出异议经审查未予支持的，各铁路运输企业开始按照公示名单执行惩戒措施。被纳入限制购买车票名单的人员认为纳入错误的，可以向有关机关、单位提起复核。

四、移除机制

对特定严重失信人在一定期限内适当限制乘坐火车。相关主体从限制乘火车人员名单中移除后，不再对其采取限制乘火车措施，具体移除办法如下：

（一）行为责任人发生严重影响铁路运行安全和生产安全有关行为第 1~3、7 条的，各铁路运输企业限制其购买车票，有效期为180天，自公布期满无有效异议之日起计算，180天期满自动移除，铁路运输企业对其恢复发售车票。

（二）行为责任人发生严重影响铁路运行安全和生产安全有关的行为第4~6条的，各铁路运输企业限制其购买车票。行为责任人补齐所欠票款后（自补票次日算起），铁路运输企业恢复发售车票；行为责任人补齐第一次所欠票款一年内，三次发生上述4~6条行为的，行为责任人补齐所欠票款90天后（含90天），铁路运输企业恢复发售车票，不补齐所欠票款，铁路运输企业不对其恢复发售车票。

（三）其他领域产生的限制乘坐火车高级别席位的相关人员名单，有效期为一年，自公示期满之日起计算，一年期满自动移除；在有效期内，其法定义务履行完毕的，有关部门应当在7个工作日内通知铁路总公司移除名单。

五、诉讼指导

最高人民法院加强对各级人民法院指导，依法处理因执行限制乘坐火车名单而引发的有关民事诉讼和行政诉讼，明确审理标准，公正司法，维护各方合法权益。

六、宣传工作

各相关部门及各铁路运输企业应当借助各类媒体平台，发挥舆论的宣传引导作用，大力开展铁路信用宣传普及教育活动。利用"诚信活动周""安全生产月""诚信兴商宣传月""3·15国际消费者权益保护日""6·14信用记录关爱日""12·4全国法制宣传日"等公益活动，有步骤、有重点地介绍宣传限制乘坐火车制度的内容和实施情况，帮助广大社会公众熟悉并监督这一制度的实施。

本通知自2018年5月1日起实施。

国家发展改革委
中央文明办
最高人民法院
财　政　部
人力资源社会保障部
税　务　总　局
证　监　会
铁路总公司
2018年3月2日

诚信是交往的基础，是做人的根本，是沟通与合作的基础。现在很多人都把合作与沟通的关注点集中在技巧方面，而忽略人际交往的基础，放弃沟通与合作的前提——真诚待人、诚信为本，这是舍本逐末、缘木求鱼的做法。其实，真诚待人、诚信为本就是人际交往最高的技巧，这是学会共处的放之四海而皆准的原则。在人际交往中，没有夯实这个基础，诚信不足，虽技巧高超，终究不过是得一时之逞，难以保持长久的友谊。"善大，莫过于诚"，尔虞我诈的欺骗和虚伪的敷衍是对人际关系的亵渎，根本无法解除人们的戒备心理，更无法获得别人的认同和理解。不要带给对方一张虚伪的笑脸，而应带给对方一颗真诚的心。记住一句话："爱人者，人恒爱之；敬人者，人恒敬之。"学会沟通，扩大合作，请先夯实你的诚信基础，因为长久的成功的人际关系是建立在诚信的基础上的。

【案例分析 7-2】

晏殊信誉的树立

北宋词人晏殊，素以诚实著称。在他十四岁时，有人把他作为神童举荐给皇帝。皇帝召见了他，并要他与一千多名进士同时参加考试。结果晏殊发现考试题是自己十天前刚练习过的，就如实向真宗报告，并请求改换其他题目。宋真宗非常赞赏晏殊的诚实品质，便赐给他"同进士出身"。晏殊当职时，正值天下太平。于是，京城的大小官员便经常到郊外游玩或在城内的酒楼茶馆举行各种宴会。晏殊家贫，无钱出去吃喝玩乐，只好在家里和兄弟们读写文章。有一天，真宗提升晏殊为辅佐太子读书的东宫官。大臣们惊讶异常，不明白真宗为何做出这样的决定。真宗说："近来群臣经常游玩饮宴，只有晏殊闭门读书，如此自重谨慎，正是东宫官合适的人选。"晏殊谢恩后说："我其实也是个喜欢游玩饮宴的人，只是家贫而已。若我有钱，也早就参与宴游了。"这两件事，使晏殊在群臣面前树立起了信誉，而宋真宗也更加信任他了。

分析：本案中诚信的晏殊不仅在群臣面前树立起了自己的信誉，而且也为自己带来了良好的发展空间。在沟通与合作的过程中，只有以诚信为基础，才能带来长久的成功。

7.1.3　沟通与合作的原则

1. 互相尊重

首先要尊重别人，只有给予对方尊重才有沟通，进而才会有合作。若对方不尊重你时，你也要适当地请求对方的尊重，否则很难沟通与合作。尊重别人，就要允许别人不完美，接纳别人与自己的不同。从本质上来说，人和人都是差不多的。即使有差别，也仅仅是量上的差别而已，我们要接纳差异的存在，瞧不起别人和瞧不起自己都是不对的。在交往中，要尊重别人，对别人的缺点要多一分宽容和理解。金无足赤，人无完人。既然我们自己就是不完美的，又怎能苛责别人？

2. 讲出来

在与人交往中，我们要学会讲出来，尤其是坦白地讲出你内心的感受、感情、痛苦、想法和期望，但绝对不是批评、责备、抱怨、攻击。

3. 勇于承认错误

承认我错了是沟通的消毒剂，可解冻、改善与转化沟通的问题。一句"我错了"，勾销了多少人的新仇旧恨，化解掉多少年打不开的死结，让人豁然开朗，放下武器，重新面对自己，开始重新思考人生。说声"对不起"，不代表我真的犯了什么天大的错误或做了伤天害理的事，而是一种软化剂，使事情终有"转圈"的余地，甚至于还可以创造"天堂"；其实有时候你也真的是大错特错，死不认错就是一件大错特错的事。

4. 学会有效地倾听

人际关系学者认为"倾听"是维持人际关系的有效法宝，几乎所有的人都喜欢听他讲话的人，倾听技术成为改善人际交往的重要方式，所以，要学会有效地倾听。在与人沟通时，作为听者要少讲多听，不要打断对方的谈话，最好不要插话，要等别人讲完之后再发表自己的见解；要尽量表现出倾听的兴趣，听别人讲话时要正视对方，切忌小动作，以免对方认为你不耐烦；力求在对方的角色上设身处地地考虑问题，对对方表示关心、理解和同情；不要轻易地与对方争论或妄加评论。

【知识链接 7-2】

苏格拉底话倾听

古希腊，苏格拉底教授沟通技巧。

有一个人慕名而来，他为了在老师面前展示自己的才能，滔滔不绝地谈论自己具有何等的天赋，为了来学习作了多少准备。苏格拉底听完之后，表示可以收下他做学生："但是，你必须缴纳双倍的学费。"此人大惑不解，怯怯地问："为什么要收我双倍的学费呢？"苏格拉底说："我除了要教你怎样说话以外，还得先教你怎样做一个听者，你先得要学会倾听。"

倾听是接收口头及非语言信息、确定其含义和对此做出反应的过程。缺乏经验的人可以通过倾听来弥补自己的不足，富有经验的人通过倾听可以使工作更出色，善于倾听各方的意见有利于做出正确的决策。

美国《幸福》杂志对 500 家公司进行的一项调查显示：59%的被调查者对员工提供倾听方面的培训。研究表明，多数公司的员工把 60%的时间花在倾听上，而经理们平均把57%的时间花在倾听上。懂得倾听的人才会获得朋友，因为你分担了他的烦恼；懂得倾听的人会更容易成功，因为你可以获得更多信息。因此，倾听是一种非常重要的沟通方式，只有让人愿意并且快乐地说出自己的观点和想法，你才能获得他的信任。

【案例分析 7-3】

林克莱特的一则倾听故事

学会倾听，在沟通与合作中有多重要，我们来读一读美国知名主持人林克莱特的故事：林克莱特有一天访问一名小朋友，问他说："你长大后想要当什么呀？"小朋友天真地回答："嗯……我要当飞机的驾驶员！"林克莱特接着问："如果有一天，你的飞机飞到太平洋上空所有引擎都熄火了，你会怎么办？"小朋友想了想："我会先告诉坐在飞机上的人绑好安全带，然后我挂上我的降落伞跳出去。"当在现场的观众笑得东倒西歪时，林克莱特继续注视着这孩子，想看他是不是自作聪明的家伙。没想到，接着孩子的两行热泪夺眶而出，这才使得林克莱特发觉这孩子的悲悯之情远非笔墨所能形容。于是林克莱特问他说："为什么要这么做？"小孩的答案透露出一个孩子真挚的想法："我要去拿燃料，我还要回来！"

　　分析：本案中如果林克莱特没有听完那个孩子的想法就结束了采访，那将对孩子以及听众都是一个伤害。所以我们要记住："专心听别人讲话的态度是我们所能给予别人的最大赞美。"你听到别人说话时，你真的听懂他说的意思吗？如果不懂，就请听别人说完吧，这就是"听的艺术"：听话不要听一半；不要把自己的意思，投射到别人所说的话上。

5. 赞美别人

　　赞美是永不过时的交往艺术。希望得到别人的注意和肯定，这是人们共有的心理需求。赞美是最能满足这种需求的，就像渴望得到别人的尊重一样，得到赞美也是令人心情愉快的事情。所以，在与人交往时，一定不要吝啬你的赞美。赞美是赢得对方好感的一种好办法。但是，赞美别人一定要注意分寸，首先要时时留心身边的人和事，多发现别人的优点，真心实意地赞美你周围的人；其次要把握分寸，赞美得恰如其分，要恰如其分地表现他们身上最好的东西。切忌"吹捧""夸张"。注意从别人身上寻找优点，并及时地予以赞美，你会得到意外的收获，就像世界经济论坛的创始人——施瓦布先生一样。在多年以前年薪就已经达到 100 万美元的施瓦布先生这样阐述了他的成功之道："我认为我所拥有的最大财富就是能激起人们极大的热忱，而激起人们极大热忱的方法就是去鼓励和赞美。我从来不指责任何人，信奉激励别人去工作。所以我总是急于表扬别人，而最恨吹毛求疵。如果说我喜欢什么东西，那就是诚挚地赞扬别人。"

6. 保持微笑

　　笑容是一种令人感觉愉快的面部表情，它可以缩短人与人之间的心理距离，为深入沟通与交往创造温馨和谐的氛围。因此有人把笑容比作人际交往的润滑剂。在笑容中，微笑最自然大方，最真诚友善。世界各民族普遍认同微笑是基本笑容或常规表情。在人际交往中，面露平和欢愉的微笑，说明心情愉快，充实满足，乐观向上，善待人生，这样的人才会产生吸引别人的魅力。面带微笑，表明对自己的能力有充分的信心，以不卑不亢的态度与人交往，使人产生信任感，容易被别人真正地接受。微笑反映自己心底坦荡，善良友好，待人真心实意，而非虚情假意，使人在与其交往中自然放松，不知不觉地缩短了心理距离。如在服务岗位，微笑更是可以创造一种和谐融洽的气氛，让服务对象备感愉快和温暖。

【案例分析 7-4】

"推销之神"——原一平的成功之道

　　原一平在日本被称为"推销之神"。他在 1949—1963 年，连续 15 年保持全国寿险业绩第一。其实，他身高只有 1.53 米。而且相貌不扬。在他最初当保险推销员的半年里，他没有为公司拉到一份保单。他没有钱租房，就睡在公园的长椅上；他没有钱吃饭，就去吃饭店专供流浪者的剩饭；他没有钱坐车，每天就步行去他要去的那些地方。可是，他从来不觉得自己是个失败的人，至少从表面上没有人觉得他是一个失败者。自清晨从长椅上醒来开始，他就向每一个他所碰到的人微笑，不管对方是否在意或者报以微笑，他都不在乎，而且他的微笑永远是那样的由衷和真诚，他看上去永远是那么精神抖擞，充满信心。终于有一天，一个常去公园的大老板对这个小个子的微笑产生了兴趣，他不明白一个吃不上饭的人怎么会总是这么快乐。于是，他提出请原一平吃顿早餐，尽管原一平饿得要死，但还是委婉地谢绝了。原一平请求这位大老板买一份保险，于是，原一平有了自己的第一个业绩。这位大老板又把原一平介绍给他的许许多多商场上的朋友。就这样，原一平凭借他的自信和微笑感染了越来越多的人，最终使他成为日本历史上签下保单金额最多的一名保险推销员。

　　分析：本案中原一平凭借其真诚的微笑为自己带来机会和成功。所以记住：微笑不但是"参与社交的通行证"，更是事业成功的必要条件。世界上最伟大的推销员乔·吉拉德曾经说过："当你笑时，整个世界都在笑。一脸苦相没人会理睬你。"

7.2　沟通与合作能力的培养

【案例分析7-5】

商务谈判中一位工程师的沟通能力

　　我国某冶金公司要从美国购买一套先进的组合炉，派一高级工程师与美商谈判，为了不负使命，这位高工作了充分的准备工作，他查找了大量有关冶炼组合炉的资料，花了很大的精力，对国际市场上组合炉的行情及美国这家公司的历史和现状、经营情况等了解得一清二楚。谈判开始，美商一开口要价150万美元。中方工程师列举各国成交价格，使美商目瞪口呆，终于以80万美元达成协议。当谈判购买冶炼自动设备时，美商报价230万美元，经过讨价还价压到130万美元，中方仍然不同意，坚持出价100万美元。美商表示不愿继续谈下去了，把合同往中方工程师面前一扔，说："我们已经作了这么大的让步，贵公司仍不能合作，看来你们没有诚意，这笔生意就算了，明天我们回国了。"中方工程师闻言轻轻一笑，把手一伸，做了一个优雅的请的动作。美商真的走了，冶金公司的其他人有些着急，甚至埋怨工程师不该抠得这么紧。工程师说："放心吧，他们会回来的。同样的设备，去年他们卖给法国只有95万美元，国际市场上这种设备的价格100万美元是正常的。"果然不出所料，一个星期后美方又回来继续谈判了。工程师向美商点明了他们与法国的成交价格，美商又愣住了，没有想到眼前这位中国商人如此精明，于是不敢再报虚价，只得说："现在物价上涨得厉害，比不了去年。"工程师说："每年物价上涨指数没有超过6%。余年时间，你们算算，该涨多少？"美商被问得哑口无言，在事实面前，不得不让步，最终以101万美元达成了这笔交易。

　　分析：对于这个案例，可以看出，中方工程师对于沟通技巧的运用更为恰当、准确，赢得有利于己方利益的谈判结果也是一种必然，下面分别从中美各方谈判人员的表现来进行分析：

首先，从美方来看。可以说存在以下这么几个问题，或者是其沟通败笔所在：

（1）在收集、整理对方信息上没有做到准确、详尽、全面。从文中来看，重要的原因可能是：没有认清沟通对象的位置。美商凭借其技术的优势性以及多次进行相类似交易的大量经验，轻视对手，谈判前就没有做好信息收集工作，于是在谈判中步步在对方大量信息的面前陷于被动，一开始就丧失了整个谈判的主动权。

（2）谈判方案的设计上，没有做到多样与多种。在对方的多次反击中，仓促应对。其谈判方式设计的单一化，估计有着以下几个原因：（1）过早地判定问题，从文中可推测出，美方一开始就认为此行不会很难，谈判结果应该是对己方更有利；（2）只关心自己的利益，美方以其组合炉技术的先进为最大优势，认定会卖个高价，但并未考虑到中方对此的急迫需求与相应的谈判准备，在对方信息攻击下，频频让步。

（3）在谈判过程中，希望用佯装退出谈判以迫使对方做出让步，无奈在对方以资料为基础辨别出其佯装的情况下，该策略失败。

其次，从中方来看，胜利的最关键一点在于沟通前对对方信息充分地收集整理，用大量客观的数据给对方施加压力，从收集的内容可看出，不仅查出了美方与他国的谈判价格（援引先例），也设想到了对方可能会反驳的内容并运用相关数据加以反击（援引惯例，如6%），对客观标准做了恰到好处的运用，真可谓"知己知彼，百战不殆"。当然，除了这个原因外，中方的胜利还在于多种技巧的运用：（1）谈判前，评估双方的依赖关系，对对方的接受区域和初始立场（包括期望值和底线）做了较为准确的预测，由此才能在随后的谈判中未让步于对方的佯装退出；（2）谈判中，依靠数据掌握谈判主动权，改变了对方不合理的初始立场；（3）在回盘上，从结果价大概处于比对方开价一半略低的情况可推测，中方的回盘策略也运用得较好。

总结：商务谈判中的各种沟通技巧，对于在各种商战中为自己赢得有利位置，实现自己利益的最大化有着极其重要的作用，但我们也要注意的是，技巧与诡计、花招并不相同，前者要求的是恰如其分，既要赢，也要赢得让对方心服口服，赢得有理有据。只有这样，对于沟通技巧的运用，才是真正的游刃有余。

7.2.1　沟通与合作能力的培养

要培育和提升自己的沟通合作能力就应从两个方面努力：一是提高理解别人的能力；二是提高表达能力。具体来说，就是要做到以下几点：

1. 明确方向，主动提升

要提高我们的沟通合作能力，我们先要知道不足，找到努力的方向。我们先闭上眼睛想一想，我们平常都在哪些情境中与人沟通，再想一想需要与哪些人沟通，比如朋友、父母、同学、老师、亲戚、邻居、陌生人等，弄清楚自己的沟通范围和对象，再来客观评价自己的沟通状况，了解自己在哪些情境中、与哪些人的沟通状况较为理想，在哪些情境中、与哪些人的沟通需要着力改善，再评价自己的沟通方式是主动还是被动。弄清楚上述问题后，我们就会发现自己在哪些方面存在不足，从而确定在哪些方面重点改进。比如，沟通范围狭窄，则需要扩大沟通范围；忽略了与友人的联系，则需写信、打电话；沟通主动性不够，则需要积极主动地与人沟通等。并把自己提升沟通能力的愿望体现在具体的生活小事中。我们可以规定自己每周与两个素不相识的人打招呼，具体如问路、说说天气等。不必害羞，没有人会取笑你的主动，相反，对方可能还会欣赏你的勇气呢！

2. 改善身体语言方面的沟通

我们已经了解身体语言在人际交往中的作用。然而，真正将身体语言有效地运用到人际交往中去却不是一件很容易的事。我们要学会解读别人的身体语言，恰当使用自己的身体语言。身体语言比口头语言能够表达更多的信息，因此，理解别人的身体语言是理解别人的一个重要途径。从他人的目光、表情、身体运动与姿势以及彼此之间的空间距离中，我们都能够感知到对方的心理状态。了解了对方的喜怒哀乐，我们就能够有的放矢地调整我们的交往行为。但是，理解别人的身体语言必须注意以下几个问题：同样的身体语言在不同性格的人身上意义可能不同，同样的身体语言在不同情境中意义也可能不同，要站在别人的角度来考虑，要培养自己的观察能力，不要简单地下结论。

在人际交往中，我们要学会恰当地使用自己的身体语言，做到以下几点：经常省视自己的身体语言，有意识地运用身体语言，注意身体语言的使用情境，注意自己的角色与身体语言相称，注意言行一致，改掉不良的身体语言习惯。我们经常见到有人在与他人谈话时，站在那里不停地抖动自己的双腿、梳理头发、打响指等，有的人还有掏耳朵、挖鼻孔的小动作，这些都会给人家留下不好的印象，让人觉得很不礼貌。同时，这些无意义的身体语言会分散对方的注意力，影响沟通的效果。

3. 从平常做起，全面提高自己的表达能力

表达能力是指运用语言、文字阐明自己的观点、意见或抒发思想、感情的能力。它是沟通与合作能力的基础。要提高我们的表达能力，我们应从下列几个方面着手训练：

（1）从大声讲话入手。

要敢于大声讲话，一定要让声音有效地到达对方的耳朵。你讲话的目的是把你的意思告诉对方，可是你"够不着"对方的耳朵，就等于什么也没说。声音达到对方的耳朵，意思才能进入对方的心中。

（2）朗读、背诵。

通过朗读和背诵对语气、声调、表情、手势的训练，可以加深我们对文章内容的理解和体会，对提高口头表达能力和写作能力有很大帮助。平时，多采用范读、听录音、看录像等方式，逐渐掌握朗读不同文体规范的语气、声调、表情、姿态和手势。通过训练，增强语感，提高遣词造句的能力，实现口语向书面语的迁移。

（3）通过学习和实践提高人际交往的技巧与能力。

在保证日常学习书面各种知识的前提下积极参加学校的社团活动，寻找暑期实习机

会，或参加社会实践活动，这非常有益于积累社会经验，在人际交往中接受锻炼；利用各种机会拓展自己的"人际网"，尝试与各种不同类型、不同背景的人进行沟通，多认识那些你认为有特长，有能力的人，这无论是对今天的大学学习还是对今后参与工作都是大有裨益的；通过反复练习，有针对性地提高自己的倾听技巧、谈话技巧、形体语言技巧和演讲技巧，多观察善于表达的人在类似情形下的处理方式，并让身边的朋友帮助自己改进和提高……只要多学习、多实践，即使是缺乏表达和沟通经验的同学，也可以很快成为人际交往中"有人缘""有号召力""有人际魅力"的人。

（4）平时加强口头表达能力训练。

运用人际交往进行口头陈述训练；运用即时科技讲述进行口头陈述训练，把自己在学习活动中的所见所闻及自己的想法及时地向教师或同学讲述；利用即席发言、凭着记忆演讲、有准备地脱稿演讲、照稿宣读科技演讲四种方式进行口头陈述训练；主动参与各种辩论活动来讲行口头陈述训练。

【知识链接 7-3】

约哈里窗户理论

"约哈里窗户理论"是由美国著名社会心理学家约瑟夫·勒夫特（Joseph Luft）和哈林顿·英格拉姆（Harrington Ingram）针对如何提高人际交往成功的效率提出的，用来解释自我和公众沟通关系的动态变化。此理论被引入人际交往心理学、管理学、人力资源等领域。

1. 理论组成

约哈里窗户理论认为对个人而言，其认识世界的知识基本上是由四部分组成的：公开、盲点、隐私、隐藏潜能。

所谓公开，就是自己知道，别人也知道的关于自己的事情；所谓盲点，就是自己不知道而别人知道的关于自己的事情。

所谓隐私，就是自己知道而别人不知道的关于自己的事情；而自己不知道别人也不知道的关于自己的事实，称为未知之事，未知之事即为隐藏潜能。

约哈里窗户不是静止的而是动态的，我们可以通过内、外部的努力改变约哈里窗户四个区域的分布。

也就是当我们公开的、隐私的事实放大了，那么我们的盲点和隐藏潜能相对就变小了。

盲点、隐私这些制约和影响我们潜能发挥的根本性因素，必须依据全新的团队互动式学习方法，理性而大胆地应用教练技巧中的反问、回应、分享等手段，才可以不断冲破我们内心的本能阻力，使个人和组织思维中盲点越来越少，隐私充分披露，从而达到个人素质提升和组织效能的根本改变。

2. 启示

约哈里窗户理论主要是教我们如何发现盲点、开发潜能，即：

个人——挖掘自我盲点，突破思维局限，使个人潜能得以开启。

工作——发挥领导才能，勇气自信倍增，提升自我价值。

家庭及社交——善于聆听，沟通无阻，增进感情。

约哈里之窗是分析人际冲突的一个方法（见图7-1），图7-1中两个椭圆代表两个人的全部特征。两个椭圆相交的部分代表两个人公开的想让对方知道的部分，这部分由于具有开放性和一致性，没有理由去防卫，所以沟通时几乎不会产生冲突，称为安全区域。同时，两个人都有自己了解，但不准备让别人知道的部分，这部分称为隐私区域。你如果进入对方的隐私区域，就有冲突的可能。不过，这部分由于属于自己了解的，一般冲突均在可以控制的范围内。椭圆中①和②区域代表自己所不了解的自我。①区域是一个很特别的区域，该部分的个性特征属于自己不了解，但别人了解的部分。你可能在无意中触怒别人，但由于他人了解你，可能会告诉你，但又担心伤害到你的感情，这也是一种潜在的冲突。当然最危险的情况就是②区域，该部分属于未发现的自我，就是自己不了解，他人也不了解的部分。该部分极易引起冲突。在人与人的交往中，如何才能更有效地合作与交流，需要将约哈里窗户中的盲点区域与隐藏区域缩小，努力扩大双方的开放区域，尽量共同去探索求知区域。合作交流共享，是打开约哈里窗户的钥匙。新员工要善于求助，新到部门不要碍于面子不敢求助，也不要怕打扰了别人的工作而不使用求助，善于求助会使你更快地进步。要多向思想导师、项目经理、同事求助、请教，互相交流才能彼此提高更快。

一个圆圈代表自己，另一个圆圈代表他人。

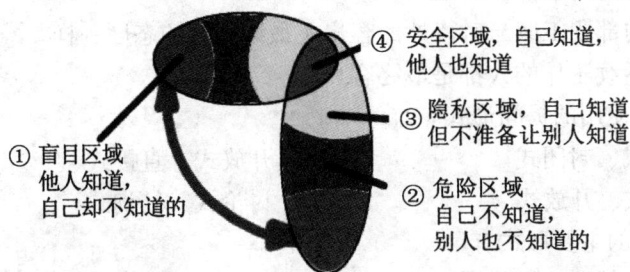

④ 安全区域，自己知道，他人也知道

③ 隐私区域，自己知道但不准备让别人知道

① 盲目区域他人知道，自己却不知道的

② 危险区域自己不知道，别人也不知道的

图 7-1

【基本训练】

□知识题

7.1 阅读理解

1. 什么是合作？请举例说明沟通中的合作。

2. 请举例说明沟通的基础。

3. 沟通与合作的原则是什么？

4. 如何提高沟通中的合作技巧？

5. 结合实际谈谈目前本班合作方面存在的问题。

7.2　知识应用

1. 判断题

（1）沟通就是为了实现预先设定的目标，由信息发送者选择一定的工具，采取一定的方式，通过一定的程序与渠道将经过编码的信息传递给信息接收者的过程。（　　）

（2）把一件事重复申述，是加深对方认识的常用方法。当然，重复申述的次数也要掌握得好，次数过多，用得不当，会使人产生厌烦。（　　）

（3）沟通与合作的关系为：沟通是合作的前提，沟通是合作的开端；合作是沟通的目的，是沟通的必然。（　　）

（4）正式沟通渠道有如下三种类型：下行沟通、上行沟通、平行沟通。（　　）

（5）当向别人讲出自以为正确的道理时，如果认为真理与自己永远同在，那么说服力就降低了一半。只有把所说的真理与本人分开，才能避免主观性的错误。（　　）

（6）在说服过程中，一旦对方对说服者所讲的原则有所理解时，那么说服者说服工作已大功告成。（　　）

2. 选择题

（1）在负责特定任务工作小组内部进行的所有形式的沟通，都可以称为（　　）。

  A. 间接沟通   B. 直接沟通

  C. 团队沟通   D. 语言沟通

（2）"内部客户"的核心理念是（　　）。

  A. 对任何客户都热情服务

  B. 对客户的需求都要满足

  C. 对待内部职工应与对待外部客户、最终顾客的态度一样

  D. 进行后续工作的人都是最终客户

（3）沟通中常使用的提问形式有（　　）。

  A. 间接式、封闭式   B. 开放式、直接式

  C. 封闭式、开放式   D. 讨论式、征询式

（4）网络沟通的主要形式有（　　）。

  A. 电子邮件、网络传真和新闻发布会

  B. 网络电话、网络传真和网络新闻发布

  C. 电子邮件、网络电话、传真文件

  D. 电子邮件、网络电话、网络传真和网络新闻发布

（5）不同国家的人们对同一问题的认识和做法不同，其影响因素主要是（　　）。

  A. 饮食习惯   B. 文化背景

  C. 社会制度   D. 政治倾向

（6）非威胁的交流环境包括（　　）。

  A. 座位安排、集体空间、光线要求

  B. 秩序安排、私人空间、光线要求

  C. 桌位安排、私人空间、音像要求

  D. 座位安排、私人空间、光线要求

（7）传统沟通对情感和直接的表达要求多，而网络沟通则更加（　　　　）。

  A. 注重效率和人机控制中的有效性

  B. 注重成本支出和人机控制的有效性

  C. 注重效率和团队成员控制的有效性

  D. 注重控制过程的有效性

（8）秘书要使自己的建言受到重视，就应该注意在沟通中（　　　　）。

  A. 抢准话头、使用否定性的语言

  B. 定准内容基调、见隙发言

  C. 话中有话，含蓄地否定他人的意见

  D. 见隙发言、不给他人留有机会

（9）跨文化沟通中不同的民族习俗、文化影响、不同的价值观等会形成（　　　　）。

  A. 合作方式的不同要求   B. 信仰与行为障碍

  C. 语言交流的障碍   D. 对目标的评价障碍

（10）下行沟通中容易出现的障碍是（　　　　）。

  A. 不善聆听   B. 沟通各方心理活动的障碍

  C. 理解力   D. 用语歧义

【综合实训】

实训项目7-1：自我认知和接受反馈训练

项目课时：2课时

项目类型：验证性

项目目的：人对自我的认知往往存在着约哈里窗户所揭示的盲区，本项目的练习目的，在于通过对自我认知和接受反馈的训练，解除强加在自己身上的障碍，接收反馈信息，以信息共享方式精确认识自我形象和知觉偏差。

项目主要内容：

1. 训练背景

通过比较自我的认知和其他人对自我的认知，解除自我认知的盲区，更通过信息共享，更好进行自我认知。

2. 训练步骤

练习在4~6人组成的小组内进行，每个人都准备好笔和几张纸。每个人在纸的上端，分别写出组内一个其他成员的名字和他自己的名字。

每个人在相关的每一张纸上写上关于这个人的5种个人品质，或5种工作习惯/特点，或5个长处/弱点。以上各项都是他对组内每一个成员（包括他自己）的感性认识。将纸交给组内每一个相关的成员。每个成员轮流朗声读出别人对自己的感性认识（如有不明之处可以请求解释），和自己对自己的感性认识。

3. 小组讨论

为什么你自己对自己的认识和别人对你的认识有差异？这些差异产生的原因是什么？如何认识自己和认识别人？

4. 项目训练注意事项

（1）教师在学生分组的时候注意人员的搭配，组内成员最好相互比较熟悉。

（2）小组训练的时间控制为 20 分钟左右，讨论的时间为 10 分钟，然后请每个小组推举一位成员把本小组的训练情况和讨论结果向大家进行通报。

（3）教师最后针对如何接触自我认知的盲区和接受反馈的技能进行总结。

实训项目 7-2：沟通合作能力测试练习

在人际交往中，我的沟通合作能力怎么样？这是每一个同学都很关心的问题，要回答这个问题，就请同学们根据下面的测试题，结合自己的实际情况如实打分测评一下：符合：2 分；基本符合：1 分；难以判断：0 分；不太符合：-1 分；完全不符合：-2 分。

【测试题】

（1）我上朋友家做客，首先要问有没有不熟悉的人出席，如有，我的热情就会下降。

（2）我看见陌生人常常无话可说。

（3）在陌生的异性面前，我感到手足无措。

（4）我不喜欢在大庭广众之下说话。

（5）我的文字表达能力远比口头表达能力强。

（6）在公众面前讲话，我不敢看听众的眼睛。

（7）我不喜欢广交朋友。

（8）我只喜欢与我谈得来的人交往。

（9）到一个新的环境，我可以接连好几天不说话。

（10）如果没有熟人在场，我感到很难找到彼此交谈的话题。

（11）如果在"主持会议"和"做会议记录"这两项工作中选择，我肯定选择后者。

（12）参加一次新的聚会，我不会结识很多人。

（13）别人请求我帮忙而我无法满足对方时，我常感到难以处理。

（14）不是万不得已，我决不求助于别人，这倒不是我的个性好强，而是感到难以开口。

（15）我很少主动到同学、朋友家串门。

（16）我不习惯和别人聊天。

（17）领导、老师在场，我讲话特别紧张。

（18）我不善于说服别人，尽管有时我觉得很有道理。

（19）有人对我不友好时，我常常找不到恰当的对策。

（20）我不知道怎样同嫉妒我的人相处。

（21）我同别人的友谊发展，多数是别人采取主动态度。

（22）我最怕在社交场合中碰到令人尴尬的事情。

（23）我不善于赞美别人，感到很难把话说得自然、亲切。

（24）别人话中带刺愚弄我，除了生气外，我别无他法。

（25）我最怕接待工作，因为要同陌生人打交道。

（26）参加聚会，我总是坐在熟人旁边。

（27）我的朋友都是同我年龄相仿的。

（28）我几乎没有异性朋友。

（29）我不喜欢与地位比我高的人交往，我感到这种交往很拘束，很不自在。

（30）我要好的朋友没几个。

【评分标准】

得分在 30 分以上，说明你的交往能力是很差的；得分为 0~30 分，说明你的交往能力比较差；得分为 -20~0 分，意味你的社会交往能力还可以；得分在 -20 分以下，说明你的交往能力强，善于交际。

第8章 沟通中的倾听与交谈技巧

第8章

【知识目标】

在学习完本章之后，你应该能够：

◎掌握沟通中倾听的概念；

◎理解倾听的重要性；

◎理解倾听中的障碍；

◎掌握有效沟通中交谈的概念及要点。

【技能目标】

◎熟悉提高倾听效果和交谈效果的各种方法，并通过学习和练习提高沟通中倾听和交谈的技巧。

☞ 引例

某公司主管缺乏倾听的无效沟通

某公司主管张力属下一个最优秀的技术员王某今天递上了辞呈，辞呈几乎没有说明任何辞职的理由。张力脑袋一拍，想起自己好长时间没有关心这位优秀的技术员王某，他想起总经理经常指示各级主管要学习沟通的技巧。因此，他向王某发出了邀请，请他今天下班后一起到咖啡厅聊聊天，王某十分爽快地答应了。张力和王某一同坐在咖啡厅后，张力开始了他的演讲。他想挽留王某，因此从企业文化、经营理念说起，谈到企业的前途，谈到自己工作的繁忙，谈到他自己正在苦苦探索的员工绩效考核指标，谈到自己如何为员工着想，正准备向总经理要求多给员工发放奖金……可是，当张力谈到最得意的时候，王某却向他提出了告别。

这一案例表明：如果想让双方取得有效的沟通，倾听是必要的。本案中张力虽然想过要和技术员进行沟通，但他却在沟通中只顾自己说话，而毫不关心对方的想法，缺乏倾听的沟通是无效的，他最终失去了一位优秀的技术员。

8.1 沟通中的倾听技巧

8.1.1 倾听的要点和作用

【情景练习8-1】

用7~8分钟时间做以下简单模拟

1. 请同桌就某个话题说3分钟。
2. 然后你进行概括并把要点复述给他（她）听，尽可能使其满意。
3. 交换角色并重复该练习。
4. 对你们的练习进行评估。

要达到有效沟通的目的就应该做到积极倾听，而想要做到积极倾听就应该先了解倾听的特点，知道倾听是什么，倾听都能带来哪些益处，这样才能更好、更加全面地了解倾听的要点。

1. 倾听的概念

倾听属于有效沟通的必要部分，以求思想达成一致和感情的通畅。狭义的倾听是指借助听觉器官接收言语信息，进而通过思维活动达到认知、理解的全过程；广义的倾听包括文字交流等方式。其主体者是听者，而倾诉的主体者是诉说者。两者一唱一和有排解矛盾或者宣泄感情等优点。倾听者作为真挚的朋友或者辅导者，要虚心、耐心、诚心和善意为诉说者排忧解难。

倾听不是简单地用耳朵来听，它也是一门艺术。倾听不仅仅是要用耳朵来听说话者的言辞，还需要一个人全身心地感受对方在谈话过程中表达的言语信息和非言语信息。

2. 倾听要点

（1）克服自我中心：不要总是谈论自己。

（2）克服自以为是：不要总想占主导地位。

（3）尊重对方：不要打断对话，要让对方把话说完。千万不要去深究那些不重要或不相关的细节而打断人。

（4）不要激动：不要匆忙下结论，不要急于评价对方的观点，不要急切地表达建议，不要因为与对方不同的见解而产生激烈的争执。要仔细地听对方说些什么，不要把精力放在思考怎样反驳对方所说的某一个具体的小的观点上。

（5）尽量不要边听边琢磨他下面将会说什么。

（6）问自己是不是有偏见或成见，它们很容易影响你去听别人说。

（7）不要使你的思维跳跃得比说话者还快，不要试图理解对方还没有说出来的意思。

（8）注重一些细节：不要了解自己不应该知道的东西，不要做小动作，不要走神，不必介意别人讲话的特点。

3. 倾听的作用

兼听则明，偏信则暗。

——魏征

我只盼望能找到一所能够教导人们怎样听别人讲话的学院。毕竟，一位优秀的管理人员需要听到的至少与他需要说的一样多，许多人不能理解沟通是双方面的。

—— 亚科卡

一位优秀的管理人员应该多听少讲，也许这就是上天为何赐予我们两只耳朵、一张嘴巴的缘故吧。

——玛丽凯（美国著名的"玛丽凯化妆品公司"创始人）

沟通行为比例：一项针对白领员工每日状况的调查表明（见图 8-1），写 9%、读 16%、讲 30%、听 45%。

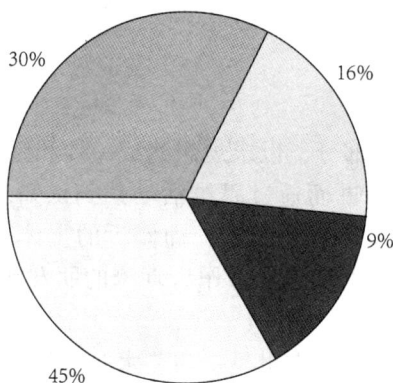

图 8-1

从以上名言和调查中可以知道，倾听在沟通中的作用很重要，具体表现在：

（1）倾听可获取重要的信息。

通过有效倾听不仅可以了解组织成员要传达的消息，还能够获得一些不易察觉的信息、深入的信息，同时感受到组织成员的感情，还可据此推断其性格、目的、需要和忠诚度。耐心地倾听，可以减少成员自卫意识，得到成员的认同，促进组织成员之间的沟通了解。

（2）善听才能善言。

如果管理者以一种消极、抵触的情绪倾听成员谈话，最终在发言时也会毫无针对性和感染力，与成员沟通的结局也可想而知。

（3）倾听能激发说话者的思维。

倾听能让说话者觉得自己的话有价值，他们会愿意说出更多更有用的信息。称职的倾听者还会促使说话者思维更加灵活敏捷，启迪他们产生更深入的见解。

（4）倾听能发现说服成员的关键。

倾听中管理者能发现成员的出发点和弱点，充分了解成员的需要和见解，这样会使管理者的意见更加具有说服力。

（5）倾听可使管理者获得友谊和信任。

组织成员大多与管理者一样，乐于发表自己的意见，如果管理者愿意给成员一个机会，认真倾听成员讲话的内容，便会树立起管理者和蔼可亲、值得依赖的形象，还可消除组织成员的不满和愤懑，获取友谊和信任。

8.1.2   倾听禁忌与心得

1. 倾听禁忌

（1）对谈话内容漠不关心。

【案例分析 8-1】

乔·吉拉德的一次失败经历

乔·吉拉德是首屈一指的汽车推销员，然而，他也有过一次难忘的失败经历。

有一次，有位顾客来找乔商谈购车事宜。他向那人推荐一种新型车，进展非常顺利，就在成交的节骨眼上，对方却突然决定不买了。

那天晚上，乔辗转反侧，百思不得其解。他忍不住给对方拨通了电话："您好，先生，今天眼看您就要签字了，为什么却突然走了呢？"

"先生，你知道现在几点钟了？"

"真抱歉，我知道是晚上 11 点钟了，但我检讨了一整天，实在想不出自己到底错在哪里。""很好，你现在用心听我说话了吗？"电话那头说。

"非常用心。"他答道。

"可是，今天下午你并没有用心听我说话。就在签字之前，我想到我的儿子即将进入大学，我还跟你说到他的学习成绩和理想，可你根本没有听！"

对方继续说道："当时你在专心听另一名推销员说笑，可能你认为我说的这些与你无关，但是我可不愿意从一个不尊重我的人手里买东西。"

乔从此知道了，用心倾听对于做任何一件事都是那样重要。

分析：乔·吉拉德在与顾客沟通时没有用心倾听对方的话，让对方感到失望，从而失去了一次重要的机会。所以用心倾听是沟通中一件很重要的事。

（2）只听内容，忽略感觉。

（3）无故打断对方的谈话。

2. 倾听的心得

（1）让诉说者放松的前提。

可以两个人都坐下来，并且在同一高度上，面对面，距离比一般的社交距离稍近些较好。

（2）稳定对方情绪的方式。

如果诉说者一开始情绪激动，必然导致无法把事情说清楚，此种情况常见于女性诉说者。此时作为同性，拥抱和拍抚都是很好的稳定对方情绪的方法。

（3）适当回应。

倾听中，目光专注、柔和地看着对方，适时给出回应，比如点头和"嗯"，表示你正在专心倾听。

（4）正确及时沟通。

没有听懂或弄清楚的地方要及时提出并沟通，以免造成误解。但不要喧宾夺主，更不要把话题扯开。

（5）耐心倾听。

在对方说完前不要急于发表观点，也不要提前在心中作出预判，尽量避免把对方的事情染上自己的主观色彩，耐心听完。

（6）让对方感受关心。

对方说完后，有条件的话，让他喝一点热茶或热牛奶、巧克力什么的，他需要感受到被人关心，热的东西也容易让人重新振奋起来。

（7）理解对方的诉说。

无论对方说的事情在你看来多可笑幼稚，他向你诉说都是表示对你的信任，这是一种对你人格的赞美，所以，不要嘲笑他，也不要带着高姿态评点他的事。即使你不赞同他的想法，都要给予他想要的理解和安慰，在困境中支撑对方是作为朋友的义务。

（8）帮助对方解决问题。

你不需要完全感染对方的情绪，或者想个办法帮他出气。如果对方的诉说内容只是一种莫名的情绪，那么做到第 7 步时一切已经完成了。但如果这是个尚待解决的问题，你可以帮他把事情从头到尾理一遍，哪些地方是他自己做得不对，哪些地方主要是别人的问题，解决方法等。

（9）尽量保证建议的客观。

你可以从他的观点看问题，但提出的建议一定要出于自己的想法，对方想听到的是"你的意见"。如果担心自己的想法太过主观，尝试从多个角度切入问题，如此可以尽可能地确保客观、公正。

（10）善意的态度。

当然也有可能，对方在诉说的过程中，自己渐渐有了主意。如果你觉得你的想法会更好，那么作为一个提议告诉他，帮他参谋而不是做决定。决定一定是当事人自己作出的。即使他最终没有采纳你的建议，也要给予他鼓励和祝福。

8.1.3 倾听的障碍

倾听者在倾听过程中要尽可能地排除那些影响倾听效果的障碍。每个倾听者都会遇到障碍。外在和内在的干扰，是妨碍倾听的主要因素。因此，提高倾听效果的首要方法就是尽可能地消除干扰。倾听者必须把注意力完全放在讲话者的身上，才能掌握对方的肢体语言，明白对方说了什么、没说什么以及理解对方的话所代表的感情与意义。

在倾听的过程中，影响倾听效果的因素很多，受到外界干扰、选择过滤信息、思维速度差异和现场反应错位是四种常见的倾听障碍。

1. 受到外界干扰

在倾听过程中难免会遇到外界的干扰，倾听者应该对此有相应的了解，一般外界的干扰主要包括：

（1）噪音干扰。

噪音干扰属于比较常见的干扰情况，噪声可能来自室外，比如房屋的装修、汽车鸣笛和道路的施工等，也有可能来源于室内，比如人员的谈话或者各种动作的声音等。试想一下，在一间办公室里，管理者想倾听成员的讲话，但旁边有人在大声交谈，倾听者如何能有效地倾听。

（2）景象干扰。

视觉所接收的景象也可以分散倾听者的注意力。例如，倾听者对面的墙壁上有幅漂亮的图画，这幅图画可能给倾听者带来一些回忆或想象，或者倾听者所坐的位置可以窥探到重要的文件，那么倾听者的注意力会很容易被分散，倾听的效果就会受到影响。

（3）距离干扰。

倾听者看不到讲话者，就意味着他不能很好地听到讲话者所说的话，因为只听到声音，而没有看到讲话者的肢体语言，倾听效果会大打折扣。对于在大会议室坐在后排的倾听者来说，会议发言者或演讲者常常是在倾听者的视野之外。

2. 选择过滤信息

如果对某一沟通内容毫无兴趣或者对讲话者心存偏见的时候，倾听者在倾听过程中就会有选择地过滤信息。有选择的倾听有时也能够了解讲话者的信息，但是这样的倾听方式使倾听者过分沉迷在与自己有关的话题上，或者只是倾听自己认为重要的信息。这样的倾听方式就类似于一只"漏斗"，把自己不想要的或者与自己无关的信息都"过滤"掉。这种选择性过滤信息的方式也会对有效倾听造成障碍。

3. 思维速度差异

（1）思维的概念。

思维是指在表象、概念的基础上进行分析、综合、判断、推理等认识活动的过程，思维是人类特有的一种精神活动。

（2）讲话速度与思维速度的差异。

倾听者的思维速度远远高于讲话者的讲话速度，当讲话者还没有把话讲完的时候，倾听者就认为已经明白了讲话者的讲话意图，并会在讲话者继续讲话的同时，按照自己的理解考虑如何给予反馈或者开始想其他的事情，而这往往会导致倾听者不能完全理解讲话者的全部信息内容。这时，如果倾听者对讲话者的讲话意图判断有误，就会导致由于没有听到讲话者后面的话而使倾听无效。

4. 现场反应错位

在工作中要求"对事不对人"，但这种观点有时在倾听过程中确实与之相反，即"对人不对事"。倾听者往往习惯用个人的价值观、审美观及其他标准来对讲话者做出判断，如判断结果不符合倾听者自身相关标准就会导致现场反应错位。

影响现场反应错位的因素主要有人的长相、打扮、穿着、说话方式、态度。在倾听过程中，倾听者可能会根据讲话者的不同而做出不一样的行为，从而产生不同的倾听效果。

例如，讲话者的打扮和穿着符合倾听者的审美，倾听者可能会更多地产生倾听欲望，对讲话者更加关注。如果讲话者的说话方式或者态度不被倾听者喜欢，则倾听者很有可能从主观上产生一种抵触情绪，从而在倾听过程中出现"对人不对事"的情况，不能很好地掌握讲话者所要表达的信息，从而降低倾听的效果。

【情景练习 8-2】

倾听障碍测试

1. 懒惰
※ 你是否回避听一些复杂困难的主题？
※ 你是否不愿听一些费时的内容？
2. 封闭思维
※ 你拒绝维持一种轻松、赞许的谈话气氛吗？
※ 你拒绝与他人观点发生关联或从中受益吗？
3. 固执己见
※ 你是否在表面上或者内心里与发言者发生争执？
※ 当发言者的观点与你有分歧时，你是否表现得情绪化？
4. 缺乏诚意
※ 你在听讲时是否避免眼神接触？
※ 你是否更多地关注说话人的内容而不是他的感情？
5. 厌烦情绪
※ 你是否对说话主题毫无兴趣？
※ 你是否总对说话者不耐烦？
※ 在听讲时你是否做着"白日梦"，或者想着别的事情？
6. 用心不专
※ 你是否关注说话人的腔调或习惯动作，而不是信息本身？

※ 你是否被机器、电话、别人的谈话等噪音分心？

7. 思维狭窄

※ 你是否专注于某些细节或事实？

※ 你是否拼命想理出个大纲来？

要求：通过对以上问题的回答来测试自己的倾听障碍大小，并据以分析如何解决自己在倾听方面存在的问题。

8.1.4 提高倾听的效果

前面我们学习了倾听的障碍，想要达到沟通的目的，就要积极地倾听，努力克服障碍，提高倾听的效果，下面是几种提高倾听效果的方式：

1. 用心去倾听

用心倾听不仅仅是指倾听者听讲话者说了些什么，而是要求倾听者参与到讲话者的肢体语言行为中，如读懂讲话者的面部表情、手势等。倾听者应通过下面的方法学会用心倾听。

倾听者应培养全神贯注倾听他人讲话的能力和愿望，并且注意倾听讲话者说了些什么，是怎么样被说出来的，什么没有被说出来，表达了怎么样的感受和情绪。用心倾听是要求倾听者成为一名"中立者"，并尝试从讲话者的立场去理解其观点，不要被讲话者话语中的"情绪化"内容所影响。

2. 用体态倾听

作为一名倾听者，用体态参与倾听意味着倾听者采取了一种积极的倾听态度。通过积极的体态表达，向讲话者表明自己在认真地倾听其讲话，这样会对讲话者产生鼓励效应，使讲话者继续讲下去。

（1）了解体态倾听因素。

如果讲话者在向倾听者讲话时，倾听者显得昏昏欲睡，这种消极的瞌睡体态只会让讲话者感到愤怒和无奈。倾听者要用积极的体态参与倾听，用体态向讲话者证明自己在倾听。体态倾听因素主要有以下四个：

①直接面对讲话者。直接面对讲话者表示倾听者正在集中精力倾听讲话者的讲话。直接面对讲话者时，倾听者的脸和身体都没有来回转动，表明倾听者的注意力没有被其他事物吸引。

②保持良好目光接触。目光接触是沟通中的一种肢体语言，是眼神的交汇，是彼此展现真诚、读懂对方的一个过程。目光接触并不是说倾听者要把眼睛睁得大大的，目不转睛地盯着讲话者，这种灼人的眼神会让讲话者感到紧张和慌乱。

③坚持开放态度。在倾听中仅仅是面对讲话者和保持良好的目光接触是不够的，倾听者为了表示自己在倾听，还应该采取一种开放的态度。这种开放的态度可以使倾听信息得到最好的诠释，不管是什么信息，倾听者都会聚精会神地听，不想错过任何一个细节。

④保持适当放松。倾听者在倾听过程中，对讲话者的讲话感到非常有兴趣时不要显得过度热情和兴奋，要保持心态平衡，因为倾听者如果过度兴奋，会使讲话者感到紧张和产生压力。同时，当讲话者情绪低落时，倾听者的镇静反过来会帮助讲话者放松心情，这样，讲话的行为也会逐渐变得与倾听者的行为相吻合。

（2）运用体态倾听因素。

认识到体态倾听因素是一回事，而要将这些体态因素灵活运用到实践中则是另一回事。学习运用体态倾听因素可以按照"4步1分析"法进行。具体如图 8-2 所示。

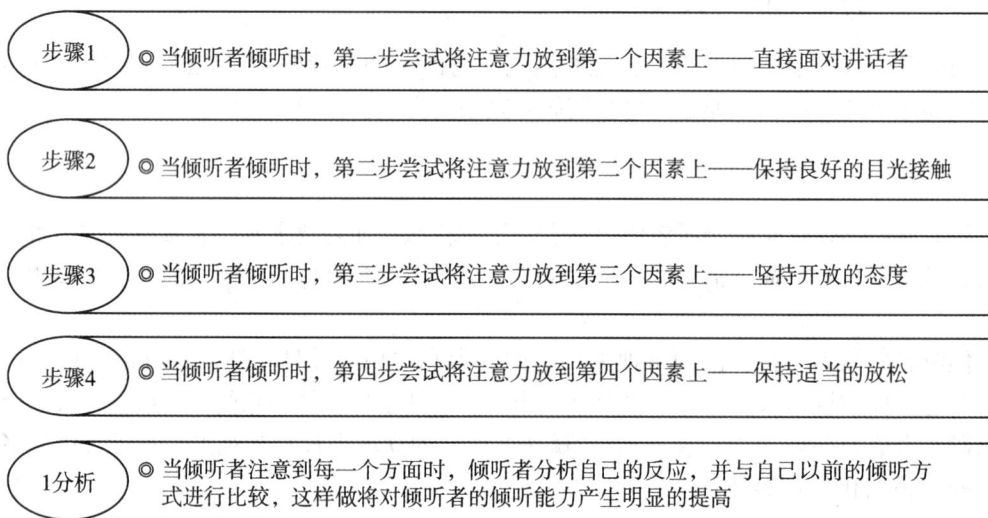

步骤1	◎ 当倾听者倾听时，第一步尝试将注意力放到第一个因素上——直接面对讲话者
步骤2	◎ 当倾听者倾听时，第二步尝试将注意力放到第二个因素上——保持良好的目光接触
步骤3	◎ 当倾听者倾听时，第三步尝试将注意力放到第三个因素上——坚持开放的态度
步骤4	◎ 当倾听者倾听时，第四步尝试将注意力放到第四个因素上——保持适当的放松
1分析	◎ 当倾听者注意到每一个方面时，倾听者分析自己的反应，并与自己以前的倾听方式进行比较，这样做将对倾听者的倾听能力产生明显的提高

图 8-2　4 步 1 分析法

3. 正确地发问

发问是倾听者向讲话者表明自己确实在倾听其讲话的一种非常恰当的方式。正确地发问是有效倾听的一种表现。

（1）倾听式发问。

如何使用倾听式发问是倾听者能否获得信息的关键。倾听式发问根据倾听者的不同目的，可以分为以下四种类型：

①倾听者通过发问表达出自己对讲话者所讲内容的兴趣，同时鼓励讲话者对话题继续进行。

②倾听者通过发问使讲话者对话题进行更深入的阐述以便于获得更多的信息。

③倾听者通过发问来了解讲话者的感受和想法。

④倾听者通过发问的方式来表达自己的观点，与讲话者所讲内容进行回应。

（2）反馈式发问。

反馈式发问能够真正表明倾听者始终在和讲话者进行心灵和思想上的沟通，并完全听懂了讲话者所讲的话。反馈式发问可以帮助倾听者理解讲话者所说的话，不仅是对事实内容的理解做出简短的总结和评论，而且更为重要的是它可以对讲话者所讲的中心主题和观点做出总结和评论。

4. 及时地表态

为了鼓励讲话者继续说下去，倾听者要及时表明态度，把沟通内容拓展到倾听者需要了解的内容上，从讲话者的信息中挖掘出更多的"金子"。

（1）给予鼓励。

倾听者可以使用多种方法鼓励讲话者对自己讲更多的内容，如支持性的肢体语言与支持性的口头语言等。

支持性的肢体语言能鼓励讲话者积极讲下去，支持性的肢体语言非常多，如面带微笑地注视着讲话者的眼睛、点头、竖起大拇指等。

支持性的口头语言是支持性的肢体语言的"等价物"。如"哦，明白了""非常有趣啊"等短语，是"我理解您所说的话，请接着讲更多信息吧"的另外一种表达。

（2）反馈性陈述。

反馈性陈述对深入揭示讲话者的情感具有重要价值。作为倾听者，也很希望讲话者对所讲述内容做出一些补充或解释。

在这种情况下，倾听者不仅能听出讲话者的"弦内之音"，也能够听出其"弦外之音"，表明倾听者对讲话者的真正理解。

（3）重述关键词。

重述关键词是能够鼓励讲话者讲更多信息的有效方式。如果倾听者在认真倾听，那么就不难找到一些特殊或重要的关键词语，用这些关键词来鼓励讲话者做出更为详细的解释。

8.1.5 倾听的技巧

1. 被动式倾听

被动式倾听（Passive Listening）是讲话者单方面的陈述，而倾听者只是被动接受。与被动式倾听者进行沟通的整个过程就像是讲话者在唱独角戏，唱得好不会有人鼓掌，唱得不好也不会被人指责与唾骂。

被动式倾听者通常表现出这样的三种行为：

（1）与讲话者很少有目光接触，在双方沟通的过程中，倾听者不能很好地与讲话者进行交流，让讲话者产生单方面沟通的感受，失去讲话的欲望。

（2）倾听者没有肢体语言，如面部表情。

（3）倾听者偶尔地回应讲话者，也只是运用简单的词语，如"嗯""哦"等。让讲话者有被敷衍的感觉，从而失去了诉说更多信息的机会。

这是一种没有反馈的倾听方式，结果是单向的交流，倾听者并没有倾听的意愿，而讲话者也最终会因为无人应和而失去耐心。

2. 专注式倾听

专注式倾听（Listen to Focus Type）是指倾听者在倾听过程中集中精力接收讲话者所讲的内容。

专注式倾听者会获取讲话者想要展示给自己的所有信息，但通常会忽视讲话者的情感和立场，他们并不是用"讲话者的眼睛看世界"，通常会表现出这样的五种行为。

（1）倾听者与讲话者保持眼神接触。

（2）倾听者表现出感兴趣的面部表情。

（3）倾听者会经常使用口头语言对讲话者的陈述的信息进行反馈，如"我明白了""对，是这样""好的，请继续"等。

（4）倾听者经常使用肢体语言进行反馈，如点头、竖起大拇指等。

（5）倾听者使用提问的方式获得更多信息。

当讲话者只是讲述事实，且事实传递中没有包含过多的个人情感时，专注式倾听者的倾听效果是不错的，但当讲话者带有个人情感时，专注式倾听者容易忽略这种情感，这样他们就不会捕捉到信息的全部含义。

3. 选择式倾听

选择式倾听（Listen to Choose Type），就是倾听者倾听其所愿而非所需的信息。

倾听者会根据讲话者所讲的信息进行筛选，只保留与自己有关或者自己愿意听到的信息。选择式倾听者若听到与自己无关或自己认为不重要的信息时，通常会表现出这样的四种行为。

（1）倾听者安静地坐着，且面部没有任何表情或情绪非常高涨。

（2）倾听者左顾右盼，如看自己的手机、手表，或者咬指甲、拽衣角等。

（3）倾听者急于打断讲话者，迫切地插入自己感兴趣的话题。

（4）倾听者反对情绪高涨，如反对或争论某个观点。

从不理睬到情绪高涨，都在沟通中制造障碍，阻碍倾听者听取完整的信息，并加大了压力和紧张的气氛。

4. 同理式倾听

同理式倾听（Listen to Same Type）指用"讲话者的眼睛看世界"，即从讲话者的角度设身处地地倾听，并能够及时反馈，以此来了解对方信息背后的动机和感受。

同理式倾听者通常会表现出这样的五种行为。

（1）倾听者保持足够的耐心。

（2）倾听者能读懂讲话者表达信息时的情感。

（3）当讲话者信息表达模糊或者混乱时，倾听者会大声地提出问题。

（4）倾听者能及时做出口头语言及肢体语言反馈，总结自己对信息的理解。

（5）当讲话人情绪很激烈时探寻其原因。

【案例分析8-2】

成功销售从倾听开始

名表专柜前，一位销售人员正在向客户推销手表。这时，她注意到客户手腕佩戴的是一块国产梅花表。

"先生，你现在佩戴的这块表也很好看哦，很经典的。不过看款式，应该是比较早一点的吧。"

"对。我妈妈送给我的。戴了几十年了，很有感情。那时候，手表是很贵重的礼品。"

"那你今天想买一块什么样的表呢?"

"过几天是我妈妈六十大寿的日子，我想选一个特别的生日礼物送给她。"

通过聆听客户讲述自己的故事，销售人员迅速做出了以下几个判断：

(1) 客户对商品的心理需求倾向于情感层面：感谢母亲这些年为自己的付出，希望能通过礼物向父母表达自己的情意。

也就是说，情感在这里成为一个商品功能之外的很重要的附加值。什么商品能够表达、渲染出这种亲情，这种商品被购买的可能性就会越高。

(2) 客户对新手表比较注重性价比，不太关注是否时尚。

(3) 在这样的分析结果下，销售人员判断客户的购买清单为：

①情感诉求：能表现儿女对父母的亲情孝心。

②功能诉求：能满足年纪较长的老年人的使用需求。

③价格诉求：作为贵重礼品，价格以中高档为宜。

所以，销售人员立即对客户的故事做出了回应："呀，你母亲六十大寿了，真是可喜可贺。我们有专门针对老年人开发的系列产品。上次也有位客户在此购买这款表作为祝寿大礼，深得老人家欢心。请到这边来看一下。"

分析：在销售过程中，客户讲得越多，销售成功的可能性越高。真正伟大的销售故事总是从倾听开始的。

8.2 沟通中的交谈技巧

8.2.1 交谈的含义

1. 交谈的概念

交谈是两个或两个以上的人所进行的对话。

2. 意义

(1) 交谈是人们彼此之间交流思想情感、传递信息、进行交际、开展工作、建立友谊、增进了解的最为重要的一种形式。没有交谈，人与人要进行真正的沟通几乎是不可能的。

（2）它是人的知识、阅历、才智、教养和应变能力的综合体现。

"听其言，观其行"，因为言为心声，只有通过交谈，沟通对象彼此之间才能够了解对方，并且被对方了解。

8.2.2　交谈的特征

1. 真实自然

交谈应表达流畅，感情自然流露。

2. 双向沟通

交谈是一种双向或多向的活动，它要求各方积极参与，达成共识，产生共鸣，达到互动，而不能只是单向的"一言堂"。

3. 相互包容

在交谈中，每个人都要有容人的雅量，不仅要自己说话，而且也要允许对方说话，要彼此适应，求同存异，大家平等。

不打断；不轻易补充；不随意更正。

4. 信息传递

交谈在实际操作中往往能得到真实的信息，这是任何媒介都做不到的。

5. 内容多样

进行交谈，可以有一个主题，也可以自由漫谈，但应该使它有的放矢，使人有收获。

8.2.3　交谈的声音

说话的声音要适度，也就是能让所有听你讲话的人听清楚，而又不干扰与此无关的人。

办公室里还有其他人的时候，谈话双方一定要压低声音。

在楼道中与人打招呼、聊天不能大声，以免影响他人。

在公务场合和公共场合，大喊大叫总是不合适的、失态的，如图 8-3 所示。

当你对某人的做法实在不满意甚至感到气愤时，要先控制自己的情绪，不要高声大叫，以低沉的嗓音说出的话往往比大声叫喊更具震撼力，如图 8-4 所示。

8.2.4　交谈的目光

"眼睛是心灵的窗口"，它在很大程度上能如实反映一个人的内心世界。一个良好的交际形象，目光应是坦然、亲切、和蔼、有神的。

1. 注视时间

在整个交谈过程中，与对方目光接触应该累计达到全部交谈过程的 50%~70%，其余

图 8-3

图 8-4

30%~50%的时间，可注视对方脸部以外 5~10 厘米处，这样比较自然、有礼貌。

2. 注视区域

场合不同，注视的部位也不同。一般分为公务凝视、社交凝视、亲密凝视。

(1) 公务凝视。在洽谈、磋商、谈判等严肃场合，目光要给人一种严肃、认真的感觉。注视的位置在对方双眼或双眼与额头之间的区域。

(2) 社交凝视。这是指在各种社交场合使用的注视方式。注视的位置在对方唇心到双眼之间的三角区域。

(3) 亲密凝视。这是亲人之间、恋人之间、家庭成员之间使用的注视方式。凝视的位置在对方双眼到胸之间。

3. 注视方式

无论是使用公务凝视、社交凝视或是亲密凝视，都要注意不可将视线长时间固定在所要注视的位置上。这是因为，人本能地认为，过分地凝视是在窥视自己内心深处的隐私。所以，双方交谈时，应适当地将视线从固定的位置上移动片刻。这样能使对方心理放松，感觉平等，易于交往。

当与人说话时，目光要集中注视对方；听人说话时，要看着对方的眼睛，这是一种既讲礼貌又不易疲劳的方法。如果表示对谈话感兴趣，就要用柔和友善的目光正视对方的眼区；如果想要中断与对方的谈话，可以有意识地将目光稍稍转向他处。尽量不要将两眼视线直射对方的眼睛，因为对方除了会以为你在窥视他心中的隐秘，还会认为在向他表示不信任、审视和抗议。但在谈判和辩论时，就不要轻易移开目光，直到逼对方目光转移为止。当对方说了错误的话正在拘谨害羞时，不要马上转移自己的视线，而要用亲切、柔和、理解的目光继续看着对方，否则对方会误认为你高傲，在讽刺和嘲笑他。谈兴正浓时，切勿东张西望或看表，否则对方会以为你听得不耐烦，这是一种失礼的表现。

8.2.5　交谈的举止

1. 交谈表情语

交谈中，应伴有微笑、点头等礼节，以示对对方的尊重；同时目光应有意识地注视对方，以示对所谈内容的关注。交谈时，目光的投射区域通常应根据交往的场合和对象的不同而异。通常情况下，相互目光接触的距离以 1~2 米为宜，胸部至头顶上方 5 厘米左右，两肩外侧 10 厘米左右即可。

2. 交谈体态语

交谈时，无论是站着还是坐着，身体的姿态都应端正。如果面前没有桌子，通常双手可以放在大腿或座椅的扶手上；如果有桌子，双手应摆放于桌面上。双手摆放的姿态通常有三种：第一种，双手分开放；第二种，双手交叉放；第三种，双手相叠放。

无论选择哪种摆放姿态，切忌双肘支在桌面上，通常腕关节至肘关节的 2/3 处接触桌面即可。同时，交谈中手势的运用不要过多、过于频繁，幅度不要过大、变化过快。运用的范围应控制在目光所接触的区域内。

3. 交谈界域语

界域语，是指交谈者之间以空间距离所传递的信息，它是人际交往的一种特殊的体态语言，也叫交往的空间距离。在人际交往中，人与人之间的距离是有一定规范的。心理学家把人际交往的空间划分成四个区域。

亲密区域。0~45 厘米以内，是人际交往中最小的距离。有着极其严格的对象及场合的限定。亲密区域只适于亲人、恋人、夫妻之间的交谈。不适合在社交场合、公众场合与一般的同性或异性之间出现。

个人区域。45厘米与1米之间，通常适于熟悉的朋友、同事在公开的社交场合的交谈距离。

社交区域。1~3米，这种距离通常用于与个人关系不是很熟悉的人之间。可在多种场合使用，如接待宾客，上下级谈话，与人初次交往时等。

公共区域。3米以外，是人们在较大的公共场合所保持的距离，如公园散步、路上行进、讲演、集会等场合。

在交谈中，人与人之间应保持一定的距离，交谈才会轻松自如。

8.2.6　交谈的内容

亚里士多德说，交谈由谈话者、听话者、主题等三个要素组成，"要达到施加影响的目的，就必须关注此三要素"。

主题即交谈的中心内容。在交谈中，每个人都会有一种自我表现的欲望，希望较早地把自己的想法或者自己了解的事实告诉对方，因此很多人习惯把自己的思想、经历和感受作为交谈的主要内容，所以交谈中应注意选择可以谈论的内容和忌谈的内容。

1. 可以选择的内容

（1）目的性内容。

即交谈双方业已约定，或者其中某一方先期准备好的内容。

求人帮助、征求意见、传递信息、讨论问题、研究工作一类的交谈，往往属于内容既定的交谈。适用于正式交谈。

（2）内涵性内容。

即内容文明、优雅，格调高尚、脱俗的话题。如文学、艺术、哲学、历史、地理、建筑等。适用于各类交谈，但要求面对知音，忌讳不懂装懂，或班门弄斧。

（3）时尚性内容。

即谈论起来令人轻松愉快、身心放松、饶有情趣、不觉劳累厌烦的话题。如文艺演出、流行时装、美容美发、体育比赛、电影电视、休闲娱乐、旅游观光、名胜古迹、风土人情、名人轶事、烹饪小吃、天气状况等。适用于非正式交谈，允许各抒己见，任意发挥。

（4）时代性内容。

即以此时、此刻、此地正在流行的事物作为谈论的中心。适合于各种交谈，但变化较快，在把握上有一定难度。

（5）对象性内容。

指交谈双方，尤其是交谈对象有研究、有兴趣、有可谈之处的主题。

注意：话题选择之道，在于应以交谈对象为中心。如：与医生交谈，宜谈健身祛病；与学者交谈，宜谈治学之道；与作家交谈，宜谈文学创作等。适用于各种交谈，但忌讳以己之长对人之短，否则"话不投机半句多"。因为交谈是意在交流的谈话，所以不可只有一家之言，以免难以形成交流。

2. 忌选择的内容：六不谈

（1）不非议国家、党和政府。

（2）不涉及行业和国家机密。

（3）不随便非议交往对象内部事务。

（4）不背后说领导、同事、同行。

（5）不涉及格调不高的话题。

（6）不讨论个人隐私。

个人隐私主要包含以下方面的内容：

①年龄。不论是男性还是女性，都不要问年龄。年轻人怕说"嘴上无毛，办事不牢"；人到中年时面临事业是否有成的压力，尤其是处于升职与否的敏感年龄阶段，不愿意与别人比来比去。

②婚姻状况。过去在社交活动当中，人们彼此问及婚姻状况是常有的事，表明对他人的关心和关系的拉近。现在大家都知道这是个人隐私，是不可随意打听的。这表明了社会的进步。

③收入支出。我国曾经有很长时期大家的工资水平都相差不多，收入的来源也很单一。所以大家都不忌讳谈论工资、奖金等问题。

现在人们的收入来源五花八门，水准也相差很多，即使是同一个单位的员工，年终奖金也未必相同，而且有些单位规定员工之间不允许互相打听工资、奖金。所以问收入就成了忌讳。

不问支出。如买房用了多少钱，旅游花了多少钱，这些都属于不该问的。

有不少人不忌讳谈论这个问题，不等别人问，自己就主动说了，但是这并不表明别人也愿意谈论这些问题。

④身体状况。在谈话开始阶段人们有时会以"最近身体怎么样"开头，这并不表明他真的关心你的身体状况，只不过是一种寒暄罢了，所以不必认真地谈及自己的病痛。

外国人不喜欢谈论这个问题，因为在竞争激烈的环境里，身体健康与否是一个敏感的问题。

老和别人谈论自己的疾病，也有失个人尊严。当有人邀请你参加某个活动而你不想去的时候，"身体不舒服"就是一个合适的借口，按礼仪的规矩，他是不好意思详细询问的。

⑤家庭住址、私人电话。在公务名片上不印家庭住址和私人电话，也不要轻易告诉别人。这是为了保证自己的个人空间和时间不被打扰，保证安全。

同理，新交往的朋友，尤其是外国朋友，他没有主动告诉你家庭住址和电话，就不该向他讨要。

⑥政治和宗教信仰。政治和宗教信仰是非常敏感的话题。在公务交往和涉外交往中不要谈论。如果有人涉及这些，应该用别的话题引开。在涉外活动中，这不仅是礼仪问题，更是政治问题，必须慎重对待。

⑦个人经历。与人交往的时候，人们都有一种心理，如果知道对方以前的一些经历，

会心里踏实一点。在公务活动中，人们也会尽量收集合作对象或谈判对手的背景资料。

但是如果你不是人力资源部的人，不是在招聘员工，最好不要当面打听对方的经历。如果他是一位成功人士，那么"英雄不问出处"。如果他是一位普通人士，过去的经历也属于个人私事，更不必问。

3. 忌谈内容

（1）他人的毛病。

不要随意贬低他人，在背后谈论别人的短处，这不仅会让听的人感到尴尬，也自贬身份，是修养不高的表现。

商界中，有的人习惯向一方大谈他的竞争对手如何不好，这并不能使对方增加对你的好感和信任，反而会认为你不够诚实，不是可靠的合作伙伴。

（2）倾向错误。

在谈话之中，倾向错误的内容，例如，违背社会伦理道德、生活堕落、思想反动、政治错误、违法乱纪之类的主题，也应避免。

（3）悲痛之事。

有时，在交谈中因为不慎，会谈及一些令交谈对象感到伤感、不快的话题以及令对方不感兴趣的话题，这就是所谓令人反感的主题。碰上这种情况不幸出现，应立即转移话题，必要时要向对方道歉，千万不要没有眼色，将错就错，一意孤行。这类话题常见的有凶杀、惨案、灾祸、疾病、死亡、挫折、失败，等等。

8.2.7　交谈的技巧

语言是双方信息沟通的桥梁，是双方思想感情交流的渠道，语言交流在人际交往中占据着最重要的位置，作为一种表达方式，语言交流随时间、场合、对象的不同，而表达出各种各样的信息和丰富多彩的思想感情。

1. 态度要诚恳，语气要和蔼，表达要得体

应善于运用礼貌语言。礼貌是对他人尊重的情感的外露，是谈话双方心心相印的导线。人们对礼貌的感知十分敏锐。有位优秀的售票员，每次出车总是"请"字当先，"谢"字结尾。如：请哪位同志让个座，照顾一下这位抱小孩的女同志。有人让座后，他便立即向让座者说"谢谢"。再如："请出示月票。"查票后说："谢谢，请您把月票收好。"这样，使整个车厢的乘客都感到温暖，气氛和谐，在他的感染下，无人吵架、抢座。

要善于克服社会知觉中的最初效应，而这最初效应就是大家熟知的"先入为主"。有的人就具有特意造成良好的初次印象的能力，而把自己本来的面目掩饰起来。为此，在谈话中应持客观的、批判的态度，而不应单从印象出发。

要切忌得理训人。例如：几个小青年上车不买票，油腔滑调地说："我们是待业青年，没有工资，买什么票？"一位优秀售票员对他们说："乘车买票五分、一角是小事情，可是名誉搞坏了，你出多少钞票也买不回来……"这番话使得几个小青年面红耳赤，终

于补了票。试想，若是来一番针锋相对的争吵或冷嘲热讽，情况会怎样呢？

【情景练习 8-3】

不同说话方式的感受

找 2 个同学分别扮演 A 和 B 到讲台上表演以下对白：

A：你知道吗？你明白吗？

B：你一定知道。你一定明白。

A：就这么决定！你说什么也不能动摇我的想法！

B：你所说的固然也有道理，但我真的已经决定了。

A：你觉得这样不好！那你说出更好的来！说呀！

B：这样也许不是最好，但我实在想不出更好的办法来，也许你有？

两位同学表演完以后，让其他同学谈谈自己的感受。

2. 善于言辞

在运用言辞的过程中，可以采用以下方式达到更好的效果：

（1）善用幽默。

幽默是指说话有趣且意味深长，它是智慧与知识的综合体，幽默睿智的人身边会有大批快乐的朋友。

需要注意的是，幽默既不是毫无意义的插科打诨，也不是没有分寸的卖关子、耍嘴皮，幽默要在人情人理之中，引人发笑，给人启迪，就需要一定的素质和修养。

①幽默可促进身心健康。蕴藏着人生哲理、妙趣横生的幽默，可令人思想乐观、心情愉快、意志坚定、消除疲劳、注意力集中、培养高尚的情趣。

【案例分析 8-3】

乔羽的一次幽默

著名词作家乔羽不但歌词写得好，而且话也说得妙，乔羽的幽默诙谐、能"侃"会说在京城文艺圈内久负盛名。

据报载，某年 6 月中旬，中国民族声乐比赛初评在武汉举行，乔羽是评委之一。在有火炉之称的武汉一天三班地连续听录音，对 65 岁的乔羽可不轻松。为了解闷，乔羽不断地抽烟，一边抽还一边念念有词："革命小烟天天抽。"也是评委的歌唱家邓玉华为乔羽补充了三句，成了一首打油诗："革命小烟天天抽，遇到困难不犯愁；袅袅青烟佛祖嗅，体魄康健心长寿。"乔羽听罢，微微一笑，他联想到邓玉华每餐节食的情景，也回敬了一首："革命小姐天天愁，腹围过了三尺九；干脆天天吃肥肉，明天又到四尺九。"众人听后都捧腹大笑，连日来的劳累烟消云散。

分析：幽默可以让人消除疲劳、心情愉快。特别是对于案例中乔羽这样年长又经常忙碌的人，有时候身心健康难免会受到不良影响，而偶尔的幽默则是一种放松和调整。

②幽默能带来友善的人际关系。友善的幽默能表达人与人之间的真诚、友爱，拉近人与人之间的距离，是和他人建立良好关系的不可缺少的东西。尤其是当一个人要表达内心的不满时，若能使用幽默的语言，别人听起来会顺耳一些。当一个人需要把别人的态度从否定变为肯定时，幽默具有很强的说服力。当一个人和他人关系紧张时，幽默也可以使双方从容地摆脱窘境或消除矛盾。

【案例分析 8-4】

柯立芝的友善幽默

一个可怜的、严肃的美国州议员受到了别人的侮辱，他怒气冲天，迫不及待地想报复，但是又找不到什么方法，结果他的行为举止像个小学生一样幼稚：小学生往往会去找老师告状，要求老师去惩罚他的敌人，这个议员则是去主席那里申诉。

这个议员找的是麻省州议会的主席柯立芝。这个议员所受的委屈使他相信柯立芝定会替他当场主持公道，但是柯立芝却以一种非常幽默的方式把这件事解决了。

纠纷是这样引起的：当另一个议员在做一个很漫长的演讲时，这个议员觉得对方占用的时间太长，就走到对方跟前低声说："先生，你能不能快点……"话未说完，那个正在演讲的议员便回过头来，用严厉的口气低声呵斥他道："你最好出去。"然后继续演讲。

于是，这个受了委屈的议员走到柯立芝面前说："柯立芝先生，你听见某某刚对我说的话了吗？""听见了。"柯立芝不动声色地答道，"但是，我已经看过了有关的法律条文，你不必出去。"

分析：这种回答实在是太聪明了。柯立芝把那位议员的愤怒当成了玩笑，他没有让自己卷入这种儿童式争吵的漩涡中，就是因为他能看出这种无聊争吵的幽默之处。机智的柯立芝不仅以局外人的身份化解了他人的争吵，而且更打破了双方在交往时因产生矛盾而出现的僵局。

③幽默具有自我激励作用。幽默可以帮助我们增强活力。从幽默中汲取力量，我们可以应付任何困境，摆脱种种烦恼。不懂幽默的人，很难懂得调节情绪的方法，导致其所遇到的困难会越多，其情绪也最容易消沉。面对困难重重的人生，我们应该培养自己的幽默感。

【案例分析 8-5】

基尔化解尴尬的幽默

有一次，英国上院议员基尔在进行演讲，听众都很认真地望着他，都在侧耳倾听每个字，但就在演讲即将结束时，突然有一个人的椅子腿断了，那个人跌倒在地上。如果这时做演讲的不是像基尔这样机智的人，恐怕当时的局面会对演讲产生一种破坏性的影响，但是聪明的基尔马上说:"各位现在一定可以相信,我提出的理由足以压倒别人。"就这样,他立刻恢复了听众的注意力,而那个跌倒的人也在别人善意的笑声中,找到了一个新座位。一个玩笑使双方都从窘迫的境地中脱身而出。

分析:在关键时刻,幽默可以避免正面的冲突或揭示问题,以积极向上的态度、乐观的情绪、迂回的方式去面对困境。案例中,基尔以一种幽默的方式,化解了演讲中出现的不良插曲,既活跃了当时的气氛,也化解了跌倒者的尴尬。

④幽默让人急中生智,化解困境。幽默可以让人急中生智,化解困境,或者从危险的境地中脱身,创造性地、完善地解决问题。

【案例分析 8-6】

我们都背叛了自己的家庭

据说,苏联首任外交部长莫洛托夫出身于贵族。一次,在联合国大会上,英国工党的一名外交官向他挑衅说:"你是贵族出身,我家祖辈是矿工,我俩究竟谁能代表工人阶级?"莫洛托夫不慌不忙地说:"对的,我们俩都背叛了自己的家庭!"这位苏联外交部长,并没有长篇大论地进行驳斥,只是用了一句话,多么雄辩的口才,多么绝妙的回敬。

分析:莫洛托夫运用的幽默战术,有点中国太极拳中以柔克刚的味道,既很巧妙地化解了自己的一次困境,同时又不露声色地回敬了对方。

(2)寻找共同点。

要寻找共同点,必须首先观察对方的气质。气质(Temperament)是个体生来就有的典型的、稳定的心理特点,是个人心理活动的动力特征的总和。在观察某个人的气质时,应根据实际情况具体分析其特点,而不能根据典型气质的一般特征进行简单的推测。具体沟通时,可参照以下技巧,具体如表8-1所示。

(3)因人而异。

我们交谈时要使自己的言辞符合对方的个性特征,从而更容易说服对方。

表 8-1 气质类型与沟通技巧

气质类型 沟通技巧	胆汁质	多血质	抑郁质	黏液质
各种类型的人如何与其他人沟通	1. 要学会放松 2. 多一些耐心 3. 要学会道歉	1. 要学会聆听 2. 要做好计划 3. 要雪中送炭	1. 要关注积极面 2. 要付诸行动 3. 不要过于自责	1. 要尝试新事物 2. 要勇于表达 3. 要有主见

续表

气质类型沟通技巧	胆汁质	多血质	抑郁质	黏液质
如何与这四种类型的人沟通	1. 要承认他的领导地位 2. 要开门见山、直奔主题 3. 要坚持双向沟通	1. 要支持他的梦想 2. 要理解他们 3. 要用赏识的眼光看待他们	1. 理解他们很敏感 2. 要说到做到 3. 要整洁	1. 要带动他们 2. 要关注他们 3. 要遵守礼仪

【案例分析8-7】

跳海的理由

在一艘游艇上，来自各国的一些实业家边观光边开会。突然，船出事了，慢慢下沉。船长命令大副："赶快通知那些先生们，穿上救生衣，马上从甲板上跳海。"几分钟后大副回来报告："真急人，谁都不肯往下跳。"于是，船长亲自出马。说来也怪，没多久，这些实业家们都顺从地跳下海去。"您是怎样说服他们的呀？"大副请教船长，船长说："我告诉英国人，跳海是一项运动；对法国人说，跳海是一种别出心裁的游戏；我同时警告德国人，跳海可不是闹着玩的！在俄国人面前，我就认真地表示：跳海是革命的壮举。""你又怎样说服那个美国人呢？""那还不容易？"船长得意地说，"我说已经为他办了巨额保险。"

分析：有时候要说服不同气质特征的人，必须采取不同的言辞。因人而异才有可能符合对方的心理，从而达到预期的效果。

3. 善用情感

同样一句话，从不同人嘴里说出来，具有不同的含义。

——黑格尔

美国社会心理学家哈特曼曾做过一个实验：在一次选举前，他为同一个党准备两份内容相同的宣言。其中一份是用理性思辨的方式写成的，另一份是用浓厚感情写成的。然后，他将这两份宣言同时印发出去，结果发现，在散发感情色彩浓厚的宣言的地方，选民投票赞成的人数比散发理性思辨色彩的宣言地区多。

与人交往中，适当地恭维与赞美可令对方无限喜悦。但要注意：赞美的态度要恳切；赞美的语言要得体；赞美的内容要具体；赞美的频率要适度；赞美的时机要恰当。

不要用以下语言：如"你是世界上最真诚的人""你是世上最大公无私的人""你是世界上最漂亮的小姐"等过于夸张的语言。

有必要将赞美的内容量化和具体化：如"你穿上这身衣服，至少年轻了 5 岁！""你的眼睛看上去很像某某明星的眼睛，似乎比她更加妩媚"等，这样可以使得你的赞美显得更真诚。

4. 学会拒绝

语气诚恳、态度和善、面带笑容、语速缓慢。可以幽默地说"不"，可以用转移话题的办法暗示"不"，可以用替代方案说"不"，诱导对方自我否定。

【案例分析 8-8】

我自己站在那里好了

意大利音乐家罗西尼生于 1792 年 2 月 29 日，因为每 4 年才有个闰年，所以等到过第 18 个生日时，他已 72 岁了。他说这样可以省去许多麻烦。在过生日的前一天，一些朋友来告诉他，他们集了两万法郎，要为他立一座纪念碑。他听了以后说："浪费钱财！给我这笔钱，我自己站在那里好了！"

罗西尼本不同意朋友们的做法，但他没有正面回绝，而是提出一个不切实际的想法："给我这笔钱，我自己站在那里好了！"含蓄地指出朋友的做法太奢侈，点明其不合理性。

分析：罗西尼巧妙的拒绝方式既可以表达自己的态度，又不会让对方感到尴尬，所以采用适当的拒绝方式也是沟通中调整好人际关系的一个好办法。

5. 学会倾听

一个好的谈话者就是一个好的倾听者。古语道："愚者善说，智者善听。"善听的人不仅能得到朋友的信任，而且容易受到器重。

根据美国俄亥俄州立大学一些学者的研究，成人在一天时间里，有 7% 用于交流思想。在这 7% 的时间里，有 30% 用于讲，高达 45% 的时间用于听。

（1）泛听。

"听君一席话，胜读十年书"就属于泛听。

与名人、专家交谈一般采用泛听，此时，应当注意以下几点：

①要胆大自信，诚心诚意。

②大胆稳重地与名人联系。

③与名人交谈时，举止要大方、稳重，不要太直、太露，也不要献媚、讨好。

④听名人谈话应该珍惜机会，做到虚心、耐心、专心。

（2）聆听。

聆听时要注意以下几点：

①应尽量把谈话的环境安排到一个安静的地方进行。

②消除心理障碍，保持沉静，不要受情绪和当时气氛的影响。

③全神贯注地听。

④注意听清对方话语的内在含义和主要思想观点。

⑤注意说话者的神态、表情、姿势以及声调、语气等非语言符号的变化。

⑥恰当地提出问题和插话，不要像查户口似的一问一答。

6. 舍得调侃自己

调侃是一种善意的嘲讽，往往是从对方的不足或缺点"下手"。适时地自嘲，可以化解尴尬，活跃气氛。

【案例分析8-9】

丘吉尔的自嘲式幽默

1943年，英国首相丘吉尔与法国总统戴高乐由于对叙利亚问题的意见分歧而心存芥蒂。直接原因是戴高乐宣布逮捕布瓦松总督，而此人正是丘吉尔颇为看重的人物。要解决这件令双方都感到颇为棘手的事，只有依靠卓有实效的会晤了。

丘吉尔的法语讲得不是很好，但是戴高乐的英语却讲得很漂亮。这一点是当时戴高乐的随员们以及丘吉尔的大使达夫·库柏早就知道的。

这一天，丘吉尔是这样开场的，他先用法语说道："女士们先去逛市场，戴高乐和其他的先生跟我去花园聊天。"

然后他用足以让人听清的声音对达夫·库柏说了几句英语："我用法语对付得不错吧，是不是？既然戴高乐将军英语说得那么好，他完全可以理解我的法语的。"语音未落，哄堂大笑。

丘吉尔的这番幽默消除了紧张，建立了良好的会谈气氛，使谈判在和谐信任中进行。

分析：在谈判中采用幽默姿态，可以缓和紧张形势，制造友好和谐的气氛，从而缩短双方的距离，淡化对立情绪。

7. 丰富词汇量，加强文学素养

腹有诗书言自妙。语言是一门应用的艺术，平时要多阅读书报，多留意听取良师益友的精辟言辞，关注广播、电视、戏剧中的精彩对白和演讲，吸取新的词汇概念，并有意识地运用。

【知识链接8-1】

你知道吗

有一条重要的涉外礼仪原则，叫作"不得纠正"。它的含义是：对交往对象的所作所为，应求大同，存小异，只要不触犯法律，不侮辱国格人格，就没有必要当面加以否定。

【基本训练】

□知识题

8.1　阅读理解

1. 什么是倾听？请举例说明沟通中的倾听。

2. 请举例说明倾听中有哪些障碍？

3. 沟通中的倾听与交谈是什么？

4. 如何提高沟通中的交谈技巧？

5. 结合实际谈谈同学交谈存在的问题。

8.2　知识应用

1. 判断题

（1）倾听不仅获得信息，而且是更加了解我们自己及我们的思维的途径。（　　　）

（2）倾听就应该集中精力，默默地听。（　　　）

（3）倾听就是用耳朵听，不用注意对方的表情、动作。（　　　）

（4）一般来说，表达急切、震怒、兴奋、激昂的情感时，语速较慢。（　　　）

（5）在交谈的过程中要注意对方的思想倾向。（　　　）

2. 选择题

客户给秘书小张打来电话，要求对已商定的下周会议议程做调整，但理由是不合情理的。小张开始时认真接听并耐心解释。随后有其他客户来访，小张边听电话边关照来访者。客户固执己见、喋喋不休，小张按捺不住地对着电话大声说："会议安排早已通知所有客户，不可能再改变，你自己调整吧！"

（1）小张在开始时创造的有效倾听环境是（　　　）。

　　　A. 平和情绪及正确态度　　　　　　B. 地点适宜

　　　C. 平等环境　　　　　　　　　　　D. 消除外界干扰

（2）小张在接听的开始阶段符合有效沟通的（　　　）原则。

　　　A. 可依赖性　　　　　　　　　　　B. 连贯性

　　　C. 明确性　　　　　　　　　　　　D. 一致性

（3）谈话过程中存在的倾听障碍是（　　　）。

　　　A. 过分依赖笔记　　　　　　　　　B. 注意力分散

　　　C. 语言障碍　　　　　　　　　　　D. 心存偏见

（4）小张拒绝对方要求时采取了（　　　）。

　　　A. 礼貌地拒绝　　　　　　　　　　B. 过早下结论

　　　C. 语气坚决但形式礼貌　　　　　　D. 生硬的语言

（5）下列内容中属于有效倾听方法的是（　　　）.

　　　A. 以开放的心灵倾听，就事论事　　B. 简洁提问

　　　C. 只重视形式而非内容　　　　　　D. 平等环境

【综合实训】

实训项目 8-1：倾听能力的自我测试

【测试题】

（1）我常常试图同时听几个人的交谈。

（2）我喜欢别人只给我提供事实，让我自己作出解释。

（3）我有时假装自己在认真听别人说话。

（4）我认为自己是非言语沟通的好手。

（5）我常常在别人说话之前就知道他要说什么。

（6）如果我没兴趣和别人交谈，我常常通过注意力不集中的方式结束谈话。

（7）我常常用点头、皱眉的方式让说话人了解我对他所说内容的感觉。

（8）常常听别人刚说完，我就紧接着谈自己的看法。

（9）别人说话的同时，我也在评价他的内容。

（10）别人说话的同时，我常常在思考接下来我要说的内容。

（11）说话人的谈话风格常常影响到我对内容的倾听。

（12）为了弄清对方所说的内容，我常常采取提问的方法，而不是进行猜测。

（13）为了理解对方的观点，我总会很下工夫。

（14）我常常听到自己希望听到的内容，而不是别人表达的内容。

（15）当我和别人意见不一致时，大多数人认为我理解了他们的观点和想法。

【计分方法】（4）（12）（13）（15）为"是"；其余为"否"。把错误的答案个数相加，乘以7。用105相减，得出最后得分。

【鉴定】91—105分，有良好倾听习惯；77—90分，还有很大程度可以提高；低于76分，倾听能力较差，要多下工夫。

实训项目 8-2：交谈能力的自我测试

生活在今天的社会，人际交往越来越多，学会共处需要你多方面的能力，也考验着你各方面的能力，其中包括智力、口才，更多的是一些沟通中的交谈技巧。你在这方面的情况怎么样，不妨来一个自我测验，分别回答下列三组问题，就可以知道你的能力与技巧如何。回答很简单，根据你的实际于每道题前打上"√"或"×"，分别表示"是"或"非"。

【测试题】

A. 谈话部分

（1）我总是感到随着别人的话题说话非常困难。

（2）我能够非常自如地表达自己的思想和感情。

（3）我能够了解谈话对方的想法和感受。

（4）我能使一次谈话非常顺利地进行下去。

（5）从对方谈话中我能对某些了解不多的话题有进一步的认识，使我非常高兴。

（6）我不喜欢谈论我个人的事。

（7）对方在谈话中奉承我的时候，我总是感到坐立不安。

（8）从他人的谈话中了解到不少东西，我总认为这是很容易做到的事。

（9）在谈话中，我善于抓住对方谈话的中心意见。

（10）我只喜欢谈自己了解的问题。

B. 争论部分

（1）他人不同意的观点，我能够一再提出争议。

（2）我毫无顾忌地拒绝朋友的不合理要求。

（3）我很容易接受他人的意见和要求。

（4）凡是有争议时，我一定走开。

（5）尽管我的意见同朋友们不同，但是我还是愿意说出来。

（6）当朋友说"是"的时候，我很难说"不"字。

（7）当朋友和我争论的时候，我总是认输。

（8）我通常不求他人帮助，也不征求他人意见。

（9）反复阐明自己的观点，总使我感到不安。

（10）我常常向他人提出要求。

C. 批评部分

（1）我会直截了当地告诉对方我非常恼火。

（2）如果谁反对我，我今后不再和他保持联系。

（3）我认为批评别人是浪费时间。

（4）我从不会要求别人向我提出意见。

（5）对他人不切实际的意见，我采取沉默态度。

（6）我对他人的不良行为很少提出意见。

（7）一个喜欢喋喋不休的人我很少结交。

（8）我经常问别人我有没有得罪他们。

（9）我不喜欢公开与人讨论和某人关系不好的原因。

（10）如果在某种场合我不受欢迎，我一定要找出原因。

【计分方法】

A. 谈话部分：每答对1题得1分。（1）（7）（10）题为"否"；（2）（3）（4）（5）（6）（8）（9）题为"是"。

计算总分。

B. 争论部分：每答对1题得1分。（1）（2）（5）（10）题为"是"；（3）（4）（6）（7）（8）（9）题为"否"。

计算总分。'

C. 批评部分：每答对1题得1分。（1）（9）（10）题为"是"；（2）（3）（4）（5）（6）（7）（8）题为"否"。

计算总分。

【鉴定】

A. 谈话部分

总分超过8分者：你在谈话过程中应付自如，既是听者，又是发言者，使谈话进行得有声有色。总分 6—7 分者：你有时谈得比较自然，但主要看场合和本人的情绪。总分 5 分以下者：无论在社交场合或是朋友间的闲谈，你都感到困难，可能是因为你不愿意或不能够把自己的真实感情表达出来。

B. 争论部分

总分超过 8 分者：即使在困难的处境中，你也能够战胜对方。总分 6—7 分者：如果对方和你的能力差不多的话，你可以把自己的观点说得很清楚。总分 5 分以下者，你往往放弃自己的观点，即使是正确的，你也不愿坚持。

C. 批评部分

总分超过 8 分者：接受批评时，你不感到丧气，因为你知道善意的批评是关心的表现。总分 6—7 分者，在多数情况下，你能运用善意的批评，但有时你贬低了它的作用。总分 5 分以下者：你一受到批评就垂头丧气，认为批评是最可怕而有害的东西。

第9章 沟通中的写作和演讲技巧

【知识目标】

在学习完本章之后，你应该能够：

◎ 理解掌握沟通中写作的概念与文书特点；

◎ 理解写作的开头和结尾的写法；

◎ 理解写作技巧的提升方法；

◎ 了解命题演讲的内涵，掌握演讲稿写作的基本方法和要求；

◎ 了解即席演讲的内涵，掌握即席演讲的一般要求。

【技能目标】

◎ 通过学习能掌握和提升写作和演讲的技巧；

◎ 熟练运用命题演讲的临场技巧，强化命题演讲的能力，提高命题演讲水平；

◎ 熟练运用即席演讲的一般格式和方法，强化即席演讲的能力，提高即席演讲水平。

引例

不要抛弃学问
胡 适

诸位毕业同学：你们现在要离开母校了，我没有什么礼物送给你们，只好送你们一句话罢。

这一句话是："不要抛弃学问。"以前的功课也许一大部分是为了这张毕业文凭，不得已而做的。从今以后，你们可以依自己的心愿去自由研究了。趁现在年富力强的时候，努力做一种专门学问。少年是一去不复返的，等到精力衰退时，要做学问也来不及了。即为吃饭计，学问也决不会辜负人的。吃饭而不求做学问，3 年 5 年之后，你们都要被后进少年淘汰的。到那时再想做点学问来补救，恐怕已太晚了。

有人说:"出去做事之后,生活问题急需解决,哪有工夫去读书?即使要做学问,既没有图书馆,又没有实验室,哪能做学问?"

我要对你们说:凡是要等到有了图书馆方才去读书的,有了图书馆也不肯去读书。凡是要等到有了实验室方才做研究的,有了实验室也不肯做研究。你有了决心要研究一个问题,自然会撙衣节食去买书,自然会想出法子来设置仪器。

至于时候,更不成问题。达尔文一生多病,不能多做工,每天只能做一点钟的工作。你们看他的成绩!每天花一点钟看 10 页有用的书,每年可看 3600 多页书,30 年读 11 万页书。

诸位,11 万页书足可以使你成为一个学者了。可是,每天看三种小报也得费你一点钟的工夫;四圈麻将又得费你一点钟的光阴。看小报呢?还是打麻将呢?还是努力做一个学者呢?全靠你们自己的选择!

易卜生说:"你的最大责任是把你这块材料铸造成器。"

学问便是铸器的工具。抛弃了学问便是毁了你自己。

再会了!你们的母校正眼睁睁地要看你们 10 年之后成什么器。

这一案例表明:"不要抛弃学问""少壮不努力,老大徒伤悲",这些话都是学生们耳朵听出老茧的老生常谈,可以说无甚新意,但胡适的演讲却获得了巨大成功,令人信服。这是胡适在 1929 年中国公学 18 年级毕业典礼上所发表的演讲。这篇演讲能取得巨大成功可能有这样一些原因:

一是他在一个合适的场合说了该说的话。同样一句话,在不同的场合效果可能会迥然不同。学生们在即将离开学校,即将失去系统学习的机会和场所时,对于上述这些箴言会别有一番感悟。

二是真诚的情感。唯有真诚,才最能体现出无私的关爱,而将要走上社会的学子最需要的正是这种具体、细致的关爱。所以,它有一种内在的亲和力。

三是与内容、情感高度和谐的演讲风格。胡适以一位师长的身份娓娓道来,不愠不火;简易平和。全篇条理清晰,逻辑严密,到最后引用易卜生的名言水到渠成,结论不言自明。

四是无言的感召。同样一句话,不同的人说出的效果也会迥然不同。胡适自身学识渊博,是受人尊敬的著名教授,独特的身份和地位给人一种无形的感召力。

五是冰山一角,举重若轻。要想真正轻松自如地驾驭演讲,还是要踏踏实实地修炼好内功。

9.1 沟通中的写作技巧

在有效沟通中,单单使用听觉和视觉来进行沟通是远远不够的。因此,人类文明创造了文字,即通过视觉所能感知的形式来标记语言,从而在更大程度上扩大了语言作为人类沟通工具的行为。

1. 概念

写作技巧就是表现时运用的方法,是作者为表情达意而采取有效艺术手段。写作技巧受限于作者的世界观、艺术观，同时又作用于他的写作实践，为写作活动服务。

2. 写作的特点

（1）稳定性。是指技巧的成熟和稳固。

（2）互渗性。文章写作中的技巧和方法，虽因文章门类和品种的不同有所差异，但在文章写作发展的过程中，各种技法又往往是相互参照、相互影响的，于是就形成了写作技巧的互渗性特点。

（3）创新性。写作技巧如果仅代代相承、墨守成规，而无创作发展，那么文章就会僵化、萎缩，乃至消亡。

（4）审美性。丰富多彩、灵活多变的写作技巧，将不同时空、不同角度的材料组合成绚丽多姿的文章大厦，因而具有永恒的艺术价值。

（5）赋比性。衬托、对比、渲染、卒章显志、画龙点睛、以小见大、欲扬先抑、联想想象、语序倒置等。

（6）独立性。独立自主地创作，不追求华丽的词汇，而讲究真正自我的表现手法。

3. 文书的语体特征

文书是指组织及个人在处理事务中经常应用的，具有实用价值和一定格式的文体总称。文书的语体特征包括以下四个特征：

（1）词语特征。

①大量地使用专有名词、数量词，而不用形容词、叹词、象声词等。

在商务贸易中，与特定国家或地区的客户根据特定的法规、围绕特定的事项、采用特定的方式展开活动，可以说是极其繁杂的。而这种工作每次又因交易数量、地点、方式等变化而变得更加复杂。因此，要成功地做好每笔生意，文书的准确性是第一要求。

文书的准确性，主要体现在对专有名词和数量词的准确运用上。而其他词如形容词、叹词、象声词等的主要作用是使文章显得生动，以达到一种文艺性的审美效果而不是实用性目的，因此这类词在文书中出现的频率很低。

②使用文言词、书面语和国际通用的专门术语。

使用文言词与书面语，可以使文章语句更简洁，同时，因为文言词和书面语正规，含义比较确定，不像俗语和口语那样对语言环境的依赖程度那么高，那么容易产生歧义，掺杂个人感情色彩。

使用国际术语，特别是运用简缩用语或符号语言，而不是使用地方性、区域性语言，只有这样，自己的意图和愿望才能为不同地区、不同民族和不同文化背景的人所了解，才能更有效地开展商务贸易合作。

（2）语法特征。

①在句型选择上，文书讲求语句的直陈性，多用陈述句，较少用祈使句，基本不用感叹句。由于文书的实际用途在于将某件事叙述清楚或说明清楚，基本不需要就某件事发表感叹或流露强烈的感情色彩，因此陈述句出现的概率很大。

虽然在业务信函中，由于交易双方都需依赖对方的积极配合才能使某件事情顺利进行，所以，作为一种习惯方式，也常在函件结尾使用祈使句以表达自己一方的期望，如"请立即提供有竞争力的最好价格"，但是这种祈使句的使令色彩并不浓厚。

②使用文言句式、介词结构和复合结构是文书的另一个重要的句法特征。适当地使用文言句式，可以使语句显得简洁，同时也显得庄重，具有权威性。而大量使用介词结构对中心词进行修饰和限制，是为了使语意更为准确、严密和周详。复合结构的使用，使几个词或词组在句子中并列，共享一个句法成分，使语意更为流畅。

（3）章法特征。

文书以借助一些程序化的行为用语，依循适应现代商贸活动需要而形成的程序化结构布局成篇为其最显著的特征。这一程式首先体现在不同文种在各自的特定部位往往有着较为一致的行文用语。在文章的启、承、转、合之处，一般不需要作者发挥个人的文字才能，只需依照既定的套路在常用的词汇和句式中加以选择，因事布词便可。

此外，在文章的整体布局及段落的安排上，文书也是有一定格式的。某种文书必须遵循什么样的基本格式，某种文书的正文结构一般分为几大块，每一块各自又必须按照什么样的先后次序写等都有各自的套路。依据这些套路，可以更快地掌握每一种文书的写作要点和阅读关键，从而提高写作水平。

（4）修辞特征。

文书所使用的一些修辞手段，完全来自于语体本身的要求，而不是一种刻意为之，强化语言表达效果的手段和技巧。

在词语运用方面，文书通常采用的修辞手段是选用适合交际对象和交际语境的词语，而不采用移用、代用和仿用等积极修辞手段。比如同样是处理到货缺损等不愉快的事件，对老客户，可能会说"遗憾的是""我们不得不"之类的词语来缓和语气；但若是写给情况一贯较差的客户，可能会"令人不解的是""现郑重告知"等更为强硬的措辞。

在语句安排方面，文书不追求句子的生动形象，以连贯、周密、简练为其修辞目标。为达目标，经常使用的有省略句子成分、简缩句子结构、采用前置或后置手法突出某一关键点。

在章法结构方面，文书所采用的修辞手段是遵循"实用"原则，从表达的内容与表达的形式的关系来看，讲究内容与形式的直接对应、严密结合，而不追求一语双关的效果。

4. 创作的过程

（1）确立主旨。

所谓主旨（Keynote），就是写作主体在描述生活现象，阐释事物特质或发表对事物的看法和主张时，通过文章的具体内容所表现出来的基本观点和思想感情。对于主旨的说明如图9-1所示。

（2）选择材料。

①材料的作用。

第一，材料是形成观点的基础；

第二，材料是形成主体的支撑；

第三，材料是安排结构的依据。

主旨的作用

- 主旨在文章中具有主导地位
- 主旨决定文章的价值，一篇文章有没有价值，最根本的一点就在于它的主旨是否深刻

确立主旨的原则

- 主旨能抓住事物本质，准确无误地揭示事物的内在规律
- 主旨鲜活独特，不落俗套，令人耳目一新
- 所确定的主旨要有思想深度，能抓住问题的关键和要害，揭示出事物的本质与特点

创作主旨

确立主旨的过程

- 在长期的生活实践中酝酿形成
- 在反复开掘中提炼

确立主旨的方法

- 确立主旨一般采用比较筛选法、收敛探索法和反向求索法

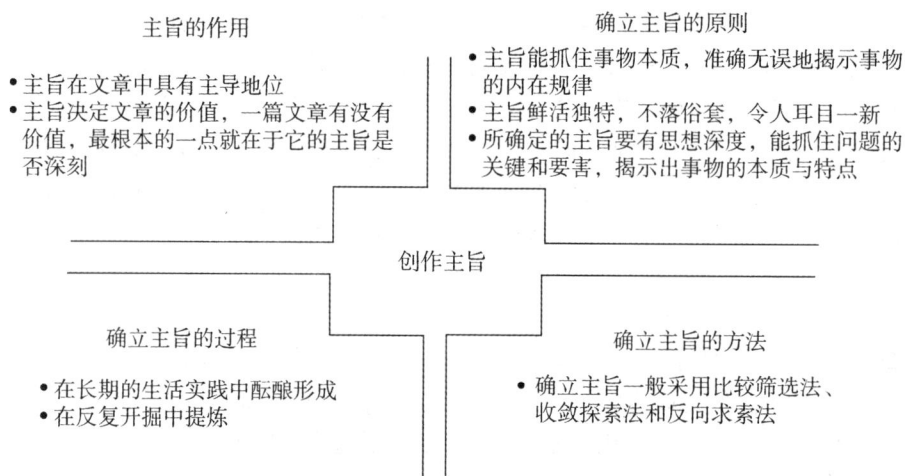

图 9-1 对于创作主旨的说明

②选择材料时应注意的问题。

第一，善于选择最能表现主题的材料；

第二，割舍与主题无关的材料。

（3）安排结构。

结构是文章内部的组织构造。从表现形式讲，结构是对文章全部内容的编织和安排；从客观基础来看，结构是事物发展过程中矛盾运动的体现；从主观因素来看，结构是作者思路（即对事物的认识过程）的体现。结构是构思的重要组成部分，能最有效地发挥材料的作用，使读者获得最佳的阅读效应。在安排结构时应掌握整体性原则和适应性原则。

5. 商务信函的写作

商务信函（Business Letters），是指在日常的商务往来中用以传递信息、处理商务事宜以及联络和沟通关系的信函、电信文书。

（1）商务信函的种类。

①按具体业务项目或内容，一般分为联络函、咨询函、推销函、订购函、催款函、寄样函、索赔函、理赔函、报价函、还价函、致歉函、谈判函、调解函、婉拒函。

②按行文对象，可分为对上级主管部门、对客户或协作单位、兄弟部门等。对上级主管部门多以公函形式出现，属于行政公文范畴；对客户或协作单位，是商务开展过程中最常见的沟通手段。

③按行文方向，分去函和复函。

（2）商务信函的结构形式。

商务信函的结构形式包含称谓+正文+祝颂语+落款+附件，内容如下：

①称谓：对收信人的称呼，包括单位和个人称谓，根据具体对象而定。两种形式：一种是泛尊称：尊敬的先生/女士。另一种是使用具体指姓或指全名的尊称。这一类是对写信人认识的受文者或很明确要发给的人，如：尊敬的黎明总监，单位名称要写全称，如果

单位名称和负责人都要写，则单位在上，负责人及职务写在下一行。

②正文：包括开头、主体、结尾。

开头：写明起因或写信的出发点，或承接开头语陈述复信的理由。开头语是商务信函的起始部分，应根据具体情况确定。如主动发信，写"您好""见信好"等礼节性用语，再说明发信意图，表明主旨；如是复信，可先采用"收到贵公司的来函，非常荣幸"等，或说明于何日收到了对方有关商洽什么内容的商函。

主体：可根据发函的目的、所要表达的内容、理由、经过、要求、打算、措施等作充分的陈述。一般情况下，只要做到表述清楚，具体明确写出发信或复信主要内容，用词确切，简明就可以了，不必过于拘泥于格式和文本。

结尾：用一两句结尾应酬语表示对收信人的礼貌周到。例如提出联络事由的信函，结尾可用"拜托之处，将不胜感激"；询问报价、寄样等商函，可用"盼望回复""敬候佳音"等。

③祝颂语。所有的商务信函结束都要使用祝颂语。恭祝/敬希/顺颂+商祺/金安/生意兴隆等。

④落款。在正文后偏右写发信者的单位名称或个人名称。其中个人姓名前要写职务，或把发函人的姓名附在企业名称后面。日期写在名称下方。

⑤附件。在落款左侧靠下方，写"附件"或"附"，然后注明附件的名称和件数，常用的有商品目录、价格表、订货单、催款单、样品图表和收据等。

（3）商务信函的写作要求。

①内容正确、目的清楚、表述具体。产品价格、名称、规格、数量要写清楚。观点要正确，文字表达要准确。条理要求清晰，忌笼统粗犷、含糊其词和抽象化。如：虽然我公司同意回收完好的退货，但我方无法同意回收有缺损的退货。我公司只接受可再度销售的退货。

②文字简洁、态度礼貌、语气委婉。如：贵方在提交订购产品清单时遗漏了交代产品型号。请速致函我公司贵方尚未提交的产品清单型号，以使我公司立即将订货发出。

③明确责任、划定界线、分清权限。如：出于对合作顺利开展负责的态度，我公司认为，贵公司在资产重组正式法律文本还没有正式签署之前，要求我公司提供详尽的财务报表，似乎甚为不妥。

（4）商务信函的类型举例。

①询问函。买方向卖方询问，欲求商品的价格及交易条件称为询问或垂询，询函中有的只单纯询及可否购入某些商品或索取目录、样品，也有些明确写出欲购商品的品质、预定进口数量、希望装船日期等。

询问函一般措辞简便清爽，概要地讲明自己所要了解的事情即可，内容一般采取以下形式：

开篇讲述得知对方的途径（比如接到其商业信函，根据其广告，通过商会等，或简单介绍自己的公司）。若双方已经有交道，则可省去这一部分而直接论及主题。

若尚未取得目录、价格表与样品，可向对方索取。或表明对方自己想要的产品，并表明欲购价格、品质、可能供给的数量及其他交易条款。还可以进一步暗示对方，此询价有可能发展将来的密切交易关系。

结尾请求对方关注此询，并盼回复。在写询问函时，注意只陈述问题或者询问自己想问的事情，以便让对方迅速、准确地了解到询问的意图，要紧扣主题，不要兜圈子。

【知识链接9-1】

询价函示例

广东 XL 研磨有限公司通过同行的推荐，有意购买山东 LF 机械工程有限公司的 HVE-20 型研磨机，但需要进一步了解机器的详情和价格。故向山东 LF 机械工程有限公司销售部发出询价信。

关于询价的函

尊敬的先生/女士：

您好！

多位同行向我们推荐了贵公司生产的 HVE-20 型研磨机，深知其为国内名牌产品。我公司目前需要该研磨机若干台，有意订购贵公司的产品。贵公司能否将研磨机的产品性能、配套装置等有关细节资料、价格目录及结算方式等寄给我公司，供我方参考。

若贵公司能在 7 月 14 日前回复，我方将不胜感激。再次感谢，盼望回复。

联系地址：××××××

联系电话：78945612

顺颂

商祺！

广东 XL 研磨有限公司

二〇一九年五月八日

②推销函。第一封推销邮件在商贸业务中可能就如我们和陌生人交往时彼此之间留下的第一印象。有些人就能够给别人留下好印象，有些人给别人留下不好的印象。其实我们每个人只要真正注意，能够实现圆满的结局。

那么，卖方第一次和陌生人的买家邮件交往中怎样才能给买家带来好的印象呢？卖方要做好这个最重要的准备工作：对自己的产品要百分百熟悉，特别是自己要推销的某种新产品，对其必须要做全方位的深入了解。卖方不妨问这些问题：这次我们要给买家介绍的是何种产品及推销该产品的哪个卖点？我们的卖点会不会是很多同行都在推销的？我们的卖点是不是现在这个客人需要的？会不会是客人未来需要的？然后再来电函写作。在知道这些问题的答案后，下面来研究写第一封推销函电时要注意哪些细节，哪些是比较适用的、有效的方法。写第一封推销函电，首先卖方必须有个好的标题、吸引买家注意的标题，这样买家才有可能打开看你的邮件。就像我们第一次和人见面，要将自己装扮得漂亮点、帅一点、精神点一样，来吸引大家。哪些标题才算吸引人？同学们不妨去看看同区域类似广告，看看人家用何种标题来推销他们的产品。仔细研究一下，就知道了。很简单，只要参照他们自己习惯的做法就可以了。

其次是必须简明扼要，一目了然。推销的文字不要多，不要太长。记住：越简单越好。简单最美。但是不要因为简单而忘记自己产品的卖点。通常是这样来写的：

第一段：简明扼要地告诉客人本单位怎样得知他的需求信息，最好是一句话就能说清楚。

第二段：简明扼要地告诉客人本单位是该产品的专业生产商或供应商，自己的产品质量及具有竞争力产品的价格。可以特别推荐自己的新产品、畅销的品种来给客人。最多不要超过两句话。

第三段：详细地描述所推荐产品，越全面越好。通常是对产品品名、性能、材料、价格、产品规格、包装规格、技术参数、付款方式、生产时间、样品提供情况等每一环节要做详细介绍，但也不能太累赘。

第四段：希望能够得到客人的评价及回复，如有任何疑问，欢迎随时沟通，会在第一时间给予客人回复。最好是一句话。

第五段：一句话，那就是你公司的详细联系方式，最好含有公司的电子邮件地址、公司的网页。方便客人回复及更多地了解你们。

很多人存在的问题就是使用太多的文字来说明自己公司的背景，其实这是很大的败笔。买家每天收到很多推销邮件，很少有时间来研究你公司的背景。买家常常将烦琐的文字做垃圾邮件来处理，可能不看你辛苦写的长长的推销邮件。买家何时才会研究你公司的背景呢？可能是在想和你的公司真正发生业务时，才会花时间研究公司的背景资料。一旦买家研究你公司的背景，那是一个好的信号：买家可能要向你公司购买产品了。然而，到这种地步不可能是第一封邮件能做到的，也不是第一封邮件要去做的。

【知识链接 9-2】

推销函示例

尊敬的先生/女士：

　　您好！

　　非常高兴能随函附上一本有关我公司生产的婚纱样品图册。我公司在同行中历史最为悠久，产品一向以款式新颖、工艺考究、质地优良驰名中外。多年来，中外顾客有增无减。如果您也有兴趣，可以享受试销优惠。届时您会惊喜地发现，我公司产品确实名不虚传，有口皆碑。如何？您想试试吗？请尽快回函，谢谢！

TX 婚纱用品公司
二〇一九年五月八日

③商洽函。邀请函的一种。这类函在平行机关或不相隶属机关之间相互协商或联系工作时使用。较多地用在商调人员、联系工作或处理有关业务性、事务性事项等时。这类函的正文通常由商洽缘由（发函的原因）和商洽事项两个部分组成。商洽事项有时还特别写清对受文的要求与希望。

【知识链接 9-3】

商洽函示例

××维修部负责人：

　　您好！

　　我公司去年 4 月购入贵公司一台 MX4500 型号的大图胶印机，由于对这种有多用功能的机器不熟悉，现已造成故障，希望贵公司能安排相关技术人员上门维修。我公司的地址是广州市××路 32 号；电话号码是 12345678；联系人黎×。

　　若能及早得到贵公司的帮助，我们将感激不尽。

××印刷制品公司行政部

二〇一九年五月三日

　　④订购函。订购函是指买方按双方谈妥的条件向卖方订购所需货物的信函。订购是指经过反复磋商，买卖双方接受了交易条件后，买方按双方谈妥的条件向卖方订购所需货物。而订购函就是为了订购货物而发的信函。

　　订购函是买方发出的，表示向卖方订购所需商品的信函。范文清楚地向卖方说明的其所需商品，即说明了商品的名称、规格、型号、单价、数量等。同时买方还要交代具体的结算方式、交货日期、地点等，这样卖方就能根据定订购函清楚地知道买方的需求和要求，提供相应商品和服务，从而使交易顺利进行。

　　订购函有两种形式，一种是在接受函里说明所需订购的货物；另一种是下订单，即把订购函制成订单式，以表格形式列明各项交易条件。

【知识链接 9-4】

订购函示例

××公司销售部：

　　非常感谢贵方××××年××月对我方有关户外照明设备询问价格的复函。我们得悉，贵方能以现货供应。今随函附上订购该产品的正式订单，请及时按附上的订单所填写的规格、型号、数量装运是荷。

××公司

二〇一九年五月二十三日

　　⑤索赔函。索赔函是指合同双方中的一方，根据法律法规和双方签订的合同，以对方违反合同约定，造成当事人经济损失或精神损失为理由，向另一方提出赔偿或维护其他权利的书面材料。

　　索赔的理由通常包括：质量不符合合同标准；数量短缺；包装不完善；运输拖欠；违反合同规定并按合同约定可以索赔的其他事项等。

　　索赔函是公文里的一种文体，索赔函的结构一般由标题、编号、受书者、正文、附件、签署等六部分组成，下面特别介绍标题、编号和正文及签署写作时的注意事项：

标题的形式比较灵活，既可以根据实际情况写成包括索赔事由文种的完全标题样式，如《关于××的索赔函》，也可以简明扼要地写成不包括索赔事由而只写文种的简单标题形式，如《索赔函》。

编号是为了联系与备查用，写在右上角。一般由年号、代字、顺序号组成。

正文中称呼写受理索赔者的全称，内容包含：缘起，即提出引起争议的合同及其争议的原因；索赔理由，要具体指出合同项下的违约事实及根据；索赔要求和意见，必须根据合同及有关国家的商法、惯例，向违约方提出要求赔偿的意见或其他权利；附件，为解决争议，以有关的说明材料、证明材料、来往的函电作为附件。

签署要写明索赔者所在地和全称及致函的日期。

【知识链接 9-5】

索赔函示例

北京××货运有限责任公司：

201×年×月××日，我公司委托贵公司将回流焊设备一台，通过公路运输至深圳，交付给收货人刘×（以下简称"收货人"），在深圳收货人验收时发现设备已经破损而拒绝接收。设备于201×年×月×日退回我公司，经贵公司和我公司双方查验，由于贵公司运输、装卸不当，造成设备和包装破损。

此次事件，不但使我公司设备损坏，遭受二次紧急调运设备的运费损失，而且使我公司对客户逾期交货，信誉受损并要承担逾期交货的违约责任。我公司向贵公司郑重要求立即赔偿以下设备修理费用和运输费损失：

破损部位及程度和费用（元）

上罩：两合页部分螺丝穿孔，严重掉漆 1300.00

温室：合页部分及四个边角破裂 1900.00

横梁：中间部分压损 800.00

电机上罩 50.00

包装箱 450.00

修理设备运输费 400.00

设备修理人工费 1200.00

费用合计 6100.00

以上是我公司的最低要求，请贵公司于7日内支付上述赔偿金额，或者贵公司自己将设备送去经我公司认可、有相应技术能力和修理设施、设备完善的修理厂修理，贵公司承担全部修理费用。7日后如果贵公司不支付赔偿金，又不将损坏设备送去修理、恢复设备完好，我公司将自己委托修理厂修理，并通过法律途径追偿全部损失，不再通知。

顺祝

商祺！

北京××××有限责任公司
201×年×月×日

⑥催款函。催款函是一种催交款项的文书，是交款单位或个人在超过规定期限，未按时交付款项时使用的通知书。

形式包括：便函式，即以信函的形式写作；表格式，是人们在长期实践基础上约定俗成的固定表格，使用时直接填写即可。

催款方在制作中应注意以下四个事项：

内容应包括：欠款方名称、欠款事项、欠款时间、欠款原因、欠款金额、发票编号、催款方的银行账号、最后付款期限。

信息要明确，方便欠款方还款，包括催款方的联系人、联系电话、联系地址。

语气应根据催款性质不同而调整。注意：通知欠款方并告知付款时间将要到或已经到，让对方企业准时付款。此时是通知性质，催促语气不宜强烈；欠款方未按时付款或已长时间拖延付款，收款方不仅是通知，更有严重警告的意思，催促语气比前者强烈，催款的内容、时间更为明确；出于保持催款单位与欠款方的友好合作关系，催款函可以分阶段发出，如第一阶段予以提醒，第二阶段直接催款，第三阶段"最后通牒"。

尾部应写明催款方的处理意见。在催款函尾部可以增加欠款方经催款函提醒仍不付款，催款方可根据相关规定（如合同约定、银行规定）加收罚金，或是通过法律途径解决付款事宜。

综上，发送催款函的目的是向欠款方催收款项，在书写过程中，催收方必须对催款函上的各项内容给予明确，尤其是欠款时间、欠款金额、催款方的银行账号、最后付款期限等，方便欠款方还款，从而最大限度地保障催款方的合法利益。

【知识链接 9-6】

催款单示例

大新公司催款单　　　　　　　　　　　　　编号：

单位名称：＿＿＿＿＿＿＿＿ 单位地址：＿＿＿＿＿＿＿＿ 电话号码：＿＿＿＿＿＿＿＿ 这只是一份友好的提醒。 第一次通知 发出时间：＿＿＿＿＿＿＿＿	致：＿＿＿＿＿＿＿＿＿＿ 　　您好！ 　　如果您的支票已经寄出，请不要理会这份通知；如果您的支票还未寄出，我们热切地期待着您能及时将款项付清。 　　衷心感谢！ 　　发票号码：＿＿＿＿＿＿＿＿ 　　填表时间：＿＿＿＿＿＿＿＿ 　　到期时间：＿＿＿＿＿＿＿＿ 　　所欠金额：＿＿＿＿＿＿＿＿

【案例分析 9-1】

一　封　回　函

××公司业务经理：

你公司 3 月 5 日来函及货样收到。

信中提到我公司发出的电脑配件与订货样品不符一事，我公司立即进行了调查，发现装箱时误装了部分二等品。我公司因日常订货业务量大，造成类似后果是不足为奇的，而你方提出将质量不符合要求的部分产品按照降低原成交价 30% 的折扣价处理，我方经公司讨论后表示接受。

如你方对此事处理有异议，我公司可委托相关部门继续受理，但未能保证答复你方提出的所有要求。

××公司销售部冯经理
二〇一九年五月五日

分析：这封回函中存在以下问题，没有标题；称谓语不全面，不注重礼貌，没有适当的敬语；引语过于简单；内容措辞上不够诚恳，未能以礼相待，自我优越感强，出现了让对方感觉不愉快的负面语句，道歉态度不够真诚；结尾处理草率，没有达到理赔函写作要求中应有的礼貌，感谢对方在解决争议中的合作态度并表示促进友谊愿望等；结尾没有祝颂语；落款应署全名以示尊重。所以这是一封表达失败的商业回函。

9.2　沟通中的演讲技巧

9.2.1　命题演讲

1. 命题演讲概述

（1）命题演讲的概念。命题演讲是根据事先规定的命题或限定的范围，在准备的基础上所作的内容系统、结构完整、要求全面的演讲。所以演讲者事先都有充分的准备，例如，可根据选题按"讲什么""怎么讲"的思路写成演讲稿，甚至还要通过记忆、练习等充分准备，然后才上台演讲。命题演讲的成败优劣，在很大程度上取决于演讲者的事先准备。

近几年来，命题演讲这种形式已被党政机关、企事业单位、社会团体广泛地运用，成为宣传思想道德、传播文化知识的重要手段。戴尔·卡耐基（Dale Carnegie）说，口才是美国人走遍世界的三大法宝之一。口才的重要性可见一斑，而命题演讲是口才当中的一种重要形式。

根据题目由谁确定，命题演讲可分为自拟题目演讲和规定题目演讲。

自拟题目演讲是演讲者根据所限定的主题范围，自己拟定题目而进行的演讲。这种演讲可以选择自己熟悉的材料，根据自己的认识和理解来拟定演讲稿，所以有较大灵活性。

规定题目演讲是演讲者根据别人事先确定的题目而进行的演讲，演讲者根据指定题目做好准备，写好演讲稿，然后进行演讲。这种演讲根据目的和场所的不同，可分为会场命题演讲和赛场命题演讲。

（2）命题演讲的方式。

由于演讲是在不同情况下举行的，演讲的目的和要求不一样，加上演讲者的水平和习惯不同，演讲有不同的方式。它们分别是：宣读式、背诵式和提纲式。

①宣读式命题演讲。宣读式命题演讲，即演讲者用事先准备好的讲稿，一字不改、一句不漏地照读。这种演讲的要求集中在演讲稿的内容、观点和语言上，就演讲本身，只要读清楚，读准确，仪表庄重大方就行了。它的优点是准确省时，不易出错。所以在庄严的场合宜采用这种演讲方法。缺点是演讲者与听众不易进行感情交流，且显得程式化，枯燥乏味。所以，没有特殊的重大政治背景和要求，不宜采取这种方式。

②背诵式命题演讲。背诵式命题演讲是演讲者对演讲稿的内容反复预习，且朗读成诵，然后完全凭借对原稿语句的背诵记忆进行脱稿演讲。

这种演讲方式的好处是，借助良好的写作能力和记忆能力，使演讲能保持演讲稿的思想水平和语言水平，防止因缺少应变力和自控力而出现"跑题""失言""语塞"等现象。还能使演讲者的目光从稿子移向听众，从而增加了与听众进行联系和感情交流的机会，吸引听众的注意，增强演讲效果。对经验不足的演讲者来说，不失为一种"权宜之计"。

这种演讲方式的缺陷是，它会使演讲者把精力集中到对讲稿的回忆上，时时担心忘了某些词句而"卡壳"，不能顾及听众的反馈。一旦遇到特殊情况，不能灵活机动，随机应变，调整内容，进而引起听众的不满甚至反对、起哄，导致演讲的失败。因此，该方式常被用于赛场演讲，在生活工作中慎用。

③提纲式命题演讲。提纲式命题演讲即演讲者将演讲内容，按先后顺序写成多级提纲，在各级提纲下面，用简练的词句标记上演讲时要用的例证、警句诗词和数据等材料。再按照提纲的思路打好腹稿，便可登台借助提纲进行演讲。

提纲式命题演讲是一种高级演讲形式，它克服了宣读式和背诵式演讲的各种缺点，有较多的灵活性，具有丰富经验的演讲者常用这种形式。他们思维敏捷、严谨，掌握了丰富的材料，临场不乱，可根据听众反馈不断调整演讲的内容和方法，达到最佳效果。但由于没有完整的演讲稿，许多词句要边想边讲，没有时间很好地斟酌，演讲时容易出现措辞不当的现象。因此，在正规场合的演讲，即使采取这种方式，也应事先写作演讲稿，并进行多次练习。

2. 演讲稿的写作

"巧妇难为无米之炊"，技巧再高的演讲者也无力将肤浅空洞的内容演绎得天花乱坠。因此，踏踏实实地写出一篇精彩的演讲稿是每一个演讲者必做的功课。

如果细心品味演讲大师的成功演讲，我们就会明白：除去他们演讲时的神情风采，除去演讲场面的轰动热烈，光看那些凝固成文字的讲稿，就足以让人振奋。可以说，写就一篇优秀的演讲稿，我们就成功了一半。下面将从几个方面探讨演讲稿的写作规律和要求。

（1）立意。

立意是演讲者通过全部演讲内容所表现的一种思想和意向，是演讲稿的统帅和灵魂。正如明人王夫之所说："意犹帅也，无帅之兵，谓之乌合。"因此，我们在写作演讲稿之前，首先遇到的问题就是从什么角度阐发自己的观点，即怎样立意。

①立意的真理性。虽然不同的人从不同的立场、角度出发，总会有不同的演讲目的，但真正成功的演讲，其目的总在于讴歌真理，在于激发人们对真、善、美的追求。著名教育家张岱年认为：真是认识的价值，即对客观世界与人类自身有正确的认识；善是道德的价值，即用道德准则来调整个人与个人、个人与社会、国家、民族需要的矛盾；美是艺术的价值，即客观世界的事物，存在着适合人的情感，令人感到愉悦的艺术品，给人以美感。为此，演讲者必须经常观察社会、洞察现实、思索人生，从中概括出无穷的思考和深远的启示。阿普列相说：真理是真正的演讲艺术的内容的核心与精华。

②立意的新颖性。演讲艺术的优劣在于一个"新"字。我们的演讲立意一定要独辟蹊径，别具匠心，把对生活的独特感受、独立思考、独到评价贯穿在整个演讲中，给人以耳目一新之感，切忌人云亦云。

如陈军以的演讲《小草精神值得提倡吗》，对一度受到大力提倡的"小草"精神提出质疑："如果英雄也算做小草的话，天下就不会有大树！年轻的朋友，当你高喊一声'我是小草'的时候，你的内心是何种感受，是觉得自己高大了，还是渺小了？是觉得自豪，还是失落？是觉得有了进取之心，还是觉得只是找到了混日子的借口？你问过自己吗？为什么我应当是一棵微不足道的小草？为什么我不去争做一棵参天大树呢？"这种反弹琵琶的演讲立意闪烁着演讲者独立思维的火花，令人信服。

③从自己的亲身经验中寻求立意。戴尔·卡耐基发现，有些电视节目主持人说话的方式颇能引起观众的注意。这些人显然都不是职业演讲家，从未受过沟通艺术的训练，有的甚至文法很差，并且读白字。可是他们很有趣，能够抓住观众的注意力。奥妙何在呢？那就是他们谈的是他们自己。以下是他们经常选择的两种立意：

以生命对自己的启示立意。诉说生命启示的演讲者，绝不会吸引不住听众。然而，一般的演讲者总不愿谈个人经验，认为那太琐碎、太局限，他们宁愿天上地下扯些笼统的概念及哲学理论。可悲的是，那里空气稀薄，凡夫俗子无法呼吸。爱默生常常喜欢听人们说话——不论对方身份多么卑微，因为他觉得自己从任何人身上都能学到东西。当一个演讲者叙述自己的人生给他的启迪时，不管多么琐碎、多么微不足道，都不会枯燥乏味。

从自己的人生背景中寻求立意。戴尔·卡耐基曾对能够吸引听众注意的题目做了一番调查，发现最为听众欣赏的题目，都与某些特定的个人背景有关：第一，早年成长的历程——与家庭、童年回忆、学校生活有关的题目，一定会受到注意。因为，别人在成长的环境里如何面对并克服困难的经过，最能引起我们的兴趣。第二，早年为了出人头地的奋斗史——重叙自己年轻时为了成功所做的努力；你是如何从事某种特别的工作或行业的；是哪些错综复杂的因素造就了你的事业等。如果说得谦虚点的话，这些听众会非常欢迎。第三，嗜好及娱乐——这方面的题目依各人喜好而定，也是能吸引人注意的话题。说一件纯粹自己喜欢才去做的事，是不可能出错的。第四，特殊的知识领域——多年在某个领域里工作，已使你成为这行的专家。假如凭多年的经验或研究来讨论有关自己工作或职业方面的事情，也能保证获得听众的注意与尊敬。第五，不平凡的经历——曾与大人物交往过吗？曾在战争的炮火下战斗过吗？一生中经历过精神颓丧的危机吗？这些都可以成为最佳的演讲主题。如电视节目主持人白岩松曾写过一本书《痛，并快乐着》，其中很大的篇幅是写他自己如何在与神经衰弱做斗争的过程中一步步走向成功，引起很多人的兴趣。第六，信仰与信念——或许你曾花费许多时间和精力，去思考面对当今世界的大形势自己所应持的态度。那么你自然有理由去谈论它们。只是这样做时，一定要举例说明自己的信念，千万不能随着报纸杂志人云亦云。对于某个题目，如果自己所知道的不比听众多，没有自己的真知灼见，则避开为妙。

④根据听众和场合选择适宜的立意。通过头脑风暴法对上述主题逐一罗列，我们可能会得到很多不错的立意。但如何选择最佳立意呢？这就要考虑到听众和场合的因素。

凡演讲皆由三个要素构成：演讲者、演讲词和听众。而演讲者和演讲词都是为听众服务的。不同的听众有不同的口味和需求，不同的场合也需要不同的演讲。因此，演讲的立意必须具有针对性。我们在确定立意前可以向自己提出两个问题：

听众：这些人的期望是什么？

场合：这些人现在的期望是什么？

一篇关于动荡不定的股票市场的演说可能会相当有意义，但对于小学生来说则未必精彩。对于艺术系学生发表演说，关于民主政治或许不是一个最佳话题。

【案例分析 9-2】

我们将战斗到底

（1940 年 6 月 4 日）

温斯顿·丘吉尔

1940 年 6 月 4 日丘吉尔在下院通报了敦刻尔克撤退成功，但是也提醒"战争不是靠撤退打赢的"。随后丘吉尔发表了他在第二次世界大战中最鼓舞人心的一段演说：

这次战役尽管我们失利，但我们决不投降，决不屈服，我们将战斗到底。

我们必须非常慎重，不要把这次援救说成是胜利。战争不是靠撤退赢得的。但是，在这次援救中却蕴藏着胜利，这一点应当注意到。这个胜利是空军获得的。归来的许许多多士兵未曾见到过我们空军的行动，他们看到的只是逃脱我们空军掩护性攻击的敌人的轰炸机。他们低估了我们空军的成就。关于这件事，其理由就在这里。我一定要把这件事告诉你们。

这是英国和德国空军实力的一次重大考验。德国空军的目的是要使我们从海滩撤退成为不可能，并且要击沉所有密集在那里的数以千计的船只。除此之外，你们能想象出他们还有更大的目的吗？除此之外，从整个战争的目的来说，还有什么更大的军事重要性和军事意义呢？他们曾全力以赴，但他们终于被击退了；他们在执行他们的任务中遭到挫败。我们把陆军撤退了，他们付出的代价，四倍于他们给我们造成的损失……事实已经证明，我们所有的各种类型的飞机和我们所有的飞行人员比他们现在面临的敌人都要好。

当我们说在英伦三岛上空抵御来自海外的袭击将对我们更有好处时，我应当指出，我从这些事实里找到了一个可靠的论据，我们实际可行而又万无一失的办法就是根据这个论据想出来的。我对这些青年飞行员表示敬意。强大的法国陆军当时在几千辆装甲车的冲击下大部分溃退了。难道不可以说，文明事业本身将由数千飞行员的本领和忠诚来保护吗？

有人对我说，希特勒先生有一个入侵英伦三岛的计划，过去也时常有人这么盘算。当拿破仑带着他的平底船和他的大军在罗涅驻扎一年之后，有人对他说："英国那边有厉害的杂草。"自从英国远征军归来后，这种杂草当然就更多了。

我们目前在英国本土拥有的兵力比我们在这次大战中或上次大战中任何时候的兵力不知道要强大多少倍，这一事实当然对抵抗入侵本土防御问题起有利作用，但不能这样继续下去。我们不能满足于打防御战，我们对我们的盟国负有义务，我们必须重新组织，在英勇的总司令戈特勋爵指挥下发动英国远征军。这一切都在进行中，但是在这期间，我们必须使我们本土上的防御达到这样一种高度的组织水平，即只需要极少数的人便可以有效地保障安全，同时又可发挥攻势活动最大的潜力。我们现在正进行这方面的部署。

这次战役尽管我们失利，但我们决不投降，决不屈服，我们将战斗到底，我们将在法国战斗，我们将在海洋上战斗，我们将充满信心在空中战斗！我们将不惜任何代价保卫本土，我们将在海滩上战斗！在敌人登陆地点作战！在田野和街头作战！在山区作战！我们任何时候都不会投降。即使我们这个岛屿或这个岛屿的大部分被敌人占领，并陷于饥饿之中，我们有英国舰队武装和保护的海外帝国也将继续战斗，直到新世界在上帝认为适当的时候，拿出祂所有的力量来拯救和解决这个旧世界。

这次战役我军死伤战士达三万人，损失大炮近千门，海峡两岸的港口也都落入希特勒手中，德国将向我国或法国发动新的攻势，已成为既定的事实。法兰西和比利时境内的战争，已成为千古憾事。法军的势力被削弱，比利时的军队被歼灭，相比较而言，我军的实力较为强大。现在已经是检验英德空军实力的时候了！撤退回国的士兵都认为，我们的空军未能发挥应有的作用，但是，要知道我们已经出动了所有的飞机，用尽了所有的飞行员，以寡敌众，绝非这一次！在今后的时间内，我们可能还会遭受更严重的损失，曾经让我们深信不疑的防线，大部分被突破，很多有价值的工矿都已经被敌人占领。今后，我们要做好充分准备，面对更严重的困难。对于防御性战争，决不能认为已经定局！我们必须重建远征军，我们必须加强国防，必须减少国内的防卫兵力，增加海外的打击力量。在这次大战中，法兰西和不列颠将联合一起，决不屈服，决不投降！

分析：这篇演讲之所以取得了巨大成功，在于丘吉尔紧紧把握住了当时人们的心理：面对无法逃避的困难，渴望胜利！在演讲中他指出了现实存在的问题，最主要的是让人们感受到了胜利的希望，从而激起了人们永不屈服的斗志，达到了这次演讲的目的。

⑤在典型材料中将立意升华。演讲的立意最能体现演讲的思想价值和审美品位，使演讲具有深刻感人的艺术魅力。要想演讲立意不流于老生常谈和平庸，就要善于对典型材料进行分析、提炼和延伸，激起听众的共鸣，将听众的思维引向更深邃、更崇高的境界，使演讲的立意得以升华。

【案例分析 9-3】

孙中山的一次演讲

孙中山先生有一次在演讲中讲道：

南洋爪哇有一个财产超过千万的华侨富翁。一次他外出访友，因未带夜间通行证怕被荷兰巡捕查获，只得花钱请一个日本妓女送自己回家。

日本妓女虽然很穷，但是她的祖国很强盛，所以她的地位高，行动也自由。这个中国人虽然很富，但他的祖国却不强盛，所以他的地位还不如日本的一个妓女。如果国家灭亡了我们到处都要受气，不但自己受气，子子孙孙都要受气啊！

分析：孙中山先生在这里对一个典型材料进行了由表及里的剖析，揭示出国家贫弱，人民必受欺凌，落后就要挨打的道理，升华了演讲的立意，唤起了听众强烈的爱国之心。

（2）取材。

如果说立意是演讲的灵魂，那么材料就是演讲的血肉。为了使演讲挺拔丰满，我们就要在确定了立意之后，广泛收集所要用的材料。"临时抱佛脚"往往会令我们捉襟见肘，所以我们必须在生活、学习、工作中做一个有心人，随时随地注意收集材料。

在我们所收集的大量材料中，只有很少一部分适合写一篇演讲稿，因此在写演讲稿时，就要对材料进行取舍、加工和处理。

①取材的原则。取材的原则应该遵循以下四项原则：

选择反映主题的材料。我们有了丰富的材料，但并不是材料库里所有的材料都可入选，这就要求我们在写演讲稿时，对所收集到的材料进行有目的的筛选，选择那些最能说明主题，最能支持主题、反映主题的材料，而将不能说明主题的材料忍痛割爱。

选择具有典型意义的材料。所谓具有典型意义的材料，是指有规律性、普遍性、代表性、能说明问题的材料，而不是个别的、特殊的材料。

选择真实可信的材料。写演讲稿不是文学创作，其中使用的材料必须是真实可信的，来不得半点杜撰，也不允许利用联想或想象去丰富那些本来不存在的细节。真实是演讲稿区别于文学作品的重要标志，也是演讲活动赖以生存的生命线。

要选择新颖的材料。"喜新厌旧"是人类共有的心理特点。人们都愿意听那些没有听过的事情，了解自己没有了解的世界。

【案例分析 9-4】

一位教师对学生的教导

一位在中国某医学院任职的美籍教师在教导学生要认真对待每一个生命，努力拯救每一个生命，树立高尚的职业道德时所发表的演讲：

在暴风雨后的一个早晨，一个男人在海边散步，沙滩上有许多被昨夜暴风雨卷上岸的小鱼被困在浅水洼里。忽然，他看到一个小男孩正在捡起水洼里的小鱼，并且用力把它们扔回大海。这个男人说道："孩子，这水洼里有几百几千条小鱼，你救不过来的。""我知道。"小孩头也不回地回答。"哦？那你为什么还在扔？谁在乎呢？"小男孩边扔小鱼边回答："这条小鱼在乎！这条，还有这条……"

今天，你们在这里开始大学生活。你们每个人都将在这里学会如何去拯救生命。虽然你们救不了全世界的人，救不了全中国的人，甚至救不了一个省、一个市的人，但是，你还是可以救一些人，你们可以减轻他们的痛苦。因为你们的存在，他们的生活从此有所不同——你们可以使他们的生活变得更加美好，这是你们能够并且一定会做到的。

分析：有了这样新颖、形象的材料，即使不作任何论证，听众也会自然得出结论，达到我们的演讲目的。

②材料的加工和处理。材料的加工和处理可以从以下三个方面进行：

材料的细节化。要使我们的材料真实可信，引起听众的强烈兴趣，就必须用细节来完善材料，力避笼统而概括的叙述。当我们说"马丁的父母穷苦但诚实"时，最好讲马丁的父亲买不起鞋套，下雪时只得用麻布片把鞋子包起来，保持两脚的干燥与暖和；但是，尽管他如此贫穷，却从未在牛奶中加水，也不曾把生病的马当作健康的马来卖钱。讲故事，中间牵涉到人物，无论如何要使用他们的姓名，而不能说"某人""有个人""一个人"。若确实不能透露真人姓名，可杜撰一个假名。鲁道夫·弗烈区说："没有什么能比人物的名字更能增添故事的真实性了；隐藏姓名，最虚假不过。试想，故事里的主角没名没姓，会成什么样子。"我们可以遵循新闻写作的"五何公式"来叙述材料：何时？何地？何人？何事？何故？这样你的材料就会绘声绘色，多姿多彩，引人入胜。

材料的形象化。获取听众的注意，是演讲者的第一目标。如图画般形象鲜明的材料，会使听众轻松愉快、自觉自愿地注意你的演讲内容，接受你的观点。而模糊、繁杂、平淡如水的字眼，只会让听众哈欠连天。赫伯特·斯宾塞在《风格哲学》中写道："我们并不作一般性的思考，而是作特殊性的思考。我们应该尽量避免写出这样的句子：一个国家的民族性、风俗及娱乐，如果是残酷而且野蛮的，那么，他们的刑罚也必然很严厉。我们应该把它写成下面这样子：一个国家的老百姓如果喜爱战争、斗牛以及欣赏奴隶公开格斗，那么他们的刑罚将包括绞刑、炮烙及拷打。"

【案例分析9-5】

程培训的一次演讲摘录

历史和现实仍在告诉我们：大国并不等于强国，我们的综合国力还不是很强，我们的技术装备还不是很先进，我们的科学技术还是不很发达，尤其是可怕的"人均"二字，还将长期约束着我国的国民经济。比如，我国人均土地1.5亩，远远低于世界人均5亩的水平。据有关专家预测，我国的土地资源，最多能承载9.5亿人。11亿人，11亿张嘴，加起来就有3平方公里多，一年喝掉的酒能装满一个半杭州西湖；一天抽掉的烟，一盒盒排起来，能排我国东西长3个来回；一顿饭吃掉的粮食，能装7万辆卡车……

分析：程培训把枯燥抽象的数字形象化，最终收到了良好的效果。

材料的戏剧化。在演讲中讲述事例时，可以利用对话等方式使材料具有戏剧效果，吸引听众的注意力。如演讲《说普通话，从我做起》是这样讲述事例的：首先让我讲一个典故：《韩非子》一书的《外储说左上》中说：齐桓公喜欢穿紫衣，齐国上下也就喜欢穿紫衣服。紫色成了流行色，紫布脱销。桓公十分愁闷，就问宰相管仲该怎么办。管仲说："大王您想刹住这股风并不难，可以先自己脱下紫色衣服，然后对身边侍卫说：'朕现在非常讨厌紫色。'如果这时再有穿紫色服装的人进来，您就指着他说：'你先回去脱掉你的紫色衣裳，我现在非常讨厌紫色！'"桓公说："好，我一定照这个办法去做。"这样做了之后，桓公身边的近臣就再没有一个穿紫色衣服的了。第二天，整个齐国没有一个穿紫色衣服的了。第三天，全国范围内也没有穿紫色衣服的了。

（3）结构。

①开头。演讲稿的开头又叫开场白，在结构中处于醒目地位，具有特殊作用。戴尔·卡耐基曾问美国西北大学校长、著名演讲家林·哈罗德·胡，在他漫长的演讲生涯中，他认为最重要的事是什么？他沉思了一会儿，说："想出一段开场白，能够立即抓住听众的注意力。"

一个好的开头，应该具备如下特征：能够唤起听众的感情共鸣，创造融洽的氛围；有助于确定基调，引入正题；有助于引起听众的兴趣和好感，迅速打开局面。演讲开头没有固定格式，它取决于演讲的内容、环境和听众的情况。常见的开头方法有以下四种：

故事式。故事式的开头容易调动听众的注意力，引起听众的兴趣，而且对语言技巧的要求也比较简单，故初学者特别适合选用这种开头方式。如周光宁《请看看我们头顶的月亮》的演讲开头：1985年，上海某单位派遣了一个考察团浩浩荡荡奔赴法国，其重要使命，是考察法国的豆腐生产。难道他们不知道豆腐乃是我们的国粹？无独有偶，次年5月，就在我们的豆腐考察团万里迢迢取回"豆腐真经"的那个塞纳河畔，同样派出了一个考察团来到我们这个东方古国。其中一项重要任务，竟然也是考察具有1700多年制作历史的中国豆腐。

悬念式。悬念能激发听众的好奇心，迅速抓住听众注意力。如梁启超的演讲《人权与女权》的开头：诸君看见我这题目，一定说梁某不通：女人也是人，说人权自然连女权也包在里头，为什么把人权和女权对举呢？哈哈！不通诚然是不通，但这个不通题目，并非我梁某杜撰出来的。社会现状本来就是这样的不通。我不过照实说，而且想把不通的弄通罢了。我要出一个问题考诸君一考："什么叫做人？"诸君听见我这话，一定又要说："梁某只怕疯了！这问题有什么难解？凡天地间'圆颅方趾横目睿心'的动物自然都是人。"哈哈！你这个答案错了（连设两个悬念，引起了听众的兴趣）。

赞美式。人都是喜欢听赞美的。热情、真诚地赞美听众，能够迅速拉近与听众的距离，赢得听众好感，获取听众的认同。如1984年4月30日美国总统里根在复旦大学的演讲《世界的希望，就寄托在这友谊上》的开头：我们访问中国才五天，所看到的名胜古迹却使我们一生难忘。这当中有从太空都能看到的巍峨壮观的万里长城，还有古城西安、秦始皇墓和出土的兵马俑大军。

幽默式。幽默是智慧的结晶。幽默的演讲开头能使听众在会心的一笑中钦佩演讲者的机智，愉快地接受演讲者的观点。如一位女演员在一次戏剧创作座谈会上的即兴演讲：今天我是来和大家谈情说爱的（满座惊讶）。我是来谈演员对剧本的感情和喜爱的（听众恍然大悟，静听她继续演讲）。

②主体。结构的要求：演讲主题贯穿全篇；观点和材料要统一，论点和论据要统一；各部分之间要有内在联系，逻辑严密；富有变化，奇正相生。趣味性材料和论证性材料安排巧妙，注意高潮和低谷相间，说理、叙事、抒情相结合。

常见的结构安排方法：时间法，按照事物发生、发展的先后顺序安排结构；空间法，依据客观事物的空间位置，依照一定的顺序来安排结构；因果法，按照事物发展的逻辑顺序安排结构。

议论式演讲的结构包括：并列法，就是从不同的角度或侧面进行论证，说明主题。其中每个侧面代表一个问题或一个层次，各层次之间虽然有联系，但基本是并列关系，具有相对独立性。并列法的结构简单清晰，演讲内容容易被听众把握和记忆。对比法，把两种本质属性截然相反的事理进行对照比较，使人听后是非分明，一目了然。总分法和分总法，总分法就是先总起来讲，提出自己的观点，然后分几层意思具体论述。分总法正好相反，先分几个层次论述，然后得出一个总的结论。

③结尾。卡耐基说："最后的——也是最重要的……缄口之前挂在嘴边的词儿，可能使人记得最久。"好的结尾犹如画龙点睛，给人留下深刻印象。常见结尾方式有以下四种：

总结式。古希腊著名演讲家苏格拉底说："对于演讲的结尾，大家的经验是一致的，就是总结性地将所讲述的内容扼要地复述一遍。"

名言式。名言结尾可将演讲推向一个新的高潮，有力地证明论题，令人信服。如胡适的《毕业赠言》。

抒情式。抒情式结尾文字优美，激情澎湃，极富感召力，可以收到余音绕梁、言尽而意无穷的效果。如郭沫若的《科学的春天》的结尾：春分刚刚过去，清明即将到来。"日出江花红胜火，春来江水绿如蓝。"这是革命的春天，这是科学的春天，让我们张开双臂，热烈地拥抱这个春天吧！

企盼式。以激励的言辞提出希望和企盼，感召听众付之于行动，有较强的鼓励鞭策作用。

【案例分析 9-6】

赵彩婧的演讲《你，与众不同》的结尾

同学们，我们年轻，没有资格轻视自己，我们都是大鸟，可以飞高飞远。泰戈尔说过，天空没有留下痕迹，而我已飞过。我们可以有不同的形式和方向，但不可以拒绝飞翔！来世间一回，如果什么也成就不了，我们将多不甘心！有人说大学是一生之中唯一一段可以最自由、最尽兴、最本色地生活的时光。这是你最好的机会！请辨认出你最鲜亮的部分，抓住这最好的年华，建立你自己的坐标。

请记住翅膀属于天空。

请记住年轻只这一次。

请记住——你，与众不同！

分析：一次演讲的企盼式结尾会给听众留下深刻的印象，从而撼动听众的内心。

（4）语言。

①演讲语言是经过加工的口头语言。一般的口头语言具有生动、活泼、朴实、易懂、绘声绘色、富有表现力等优点，又有相对来说啰唆、重复、难准确、难规范等不足。演讲语言就要对口头语言进行加工，保持优点，去除不足，使之向着准确、严密、简练、规范的方向发展。如何使演讲语言口语化呢？可以采取以下两种方式：

将单音词换成双音词。单音词声音短促，不易听清；双音词存在时间长，留给听众的印象深。例如：曾——曾经；已——已经；因——因为；应——应该等。

将长句改成短句。声音稍纵即逝，长句不易把握，短句易于听懂。如梁启超的《人权与女权》：啊，啊！了不得，了不得！人类心力发动起来，什么东西也挡不住。一！二！三！开步走！走！走！走！走到十八世纪末年，在法国巴黎城"轰"地放出一声大炮来：《人权宣言》！好呀！好呀！我们一齐来！属地么，要自治；阶级么，要废除；选举么，要普遍；黑奴农奴么，要解放。十九世纪整个欧洲，整个美洲热烘烘闹了一百年，闹的就是这件事。吹喇叭，放爆竹，吃干杯，成功！凯旋！人权万岁！

②演讲语言以叙述为基调，综合运用其他表达方式。演讲语言要以叙述为基调，综合运用议论、抒情、说明、描写等表达方式。在统一的基调下充满变化，既有连贯性，又不至于枯燥乏味。

【案例分析 9-7】

鲁迅的演讲《读书杂谈》摘录

批评这东西，对于读者，至少对于和这批评家趣旨相近的读者，是有用的。但中国现在，似乎应该暂作别论。往往有人误以为批评家对于创作是操生杀之权，占文坛的最高位的，就忽而变成批评家：他的灵魂上挂了刀。但是怕自己的立论不周密，便主张主观，有时怕自己的观察别人不看重，又主张客观；有时说自己的作文根底全是同情，有时将校对者骂得一文不值。凡中国的批评文字，我总是越看越糊涂，如果当真，就要无路可走。印度人是早知道的，有一个很普通的比喻。他们说：一个老翁和一个孩子用一匹驴子驮着货物出去卖，货卖去了，孩子骑驴回来，老翁跟着走。但路人责备他了，说是不晓事，叫老年人徒步。他们便换了一个地位，而旁人又说老人忍心；老人忙将孩子抱到鞍轿上，后来看见的人却说他们残酷；于是都下来了，走了不久，可又有人笑他们了，说他们是呆子，空着现成的驴子不骑。于是老人对孩子叹息道，我们只剩了一个办法了，是我们两人抬着驴子走。无论读，无论做，倘若旁征博引，结果是往往会弄到抬驴子走的。

分析：鲁迅的这一演讲以叙述为基调，综合运用了多种表达方式，最终给听众留下了深刻的印象，所以他的这次演讲能取得成功。

③演讲语言应是生动形象的语言。生动的语言，能形象地再现现实，绘声绘色，身临

其境，如见其人，如闻其声；生动的语言，能在反映内容的同时，产生一种美感，勃发一种情趣，以强烈的艺术魅力，吸引听众去深刻领会演讲内容。

3. 命题演讲的临场技巧

（1）如何克服恐惧，培养自信。

①正确认识恐惧感。你害怕当众讲话并不是特例。有人曾在很大范围内进行调查，问题是："你最怕什么？"居然有78%的人最害怕当众说话，而其他的"最怕"中没有一项超过10%。在戴尔·卡耐基的演讲课中，在上课之初有80%~90%的学生感受到上台的恐惧。

许多职业演讲者也从来没有完全消除登台的恐惧。他们在演讲之前，几乎总是会害怕，直至演讲开始后恐惧感才慢慢消失。

某种程度的恐惧感会有助于你的演讲。人类天生就有应付不寻常挑战的能力，当你因紧张而脉搏加快、呼吸急促，那是你的身体应对紧急情况的自然反应。如果你对此有所控制并加以利用，你会比平时想得更快，说得更流畅，急中生智，妙语连珠。

你害怕当众说话的原因，是你不习惯忍受当众说话的"无知与不确定性"。罗宾逊教授在《思想的起源》中说，对大多数人而言，当众说话是一个未知数，结果自己不免满心焦虑、恐惧。

②强烈的成功欲望是克服恐惧的动力。有经验的人都知道，克服恐惧的过程，是一个艰难而痛苦的过程，如果没有强大的动力，我们很可能畏难不前，半途而废。强烈的成功欲望就是克服恐惧的强大动力之一。只有切实认识到口才对我们有多么重要，只有强烈渴求成功的勇敢者，才会真正克服恐惧，走向成功。我们要时刻告诫自己：连话都说不了，我还能干什么？

③认真做好充分的准备。戴尔·卡耐基说，演讲像珠穆朗玛峰一般高高耸立于群山之上：只有有备而来的演讲者才能获得自信。一个人上了战场，携带着有问题的武器，身无半点弹药，还奢谈什么猛攻恐惧之堡。

林肯说："我相信，我若是无话可说时，就是经验再多、年龄再老也会难为情的。"

如果我们对演讲的内容已经烂熟于胸，对演讲的听众已有充分的了解，对演讲中可能出现的情况已做了应对预案，对演讲的每个环节都做了预先演练，我们就会信心十足地走上讲台。

④不放过每一个练习的机会。以上都还是纸上谈兵，要真正克服恐惧，树立自信，就必须进入实战。要不怕出丑，抓住一切机会锻炼自己。可以参加一些团体和集会，勇敢地坐到前排，勇敢地站起身来，勇敢地开口说话。如果你出丑了，千万不要退却；相反，这正说明你有训练自己的必要。萧伯纳当年是伦敦最胆怯的人之一，曾经在河堤上徘徊20分钟才壮起胆子去敲别人家的门；林肯一度被公认为呆板木讷，第一次演讲就出了丑；罗斯福小时候是个怕羞的小男孩，因为种种原因非常自卑，但经过艰苦的训练，最终成长为著名的演讲家。

锻炼多了，你会发现不过如此，甚至还是一种享受，你必须迈出成功的第一步。

（2）演讲者的个人风度与态度。

①演讲者的个人风度。演讲者在台上的风度，是决定演讲成败的重要因素。个人风度当然要靠长期修炼来养成，但有意识的注意一些问题，也可收到良好的效果。

充分休息，不要吃得太饱，要保持良好的精神状态，一个疲倦的演讲者是没有吸引力的。

穿戴整齐，注重外表。听众对邋遢的演讲者根本没有信心，他们会认为这位演讲者的头脑一定也是乱七八糟，就像他那蓬乱的头发、未经擦拭的皮鞋，或是胀鼓鼓的衣服口袋。如果外表精神，不仅听众产生信赖和好感，演讲者自己也会平添几分自信。

熟练运用态势语，挥洒自如。具体做法可参照本书第九章内容。

上下台要从容不迫，步伐坚定有力、富有弹性，富有朝气而不失稳重。

②演讲者的态度。著名演讲家艾伯特·胡巴德说："在演讲中，赢取听众信任的，是演讲的态度，而不是讲稿的词句。"

奥佛史垂特教授在《有影响力的人类行为》中说："喜欢产生喜欢。如果我们对我们的听众有兴趣，听众也会对我们产生兴趣。如果我们不喜欢台下的听众，他们也会对我们表示厌恶。如果我们表现得胆怯而且慌乱，他们也会对我们缺乏信心。如果我们表现得很自负，而且大话连篇，听众们也会表现出自我保护性的自大。因此，我有充分的理由指出，我们必须事先确定我们的态度一定会引起听众热烈的反应。"

可见，要想获得听众积极的反应，就必须采取热情、真诚、友好、充满活力和生命力等积极的态度。

（3）记住演讲稿。

熟悉和背记讲稿，在演讲者的演讲思维乃至整个演讲心理活动中处于突出的地位，也是演讲活动取得成功的必不可少的条件。可以说：不熟记，无以演讲。演讲稿的记忆除了要遵循一般的记忆规律之外，还要根据演讲的特殊要求掌握如下技巧：

①朗读法。记忆演讲稿是为了演讲，因此在记忆过程中最好发出声来，将重音、停顿、语气、态势语等全部考虑进去，从而形成定式，演讲时不想自来。

②纲目法。抓住讲稿的大体内容，着重记住讲稿的框架。演讲会有许多突发情况，有时要改变部分词句，有时可能突然忘了稿子，如果我们对讲稿的框架熟悉，就不至于慌场，而能临场发挥。

③图画法。具体的形象最不易忘记，我们可用一些图画来增强记忆。

④情感法。将讲稿中的情感充分投入记忆中去，增进记忆。

要想演讲时不至于忘词，取得良好的演讲效果，最好的办法就是在熟记讲稿的基础上摆脱讲稿，临场发挥。

（4）引起听众共鸣，获取听众信任。

听众的反应，决定演讲的成败。演讲者的任务就是引起听众共鸣，获取听众信任，最终说服并感召听众。

①把握听众心理，迎合听众需要。演讲者要努力了解听众的心理需要，并根据他们的特点对症下药，而不能根据自己的喜好强加于听众。

要在演讲中努力创造一种心理相容的气氛，强化有利因素，转化不利因素，让听众按照演讲者的思路思考，一步步接受演讲的观点。这就要求演讲者的演讲内容不能超出听众心理所能承受的程度，使其心悦诚服。

②给听众真诚的赞赏。听众是由许多个人构成的，因此反应也如个人。公然批评必然招来怨恨；对他们所做的值得称赞的事表示赞美，你就能获得通往他们心灵的通行证。但赞美要确实有发自内心的真诚，否则就什么也别表示。

③与听众打成一片。最好是一张口便指出自己与听众之间有某种直接的关系。尽量将听众纳入你的演讲中，而且提到他们的真实姓名。演讲中的称谓最好是"你""你们""我们"，而不应是"他""他们"。

④让听众参与。可以让听众做一些演示，也可以提出一些问题让听众当场回答，你们很快会融为一体。

⑤保持谦虚的态度。演讲者要想获得听众的爱戴，最佳的方法之一就是采取低姿态。听众都是喜欢虚心言行的，他们讨厌自高自大的演讲者。

9.2.2 即席演讲

1. 即席演讲的含义和特点

（1）即席演讲的含义。

即席演讲又称即兴演讲，是指演讲者事先无充分准备，在特定时空环境和现场情境的感染下，或由他人提议，或临时兴起主动发表的演讲。即席演讲没有讲稿，甚至连提纲也没有，完全靠演讲者的阅历、知识和才能，当场捕捉信息，展开联想，即兴抒发自己的思想、观点和情感。即席演讲要求演讲者在极短的时间内迅速展开思维，组织语言，在心中编好"提纲"或"腹稿"，立即登台演讲。这种边想边说的演讲方式，相对来说难度较大，对发言者的要求也较高。

随着人际交往的频繁，即席演讲的运用也越来越广泛。如职场应酬、介绍来宾、宴会祝酒、迎送宾客、主持会议、婚事贺喜、丧事悼念、答记者问等都少不了即席演讲。

（2）即席演讲的特点。

①临场触动，有感而发。即席演讲是在事先没有安排和准备的情况下，被眼前的事物、场面、情景所触动，临时起意，当场发表演讲。演讲者完全是有感而发，最具激情和真情实感。由于即席演讲事先无法拟就讲稿，进行试讲，不能对有关情况事先调查研究，进行模拟训练。它必须临场准备，临场发挥。

②构思敏捷，边想边讲。即席演讲要求演讲者在最短的时间内敏捷思维，快速构思。要抓住"选题"和"构架"两个关键，不能漫无边际，胡思乱想。

选题有两层意思：一是选择主题；二是确定题目。选题的好坏直接影响演讲的成败。所谓构架，就是制定好演讲的思路和框架。快速完成后，边讲边想。

③语言简洁，篇幅短小。即席演讲事先无充分准备，往往是匆匆上阵，很难构思出长篇大论。有的三五分钟结束发言，有的甚至寥寥数语。所以，即席演讲一般是一事一议，主题单一，语言简洁，篇幅短小。

2. 即席演讲的策略和要求

（1）要有做即席演讲的心理准备。

即席演讲的难度就在于没有时间作充分的准备。而事实上，如果一点准备没有，即使很有经验的演讲者也很难讲好。要想真正做好即席演讲，就必须随时做好即席演讲的心理准备。

即席演讲一般有两种情况：一是主动有感而发；二是被动提议。若是主动有感而发，则不存在毫无准备、措手不及的问题。我们需要应对的是被动邀请，在毫无准备的情况下被要求发言。怎么办呢？只有一条路可走：在心理上随时准备即席演讲。

在各种集会上，随时关注外界事态的进展和变化，关注别人的发言，不断思考：在这种情况下如果要求我发言，我该怎么说？而不能置身事外，做个旁观者。

（2）用举例的方式开始演讲。

演讲的开头有很多种方式，但如果你在没有准备的情况下即席演讲，最好是采取举例的方式开头。理由有三：一是你可以从苦苦思索下一句话的痛苦中解脱出来。因为事例很容易复述，即使在即席演讲的情况下也是如此。二是你会渐渐进入演讲的情境。刚开始的紧张逐渐消失，使你有机会从容切入正题。三是你可以迅速获得听众的注意。因为，实例是立刻吸引听众的万无一失的方法。

（3）充满激情和活力。

外在的蓬勃激情和活力会对你内在的心理过程产生非常有益的效果。一旦身体焕发出充电般的生气来，我们的思维就会比正常状态更活跃，我们往往会妙语连珠，收到意想不到的效果。另外，演讲者充沛的活力能够感染和吸引听众。但凡成功的即席演讲者都会全身心地投入自己的演讲中去，因为他们知道，要想感动听众，只有先感动自己。一个毫无生机、死气沉沉的演讲者，只能让人昏昏欲睡。

（4）讲与听众密切相关的事。

听众往往对自己和与自己有关的事感兴趣。演讲者最好要了解听众的心理、愿望和要求。即席演讲最好从以下三个方面提取话题：一是听众本身。说说他们是谁，正在做什么，特别是他们有过什么成绩和贡献，有哪些优点，真诚并客观地进行赞美，最好用一个实例来证明。二是讲讲场合。可以谈举行这次聚会的缘由，进展如何等。三是对另一位演讲者的评论和补充。

总之，成功的即席演讲是真正的当场演讲，表达的是对现场听众和场合的感想，是专门为这个场合量身定做的。

3. 即席演讲的格式与方法

即席演讲没有太多的时间让演讲者进行缜密精巧的构思，如果我们掌握一些常用的构思格式和方法，会对我们快速选题和建立演讲框架具有很高的实用价值。下面介绍几种基本方法：

（1）三步法。

三步法就是按照"提出问题、分析问题、解决问题"的思路进行演讲。例如，《大学生恋爱问题》可以分为这样三部分：

首先，大学生恋爱现状如何。

其次，为什么会这样。

最后，我们应该怎样面对。

（2）四步法。

这是美国公共演讲专家理查德惯用的格式。可分为四个步骤：

第一步，用精彩的开场白吸引听众。

第二步，指出为什么要发表这个演说，与听众有什么利害关系。

第三步，举例说明自己的观点。

第四步，对听众提出希望和要求。

（3）借题发挥法。

即演讲的开头应选择恰当的"媒介"，在此基础上借题发挥。"媒介"＋"联想"，演讲便能顺理成章，一气呵成。

即席演讲的"媒介"，可以是与现场有关的人、事、物、语言、环境、有趣的现象等，由它们联想到演讲主题。如上海市"钻石表杯"业余书评授奖会上，《书讯报》主编贲伟的即席演讲：今天，我参加"钻石表杯"业余书评授奖会，我想说的是一句话：钻石代表坚韧，手表意味时间，时间显示效率。坚韧与效率的结合，这是一个人读书的成功所在，一个人的希望所在。谢谢大家。

这次即席演讲寥寥数语，但由于演讲者天衣无缝地把现场事物与自己的主题相结合，给人留下深刻印象。即席演讲不要求完整，能显示个性，有闪光点就行。

（4）综合归纳法。

指演讲者对前面发言内容进行综合、分析，进而表明自己的观点或态度。如一位领导者应邀参加"领导干部与市场经济"研讨会，在听取了大多数人发言后的讲话：以上很多同志做了发言，有的从宏观的角度谈了领导干部怎样去适应市场经济，有的结合实际从微观的角度谈了领导干部怎样去适应市场经济，有的结合实际从微观的角度论证了领导干部在市场经济中如何去搞好服务。前者具有较强的理论性，后者具有较强的针对性和操作性。我认为都讲得很好，至少可以说明，在"领导干部与市场经济"这个新的课题中，确实有很多新问题值得我们去探讨。

这种方法一般用在别人已经从各个角度对某一问题进行了阐述，自己要说的话别人已经说过了，一时又没有新的观点和见解，而又不得不说的时候。

【案例分析 9-8】

在葛底斯堡国家烈士公墓落成典礼上的演说

（1863 年 11 月 19 日）

林 肯

八十七年前，我们的先辈在这个大陆上创立了一个新国家，它孕育于自由之中，奉行所有人生来平等的原则。

现在我们正从事一场伟大的内战，以考验这个国家，或者任何一个孕育于自由和奉行上述原则的国家是否能够长久存在下去。我们在这场战争中的一个伟大战场上集会。烈士们为使这个国家能够生存下去而献出了自己的生命，我们来到这里，是要把这个战场的一部分奉献给他们作为最后安息之所。我们这样做是完全应该而且非常恰当的。

但是，从更广泛的意义上来说，这块土地我们不能够奉献，不能够圣化，不能够神话。那些曾在这里战斗过的勇士们，活着的和去世的，已经把这块土地圣化了，远远不是我们微薄的力量所能增减的。我们今天在这里所说的话，全世界不大会注意，也不会长久地记住，但勇士们在这里所做过的事，全世界却永远不会忘记。毋宁说，倒是我们这些还活着的人，应该在这里把自己奉献于，勇士们已经如此崇高地向前推进但尚未完成的事业。倒是我们应该在这里把自己奉献于，仍然留在我们面前的伟大任务——我们要从这些光荣的死者身上汲取更多的献身精神，来完成他们已经完全彻底为之献身的事业；我们要在这里下定最大的决心，不让这些死者白白牺牲；我们要使国家在上帝福佑下得到自由的新生，要使这个民有、民治、民享的政府永世长存。

分析：葛底斯堡位于美国宾夕法尼亚州。1863 年 7 月 1 日至 3 日，北方部队在此重创南方部队，一举改变了整个内战局面。为悼念牺牲在这里的参战人员，宾夕法尼亚州等数州合资在此建立烈士公墓。林肯应邀参加公墓落成典礼，在国务卿埃佛雷特的长篇精彩演讲之后，作了简短演说。他声音清晰、语调平静，双眼注视着听众，偶尔看一眼稿纸，显示出从容自如的神态。演讲自始至终激动着每一个听众，整篇演说仅有十句，讲了不到三分钟，听众感到刚刚开始，他却已戛然而止，但言虽尽而意无穷。

这次演讲的突出特点是"短"。在埃佛雷特已经讲了一小时五十七分钟之后，林肯已别无选择，只能另辟蹊径。因为听众的耐心是有限度的，即使我们字字珠玑。要想在三言两语之中充分表达自己，又能给听众留下深刻印象，就给演讲者出了一道难题。林肯显然是成功了。

他的演说感情深厚，但并非直露的抒发，而是先沟通了听众的心灵，在娓娓而来的演说中传达给听众；语言要言明晰，庄重凝练，朴实中显优雅，几乎无懈可击；尤为可贵的是，在演说最后他创造性地提出了"民有、民治、民享"的思想，给听众留下了难以磨灭的印象，也成了后人竞相引用的经典。

这次演讲的第二天，埃佛雷特写信给林肯，高度赞誉了他的演说。林肯在回信中说："昨天，就我们各自的身份来说，你没有理由做简短的发言，我则不能长篇大论，你认为我那三言两语还不是彻底失败，我为此感到十分高兴。"

【案例分析 9-9】

我有一个梦想

（1963 年 8 月 28 日）

马丁·路德·金

我很高兴，今天能和大家一起参加这次示威游行。它必将作为美国有史以来为争取自由所举行的最伟大的示威游行而名垂青史。

100 年前，一位伟大的美国人——我们现在正站立在他的灵魂的安息处——签署了《解放宣言》。这条重要法令的颁布，在一直忍受着不义与暴虐的火焰烧灼的千百万黑人奴隶的心中，竖起一座光明与希望的灯塔。《解放宣言》似令人欢愉的黎明，即将结束种族奴役的漫漫长夜。

但从那时至今，已经有 100 年历史了，黑人仍无自由可言。100 年后的今天，黑人的生活仍旧悲惨地为隔离的桎梏和歧视的锁链所捆缚。100 年后的今天，在浩瀚的物质财富海洋之中，黑人仍旧在贫困的孤岛上生活。100 年后的今天，黑人仍旧在美国社会的一隅受苦受难，并且发现自己竟然是自己所在国土上的流放者。因此，我们今天来导演的是一场境遇奇耻的戏剧。

就某种意义而言，我们来首都是兑现支票的，当共和国的开创者在宪法及其《解放宣言》上写下庄严的词句时，他们实际上签署了一份期票，即每个美国人都有权继承，这份期票允许的是所有的美国人——不管是白人还是黑人——保证人人都能获得同样的生活权利、自由和对幸福的追求。

然而很明显，就拥有多种肤色公民的美国而言，他没有对这份期票负责。美国没有尊重这一神圣的义务，反而给了黑人一张破碎的支票，这张支票因标着"存款不足"而被退了回来。但我们不相信正义的银行已经破产，我们不相信美国社会的大金库会存款不足。

所以我们来兑现支票，这支票会给我们带来自由的财富和公正的权利。

我们来到这块圣地，提醒美国，现在是最紧迫的时候，现在不是享受冷静或吞服渐进主义的镇静剂的时候，现在是使民主的诺言成为现实的时候，现在是从种族隔离的黑暗、荒芜的峡谷踏上种族平等的阳关大道的时候，现在是将我们的国家从种族不平等的流沙中拯救到和睦的坚固岩石上的时候，现在是使上帝所有的孩子的平等成为现实的时候。

如果这个国家忽视现实的这一切，那是可悲的。黑人在没有获得令人振奋的自由和平等以前，是不会平息他们心中正义的愤懑的。因而，1963 年不是斗争的结束，而是开始。

那些以为黑人只需要出出气，过后就会满足的人会猛然醒悟，黑人在没有获得公民权之前，美国将永远得不到安宁，反抗的旋风将继续动摇国家的基础，直到公正的光明的日子降临。

我要忠告站在通向公正殿堂门槛上的人民，在争取我们合法权益的过程中，我们不能有什么过失，不能用痛苦和仇恨来满足我们对自由的渴望。

我们必须在维护尊严和严守纪律的基础上，继续斗争下去，我们不能容忍我们建设性的抗议降格成暴力抗议，我们必须千方百计地达到用精神力量对付暴力的崇高境界。

最近骚扰黑人居住区的惊人的军事行动，不会使我们相信这是所有的白人所为，因为许多白人兄弟已经明白他们的命运是与我们紧紧相连的，今天他们的到场便充分证明了这一点。

我们不能孤军作战，一旦我们迈开了步子，我们就必须保证勇往直前，而不能有丝毫退缩。有人问热心于人权运动的人："你们什么时候才会满足？"只要黑人还在遭受警察的野蛮行径所带来的严重恐怖的威胁，我们就不会满足。只要我们虽然身体疲惫不堪，但在艰辛的旅途之中却不能向高速公路的汽车旅馆或城市旅馆求宿，我们就不会满足。只要黑人还得从小住宅区向大住宅区迁移，我们就不会满足。只要我们的孩子被那些签署了"一切属于白人"的人剥夺了他们的童年，窃夺了他们的荣誉，我们就不会满足。只要密西西比河流域的黑人享受不到选举权，而纽约的黑人却认为无可选举，我们就不会满足。不，不，只要正义的波涛还没有汹涌，我们就不会满足。

我并非没有留意到，你们之中有些人是从巨大的痛苦与磨难中来到这里的。有些人刚从幽狭的牢房里出来，有些人来自这样的地区：要求自由竟然会招致迫害的风暴和接二连三的打击，竟会招致警察兽行般的反复摧残。而你们却一直富于创造性地坚韧地忍耐着。那么，就怀着一定能获得拯救的信念坚持下去吧！

回到密西西比去，回到阿拉巴马去，回到南卡罗来纳去，回到佐治亚去，回到路易斯安那去，回到北部城市的贫民窟去吧。坚信总有一天，这一切不合理的现实会彻底改变，所以，我们不必陷入绝望的深渊。

朋友们，今天我要告诉你们，尽管我们面临着今天和明天的困难，我仍然存有一个梦想，一个深深植根于美国之梦的梦想。我梦想着有朝一日，这个国家会重新崛起，并将按其信条的真正含蕴去生活——"我们坚信，所有的人生来都是平等的"。

我梦想有一天，佐治亚州的红土地上，奴隶的子孙和奴隶主的子孙会情同手足。我梦想有一天，甚至密西西比州——一个正燃烧着不公正的烈火和压迫的烈火的地方——也会转变为自由、公正的绿洲。

我梦想有一天，我的四个孩子生活在这样一个国家里，人们不再按其肤色而是凭着他们的品行相互对待。

我梦想有一天，亚拉巴马州的州长、一个刻薄的种族主义者，不再提否决和无效之辞。总有一天，就在亚拉巴马，黑人小男孩和小女孩能同白人的小男孩和小女孩像兄弟姐妹一样携起手来。

我梦想有一天，每一个山谷都将填平，每一座丘陵、高山都将夷为平地，所有的坎坷之地都变成平原，所有的曲折之处都将平直。上帝的灵光大放光彩，芸芸众生共睹光华！

这是我们的愿望，我将带着这愿望回到南方。有了这一愿望，我们就能从绝望的群山中凿出一块希望之石；有了这一愿望，我们就能把喋喋不休的争吵灌制成一曲谐和美妙的交响乐；有了这一愿望，我们就能一起工作，一起娱乐，一起斗争，哪怕一起入狱，共同捍卫自由。坚信吧，总有一天我们会自由……

分析：马丁·路德·金（1929—1968年），是战后美国黑人运动的著名领袖。他生于佐治亚州一个牧师家庭，受过高等教育，并获神学博士学位。1955年，他曾参加了蒙哥马利市黑人拒绝乘坐公共汽车运动，并发起成立了"南方基督教领袖会议"。1963年，组织伯明翰黑人争取自由平等权利的大规模游行，把黑人运动由南方推向北方。1964年荣获诺贝尔和平奖，被誉为"为世界有色人民树立了一个榜样"。1968年4月14日，他在田纳西州孟菲斯城遇刺身亡。

1963年8月28日，十个黑人组织在华盛顿举行25万人参加的"自由进军"，示威群众从华盛顿纪念碑出发，分两路游行到林肯纪念堂，在那里，号称"黑人之音"的马丁·路德·金发表了这篇演说。他以美国宪法和《解放宣言》为依据，抨击了黑人所遭受的不平等待遇，号召广大群众立即投入争取自由、争取合法的公民权利、争取最基本的人权的斗争中去。

这篇演说的成功之处在于：一是演讲内容具有真理性，痛快淋漓地喊出了广大黑人压抑已久的心声，引起了听众强烈的共鸣。二是语言优美，比喻精巧，辞风辛辣，情感深厚，特别是一系列的排比句、排比段，使全篇演说似波涛汹涌，呈排山倒海之势，极具艺术性和鼓动性，为不可多得的佳作。

【案例分析 9-10】

敬告中国二万万女同胞
（1904 年 10 月）

秋 瑾

唉！世界上最不平的事，就是我们二万万女同胞了。从小生下来，遇着好老子，还说得过；遇着脾气杂冒、不讲情理的，满嘴连说："晦气，又是一个没用的。"恨不得拿起来摔死。总抱着"将来是别人家的人"这句话，冷一眼、白一眼地看待；没到几岁，也不问好歹，就把一双雪白粉嫩的天足脚，用白布缠着，连睡觉的时候，也不放松一点，到了后来肉也烂尽了，骨也折断了，不过讨亲戚、朋友、邻居们一句"某人家姑娘脚小"罢了。这还不说，到了择亲的时光，只凭着两个不要脸媒人的话，只要男家有钱有势，不问身家清白，男人的性情好坏、学问高低，就不知不觉应了。到了过门的时候，用一顶红红绿绿的花轿，坐在里面，连气也不能出。到了那边，要是遇着男人虽不怎么样，却还安分，这就算前生有福今生受了。遇着不好的，总不是说"前生作了孽"，就是说"运气不好"。要是说一二句抱怨的话，或是劝了男人几句，反了腔，就打骂俱下；别人听见还要说："不贤惠，不晓得妇道呢！"诸位听听，这不是有冤无处诉么？还有一桩不公的事：男子死了，女子就要带三年孝，不许二嫁。女子死了，男人只带几根蓝辫线，有嫌难看的，连带也不带；人死还没三天，就出去偷鸡摸狗；七还未尽，新娘子早已进门了。上天生人，男女原没有分别。试问天下没有女人，就生出这些人来么？为什么这样不公道呢？那些男子，天天说"心是公的，待人是要和平的"，又为什么把女子当作非洲的猩猩一样看待，不公不平，直到这步田地呢？

诸位，你要知道天下事靠人是不行的，总要求己为是。当初那些腐儒说什么"男尊女卑""女子无才便是德""夫为妻纲"这些胡话，我们女子要是有志气的，就应当号召同志与他反对，陈后主兴了这缠足的例子，我们要是有羞耻的，就应当兴师问罪；即不然，难道他捆着我的腿？我不会不缠的么？男子怕我们有知识、有学问、爬上他们的头，不准我们求学，我们难道还不会和他们分辩，就应么？这总是我们女子自己放弃责任，样样事体一见男子做了，自己就乐得偷懒，图安乐。男子说我没用，我就没用；说我不行，只要保着眼前舒服，就作奴隶也不问了。自己又看看无功受禄，恐怕行不长久，一听见男子喜欢脚小，就急急忙忙把它缠了，便男人喜欢，庶可以藉此吃白饭。至于不叫我们读书、习字，这更是求之不得的，有甚么不赞成呢？诸位想想，天下有享现成福的么？自然是有学问、有见识、出力做事的男人得了权力，我们做他的奴隶了。既做了他的奴隶，怎么不压制呢？自作自受，又怎么怨得人呢？这些事情，提起来，我也觉得难过，诸位想想总是个中人，亦不用我细说。

但是从此以后，我还望我们姐妹们，把从前事情，一概搁开，把以后事情，尽力做去，譬如从前死了，现在又转世为人了。老的呢，不要说"老而无用"，遇见丈夫好的要开学堂，不要阻他；儿子好的，要出洋留学，不要阻他。中年作媳妇的，总不要拖着丈夫的腿，使他气短志颓，功不成、名不就；生了个儿子，就要送他进学堂，女儿也是如此，千万不要替她缠足。幼年姑娘的呢，要能够进学堂更好；就不进学堂，在家里也要常看书、习字。有钱做官的呢，就要劝丈夫开学堂、兴工厂，做那些于百姓有益的事情。无钱的呢，就要帮着丈夫苦作，不要偷懒吃闲饭。这就是我的望头了。诸位晓得国是要亡的了，男人自己也不保，我们还想靠他吗？我们自己要不振作，到国亡的时候，那就迟了。诸位！诸位！须不可以打断我的念头才好呢！

——选自《秋瑾集》上海古籍出版社 1979 年版

分析：秋瑾（1875—1907 年），近代民主革命烈士。1904 年赴日本留学，积极参加留日学生的革命活动，担任"演说练习会"的会长。她主持"演说练习会"后，建立了严密的组织，发布了该会的章程，对演说活动的形式和办法都做了明确的规定，并且带领会员们积极进行演说实践，使整个"演说练习会"成了一条联系群众的纽带，为团结同志、宣传革命思想创造了条件。

《敬告中国二万万女同胞》是秋瑾现存的三篇演说稿中的一篇。演讲者的演讲内容，既要迎合听众的口味和兴趣，说听众之所想，又要比听众高出一筹，说听众之所未想，给听众以新的启迪和方向。秋瑾在这里做得非常成功，在那样一个女子备受压迫的时代，旗帜鲜明地提出妇女解放的观点，显然代表了广大妇女的心声；由于种种因素的局限，当时的妇女尚未完全觉悟，秋瑾的演说对她们争取自身解放的斗争具有巨大的指导意义。即使在一个多世纪后的今天，她的有些观点也还不过时。

通俗平实的口语表达是这篇演讲的又一大特色。演讲语言的风格应是多样化的，但口语化是一个基本原则。我们要用活生生的、老百姓挂在嘴边的语言，否则，就会与听众之间树起一道无形的墙。到什么山唱什么歌，选用听众听得懂、听得进去的语言，秋瑾为我们做出了榜样。

【基本训练】

□**知识题**

9.1　阅读理解

1. 什么是命题演讲？命题演讲有哪些方式？

2. 如何克服演讲时的恐惧？

3. 即席演讲的含义是什么？它有哪些特点？

4. 演讲稿的写作与一般书面文章有什么区别？

5. 即席演讲的基本格式和方法有哪些？

9.2　知识应用

1. 判断题

(1) 成功演讲的第一个步骤是讲好开场白。(   )

(2) 书面沟通的优点是长期保存、有形展示、受法律保护，而且语言严密、清晰。缺点是传递速度较慢，难以即时反馈。(   )

(3) 发言就是讲话，两者没有什么区别。(   )

(4) 在演讲中，听众对信息的接受具有选择性。(   )

(5) 演讲的语言特点是结构复杂，修饰成分多，句子长。(   )

(6) 用词很准确和句子精练是演讲的最基本要求。(   )

(7) 对于知识层次比较高的听众，演讲时可以考虑应用更多的例子和情感影响。(   )

(8) 书面沟通是人们按照社会交往规则而进行的文书性写作活动。(   )

2. 选择题

(1) 演讲的发生应具备一定的条件，其主要包括（   ）。

　　A. 演讲者　　　　　B. 听众　　　　　C. 沟通演讲者与听众的媒介

　　D. 时间　　　　　　E. 环境

(2) 下列哪种演讲节奏类型适用于理论报告、纪念会发言、严肃会议开幕词、工作报告等?（   ）

　　A. 持重型　　　　　　　　　　　　B. 复杂型

　　C. 高扬型　　　　　　　　　　　　D. 低抑型

(3) 商务写作的基本文体有（   ）。

　　A. 说明文、应用文、议论文　　　　　B. 通知型、说服型、指导型

　　C. 说明文、记录文、议论文　　　　　D. 公务文体、事务文体、专用文体

(4) "让我们每个人都行动起来，从自我做起，节约每一滴水"。这个结尾的方式是（   ）。

　　A. 提出令人深思的问题　　　　　　　B. 诙谐幽默收尾

　　C. 请求或号召采取行动　　　　　　　D. 激情收尾

(5) 要使题目的选定对演讲效果起着画龙点睛的作用，就应该保证（   ）。

　　A. 题目必须有意义　　B. 题目要有建设性　　C. 题目要新奇醒目

　　D. 标题突出主题　　　E. 题目讲究个人色彩

【综合实训】

实训项目9-1：命题演讲模拟训练

1. 下面是一段演讲词，请先从观点、语言表达等方面按照演讲词的写作要求进行修改，然后试讲。

我们已近而立之年，倘不好自为之，且不说能否有所作为，找到自己人生幸福的支点，就说四个现代化，能够指日可待吗？放眼世界，时代的洪流滚滚向前，神州大地一派生机，多少个陈景润夜以继日地攻关，多少个步鑫生在费尽心机使企业摆脱困境，多少个海外赤子回到祖国效力，又有多少楼群在崛起！在这样一派大好形势下，我们不能袖手旁观了，我们要扬起理想的风帆，驶向幸福的彼岸！

2. 请运用演讲的口语和态势语技巧，正确表达下面的演讲词：

（1）天很黑，时间十分紧迫，为了赶回部队，他沿着荆棘的小路，快步走去。

（2）是的，这是很有些诱惑力的。不过，那是一种精神鸦片，一种糖衣炮弹，还是让它见鬼去吧！

（3）我们能对这种丑恶现象熟视无睹吗？

（4）以前，外国人所作的书籍，多是嘲骂中国的腐败；到了现在，不大嘲骂了，或者反而称赞中国的文化了。常听到他们说："我在中国住得很舒服啊！"这就是中国人已经渐渐把自己的幸福送给外国人享受的证据。所以他们愈赞美，我们中国将来的苦痛要愈深的！这就是说：保存旧文化，是要中国人永远做侍奉主子的材料，苦下去，苦下去。

（5）昨天，日本政府已发动了对马来西亚的进攻。

昨夜，日本军队进攻了香港。

昨夜，日本军队进攻了关岛。

昨夜，日本军队进攻了菲律宾群岛。

昨夜，日本人进攻了威克岛。

今晨，日本人进攻了中途岛。

因此，日本在整个太平洋区域采取了突然的攻势。昨天和今天的事实不言自明。

（6）湖北省冬花同学在迎接九三级新生典礼上的致辞：

走进历史这条古巷

同学们：

走进历史系，你就走进了博大与恢宏，也走进了沉重与孤独。

你定是拥着浪漫的梦幻、踏着青春的舞步而来的，而千万年的风霜烟尘，千万里的沧海桑田，都积淀在你年轻的肩头，现实的冷峻能坚定执着的攀缘，也会凋零热情的开放。

在这商潮汹涌澎湃的时代，远离现代文明的繁华与喧嚣的历史学，面临着剧烈的冲击和严峻的挑战，古老传统的学科，既有令人景仰的国粹，使你深邃、明智；又有沉重难负的压力，使你忧患、焦虑。也许清醒而敏锐的你，甘于在历史的淡泊宁静中登高致远，不随波逐流、与物推移，尊重和热爱你所选择的道路，并无怨无悔地走下去。历史将证明：你的选择是可钦可敬的，你是真正的时代骄子，人中精英。

也许现实没有你的梦想那样亮丽透明，你为自己的"被选择"感到失望和不幸，学史可能非你初衷，但既然我们走进了历史这条又弯又长的古巷，就应该把握好那把求索的钥匙，敲着烙满前人手印的厚厚的墙，找到那扇成功和智慧之门。

别人是否自称优越，你是否自视不幸，关键在于如何利用周围的环境和自身条件。我们没有任何理由妄自菲薄，因为你是自己命运的全权主宰；我们也没有任何理由轻视历史，因为历史是不能忘记的，正如一个人不能忘记他的过去，一个民族不能忘记支撑她的精神一样。

让你的大学生活焕发出最绚丽的光彩来吧！你既然选择了远方，留给世界的只能是背影！

3. 下面是马克·吐温 1901 年在纽约克莱博物馆公共教育协会上的演说。请认真体会其在立意和表达艺术上的独到之处，在充分理解的基础上，利用一定的记忆技巧背诵全文。然后，在全班同学面前用原文公开演说，注意语言表达和态势语技巧的运用，完整表现原文的思想情感。

我也是义和团
（1901 年）

我想，要我到这里来讲话，并不是因为把我看作一位教育专家。如果是那样，就会显得你们的判断力出了问题，并且仿佛是要提醒我别忘记了我自己的弱点。

我坐在这里思忖着，终于想到了我之所以被邀请到这里来，是有两个原因。一个原因是让我这个曾在大洋之上漂流的不幸的旅客懂得一点你们这个团体的性质与规模，让我懂得，世界上除了我以外，还有别的一些人正在做有益于社会的事，从而对我有所启迪。另一个原因是你们之所以邀请我，是为了通过对照来告诉我，教育如果得法，会有多大的成效。

尊敬的主席先生刚才说，曾在巴黎博览会上获得赞扬的有关学校的图片已经送往俄国，俄国政府对此深表感谢——这对我来说，倒是非常诧异的事。因为还只有一个钟头以前，我在报上读到一段新闻，一开头便说："俄国准备实行节约。"我倒是没有料到会有这样的事。我当即想，要是俄国实行了节约，能把眼下派到满洲去的军队召回国，让他们在和平生活中安居乐业，那对俄国来说是多大的好事。

我还想，这也是德国应该毫不拖延地干的事，法国以及其他在中国派有军队的国家都应该跟着干。

为什么不让中国摆脱那些外国人，他们尽在她的土地上捣乱。如果他们都能回到老家去，中国这个国家将是中国人多么美好的家园啊！既然我们并不准许中国人到我们这儿来，我愿郑重声明：让中国自己去决定，哪些人可以到他们那里去，那便是谢天谢地的事了。

外国人不需要中国人，中国人也不需要外国人。在这一点上，我任何时候都是和义和团站在一起的，义和团是爱国者。他们爱自己的国家胜过爱别的民族的国家。我祝愿他们成功。义和团主张要把我们赶出他们的国家。我也是义和团。因为我也主张把他们赶出我们的国家。

我把俄国电讯看了五遍，这样，我对世界和平的梦想便消失了。电讯上说，保持军队所需的巨额费用使得节约非实行不可，因而政府决定，为了维持这个军队，便必须削减公立学校的经费。而我们则认为，国家的伟大来自公立学校。

试看历史怎样在全世界范围内重演，这是多么奇怪。我记得，当我还是密西西比河上一个小孩子的时候，曾有同样的事发生过。有一个镇子也曾主张停办公立学校，因为那太费钱了。有一位老农站出来说了话，说他们要是把学校停办的话，他们不会省下什么钱。因为每关闭一所学校，就得多修造一座牢狱。

这如同把一条狗身上的尾巴用作饲料来喂养这条狗，它肥不了。我看，支持学校要比支持牢狱强。

你们这个协会的活动，与沙皇和他的全体臣民比起来，显得具有更高的智慧。这倒不是过奖的话，而是我的心里话。

4. 组织一次班级演讲比赛，从以下几个方面进行准备：

（1）演讲主题：提前一个星期给定命题范围或题目，请演讲者准备演讲稿，背诵演讲稿，设计各环节，准备参加比赛。要求：主题鲜明；结构完整、严谨；材料充足；时间 3 分钟。

主题参考：

- 我们是合格的大学生吗
- 理想就业，是不是梦
- 我看大学生恋爱
- 女性，还是弱者吗
- 雷锋还要学吗
- 我和我的祖国
- 我自信，我是强者

（2）主持人：选出 1 男 1 女两名主持人，要求：设计并熟悉演讲比赛的进程；了解选手比赛的先后次序；了解并剖析各选手的题目及题目间的联系；写好发言辞；与评委协调行动，密切配合。

（3）评委：选出 5 位评委，要求：商定评分标准，及早通知主持人及各位选手；评委间商定评分分值范围与分数段；交换打分经验，商定具体打分方法；公正打分，尽量不受他人影响，不徇私情。

（4）参赛选手：将班级同学分成 4 组，每组选出 3 名选手代表本组参赛。

（5）评奖：评出前三名为冠、亚、季军；每组参赛同学的成绩累加为小组成绩，选出优胜小组；由听众评出最佳风度奖、最佳语言表达奖和最佳人气奖等单项奖。

5. 假设你被同学们选为班长，请发表一次时间约 3 分钟的就职演说。要求能够充分调动同学们的情绪，活跃现场气氛，加强与同学们的交流，给同学留下美好的印象，以便你取得大家信任，树立威信，今后更顺利地开展工作。

6. 海尔集团拟招聘一批新员工，组织了一次现场招聘会，要求每位应聘者发表 3 分钟左右的应聘演说。假如你是应聘者，请事先准备好讲稿，熟记讲稿内容，但在演说时不能露出背诵痕迹，尽量自然地发表演说。

实训项目 9-2：即席演讲模拟训练

即席演讲与命题演讲有很大不同，对演讲者要求也不同。演讲者除了要掌握命题演讲的基本技能以外，重点是要具备思维和表达的敏捷性。因此，我们的模拟训练将从思维与表达同步训练入手，加快由想到说的过渡，增强即席演讲能力。思维与表达同步训练主要包括：发散思维训练、联想思维训练、逆向思维训练和纵深思维训练。

1. 发散思维训练

发散思维又称辐射性思维，是一种开放型思维方式，它使信息朝各种可能的方向扩散并引出更多的新的信息。这种思维方式从多个角度对话题展开立体分析，可以帮助即席演讲者从多角度立论，并从中选取最佳立论。

（1）辐射遐想训练。

请以一个话题作为思维中心，以《……的随想》为题登台演讲，要求每一个话题发散为至少 3 个随想点。话题如："海洋""水""土地""牛"等。

（2）限时连缀训练。

这是承接上一位演讲者的话茬儿继续往下说的一种训练方法。要求每个发言者在均等的时间内，将一个话题或故事连接下去，直到这个问题圆满结束。

①请将下面这个故事接下去，每人讲 1 分钟。"一个丈夫对自己的律师说要把自己的老婆休掉，不过他承认自己的老婆很漂亮，做得一手好菜，也是个模范母亲。'那为什么还要休掉她呢？'律师问道。因为……"

②某同学在学校表现很差，学习成绩在班级是倒数第一。临近毕业了，很多成绩名列前茅的同学都没有找到工作，但他通过他父亲的过硬"关系"，进了一家大家都想进而进不了的单位。于是张明说："现在学习已经没有用了，要想找工作就得找'关系'，确实找不到'关系'就自认倒霉、听天由命吧。"李晓说："那可不一定……"

请将这个话题接下去，每人 1 分钟。

（3）触发点连缀训练。

这是由多个事物作为触媒，引起某种反应，感悟到其他事物的一种训练。这种方法是将多个触媒按照一定顺序和结构连缀成篇。

①师生聚会上的即席讲话。你已工作 5 年，第一次回到母校，参加同班师生春节联欢会。晚会开始让你代表毕业同学即席讲话。这时你的脑海闪现出这样几个散点：三年离别首次相聚又逢春节前夕；触景生情，回忆当年情事；今日同学们有所成就更感师恩和同学之谊；祝颂语。

②将以下散点连成一段简短的演说辞。假如你是某新生班级的辅导员，正准备在教室向同学们致欢迎词。这时，外面突然电闪雷鸣，接着暴雨骤至。你的脑海迅速闪过几个散点 A. 朝气蓬勃、充满期待的同学们的笑脸；B. 宽敞整洁的教室；C. 闪电和隆隆雷声。

2. 联想思维训练

联想思维又称延展性思维，是由一种事物想到另一事物的思维方法。其特点是利用联想物之间的时间与空间上的接近关系，特点方面的相似与对立关系，在表面上看去并无有机联系的联想物之间建立有机联系。联想思维对于即席演讲迅速展开思路具有极大的帮助。

请将 4 个不相关的事物串接到一起，完成一篇有思想深度的即席演讲。

要求：任选 4 个不相关的事物作为演讲话题的材料，然后以副标题的形式确立演讲的中心话题，演讲者以独特的角度和方式把 4 个不相关的事物串接起来，完成演讲。

（1）《橘子·马桶·字典·抹布》

　　　　　　　　　　　　——切勿以貌相物

　（2）《女人·窗户·渔网·汽车》

　　　　　　　　　　　　——中国女性社会地位的变迁

　（3）《厕所·乐队·导弹·宇宙》

　　　　　　　　　　　　——城市变奏曲

　（4）《天空·土地·水·茶杯》

　　　　　　　　　　　　（副标题自拟）

3. 逆向思维训练

逆向思维指从一般人认为是正确的观点、现象中发现谬误、不足之处，或从传统认为是错误的观点、现象中发现真理的成分，其形式特点表现为对传统思维模式作逆向思考。

（1）训练方法：选择若干成语、俗语或常理，加以分析，提出新意。

（2）训练步骤：先陈述传统释义，然后加以辨析，最后提出自己的新观点。

（3）训练题目：

①己所不欲，勿施于人。

②班门弄斧。

③东施效颦。

④这山望着那山高。

⑤不以规矩，不成方圆。

4. 纵深思维训练

纵深思维即能从一般人认为不值得一谈的小事，或无需再作进一步探讨的定论中，发现更深一层被现象掩盖着的事物本质。其思维形式的特点是，从现象入手，从一般定论入手作纵深剖析。

（1）训练方法：介绍一段事实，然后从现象到本质逐步剖析，深入挖掘内在根源。

（2）训练步骤：先介绍事实，然后分析内在实质。

（3）训练选题：

①某高中 16 岁的小 A 、小 B、和小 C 原是相处很好的同班同学，后来小 A 的男朋友与她断绝了恋爱关系，喜欢上小 C。小 A 对小 C 恨之入骨，将此事告诉了小 B，小 B 也认为小 C 夺人之美太不够义气。于是小 A 和小 B 决定教训小 C 一顿，在厮打过程中小 A 恼羞成怒，用水果刀将小 C 刺成重伤，幸亏抢救及时才保全了性命。被判重刑的小 A 在狱中却无丝毫悔意，认为自己的行为是保护自己的正当权益。请复述该事例后进行深入剖析，作一次 3 分钟的即席演讲。

②肯德基、麦当劳在国外是类似于中国的盒饭的快餐，是为了满足中午没有时间准备午餐的上班族的需求。从营养学角度看，该类食品是一种受到广泛批评的高热量、低营养的所谓"垃圾食品"。在中国，却出现了一种奇怪的现象：处于闹市区的肯德基和麦当劳门庭若市、人满为患，去肯德基和麦当劳吃饭成了青少年竞相攀比的时尚，成了父母奖励孩子的一种颇具吸引力的奖品。请陈述事实，然后作深层次评述，限时 3~5 分钟。

5. 情景模拟训练

（1）请以《面对人生的挫折》为题，作 3 分钟即席演讲。

（2）经过三年学习，你即将告别母校，告别朝夕相处的老师和同学，走上工作岗位。为共叙别情，班级组织一次晚会，请部分同学即席发表 3 分钟的离别感言。请自拟题目，发表即席演说。

第 10 章

求职中的沟通技巧

【知识目标】

在学习完本章之后，你应该能够：

◎理解掌握面试前的准备工作；

◎理解面试当中应该注意的问题；

◎理解面试技巧的提升方法；

◎掌握如何在面试中推销自己等。

【技能目标】

◎通过学习能掌握一些面试的技巧；

◎熟练应对面试中的提问。

👉 引例

一次情境面试的案例

王女士的公司要招一个办公室助理，办公室的几个同事一起讨论了招聘标准、职责和要求后，有人提议，用情境面试的方式来试试，看看招聘的效果会怎样。于是，他们做了详细的策划。

面试的时间安排在上班的 9：00，办公室的同事们基本上在 8：50 左右到，根据设计，办公室的四个人，一个人整理近期报纸，一个人在打扫自己个人卫生，王女士在看近期文件，另一个人待在隔壁的办公室，9：00 的时候，打电话给王女士，说老总要求尽快把报告整理出来，9：10 必须给总经理。

首先是赴约时间：三个面试者，通知的都是 9：00 面试，到达时间分别在 8：55、9：02、9：10，且记为 A 君、B 君、C 君。

A 君到达后，大家都忙着，进来后说自己是应聘的后，办公室小王让他在沙发上等等，就忙于整理报纸了。并告诉他，他可以自己去倒杯水、看会儿报纸。A君说谢谢后，就规规矩矩地待在那里。

B君来了，进来后首先抱歉自己迟到，并解释说走错楼梯了，小王一边整理报纸，同时解释，因为王女士有急事，需要他等等，面试9：20开始。同样，告诉他可以自己倒杯水、看会儿报纸。B君说谢谢后，倒了两杯水，一杯给了A君，另一杯留给了自己。看到小王把报纸搞得乱糟糟的，他说，反正现在也是等，我来帮你一块整理吧。小王说不必不必，B君说，你负责日期，我帮你按版面进行整理，这样会快些。然后就干开了。A君有些不自在，就拿了报夹上的报纸翻起来。

C君9：10到达，C君是某一关系介绍过来的，进来后，冲着办公室里面的人点点头，自己就找位置坐下来，带了一瓶矿泉水。沙发边上有些杂志，乱糟糟的，他胡乱翻了一下，抽出其中一本，跷着脚，看起来。

9：12左右，隔壁打电话的小李，过来招呼打扫自己卫生的小张，要把办公室的一张桌子搬出去。

A君站起来，看到桌子必须从沙发边搬出去，知道碍事，把报纸放在边上；B君又一副我是男的，我可以帮忙的架势；C君仍然跷着自己的腿。

要知道，这是第二轮面试。

最后，你猜，他们选择了谁？

三个人都选了，A君是因为公司需要一个库房管理；B君被办公室录用了；C君被领导安排在销售部门。

你们知道三个人后来的发展吗？一年后，这几个人不出他们所料，收获了不同的命运：

A君规规矩矩，B君得到了晋升，C君离职了。

这一案例表明：在面试时，每一个应聘者自己当时的行为可能就会影响自己的最终应聘结果。所以在面试前，不光要做好准备，同时还应该在平时就要养成良好的各种习惯，这也许会给自己带来意外的惊喜，机会毕竟会青睐有准备的人。

10.1 备战面试

10.1.1 面试概述

1. 面试概念

面试是一种经过组织者精心设计，在特定场景下，以考官对考生的面对面交谈与观察为主要手段，由表及里测评考生的知识、能力、经验等有关素质的一种考试活动。

面试是公司挑选职工的一种重要方法。面试给公司和应招者提供了进行双向交流的机会，能使公司和应招者之间相互了解，从而双方都可更准确做出聘用与否、受聘与否的决定。

2. 面试目的

一般来说，面试有以下几个目的：
（1）考核求职者的动机与工作期望；
（2）考核求职者仪表、性格、知识、能力、经验等特征；
（3）考核笔试中难以获得的信息。

3. 面试形式

面试有很多形式，依据面试的内容与要求，大致可以分为以下几种：
（1）问题式。

由招聘者按照事先拟订的提纲对求职者进行发问，请予回答。其目的在于观察求职者在特殊环境中的表现，考核其知识与业务，判断其解决问题的能力，从而获得有关求职者的第一手资料。

（2）压力式。

由招聘者有意识地对求职者施加压力，就某一问题或某一事件作一连串的发问，详细具体且刨根问底，直至无以对答。此方式主要观察求职者在特殊压力下的反应、思维敏捷程度及应变能力。

（3）随意式。

即招聘者与求职者海阔天空、漫无边际地进行交谈，气氛轻松活跃，无拘无束，招聘者与求职者自由发表言论，各抒己见。此方式的目的为：于闲聊中观察应试者的谈吐、举止、知识、能力、气质和风度，对其做全方位的综合素质考察。

（4）情景式。

由招聘者事先设定一个情景，提出一个问题或一项计划，请求职者进入角色模拟完成，其目的在于考核其分析问题、解决问题的能力。

（5）综合式。

招聘者通过多种方式考察求职者的综合能力和素质，如用外语与其交谈，要求即时作文，或即兴演讲，或要求写一段文字，甚至操作一下计算机等，以考查其外语水平、文字能力、书法及口才表达等各方面的能力。

以上是根据面试种类所做的大致划分，在实际面试过程中，招聘者可能采取一种或同时采取几种面试方式，也可能就某一方面的问题对求职者进行更广泛更深刻即深层次的考查，其目的在于能够选拔出优秀的应聘者。

4. 面试种类

（1）集体面试。

即很多求职者在一起进行的面试，就招聘者来讲，这样可以在专业、地域及其他各方面都有较大的选择余地。

（2）个体面试。

即用人单位对求职者单独进行的面试。

（3）视频面试。

①在线视频面试。通过即时性视频聊天软件进行在线同步的视频面试方式。

②异步视频面试。异步面试是一种新型的面试方式，利用异步视频面试系统，企业HR 只需要简单地用短信或者邮件将面试邀请发给候选人，候选人就可以通过智能手机、摄像头等设备录制并上传视频答卷，然后企业 HR 就可以观看、评价、分享和比较视频，随时随地轻松完成候选人筛选。

10.1.2 基本程序

1. 准备阶段

（1）制定面试指南。

（2）准备面试问题。

（3）评估方式确定。

（4）培训面试考官。

2. 实施阶段

（1）关系建立。这个阶段一般提出的问题是封闭性的。

封闭式提问类似于对错判断或选择题，答案具有确定性和唯一性。提问时，面试官给求职者一个框架，让他在可选的答案中进行选择。封闭式提问常用词语有："能不能""有没有""是不是""会不会""可不可以"等，问句中如果带有这些词语，一般就是封闭式问题了。

那么，求职者如何应对封闭式提问呢？求职者在回答封闭式提问时，只需要回答一两个词，回答力求简洁、明白，一般不需作过多的补充和修饰。

（2）导入阶段。这个阶段一般提出的问题是开放性的。

开放式提问指的是面试官为了从求职者口中获得更丰富的信息，或鼓励求职者回答问题，常常会采用的提问方式。开放式的问题一般以"什么""哪里""如何""何时""为什么""怎样""请告诉""请描述""请解释"等为开头。

面试过程中，面试官常会提很多开放式问题。你该如何应对呢？有些求职者在回答开放式问题的时候，三言两语简单作答，这违背了面试官的初衷，因为面试官之所以采用开放式的提问方式，就是希望你多提供信息，因此，在回答开放式问题的时候，你需要对观点进行解释、总结、举例等，让面试官尽可能多地了解自己。你应该开阔思路，尽量多说。同时，你也要做到条理清晰、逻辑性强，不要不经思考就随口说出你的答案。

（3）核心阶段。这个阶段一般提出的问题是行为性的。

行为性的提问是通过让考生确认在过去某种情景、任务或背景中他们实际做了什么，从而取得考生过去行为中与一种或数种能力要素相关的信息。目的是通过关注考生过去的行为，预测考生将来的表现。

在行为性问题的实际使用过程中，由于所有已经发生的事件都是由考生进行描述，而考官对考生过去的行为的真实情况了解比较困难，考生就可能对以往的工作成果夸大其词。因此，在使用行为性问题进行提问时，一定要注意提问的技巧，需要对以往的工作细节进行追问，以便了解特定情况下应试者的行为，表现出来的能力以及所取得的成果。这就是有名的 STAR 技巧。比如：

例题 1：主考官：你能不能举出一个你所遇到的实例，当时你的上级部门的主管与你在某个项目的要求上没有达成共识，给我讲一讲当时的情况是怎样的？

候选人：……

主考官：你当时是怎么想的？

候选人：……

主考官：后来你是怎样说服上级部门的主管的？

候选人：……

主考官：最后达成了什么样的共识？

例题 2：请详细说说在以往的工作中，由你组织的比较成功和不太成功的活动各一次，并说说体会。

（4）确认阶段。这个阶段一般提出的问题是开放性的。

（5）结束阶段。这个阶段一般提出的问题是开放性、行为性的。

3. 总结阶段

（1）综合面试结果。

（2）面试结果的反馈。

（3）面试结果的存档。

10.1.3　重要因素

成功的求职者面试需要带什么东西？这些候选人通常共有以下某些特点：

1. 能量

面试者需要推动。他们通常被困在一个屋子里就是一整天，他们希望候选人能够带给他们兴奋和灵感。充满活力地进入一个房间要比你保持冷静地进入一个房间好得多。所有艰难的工作都需要很多能量，而重要的是你要表现出你拥有很多能量。

2. 雄心壮志

很少有组织机构需要的只是一双安全的手。很少有公司会积极寻求蛮勇的冒险者，但是每个人都希望他的员工可以推动工作超出它的自然边界。我们总是在寻找可以给予我们的东西比我们要求的更多的人，寻找对组织和他们自己有雄心的人，寻找能够说服我们可以达到两者协调一致的人。

3. 想法

大多数候选人来的时候准备好的观点只不过是根据自己的猜测准备的。也就是说他们很仔细、顺从，并没有冒险精神。但是收敛过多的创造力比激发创造力要容易得多。因此要豁出来，不要猜测，自己思考！很少有老板会对能够读懂他们想法的人感兴趣。

4. 信心

我知道人们很可能过度自信，但是我几乎还没有看过谁这样呢。相反，大多数候选人给人留下的印象是踌躇的、谨慎的和充满恐惧的。但是如果想激发其他人对你的信任，你需要展示出你自己身上拥有自信。这并不意味着要表现出一副傲慢的姿态；这并不意味着要因为曾经的成绩而感到骄傲并兴高采烈地谈论这些成绩。

5. 好奇心

我以前曾经写过对你周围的世界有好奇心有多么重要，但是在面试中，你需要展现这一点。你知道面试的人会问你是否有问题要问。来的时候准备一些你对该组织、个人和文化真正好奇的问题，不要留下即兴发挥的机会。努力思考那些可以展示出你进行了调查并想了解更多的问题。

你会注意到，在这个列表列出的所有特点中，我并没有提到技巧。那是因为如果你已经被选中参加一个面试，你的基本技能已经得到认可。面试存在的目的就是让雇主看到简历上没有的东西，确保你能准确、清楚地说出这些东西。

10.1.4 面试准备

1. 有效准备

（1）充分了解应聘单位。事先对目标单位和目标工作进行深入细致的了解非常重要，应通过多种信息渠道了解目标单位的性质、规模、组织结构、产品和服务、金融状况和发展前景。一般来说，可以通过该单位的有关文献如透露该单位的运营、事件和人事信息的内部杂志或报纸，以及来自于该单位的广告册、宣传册等和报道该单位的报纸、期刊来了解。对于目标工作的了解，应尽可能同该单位的员工谈谈话，或通过职业介绍处等部门进行了解，弄清楚有关目标工作的下列问题：工作职衔、工作职责（这项工作的主要任务是什么）、工作要求（这项工作需要哪些知识和技能）、事业发展、工作报酬（该工作的一般工资水平如何，福利待遇状况）、出差机会、易地生活的机会等。

对用人单位的性质、地址、业务范围、经营业绩、发展前景，对应聘岗位职务及所需的专业知识和技能等要有一个全面的了解。单位的性质不同，对求职者面试的侧重点不同。如果是公务员面试，内容和要求与企业相差很大。公务员侧重于时事、政治、经济、管理、服务意识等方面。而一位资深人力资源专员说："面试时，我们都会问求职者对我们公司了解多少，如果他能很详细地回答出我们公司的历史、现状、主要产品，我们会高兴，会认为他很重视我们公司，对我们公司也有信心。"同时还应该通过熟人、朋友或有关部门了解当天对你进行面试考官的有关情况及面试的方式、过程，以及面试时间安排，索取可能提供给你的任何说明材料。

（2）使自己的能力与用人单位工作的要求相符合。"知己知彼，百战不殆"。求职者面试前应对自己的能力、特长、个性、兴趣、爱好、长短处、人生目标、择业倾向有清醒认识。认真阅读你所收集到的所有信息并牢记它们。尽量使自己的能力与工作要求相适应。参加面试时，通过显示你对知识的掌握和理解来表达你希望进入这一职业工作的愿望。

（3）模拟可能询问的问题。这包括两个方面，一是面试中可能要问到你的问题，另一方面是你在面试时要提出的问题。

面试前，对面试过程中对方可能向你提问的问题做好准备，答案要简短、清晰、中肯。这些问题包括你的成就、经历、兴趣、爱好、你对工作或学校的感受、你与朋友或家庭成员的关系等。你可以罗列出一些最经常问到的问题，然后对每个问题做出简要的书面回答，然后熟记下来。这样做，会使你在面谈时思路清晰、应对自如，恰当地处理好各种棘手的难题。

面试中，你的提问也十分重要，因为它能表明你已经知道些什么和你能对目标单位做些什么，也能使你获得对目标单位和目标工作的评估信息，并帮助你把面谈的话题保持在对你有利的方向上。在准备这些问题时，要把这些问题限制在询问目标单位和目标工作的范围之内，显然应避免提出那些可能引起对方猜疑和反感的问题。

这项准备有助于认清自己真正的想法，有助于在面试的现场进行清晰的自我表达。

（4）练习处理对你面试不利的事情。即使曾有一些不愉快的受挫经历，即使自己曾经犯过错，也可作为一段可供学习的经验加以陈述。务必用积极的事情抵消消极的事情，最好不要说有损自己形象的话。

【案例分析 10-1】

没打电话问路被录取

"我印象最深的一次面试是那次在离市区较远的一家公司，他们要招的是文秘。"说起那次面试经历，当时还是待业青年的小谭感触颇深。

面试地点被安排在公司的会议室，而要从市区顺利并按时去到那家郊区的公司，这对本就不是本地人的小谭来说已是第一道面试问题了。由于平时面试不多，而且对这家公司也不够了解，小谭开始搜集公司的一些信息，当然包括如何从住所去到公司这个当前急需解决的问题。

对线路有了清楚的把握后，小谭胸有成竹地开始了这次陌生而又熟悉的求职长征。值得庆幸的是，在公司规定的时间内，小谭顺利抵达了公司指定的面试地点，虽然也是提前到，但会议室也已经有两个人了。

正当小谭气喘吁吁站到面试官面前时，面试官的一句话让她一下子平静了下来。"你是唯一一个没有打电话问我们路线的同学，你被录取了。"

录取理由：公司虽然离市区确实有些远，但考生能自己一个人找到并且提前到面试现场，足以说明你对这次面试的重视，而作为一名文秘，有较强的思考能力和对公司积极了解的主动性是非常重要的。

分析：本案例中小谭在面试前积极努力地准备，让面试官看到了她在工作中的主动性，从而为她赢得了工作机会。

2. 注意点

（1）提早到达较为从容；

（2）进入房间应先敲门；

（3）坐姿端正，眼神自然，手脚安定；

（4）每次答话应干脆利落，不打断对方谈话。

3. 自我认知

要自信地应对面试，首先要对自己有清楚的认识：

（1）写出几件自己认为可以称得上成功的事情，并逐一分析这些成就，列出你最主要的几项技能。

（2）同一件事情，各人有截然不同的处理方式，这取决于每个人不同的个性。为弄清自己的个性，可以通过分析成就，用一些形容词来归纳自己的性格。

（3）确定与你的个性、兴趣相符的工作环境。工作环境不仅指具体的环境，更重要的是工作单位的文化背景。一位求职者到一家由几个工程师开设的公司面试，她说："那里给人的感觉就像军队，棕色的地毯、黄色的屏风、陈旧的家具……我不会在这儿工作的。"

4. 心理准备

面试就好比一场考试，在测试每个人的能力，也在测试每个人的心理素质和临场发挥。因此，要成功面试，首先，要充满信心。"天高任鸟飞，海阔凭鱼跃"。保持良好的状态、快乐的心情，会大有好处。其次，要抓住招聘者的心。招聘者可能会先评价一个求职者的衣着、外表、仪态及行为举止；也可能会对求职者的专业知识、口才、谈话技巧做整体性的考核；还可能会从面谈中了解求职者的性格及人际关系，并从谈话过程中了解求职者的情绪状况、人格成熟度、工作理想、抱负及上进心。

5. 知识准备

与应聘岗位相关的专业知识、业务技能等要熟知；备上一份求职材料，供招聘者查阅参考。准备当天可能用到的个人资料或作品，携带相关证件，以便在面试过程中进一步向招聘者提供有关自己个人的相关资料。

6. 体能、仪表准备

面试前要保证充分的睡眠和愉快的心情，以保持良好的精神状态。同时，优雅、庄重的外表能给面试者留下良好的印象。重视自己的衣着、仪表和姿态，在面试一开始就会让面试人对你形成一个较好的评价。在这里可以引用社交中的服饰"TPO"原则。所谓"TPO"原则，指服饰应当符合 Time（时间）、Place（地点）、Object（目标）的要求。面试是一种正式场合，应当穿着适合这一场合的衣服。穿着应以庄重为首要要求，要挑选自己质量最好的衣服，不要穿那些样式过于奇特、颜色过于鲜艳、图案过于花哨的衣服。

同时，还要用心修饰一番自己的外表，衣服要干净整洁，皮鞋要系好鞋带，擦拭光亮。头发要梳理整齐，指甲要修剪干净，并保持清新的呼吸气息。对于女性而言，不要戴太多的首饰，谨慎地化妆，切忌浓妆。如果方便的话，在进行面试之前检视一下自己的仪表。

其他面试前应准备的还包括一个适用的公文包，装入必要的用品，以便谈话中使用。另外，还要核实面试的具体地点和时间，以便做好计划，按时赴约。

10.2　面试中的应答技巧

10.2.1　应对面试

1. 背熟自己的求职履历

常常遇到有些求职太过频繁，而自己的求职履历则又是经过精心"包装"的人，到面试时有时连自己都记不清究竟"工作经验"是怎样"排列组合"的了，一上阵便迅速"露出马脚"，不战自败。

2. 准备好同所申请的职位相吻合的"道具"

身上穿的、手上戴的、浑身上下的衣着均能反映出求职者对所申请的职位的理解程度。试想如果一家五星级酒店招一名公关经理，而应聘者下雨天穿着高筒套鞋去面试恐怕同所申请的职位形象相去甚远。所以面试时的"道具"也应有所选择。

【案例分析 10-2】

奇葩经历：戴手表直接被录取了

这是一家电缆厂的面试，小薛是正在找工作的应届毕业生，而平时就喜欢坐后排的小薛在意识到这个面试官可能喜欢张扬高调的求职者时，似乎觉得自己的竞争力一下子弱了许多。但让小薛意想不到的是，接下来的"惊喜"也发生在了自己身上。

"戴手表的同学你们被录取了。"面试官的这句话也让整个教室沸腾了片刻，很多没戴手表的同学只有大眼瞪小眼，看着旁边戴了手表的同学。小薛说，自己平时虽然也用手机看时间，但更愿意通过手表来把控自己的时间，所以几乎任何时候他都戴着手表，"这比手机看时间简单直接多了。"小薛说道。

录取理由：面试官的理由是，很多人或多或少还是有时间观念，但更多的人是通过手机来看时间，而我们认为戴手表的人会更加注重时间安排，尤其对销售岗位的人员来说，有很强的时间观念是很必要的。

分析：面试前准备好与自己所面试的岗位相协调的"道具"，在面试的时候往往会给自己带来意想不到的惊喜。所以运用好合适的面试"道具"也是面试的一个技巧。

3. 准备好同自己身份相吻合的语言

每个人都应对语言和遣词用字有所选择，面试不同于闲聊，张嘴就来，可以不假思索。每一句话，每一个词都应有所挑选。如不少不谙世事的求职者参加面试时张口闭口"你们公司怎么怎么"，听多了肯定会引起别人的反感。应该十分有礼貌客气地说"贵公司"，礼多人不怪嘛！

【案例分析 10-3】

录取原因：适当的语言

鲁林前往一家公司应聘，却被告知来晚了，这个岗位已经有人选了。尽管满怀希望被泼了一瓢冷水，鲁林还是微笑地站起身来，礼貌地同经理握手道别："打扰了。我非常遗憾自己看到这个消息的时间太晚了，但我衷心地希望这只是属于我个人的遗憾。"走出办公室的鲁林突然听到身后传来经理的声音："小伙子，等一下。"鲁林得到了一次面试的机会，最后，他成了这家公司的员工。

分析：面对拒绝时，不必不好意思，更加不能恼羞成怒，这时保持平和的心情和良好的礼仪是十分重要的。有的人就善于在此时说一段得体的话，不仅给自己一个漂亮的台阶下，有时还会使事情出现意想不到的转机。

4. 准备好同选择的职业和身份相吻合的行为规范

面试时的细小行为最能说明一个人的真实情况，试想一个个人物品杂乱无章，甚至连钢笔都找不到的人，是很难受到面试考官的青睐的。

10.2.2 交谈技巧

1. 谈话应顺其自然

不要误解话题，不要过于固执，不要独占话题，不要插话，不要说奉承话，不要浪费口舌。

2. 留意对方反应

交谈中很重要的一点是把握谈话的气氛和时机，这就需要随时注意观察对方的反应。如果对方的眼神或表情显示对你所涉及的某个话题已失去了兴趣，应该尽快找一两句话将话题收住。

3. 有良好的语言习惯

不仅是表达流利，用词得当，同样重要的还有说话方式。

发音清晰。有些人个别音素发音不准，如果影响讲话整体质量，应少用或不用含有这个音素的字或词。

语调得体。得体的语调应该是起伏而不夸张，自然而不做作。

声音自然。音调不高不低，不失自我，不仅听来真切自然，而且有利于缓解紧张情绪。

音量适中。音量以保持听者能听清为宜。

语速适宜。要根据内容的重要程度、难易度及对方注意力情况调节语速和节奏。

此外还要警惕容易破坏语言意境的现象：过分使用语气词、口头语。这不仅有碍于人们的连贯理解，还容易引人生厌。

4. 禁忌小动作

求职过程中，面试可以说是压力最大的一个环节。要想在面试中成为胜利者，要做好多方面的准备，就连一些不经意的小动作也不能忽略。

边说话边拽衣角。求职者在面谈时，由于紧张或不适应，无意间会拽衣角或摆弄纽扣。这个小动作很容易让考官看出你的紧张焦虑，给人留下不成熟、浮躁的印象。

跷二郎腿或两手交叉于胸前。不停地轮换交叉双腿，是不耐烦的表现，而一直跷着二郎腿则会让考官觉得你没有礼貌。如果再把两手交叉放在胸前，那就表达出了拒绝或否决的心情。因此，求职时一定要注意坐姿端正，双脚平放，放松心情。

拨弄头发。频繁用手拂拭额前的头发，会透露出你的敏感和神经质，还会令人产生不被尊重的感觉。为避免这种习惯影响到面试的结果，求职者最好剪短发，这样既显得精神又能避免不经意间拨弄头发。

夸张的肢体动作。面试时适当的手势能帮助你更好地阐释自己的观点，不过动作太过活泼、夸张则会给人留下不稳重的印象。因此，面试时应以平稳、平实的态度为原则。

眼神飘忽。面试时两眼到处乱瞄，容易让主考官觉得这是一位没有安全感、对任何事都不抱有信任感的应试者。最好的方法是面带微笑，眼睛看着谈话者，同时头微微倾斜。

不停地看表。不论是在面谈或与人交谈时，不停地看时间，会让人产生压迫感。因此，求职者要把握好时间，千万不要频繁看表。

5. 交谈心态

作为应届毕业生初次参加招聘，如何摆正自己的心态在很大程度上关系着招聘的成败。

（1）展示真实的自己。面试时切忌伪装和掩饰，一定要展现自己的真实实力和真正的性格。有些毕业生在面试时故意把自己塑造一番，比如明明很内向，不善言谈，面试时却拼命表现得很外向、健谈。这样的结果既不自然，很难逃过有经验招聘者的眼睛，也不利于自身发展。即便是通过了面试，人力资源部门往往会根据面试时的表现安排适合的职位，这对个人的职业生涯也是有害的。

（2）以平等的心态面对招聘者。面试时如果能够以平等的心态对待招聘者，就能够避免紧张情绪。特别是在回答案例分析问题时，一定要抱着我是在和招聘者一起讨论这个问题的心态，而不是觉得他在考自己，这样就可能做出很多精彩的论述。

（3）态度要坦诚。招聘者一般认为做人优于做事。所以，面试时求职者一定要诚实地回答问题。一位企业的人事主管说，以前曾经面试过一个女孩，面试时她说自己有男友，进入公司后又说没有男友。问她原因，她说曾在一些书里看到，如果说有男朋友就会给人稳重、有责任感的印象。实际上这样做非常不好，面试时的欺骗行为不利于以后的发展。

6. 交谈原则

应聘者与招聘者交谈应该把握以下"四个度"的原则：

（1）体现高度，在交谈中展示自己的水平。一方面是政治思想水平和强烈的敬业精神；另一方面是专业水平。对问题回答不能满足于"知其然"，还要答出"所以然"。

（2）增强信度，在交谈中展示自己的真诚。首先，态度要诚，交谈不要心不在焉；其次，表达要准，少用"可能""也许""大概"等模棱两可的词语；最后，内容要实，尤其对于自己的优缺点要一分为二，实事求是。

（3）表现风度，在交谈中展示自己的气质。一方面要体现自身的外在美，另一方面更要体现内在气质。言语是一个人内在气质、涵养的外在体现，要注意用自己的语言魅力展示自己。

（4）保持热度，在交谈中展示自己的热情。要注意做到：主动问候，精神饱满，悉心聆听。

7. 最后关

（1）适时告辞。面试不是闲聊，也不是谈判。从某种意义上讲，面试是陌生人之间的沟通。谈话时间的长短要视面试内容而定。招聘者认为该结束面试时，往往会说一些暗示的话语：

——我很感激你对我们公司这项工作的关注。

——谢谢你对我们招聘工作的关心，我们一作出决定就会立即通知你。

——你的情况我们已经了解了。你知道，在作出最后决定之前我们还要面试几位申请人。

求职者听了诸如此类的暗示语之后，就应该主动告辞。

（2）礼貌再见。面试结束时的礼节也是公司考察录用的一个砝码。成功方法在于，首先不要在招聘者结束谈话前表现出浮躁不安、急欲离去的样子。其次，告辞时应感谢对方花时间同你面谈。临走时，如果有秘书或接待员接待过你或招待过你的话，也应向他们致谢告辞。报载，一位毕业生来到深圳求职，面试时一番锋芒毕露的自我介绍，结束时抛下声"再见"，连握手也免了，拂袖扬长而去。接待他的招聘者苦笑着摇头：如果说有个性、有锋芒可以容忍的话，那么连基本礼节都不懂的人则"养不起"，也无法与之合作。

10.2.3　应对思路

1. 自我介绍

（1）这是面试的必考题目。
（2）介绍内容要与个人简历相一致。
（3）表述方式上尽量口语化。
（4）要切中要害，不谈无关、无用的内容。
（5）条理要清晰，层次要分明。
（6）事先最好以文字的形式写好背熟。

2. 谈谈家庭

（1）对于了解应聘者的性格、观念、心态等有一定的作用，这是招聘单位问该问题的主要原因。
（2）简单地罗列家庭人口。
（3）宜强调温馨和睦的家庭氛围。
（4）宜强调父母对自己教育的重视。
（5）宜强调各位家庭成员的良好状况。
（6）宜强调家庭成员对自己工作的支持。
（7）宜强调自己对家庭的责任感。

3. 谈谈缺点

（1）不宜说自己没缺点。
（2）不宜把那些明显的优点说成缺点。
（3）不宜说出严重影响所应聘工作的缺点。
（4）不宜说出令人不放心、不舒服的缺点。
（5）可以说出一些对于所应聘工作"无关紧要"的缺点，甚至是一些表面上看是缺点，从工作的角度看却是优点的缺点。

4. 失败经历

（1）不宜说自己没有失败的经历。
（2）不宜把那些明显的成功说成是失败。
（3）不宜说出严重影响所应聘工作的失败经历。
（4）所谈经历的结果应是失败的。
（5）宜说明失败之前自己曾信心百倍、尽心尽力。
（6）说明仅仅是由于外在客观原因导致失败。
（7）失败后自己很快振作起来，以更加饱满的热情面对以后的工作。

5．如何选择

（1）面试官试图从中了解你求职的动机、愿望以及对此项工作的态度。

（2）建议从行业、企业和岗位这三个角度来回答。

（3）参考答案——"我十分看好贵公司所在的行业，我认为贵公司十分重视人才，而且这项工作很适合我，相信自己一定能做好"。

（4）也要对该行业有个简单的横向分析。

6．怎样开展

（1）如果应聘者对于应聘的职位缺乏足够的了解，最好不要直接说出自己开展工作的具体办法。

（2）可以尝试采用迂回战术来回答，如"首先听取领导的指示和要求，然后就有关情况进行了解和熟悉，接下来制订一份近期的工作计划并报领导批准，最后根据计划开展工作"。

7．缺乏经验

（1）如果招聘单位对应届毕业生的应聘者提出这个问题，说明招聘单位并不真正在乎"经验"，关键看应聘者怎样回答。

（2）对这个问题的回答最好要体现出应聘者的诚恳、机智、果敢及敬业。

（3）如"作为应届毕业生，在工作经验方面的确会有所欠缺，因此在读书期间我一直利用各种机会在这个行业里做兼职。我也发现，实际工作远比书本知识丰富、复杂。但我有较强的责任心、适应能力和学习能力，而且比较勤奋，所以在兼职中均能圆满完成各项工作，从中获取的经验也令我受益匪浅。请贵公司放心，学校所学及兼职的工作经验使我一定能胜任这个职位"。

8．离开前一家公司的原因

（1）最重要的是：应聘者要使招聘单位相信，应聘者在过往的单位的"离职原因"在此家招聘单位里不存在。

（2）避免把"离职原因"说得太详细、太具体。

（3）不能掺杂主观的负面感受，如"太辛苦""人际关系复杂""管理太混乱""公司不重视人才""公司排斥我们某某的员工"等。

（4）但也不能躲闪、回避，如"想换换环境""个人原因"等。

（5）不能涉及自己负面的人格特征，如不诚实、懒惰、缺乏责任感、不随和等。

（6）尽量使解释的理由为应聘者个人形象添彩。

（7）如"我离职是因为这家公司倒闭。我在公司工作了三年多，有较深的感情。从去年始，由于市场形势突变，公司的局面急转直下。到眼下这一步我觉得很遗憾，但还要面对现实，重新寻找能发挥我能力的舞台"。

10.2.4　压力调整

心理素质，是人的整体素质的组成部分，是以自然素质为基础，在后天环境、教育、实践活动等因素的影响下逐步发生、发展起来的。心理素质是先天和后天的合金。心理潜能、心理能量、心理特点、心理质量与心理行为的有机结合，称为心理素质。而这五个方面又都蕴含在智力因素与非智力因素之中。也就是说，所谓培养心理素质，就是要发挥、发展、培养、提高、训练智力与非智力因素的潜能、能量、特点、质量与行为。

在面试过程中，心理素质较弱的面试者往往表现出紧张、不自信，导致语言反复表达不畅、仪表仪态不够端庄大方，极大地影响了他们的面试成绩，不利于在考官面前留下良好正面的印象。

那么，如何能够帮助面试者尽快消除紧张情绪，提高他们的自信呢？这里提供几个有效的方法，各位不妨一试：

1. 做 30 次腹部呼吸

做腹部呼吸是消除消极情绪很好用的一个办法，能让你消除紧张，回到现实，冷静思考问题。

下面是做腹部呼吸的方法：

两腿分开，放松坐正；把手放在腹部，用鼻孔轻轻吸气到腹部。这时你会感觉到腹部慢慢涨起来，同时能够感觉到你腹部的手；然后轻轻通过鼻孔把腹部的气呼出去，呼气的同时稍微用点力。你能够感觉到你的腹部就像要贴着背后的脊骨一样；呼吸要饱满，如此反复呼吸 30 次，同时在心里数着呼吸的次数；做完后，缓缓做一下深呼吸；通过做腹部呼吸，你的身体会变得更加放松，心情也会平静下来，思路也会更加清晰。

2. 问自己"最坏可能是什么情况"

人们很容易会把一件事情想复杂，并推断可能发生的后果也会很严重。但事情通常都不是你想的这么严重。通过问类似这样的问题，让自己往积极、健康的角度考虑，不要自己吓自己。我们要往好的方面想，保持积极向上的心态，想象事情正在按照你预想的那样发展。虽然你的想象并不是实际存在的，但是通过这样，你能够得到更舒缓的心情，同时阻止了你内心消极想法的滋生。

美国心理学家做了一个有趣的实验，他们要求人们把自己未来 7 天内，所有感到忧虑和烦恼的事情写下来，投入一个"烦恼箱"里。三周后，人们打开了"烦恼箱"，逐一核对自己写下的烦恼。结果发现，其中九成的烦恼并未真正发生，绝大多数烦恼已经不存在了。专家表示"烦恼不寻人"，大多数的烦恼是人们想象出来的，并且不断放大强化，使它们成为心理负担。

3. 实践

你实践得越多，就会越熟悉你遇到的情形，你也会越来越自然，越来越自信。因为你经历过，知道那是怎么回事，也能预料到将会发生什么。所以，抓住一些实践的机会，让自己能够真正经历这样的事情，你就会感觉越来越自然，而不是紧张。

要消除紧张情绪，除了以上两个方法之外，还需要做大量练习。只有在练习基础之上，才最终能够增加考生的知识储备、答题技巧、解题思路，才能最终消除紧张，提高自信。

10.2.5 成功原则

要成功面试，需要掌握以下原则：

1. 你是公司未来的有利资产

你需要传递给企业这个信息：你拥有帮助企业实现预期目标的潜在能力，你是公司的宝贵资产而非包袱。

2. 明确的人生目标

具有积极自我成长概念，努力进取，并充满旺盛的事业心与斗志，能迅速进入工作状态的人，更易为企业赏识和任用。

3. 强烈的工作意愿

面试时要随时保持对工作的高度热忱与兴趣。

4. 与同事、团体合作的能力

一个容易与人沟通协调的求职者可以说已有一半获胜的希望。如果你曾有社团活动的工作经验，可尽量举例说明，以争取主考官的青睐。

5. 掌握诚恳原则

在录用标准上，"才能"是永恒不变的第一原则，"诚恳"则是重要的辅助因素。面试前准备充分，心情镇定，仪容大方整洁，临场充分表现自我，便是诚恳的最好表现。

例一：文明礼貌是对别人的尊重，是引起别人重视的第一印象。礼貌的具体表现反映在语言和衣着上。在语言上，更多使用"您好""请多关照""谢谢""再见"等。曾经有这样一个典型事例，某公司到某学校选拔学生，学生依次面试，当按姓名叫到一个学生不在时，立即有一位同学去找，去找的这位同学回来后说"对不起，没找到"。负责选拔的总经理当场说："就凭你这句'对不起'，你这样的学生我们要了。"

例二：面试时的仪表风度很重要，某公司招聘经理说，招聘者对求职者的印象常常在前30秒就已经形成了，所以招聘者们都强调求职者一定要注意自己的着装和精神风貌。以前都认为面试时一定要穿正装，比如男孩子要西装革履，女孩必须一身职业装，其实着装主要看公司的风格和职位特点，像一些网络公司着装比较随意。他认为，对于应届毕业生来说，着装不强调西装革履，但一定要整洁干净。

10.2.6　面试禁忌

一忌好高骛远，不切实际。找一份理想的职业是每个求职者的愿望，无可厚非。但美好的愿望应根植于自身素质和客观现实之上。审时度势，准确定位是求职成功的关键所在。眼高手低，这山望着那山高是求职大忌。

二忌妄自菲薄，患得患失。招聘单位所聘岗位和专业很可能与自己所学专业或原从事职业不同，这时你切不可把自己禁锢于原有小天地中守株待兔。只有增强自信，勇于挑战和跨越自我，及时调整自我心态，适应周围环境，才能到达成功的彼岸。

例如：一毕业生到杂志社应聘编辑一职，出示自己发表过的作品后，又说自己擅长策划，有领导才能，是做编辑部主任的最佳人选，并将杂志现在的办刊方式批驳得一无是处。然而，那位负责招聘的正是编辑部主任，为此，在第一关就把他刷掉了。此例说明，选定要就职的职位，只表现出自己胜任那一职位的能力即可，不要锋芒太露，预先设敌。

三忌盲目应试。要分清单位的性质和对求职者的要求，切不可以把应聘企业、公司的准备用于公务员或教育岗位的面试。

10.2.7　面试趋向

1. 形式丰富

面试早已突破那种两个人面对面，一问一答的模式，而呈现出丰富多彩的形式。从单独面试到集体面试、从一次性面试到分阶段面试，从非结构化面试到结构化面试，从常规面试到引入了演讲、角色扮演、案例分析、无领导小组讨论等情景面试。

2. 程序结构

以前对面试的过程缺乏有效地把握，面试的随意性大，面试效果也得不到保证。目前许多面试的操作过程已逐步规范起来。从主考官角度，面试的起始阶段、核心阶段、收尾阶段要问些什么、要注意些什么，事先一般有一个具体的方案，以提高对面试过程和面试结果的可控性。

3. 提问弹性

以前许多面试基本等同于口试，主考官提出的问题一般事先拟定好，应试者只需抽取其中一道或几道题来回答即可，主考官不再根据应试者对问题的回答情况提出新问题。主考官评定成绩仅依据事先拟定的具体标准答案，仅看回答内容的正确与否，实际上这只不过是笔试简单的口述形式而已。

现在面试中主考官问题的提问虽源于事先拟定的思路，但却是适应面试过程的需要而自然提出的，前后问题是自然相接的，问题是围绕测评的情景与测评的目的而随机出现的。最后的评分不是仅依据内容的正确与否，还要综合总体行为表现及整个素质状况评定，充分体现了因人施测与发挥主考官主观能动性的特点。

4. 面试结果

以前面试的评判方式与评判结果没有具体要求，缺少可比性。近年来面试结果的处理逐渐标准化、规范化，基本上趋于表格式、等级标度与打分形式等。

5. 面试全面

面试的测评内容已不仅限于仪表举止、口头表达、知识面等，现已发展到对思维能力、反应能力、心理素质、求职动机、进取精神、身体素质等全方位的测评。且由以一般素质为测评依据发展到主要以拟录用职位要求为依据，包括一般素质与特殊素质在内的综合测评。

6. 考官内行

以前面试主要由组织部门的人专门主持，后来实行组织人事部门、具体用人部门和人事测评专家共同组成面试考评小组。

许多单位实行用人部门人员培训面试测评技术。人事部门培训业务专业知识，并进行面试前的集中培训，面试考官的素质有了很大提高。面试考官的素质对于提高面试的有效性、保证面试的质量有着至关重要的作用。

10.2.8　面试的硬伤

1. 不善于打破沉默

面试开始时，应试者不善于"破冰"，而等待面试官打开话匣。面试中，应试者又出于种种顾虑，不愿主动说话，结果使面试出现冷场。即便能勉强打破沉默，语音语调也极其生硬，使场面更显尴尬。实际上，无论是面试前还是面试中，面试者主动致意与交谈，会留给面试官热情和善于与人交谈的良好印象。

2. 与面试官"套近乎"

具备一定专业素养的面试官是忌讳与应试者套近乎的，因为面试中双方关系过于随便或过于紧张都会影响面试官的评判。过分"套近乎"也会在客观上妨碍应试者在短短的面试时间内，做好专业经验与技能的陈述。聪明的应试者可以列举一至两件有根有据的事情来赞扬招聘单位，从而表现出您对这家公司的兴趣。

3. 为偏见或成见所左右

有时候，参加面试前自己所了解的有关面试官或该招聘单位的负面评价，会左右自己面试中的思维。误认为貌似冷淡的面试官或是严厉或是对应试者不满意，因此十分紧张。还有些时候，面试官是一位看上去比自己年轻许多的小姐，心中便开始嘀咕："她怎么能有资格面试我呢？"其实，在招聘面试这种特殊的采购关系中，应试者作为供方，需要积极面对不同风格的面试官即客户。一个真正的销售员在面对客户的时候，他的态度是无法选择的。

4. 缺乏积极态势

面试官常常会提出或触及一些让应试者难为情的事情。很多人对此面红耳赤，或躲躲闪闪，或撒谎敷衍，而不是诚实地回答、进行正面解释。比方说面试官问："为什么 5 年中换了 3 次工作？"有人可能就会大谈工作如何困难、上级不支持等，而不是告诉面试官：虽然工作很艰难，自己却因此学到了很多，也成熟了很多。

【案例分析 10-4】

坐在第一排被录用了

小付是快要毕业的大学生，得知一家电缆厂在招销售人员，认真准备了简历，小付来到了面试现场。"那次面试是在一个大教室，来了很多人，但同学们进教室后都选择离讲台较远一些的后排坐下了，随后就开始和旁边的同学或者与自己一起来的同学聊了起来。"小付回忆说。这时前排空荡荡的，而对于平时就喜欢坐在第一排听课的小付来说，在这样的场合要勇敢坐到第一排也算是个挑战，但她还是决定坐到第一排去。理由很简单："这样面试老师提出的问题我能听得清楚些。"此时的教室"坐阵"形成了两个极端，第一排一个人，后面直到第四排才开始有同学坐并且也没坐满。

正当大家都在窃窃私语等待面试开始时，面试官说话了："第一排这位同学，你被录取了。"这让大家都感到有些惊讶甚至不解。

录取理由：宣布录取之后，面试官告诉现场的同学，求职者的积极性非常重要，尤其是销售岗位的人员，更应该主动接近我们的目标客户，在面试现场，我们就是求职者的目标客户。就这样，小付顺利进入了这家公司。

分析：本案中小付同学只是在面试时一个人积极地坐在第一排，她的积极态度为她赢得了良好的机会。

5. 丧失专业风采

有些应试者面试时各方面表现良好，可一旦被问及现所在公司或以前公司时，就会愤怒地抨击其老板或者公司，甚至大肆谩骂。在众多国际化的大企业中，或是在具备专业素养的面试官面前，这种行为是非常忌讳的。

6. 不善于提问

有些人在不该提问时提问，如面试中打断面试官谈话而提问。也有些人面试前对提问没有足够准备，轮到有提问机会时不知说什么好。而事实上，一个好的提问，胜过简历中的无数笔墨，会让面试官刮目相看。

7. 职业发展计划模糊

对个人职业发展计划，很多人只有目标，没有思路。比如当问及"您未来 5 年事业发展计划如何"时，很多人都会回答说"我希望 5 年之内做到全国销售总监一职"。如果面试官接着问"为什么"，应试者常常会觉得莫名其妙。其实，任何一个具体的职业发展目标都离不开您对个人目前技能的评估以及您为胜任职业目标所拟定的粗线条的技能发展计划。

8. 假扮完美

面试官常常会问："您性格上有什么弱点？您在事业上受过挫折吗？"有人会毫不犹豫地回答："没有。"其实这种回答常常是对自己不负责任的。没有人没有弱点，没有人没有受过挫折。只有充分地认识到自己的弱点，也只有正确地认识自己所受的挫折，才能造就真正成熟的人格。

10.2.9　失败原因

你知道你求职失败的原因吗？专家认为现在的大学毕业生在求职中存在着很多误区，而这些都是直接导致自己求职失败的心理原因。

1. 对企业一无所知

很多毕业生应聘企业很随意，在一次招聘会上，一家化妆品公司的招聘主管让应聘大学生说出几款该公司代理的品牌名字，没想到求职者一个都答不出来。这位招聘主管说："对公司这么陌生，在求职前不去了解该公司，很难想象他对自己的职业生涯有所规划。这样不负责的人，我们肯定不会用。"据了解，这种情况招聘单位遇到很多。

2. 自以为是

对于一些大学生而言，并非找不到任何工作，而是由于对工作的期望值过高，对一些低档次的工作不屑一顾，盲目地追求一些脱离自身实际的"高工资、高待遇"的理想工作。这种"半吊子"型的人才，在就业压力日益增大的今天必然要走向失业。

3. 应聘太盲目

不少大学生并不知道某个职位的职责分工是什么，只会从字面上去理解。一家公司"营业服务部"下属的商品企划室招聘人，结果许多大学生看到"服务"二字，就以为是做服务工作无人应聘。而当公司把"服务"两字去掉后，马上就有很多人投简历。人事主管告诫说，如果对职位不明白可以询问用人单位，不要单从字面上去片面理解，这样很可能会错过一个好机会。

4. 不愿到基层去吃苦

大学生刚刚踏入社会，刚进入企业，很难立刻进入角色。一些公司规定所有新参加工作的大学生都要到一线去锻炼一年，有的同学一看不能马上搞设计、搞管理工作，要"吃一年的苦"，就打退堂鼓不愿意干了，白白丢掉了很好的工作。

5. 独立性欠缺

许多大学生在学习中只知死啃书本，没有足够的社会实践，每次应聘都要父母参与求职，自己则缺乏主见。还有的毕业生笔试、面试通过后，在与公司签约的时候，父母到场与用人单位说长道短谈条件。对于这种行为，多家公司的人事主管都表示反感。"找工作的前提是，你是一个独立的人，有自己的判断能力，能对自己负责。"一位人事经理说。

【基本训练】

□知识题

10.1　阅读理解

1. 应对面试应该做好哪些准备工作?

2. 如何调整面试时的压力?

3. 面试失败的原因通常有哪些?

4. 怎样提高面试技巧?

5. 面试时有什么禁忌?

10.2　知识应用

1. 判断题

（1）求职面试应答要扬长避短，即使对方问到自己的缺点，也应含糊其词或避而不答。（　　）

（2）在求职面试中要想语言简明扼要，就必须以"虚"为主，以"实"为辅，多用概括叙述的方法。（　　）

（3）运用"适度激将法"应注意：一要适度，二要委婉。（　　）

2. 选择题

求职面试自我介绍，应掌握以下技巧（　　）。

A. 全面介绍所有的优点　　　　　B. 有针对性、注意定位

C. 每个优点都要举出若干实例　　D. 处理好详略和虚实的关系

E. 分寸适度，留有余地　　　　　F. 少说优点，以示谦虚

3. 讨论题

（1）现代社会的用人观是什么? 为什么?

（2）求职面试语言的基本要求是什么? 为什么?

【综合实训】

实训项目 10-1：面谈技巧练习

小 A 到一家大型集团公司应聘招聘主管一职，下面是主考官和小 A 的一段对话，并根据对话分析面谈技巧。

面试一般分为关系建立阶段、导入阶段、核心阶段、确认阶段、结束阶段等五个阶段。

一、关系建立阶段

目的是创造自然、轻松、友好的氛围；一般采用简短回答的封闭式问题，约占面试过程的 2%。

主考官：你是看到广告还是朋友推荐来的？

小 A：我一直景仰贵公司，这次是从广告上看到而来的。

分析：这是封闭性问题。它要求应聘者用非常简短的语言，对有限可选的几个答案做出选择。封闭性问题主要用来引出后面的探索性问题，以得出更多的信息。

二、导入阶段

这一阶段主要问一些应聘者有所准备、比较熟悉的题目，最好的方式是开放性问题。约占面试的 8%。

主考官：请你介绍一下你的经历，好吗？

小 A："……"

分析：这是一个开放性问题。它让应聘者在回答中提供较多信息的面试问题，这种题目不是让应聘者简单地回答"是"或"否"，而是要求应聘者用相对较多的语言做出回答。在它的基础上可构建许多行为性问题，而行为性问题能够让我们得到对应聘者进行判断的重要证据。

三、核心阶段

这一阶段主要收集关于应聘者核心胜任能力（岗位胜任特征、素质模型）的信息。

主考官：请问当你与用人部门的主管对某一职位的用人要求有不同意见时，你是怎样处理的？（开放性问题）

小 A：我想我会尽量与用人部门的主管沟通，把我的想法和理由告诉他，并且询问他的想法和理由，双方来求同存异，争取达成一致意见。

主考官：那么你能不能举出一个你所遇到的实例？

小 A：好吧。有一次保安部门有一个保安人员的职位空缺，用人部门的经理要求找到的人必须身高在 1 米 8 以上，体重在 80 公斤以上。

分析：这是一个行为性问题。它要求针对过去曾经发生的关键事件提问，根据应聘者的回答，探测应聘者对事件的行为、心理反应（行为样本），从而判断应聘者与关键胜任能力（素质模型）拟合程度。

主考官：为什么？

小 A：因为他认为身材强壮的保安人员对坏人具有威慑力。

分析：这是一个探索性问题。它通常是在主考官希望进一步挖掘某些信息时使用，一般是在其他类型的问题后做继续追问。

主考官：那后来怎么样了呢？（探索性问题）

小 A：我向那个部门经理解释这并不是必要的条件。因为对于保安人员来说，忠于职守、负责任、反应敏捷、良好的自控能力这些才是最重要的，而身高和体重则不必非得提出那么高的要求。

主考官：那么你是怎么做的呢？（探索性问题）

小 A：我对他说，如果你能够拿出一些统计数据表明保安人员的身高和体重确实可以阻止坏人的犯罪企图，那么我就接受这条要求，否则的话，提出这种要求就是没有道理的。

主考官：那接下去情况怎么样了？（探索性问题）

小 A：接下去那位部门经理收回了他的意见，到现在为止，那个职位还处于空缺的状态。

主考官：那么你和那位部门经理这次意见不一致是否影响了你们之间的关系？（封闭式问题）

小 A：没有。

四、确认阶段

主考官进一步对核心阶段所获得的对应聘者关键胜任的判断进行确认。约占面试过程的 5%。这一阶段最好用开放性问题。

主考官："刚才我们已经讨论了一个具体的实例，那么现在你能不能谈谈招聘的程序是怎样的？"

小 A："……"

五、结束阶段

结束阶段是主考官检查自己是否遗漏了关于那些关键胜任能力的问题并加以追问的最后机会，约占面试过程的 5%。可以适当采用一些基于关键胜任能力的行为性问题或开放性问题。

主考官："你能再举一些例子证明你在招聘方面的专业技能吗？"（探索性问题）

小 A："……"

一次良好的面试不但要有相当的准备工作，而且在面试过程中要充分发挥面试的技巧，一次成功的面试不但是对应聘者的考验，更是对主考官如何选择合适的人到合适的岗位的能力考验。

实训项目 10-2：案例分析

下面是一次面试复试的案例分析题，要求同学们看后在最短的时间内按要求回答问题。

背景资料：

香港 LY 品牌管理公司是一家集 20 余个服装、饰品、箱包等品牌为一体的经营管理公司，为拓展中国内地市场，3 年前在四川选中 AME 公司作为其旗下的 3 个服装品牌的中国内地总代理商，以期在全国范围进行市场扩张。

AME 公司是一家具有十年以上服装生产经验的民营企业，一直为国内大型知名服装品牌做贴牌生产，在公司董事长江董的领导下，已经拥有数条生产线，生产能力很强，市场销售也十分喜人，并有充足的资金进行业务扩张。经过前些年的打拼，江董一直有一个梦想，希望闯入服装终端的零售市场以实现品牌经营获取更大收益。

经朋友介绍，四川 AME 公司的江董认识了香港 LY 品牌管理公司的董事长方董，经过一段时间的接触和了解，江董非常希望能够代理方董公司的8个服装品牌在中国内地的市场开发与拓展。经过双方多次洽谈，方董最终决定将旗下3个新的中高档服装品牌代理权交给江董，并承诺江董在做好这3个品牌的市场销售之后再逐步扩大品牌代理范围。

江董在拿下3个品牌的中国内地总代理权之后，为了尽快实现品牌的本地化扩张，江董投入巨资在川内一年开张了12家专卖店。经过几个月的运行之后，问题开始显露，AME工厂根本不能生产出这种品牌定位的不同类型的服装，只能委托沿海企业进行加工。同时，其他问题接连而来：要么是专卖店的装修风格与服装风格不够协调，要么是所选的店面位置不符合该品牌的特点，要么就是商品形象与品牌标志、商品包装不太协调，要么就是厂家提供货品不到位，要么就是物流配送存在战线过长降低效率增加了物流成本等。为此，江董下大力气做了很多调整工作，如：投入巨资努力改变专卖店的装修，并对VI设计进行了3次调整，还关闭了4家专卖店；又由于在管理方面存在管理者能力不足、新公司的发展思路不明、品牌的市场定位不准、与下属的管理理念有较大差异、货品采购没有跟上等众多问题，江董多次更换了负责专卖店经营的总经理。加之2008年以来四川汶川大地震和全球性金融危机的影响，专卖店的生意并不太好。如果算上每年交付的代理费，3年下来江董已经亏损了四五百万元。

经过2009年的多次调整，3个品牌的经营业绩虽然有所好转并逐步实现单店盈利，但总部庞大的管理费用摊销使其财务盈亏平衡状态依旧没有实现。江董现在内心充满矛盾，一方面，他希望坚持将这几个品牌做好并争取到方董公司其他几个品牌的代理，另一方面却是新公司亏损连连、连起码的盈亏平衡都没有实现，还要用工厂的盈利来进行补贴，这引起了公司其他股东的严重不满。

在香港LY品牌管理公司，助手向方董汇报了四川AME公司目前的经营状况，认为江董代理的3个品牌不仅没有能够进行内地市场的拓展，连起码的内部盈亏平衡都未实现，违背了LY公司的原来初衷。方董听完后，陷入了深深的思考之中……

任务要求：

请各位同学把自己设想成候选人，仔细阅读相关案例资料，结合自己掌握的专业知识，对资料进行分析诊断，就江董面临的诸多问题进行深入剖析，并拟定这些问题的解决方案。

第11章 | 工作、生活中的沟通技巧

【知识目标】

在学习完本章之后，你应该能够：
◎ 理解工作中的有效沟通存在的障碍；
◎ 掌握工作中有效沟通方法；
◎ 掌握生活中的各种沟通技巧；
◎ 掌握与孩子沟通的方式。

【技能目标】

◎ 通过学习能掌握一些工作中沟通的技巧；
◎ 熟练应对生活中的各种沟通。

引例

一次失败的医患沟通

一个病人去看心内科门诊，拿着几大本心电图给医生。病人说："我在单位体检时查出有早搏，去了好几家医院，做了好几本的心电图，就是治不了根。"

医生问："查出有其他心脏病吗？"

病人说："没有。"医生说："那不用治，你这是良性早搏。"

病人说："但我很担心。"

医生有些不耐烦地说："没事，良性早搏一般不需要吃药。"病人将信将疑地离开了，医生觉得病人大惊小怪。医生肚子里一堆关于"良性早搏不能滥用药"的知识也只简化为两句话："你这是良性早搏"，"良性早搏一般不需要吃药"。

这两个人显然都在自说自话，结果两个人都很懊恼。

这一案例表明：在医生和病人的关系里，似乎无时无刻不面临着沟通的

难题和困境。这是因为我们都缺少有效沟通的常识——首先去了解对方，然后争取让对方了解自己，真正做到"知彼解己"。

11.1 工作中的沟通技巧

11.1.1 工作中的有效沟通

有效的沟通，是通过听、说、读、写等思维的载体，通过演讲、会见、对话、讨论、信件等方式准确、恰当地表达出来，以促使对方接受。

1. 有效沟通的重要性

管理沟通，从其概念上来讲，是为了一个设定的目标，把信息、思想和情感在特定个人或群体间传递，并且达成共同协议的过程。沟通是自然科学和社会科学的混合物，是企业管理的有效工具。沟通还是一种技能，是一个人对本身知识能力、表达能力、行为能力的发挥。无论是企业管理者还是普通的职工，都是企业竞争力的核心要素，做好沟通工作，无疑是企业各项工作顺利进行的前提。有效沟通在企业管理中的重要性主要表现在：

(1) 准确理解公司决策，提高工作效率，化解管理矛盾。

公司决策需要一个有效的沟通过程才能施行，沟通的过程就是对决策的理解传达的过程。决策表达得准确、清晰、简洁是进行有效沟通的前提，而对决策的正确理解是实施有效沟通的目的。在决策下达时，决策者要和执行者进行必要的沟通，以对决策达成共识，使执行者准确无误地按照决策执行，避免因为对决策的曲解而造成的执行失误。

一个企业的群体成员之间进行交流包括相互在物质上的帮助、支持和感情上的交流、沟通，信息的沟通是联系企业共同目的和企业中有协作的个人的桥梁。同样的信息由于接收人的不同会产生不同的效果，信息的过滤、保留、忽略或扭曲是由接收人主观因素决定的，是他所处的环境、位置、年龄、教育程度等相互作用的结果。由于对信息感知存在差异性，需要进行有效的沟通来弥合这种差异性，以减少由于人的主观因素而造成的时间、金钱上的损失。准确的信息沟通无疑会提高我们的工作效率，使我们舍弃一些不必要的工作，以最简洁、最直接的方式取得理想的工作效果。为了使决策更贴近市场变化，企业内部的信息流程也要分散化，使组织内部的通信向下一直到最低的责任层，向上可到高级管理层，并横向流通于企业的各个部门、各个群体之间。在信息的流动过程中必然会产生各种矛盾和阻碍因素，只有在部门之间、职员之间进行有效的沟通才能化解这些矛盾，使工作顺利进行。

【案例分析 11-1】

从同事到冤家

小王是公司销售部的一名员工，平时为人比较随和，不喜争执，和同事的关系处得都比较好。但是前一段时间，不知道为什么，同一部门的老李老是处处和他过不去，有时候还故意在别人面前指桑骂槐，对跟他合作的工作任务也都有意让小贾做得多，甚至还抢了小王的好几个老客户。

起初小王觉得都是同事，没什么大不了的，忍一忍就算了。但是后来，看到老李如此嚣张，小王一赌气，告到了经理那儿。经理把老李批评了一通，从此，小王和老李成了绝对的冤家了。

分析：在这里，小王、部门经理、老李三人犯了一个共同的错误：那就是没有坚持"对事不对人"，经理做事也过于草率，没有起到应有的调节作用，他的一番批评反而加剧了二人之间的矛盾。

（2）从表象问题过渡到实质问题的手段。

企业管理讲求实效，只有从问题的实际出发，实事求是才能解决问题。而在沟通中获得的信息是最及时、最前沿、最实际、最能够反映当前工作情况的。在企业的经营管理中出现的各种各样的问题，如果单纯从事物的表面现象来解决问题，不深入了解情况、接触问题本质，会给企业带来灾难性的损失。

个人与个人之间、个人与群体之间、群体与群体之间开展积极、公开的沟通，从多角度看待一个问题，那么在管理中就能统筹兼顾，未雨绸缪。在许多问题还未发生时，管理者就从表象上看到、听到、感觉到，经过研究分析，把一些不利于企业稳定的因素扼杀掉。企业是在不断解决经营中的问题中前进的，企业中问题的解决是通过企业中有效的沟通实现的。

（3）激励职工，形成健康、积极的企业文化。

人具有自然属性和社会属性，在实际的社会生活中，在满足其生理需求时还要满足其精神需求。每个人都希望得到别人的尊重、社会的认可和自我价值的实现。一个优秀的管理者，要通过有效的沟通影响甚至改变职员对工作的态度、对生活的态度。把那些视工作为负担，对工作三心二意的员工转变为对工作非常投入，工作中积极主动，表现出超群的自发性、创造性。在有效沟通中，企业管理者要将职工按不同的情况划分为不同的群体，从而采取不同的沟通方式。如按年龄阶段划分为年轻职工和老职工，对年轻的资历比较浅的职工采取鼓励认可的沟通方式，在一定情况下让他们独立承担重要工作，并与他们经常在工作生活方面沟通，对其工作成绩给予认可鼓励，激发他们的创造性和工作热情，为企业贡献更大的力量。对于资历深的老同志，企业管理者应重视、尊重他们，发挥他们的经验优势，与他们经常接触，相互交流，给予适当的培训，以调动其工作积极性。

2. 有效的沟通技巧

（1）从沟通组成看，一般包括三个方面：沟通的内容，即文字；沟通的语调和语速，即声音；沟通中的行为姿态，即肢体语言。这三者的比例为文字占7%，声音占48%，行为姿态占55%。同样的文字，在不同的声音和行为下，表现出的效果是截然不同的。所以有效的沟通应该是更好地融合这三者。

（2）从心理学角度来看，沟通中包括意识和潜意识层面，而且意识只占1%，潜意识占99%。有效的沟通必然是在潜意识层面的、有感情的、真诚的沟通。

（3）沟通中的"身份确认"，针对不同的沟通对象，如上司、同事、下属、朋友、亲人等，即使是相同的沟通内容，也要采取不同的声音和行为姿态。

（4）沟通中的肯定，即肯定对方的内容，不仅仅说一些敷衍的话。这可以通过重复对方沟通中的关键词，甚至能把对方的关键词语经过自己语言的修饰后，回馈给对方。这会让对方觉得他的沟通得到了你的认可与肯定。

（5）沟通中的聆听。聆听不是简单地听就可以了，需要你把对方沟通的内容、意思把握全面，这才能使自己在回馈给对方的内容上，与对方的真实想法一致。例如，有很多人属于视觉型的人，在沟通中有时会不等对方把话说完，就急于表达自己的想法，结果有可能无法达到深层次的共鸣。

3. 如何进行有效沟通

在团队里，要进行有效沟通，必须明确目标。对于团队领导来说，目标管理是进行有效沟通的一种解决办法。在目标管理中，团队领导和团队成员讨论目标、计划、对象、问题和解决方案。由于整个团队都着眼于完成目标，这就使沟通有了一个共同的基础，彼此能够更好地了解对方。即便团队领导不能接受下属成员的建议，他也能理解其观点，下属对上司的要求也会有进一步的了解，沟通的结果自然得以改善。如果绩效评估也采用类似办法的话，同样也能改善沟通。

在团队中身为领导者，善于利用各种机会进行沟通，甚至创造出更多的沟通途径，与成员充分交流等并不是一件难事。难的是创造一种让团队成员在需要时可以无话不谈的环境。

对于个体成员来说，要进行有效沟通，可以从以下几个方面着手：

一是必须知道说什么，就是要明确沟通的目的。如果目的不明确，就意味着你自己也不知道说什么，自然也不可能让别人明白，自然也就达不到沟通的目的。

二是必须知道什么时候说，就是要掌握好沟通的时间。在沟通对象正大汗淋漓地忙于工作时，你要求他与你商量下次聚会的事情，显然不合时宜。所以，要想很好地达到沟通效果，必须掌握好沟通的时间，把握好沟通的火候。

三是必须知道对谁说，就是要明确沟通的对象。虽然你说得很好，但你选错了对象，自然也达不到沟通的目的。

四是必须知道怎么说，就是要掌握沟通的方法。你知道应该向谁说、说什么，也知道该什么时候说，但你不知道怎么说，仍然难以达到沟通的效果。沟通是要用对方听得懂的语言——包括文字、语调及肢体语言，而你要学的就是通过对这些沟通语言的观察来有效地使用它们进行沟通。

以上四个"简单"问题，可以用来自我检测，看看你是否能进行有效的沟通。

11.1.2 工作中的沟通障碍

1. 企业组织中的沟通障碍

（1）个人的个性特征差异引起的沟通障碍。个体的性格、气质、态度、情绪、兴趣等的差别，都会成为信息沟通的障碍。

（2）知识、经验水平的差距所导致的障碍。在信息沟通中，如果双方经验水平和知识水平差距过大，双方往往依据经验上的大体理解去处理信息，使彼此理解的差距拉大，形成沟通的障碍。

（3）对信息的态度、观点和信念不同所造成的障碍。一是认识差异。在管理活动中，不少员工和管理者忽视信息的作用的现象还很普遍，这就为正常的信息沟通造成了很大的障碍。二是利益观念。在团体中，不同的成员对信息有不同的看法，所选择的侧重点也不相同。很多员工只关心与他们的物质利益有关的信息，而不关心组织目标、管理决策等方面的信息，这也成了信息沟通的障碍。

（4）个人语言表达、交流和理解能力，记忆能力不佳所引起的障碍。沟通中个人之间互相传递时，同样的信息对不同的人来说含义是不一样的，组织中员工常有不同的背景，有着不同的说话方式和风格，对一样的事物也有着不同的理解，个人认识不同。

（5）相互不信任和沟通者的畏惧感所产生的障碍。沟通双方相互的不信任使得信息传递出现偏差或者延迟信息的传递。管理实践中，信息沟通的成败主要取决于上级与上级、领导与员工之间的全面有效的合作。但在很多情况下，这些合作往往会因下属的恐惧心理以及沟通双方的个人心理品质而形成障碍。

（6）知觉选择偏差所造成的障碍。接收和发送信息也是一种知觉形式。但是，由于种种原因，人们总是习惯接收部分信息，而摒弃另一部分信息，这就是知觉的选择性。

2. 行政组织沟通中存在的障碍

随着我国行政体制改革的不断推进，行政组织内部沟通有了一定程度的改善。比如沟通的作用开始为人们所认识，沟通手段落后、效率低下的状况得到很大改善，沟通的组织系统和制度保障逐步得以建立。但是仍存在着不少问题和缺陷。

（1）组织障碍。

行政组织自身固有的一些因素会首先成为阻碍有效沟通的藩篱，主要表现为结构障碍和地位上的障碍。在结构上，行政机关文牍主义盛行，会多、文件多，领导陷于"文山会海"之中。层级制度要求下属有事逐级反映，遇事层层批示，每一层级一般只对它的上一层级负责，下情要通过重重关卡才能上达，此外再加上个体差异的存在，信息沟通中容易出现放大或缩小效应。在地位上，工作人员在机关组织中的地位不一样，所以对问题的看法不一样，心态也不一样，但总体上表现为：为了个人或部门利益，或迫于领导的威严，下属往往报喜不报忧，对信息进行过滤。相同级别人员各有分工，可能认为自己工作方面的信息对他人的工作作用不大，从而知而不提，进而影响了沟通。

（2）心理障碍。

对沟通的研究表明，行政组织沟通能否取得预期效果，在很大程度上取决于信息接受方对信息传递方的好恶态度，取决于接受方对所传信息的好恶态度，取决于接受方对传递方本身对该信息好恶态度的了解。这种由心理方面造成的行政沟通的障碍，称为心理上的障碍。

行政机关人员因地位不同而造成心理隔阂，领导、下属都受"位差效应"的影响，不愿沟通、不敢沟通。领导过于迷信自身思维方式的正确性，看不到下属思维的可取之处，不愿与下属沟通，结果往往是领导专横固执，下属有话无处说，有苦无处诉；害怕下属知道太多或了解自己太多而影响自身威信、不好控制，该说的不说，该公示的不公示，只要求下属被动服从，进而导致人心涣散，组织效率低下。相同级别人员在竞争的状态中，唯恐沟通的信息被他人心怀叵测地利用，以致同级别人员的沟通也较少。

（3）知觉障碍。

所谓知觉，是指人们对事物的认识。由于人的经历、知识水平、个性差异、价值观念等方面的不同，所以对同一事物可能会产生不同的看法或结论，从而常会造成沟通上的障碍。一般来说，接收者在接收信息时，会按照自己的需要对信息进行"过滤"。这有时候是一种下意识的行为，无关伦理道德、价值偏好，通常就连接收者本人都还没有意识到自己在知觉方面有这种"偏好"，它就已经发生了。所以，在行政信息沟通过程中，要尽量使组织内部的人有着大致相同的知觉，特别是要有大致相同的价值观念。如果组织内部人们的知觉统一了，价值观念统一了，那么就容易做到"心往一处想，劲往一处使"，就容易加强行政信息沟通。

（4）文化障碍。

正如爱德华·霍尔所说："文化是人的生存环境。人类生活的任何一方面无不受着文化的影响，并随着文化的变化而变化。也就是说，文化决定了人的存在方式、表达自我的方式、思维方式和希望方式。"由此可见，文化因素深刻地影响着人们的沟通行为。如果沟通双方来自不同的民族，在彼此交流方面要比来自同一种文化背景的难度要大。相同的文化孕育出相同或类似的行为习惯、伦理道德、思维方式等，因此在沟通中更容易找到"共同语言"，彼此的交流也会显得较为顺利。不仅如此，文化方面的障碍还表现为由于年龄的差距而造成的沟通困难。在我们的工作中，上下级之间可能存在年龄的差距，不同年龄阶段的人生活在不同的社会背景下，接受的教育、经历的磨炼不尽相同，因而会对事物产生不同的认识与判断，当这种距离达到一定程度时，就会产生沟通屏障。

（5）语言障碍。

传递行政信息的语言，对事物的描绘应该是准确的、客观的、全面的。但是，在行政信息沟通过程中，由于下述矛盾的存在，往往导致这方面的不准确、不客观、不全面，从而影响了行政信息沟通。一是语言的相对静止性与行政事务的不断运动性之间存在矛盾。语言是人们活动的产物，它的发展总是相对落后于事物的变化。在人们没有普遍接受之前，任何语言都不可能成为沟通的工具；而一旦变成了沟通的工具，事物又有了新的发展。因此，任何语言都只能相对准确地描绘行政事务。二是语言的高度概括性与行政事务的具体性、多样性之间的矛盾。天下没有完全相同的两片树叶，也没有两件完全相同的行政事务。语言具有高度的概括能力，当人们用它描绘行政事务时，总是要去掉、舍弃一些特性而描绘主要特性，也就是说，只能尽可能全面地进行描绘。三是语言的抽象性与行政事务的真实性之间的矛盾。所有的语言都是抽象的，抽象得越厉害，距事物的真实性越远。所以说语言严重影响了行政组织的沟通。

11.1.3　有效沟通的技巧

1. 自信的态度

一般经营事业相当成功的人士，他们不随波逐流或唯唯诺诺，有自己的想法与作风，但很少对别人吼叫、谩骂，甚至连争辩都极为罕见。他们对自己了解得相当清楚，并且肯定自己，他们的共同点是自信，日子过得很开心，有自信的人常常是最会沟通的人。

2. 体谅他人的行为

这其中包含"体谅对方"与"表达自我"两方面。所谓体谅是指设身处地为别人着想，并且体会对方的感受与需要。在经营"人"的事业过程中，当我们想对他人表示体谅与关心时，唯有设身处地为对方着想。由于我们的了解与尊重，对方也相对体谅你的立场与好意，因而做出积极而合适的回应。

3. 适当地提示对方

产生矛盾与误会的原因，如果出自对方的健忘，我们的提示正可使对方信守承诺；反之若是对方有意食言，提示就代表我们并未忘记事情，并且希望对方信守诺言。

4. 有效地直接告诉对方

一位知名的谈判专家分享他成功的谈判经验时说道："我在各个国际商谈场合中，时常会以'我觉得'（说出自己的感受）、'我希望'（说出自己的要求或期望）为开端，结果常会令人极为满意。"其实，这种行为就是直言不讳地告诉对方我们的要求与感受，若能有效地直接告诉你所想要表达的对象，将会有效帮助我们建立良好的人际网络。但要切记"三不谈"：时间不恰当不谈；气氛不恰当不谈；对象不恰当不谈。

5. 善用询问与倾听

询问与倾听的行为，是用来控制自己，让自己不要为了维护权利而侵犯他人。尤其是在对方行为退缩、默不作声或欲言又止的时候，可用询问行为引出对方真正的想法，了解对方的立场以及对方的需求、愿望、意见与感受，并且运用积极倾听的方式，来诱导对方发表意见，进而对自己产生好感。一位优秀的沟通好手，绝对善于询问以及积极倾听他人的意见与感受。

一个人的成功，20%靠专业知识，40%靠人际关系，另外40%需要观察力的帮助，因此为了提升我们个人的竞争力，获得成功，就必须不断地运用有效的沟通方式和技巧，随时有效地与"人"接触沟通，只有这样，才有可能使你的事业成功。

【案例分析 11-2】

精彩的提问

亚伯拉罕·林肯接手的第一个案子，是一名叫盖瑞森的年轻人被指控在 1837 年 8 月 9 日晚上的野营布道会上枪杀了克拉伍，目击证人是苏维恩。作为盖瑞森的辩护律师，林肯在法庭上一言不发，直到默默听完目击证人的证词，待到法庭已渐渐平静下来时，林肯这才缓缓开始提问：

林肯：“在看到枪击之前你与克拉伍曾在一起吗？”证人：“是的。”

林肯：“你站得非常靠近他们吗？”证人：“不，约有 20 米远。”

林肯稍微沉默了一会，继续问道：“不是 10 米吗？”证人犹豫了一下，又接着说：“不，有 20 米或更远。”

林肯：“在宽阔的草地上？”证人：“不，在林子里。”

林肯：“什么林子？”证人：“榛木林。”

林肯：“在 8 月里，榛木林的叶子很密实吧？”证人：“是的。”

林肯：“你认为这把手枪就是凶手当时用的那把吗？”证人：“看起来很像。”

林肯：“你能看到被告开枪射击，那么能看到枪管的情形吗？”证人：“是的。”

林肯：“这距离布道会的场地有多远？”证人：“750 米。”

林肯：“灯光在哪儿？”证人：“在牧师的讲台上。”

林肯：“有 750 米远吗？”证人：“是的。我已经回答你两遍了。”

林肯：“你是否看到克拉伍或者盖瑞森所在之处有烛光？”证人：“没有，要烛光干吗？”

林肯：“那么，你怎么看到的这起枪击事件呢？”证人：“借着月光呀！”

林肯：“你在 22∶00 看到枪击；在榛木林里；离灯光 750 米远。你看到了手枪枪管；看到那人开枪；你距离他有 20 米远。你看到的这一切都是借着月光？离营地的灯光几乎一里之外看到这些事情？”证人：“是的，我之前都告诉你了。”

听完了证人说的最后一句话后，林肯从大衣口袋里拿出了一本天文历，翻到其中的一页高声念道：“1837 年 8 月 9 日晚上根本看不到月亮，月亮是在次日的凌晨一点才升起的。”

林肯帮盖瑞森彻底打赢了这场官司。

林肯为什么能打赢这场官司？

分析：在上述案例中，林肯是在耐心而认真地倾听后，紧密结合自己掌握的资料，找出了证人证词中的致命漏洞。然后再成功地运用一系列问题的提问，引导证人无法自圆其说，最终证人的证词被宣布无效，从而使林肯赢得这场官司。

11.2　生活中的沟通技巧

11.2.1　生活中的沟通概述

1. 沟通的层次

鲍威尔（Powell）认为，沟通可以大致分为五个层次：一般性交谈、陈述事实、分享个人的想法和判断、分享感觉和敞开心扉。

这五种沟通层次的主要差别在于一个人希望把他真正的感觉与别人分享的程度，而与别人分享感觉的程度又直接与彼此的信任度有关，信任度越高，彼此分享感觉的程度就越高，反之，信任度越低，彼此分享感觉的程度就越低。

下面我们一一作简单地介绍：

（1）一般性交谈。

这种沟通方式只表达表面的、肤浅的、社会应酬性的话题。如"您好吗?""我很好、谢谢"等。没有牵扯到感情的投入，但这种沟通使对方沟通起来觉得比较"安全"，因为不需要思考和事先准备，精神压力小，而且还避免发生一些不期望发生的场面。一般多用于护士与病人第一次见面时的寒暄，在开始时使用有助于打开局面和建立信任关系，但护患双方不能长时间停留在这个层次，否则会影响病人资料的收集和护理计划的实施。

（2）陈述事实。

将已经发生的事情表述清楚，不涉及个人感情、好恶、看法、评价。这是相互了解与沟通的第一步，对于了解相对完整的事实与经过很重要。

（3）分享个人的想法和判断。

这是较高层次的沟通，即相互交流、分享个人的想法与判断。当沟通到达这一阶段时，相互的信任基本建立起来，或者是有较明显的解决冲突的愿望。如"你是在故意气我!""他变了!"

这是了解某个人内心对事实看法、想法的必经步骤。交流过程中，首先应认真完整地了解其相对全面的看法。

（4）分享感觉。

某个人对某件事情，不仅有看法，还会出现相应的情绪感受与反应。在这个阶段，相互的信任基本建立。常听到的语言信号为："经过了我们的相互信任与讨论，我想我们已经达成了共识。""请稍等，我 5 分钟后与你讨论。"

（5）敞开心扉。

到后来，如果你觉得他比谁都更懂你、理解你，当你情绪低落、需要支持，或是有非常开心的事想与人分享时，就有可能打电话给他。这样，你们就变成了真正亲密的朋友，能敞开心扉，达到心与心的和谐。

这是沟通的最有效阶段。相应的语言表达多为："他如果变心了，我就完蛋了!""离开他我活不了!""我死了让他后悔一辈子!"

2. 实现有效沟通的影响因素

（1）认真。

包括认真地倾听、认真地体验与感受，关键是设身处地。目的是了解对方的看法、感受。

不认真的表现：不让对方讲话、打断对方的谈话、不耐烦、轻视对方问题、只想说服对方等。

（2）尊重。

接受对方的优点与长处，也接受对方的缺点与短处。只要是人就一定有毛病，所以对人要宽容。

常见的不尊重表现：一是对其错误与缺点嘲笑、贬损、挖苦；二是以自己为对错标准来判断与评价对方。

值得注意的是，在人际交往中，我们对别人的印象往往受不自觉的偏见影响与控制。有些偏见来自本能（如外貌），有些则来自文化（如贫富、种族）。

（3）热情。

热情是一种态度体现，指交流过程中始终关注、关心对方，在情感上投入，愿意且真心地帮助对方。

（4）真诚。

真诚是指我们在交流过程中，表露出"真的我"，没有防御式的伪装，不戴假面具，不扮演角色，而是表里一致、真实可信地置身于交谈。

注意事项：一应实事求是；二是有选择地说真话；三是适度。

（5）客观。

客观是指我们在交流过程中，能够跳出自己的视野，站在对方、第三人、第四人的角度想想。在调解各种矛盾冲突的过程中，客观的立场十分重要。

信守诺言，不轻许诺但言而有信。

11.2.2　如何与孩子沟通

很多父母感觉到与孩子存在沟通困难，说的话不听，指挥不动，总是跟自己作对等。

1. 孩子为什么喜欢动画片和电子游戏

电子游戏提供了心理满足（虽然是虚拟世界），包括：控制感（我是老大、控制一切事物）、成就感（功力不断提升、财物不断增加）、归属感（被网友接纳承认、因共同的爱好而成为未谋面的朋友）。游戏者在虚拟世界中能变得自信、轻松、愉快、满足。

2. 如何与孩子交流

坐下来或蹲下来；至少先认真听；寻找共同的话题；相对的尊重与平等，接纳其合理要求；相对合理的控制，给予独立的空间；确立合理的期望。

【案例分析 11-3】

平 等 相 处

小明已经 5 岁了，在家里，父母叫他做事情时常常会这样说："去把杯子拿来""把报纸拿来""赶快去弹钢琴"。虽然有时候小明很愿意去做这些事情，可是每每听到这样的话，反倒没有动力了。

分析："把杯子拿来"和"帮妈妈把杯子拿来"两句话，在成人听起来差不多，但孩子的感受却会有很大的不同。孩子虽小，但同样不喜欢命令式口吻，而喜欢受人委托。所以，每当父母要求孩子做一件事情时，作为孩子的养育者，如果总是难以忘记自己"教育者"的角色，就会在和孩子沟通时难以保持平等的地位，"你要""你应该""你不能"等词语会常常挂在嘴边，其结果是家长谈得越多，就越可能说一些不该说的话，这样，孩子就渐渐失去了与家长交流的意愿。

3. 管理孩子的十种不当行为模式

（1）三番五次地叫孩子去做某件事——等于告诉孩子你的第一次吩咐无关紧要。
（2）当孩子行为不当时，你愤怒地叫喊——使孩子看到自己能控制和摆布你。
（3）代替孩子做他能做的事情——代孩子成长。
（4）当孩子行为不当时，自己撒下不管，叫配偶来解决——告诉孩子我管不了你。
（5）让孩子看出，因为他的话语，你深感内疚。
（6）给孩子钱或他要什么就给什么、买什么，缺乏有效的零花钱制度。
（7）与孩子争吵——让孩子合法地操纵决定权。
（8）卷入孩子之间的争吵，扮演法官的角色，审讯谁先挑起事端，最后袒护了其中一方——如何能教育、说服孩子向好呢？
（9）做负面的榜样——如何能教育、说服孩子向好呢？
（10）自己情绪不好，借故向孩子发泄。

4. 父母最不该对孩子说的十句话

一家三口的生活总是在"你我他"之间的喜爱与冲突之中延续下去。作为儿女的你，看看这些文字，是否觉得耳熟能详？作为父母的你，看看这些文字，是否似曾脱口而出？
以下的分析，只是一种对中国式教育的分析。
（1）"我们是不行了，孩子，就看你的了！"
说这话的父母，是把孩子的发展当成自己唯一的指望，是一种丧失自我的表现。这样的家长往往自己得过且过，患得患失。自我丧失感虽然是为人父母的共性，但它并不是一种健康的心理。有人说这样的话，是想断绝孩子的后路，不断催逼孩子，但结果是最后只会是吃力不讨好。
教育不只是教知识与技能，更重要的是教积极的生活态度。教育的形式不只是口中所说的，更重要的是言行举止，在潜移默化之中实现的影响。
类似语言："孩子，我们全靠你了，你可要争气啊！""你是我们全家唯一的希望！"
该如何表达对孩子的期望："孩子，每个人都应该努力地实现自己的愿望！""孩子，我们相信你是不会自我放弃的！"
（2）"没时间管你，我要挣钱过日子！"
有人说："没有时间就意味着没有时间做人。"教育孩子不是上课，打个电话就可以教育，传递一个眼神也可以教育，和孩子相处的时候更是好的教育契机。教育的长短不由时间长短决定，关键要看家长用不用心教育，会不会教育。说自己没时间教育孩子的家长，就算有了时间也教育不好孩子。

类似语言："我也想管孩子，可实在抽不出时间！""叫你表姐去开家长会吧，我没时间！"

其背后透露的信息是放弃管理孩子的愿望和权利。父母上述语言中也暗含一层希望，那就是孩子自己管理好自己。所以可以用另一句话表达自己的企图："孩子，我最近很忙，但你如果有事情，我还是可以抽时间听你讲！""孩子，我相信你能管好自己！"

(3)"宝宝，爸爸不听话，打他！"

经常见到一些父母把孩子当玩具或者宠物，为了好玩，开这样或那样的玩笑。要知道孩子小时候是不辨是非的，什么样的行为得到鼓励和刺激，什么样的行为就得到强化。父母不应该随便利用孩子开玩笑。在这些无聊的玩笑中，孩子会养成不良的习惯，滋生不良的价值取向。

与此相关，夫妻的打情骂俏或严重的冲突吵闹最好避开孩子。在人的一生中，对我们影响最大的是家庭环境，其次是学校与同伴，最后才是社会生活。虽然人的成长不全由环境决定，但环境确实对人的成长产生相当强烈的影响。父母是我们每个人的第一个学习与模仿对象。

类似语言："宝宝都会骂人了！好厉害！""他打你，你没长手哇！""他抢你的东西，你为什么不去抢回来！"

(4)"进了前三名，妈妈给你买……"

物质奖励看似一种增强孩子动力的保障，其实弊大于利。孩子学习不是为家长，如果他考砸了你惩罚他，考好了奖励他，他会误认为并慢慢真以为学习是为家长。这样一来，奖励就破坏了孩子对追求知识目的的正常理解。如果有一天，或者有的孩子不把物质奖励当作一种动力，那么他还如何学习？而且，这种教育方式助长了孩子的功利心，容易把孩子引向灰色地带。

行为动机有内在与外在之分，其对行为的维持时间存在着明显的差别。

恰当的表达："考得不错嘛，看来你真的对这件事情感兴趣！""考差了，要努力！现在我们一起分析一下原因，好吗？"

(5)"没有原因，我说不行就不行！"

典型的暴君式教育方式，源于家长头脑中的"棍棒底下出孝子"的传统观念。这不仅会导致亲子之间的对立和冲突，更会破坏孩子的公正心，妨碍孩子的民主意识、协作能力的发展。甚至，还会助长孩子滋生暴力倾向。

按照社会学习理论，大人是孩子成长过程中最集中的模仿榜样。这样说与做的心理根源：是想以简单粗暴的方式维持家长的权威，而不是以知识、理性的方式获得权威认同。

类似语言："还敢顶嘴，反了你了！""住嘴，你怎么这么不听话？"

如果不同意孩子的某个选择，应说明理由，且做到前后一致、各位家长一致。

(6)"你爱怎样就怎样吧，谁管得了你啊？"

一般父母这样说的时候，并非孩子完全不服管，可能只是不小心旧错重犯，这样说会让孩子很委屈。这种方法前两次会让孩子很愧疚。但是用多了就会引起孩子的逆反心理，索性将错就错。

父母这样说，表明的是放弃对孩子的要求与希望的态度，接着孩子也会学着自我放弃。时间一长，那时你就是想管也没有沟通渠道了。

类似语言："甭问我，我懒得管你！""你怎么样跟我没关系！"

（7）"孩子是我的，我想怎样就怎样！"

因为孩子是自己养的，所以就把孩子看成是自己的私人财产，把自己的愿望强加于孩子，任由自己的情绪随意发泄到孩子身上，无视孩子的个人意愿。

父母与孩子的关系，有两种不同的看法：

父母的私人财产，因而属于父母；

平等的契约关系，只是缘分而已。

类似语言："孩子是我的，你管不着！""早知道你这么不听话，当初生下来就该捏死你！"

（8）"你怎么这么笨？"

抱怨和指责会让事情变得更糟！孩子自己也不情愿表现得那么差，肯定自己心里都很自责。作为父母，千万不要往孩子的伤口上撒盐，更不能当着别人面说自己的孩子很笨。父母气急败坏地责骂孩子，会让孩子无地自容，妄自菲薄，不知所措，增加逃避心理。这种言语会毁灭孩子的自信心，也让孩子的心理素质形成恶性循环。

值得注意的心理现象：

希望决定现在！预言得到兑现。

类似语言："废物，猪头！""你怎么一点出息也不长？"

（9）"如果爸妈离婚，你要爸还是要妈？"

如果是在孩子未成年的情况下离婚，那么你们自己决定好了，谁更有能力教育好孩子就让孩子跟谁。如果仅是个有意无意的玩笑，那就太愚蠢了。孩子会因此产生恐惧心理，他一定会想爸妈为什么要离婚？他也一定会考虑自己会跟谁？对于一个孩子，母爱和父爱是同等重要的，没有什么喜欢谁不喜欢谁的区别。实际上，多少还会影响到孩子的婚姻观，何必呢？

注意：一是为了孩子而长期冷战未必就真对孩子好。二是如果离婚，千万不要将孩子作为对付对方的武器。

类似语言："你觉得妈妈好还是爸爸好？"

（10）"你看看人家谁谁谁！"

或许这是家长们最爱说、最常说的一句话了，但又恰恰是孩子们最讨厌的一句话。这种比较对孩子价值观的确立是一种极大的干扰，对于孩子的自我评价系统也是一种破坏。

这句话的危害：它破坏孩子的心理平衡，不利于孩子内心成长，更容易让孩子失去应有的信心。

对于家长来说，常把这句话放嘴边，表明他们的眼睛总是盯在别人孩子的身上，人家进步了就着急，人家退步了就窃喜。人家学什么就让自己的孩子也学，丝毫不顾自家孩子是否对其感兴趣。

注意：人天生就有差别，包括各有长处，也各有短处！

人要比较才有动力，但滥比较会失去动力！盲目的攀比不但会造成精力和时间的浪费，也会造成孩子对父母的心理抵触，得不偿失。

教育最重要的是激发其内心的兴趣，而不是盯着别人的长处，充满嫉妒。

类似语言："你怎么就不如别人的孩子呢？""有点出息好不好？"

请问：孩子有没有将自己的父母与别人的父母进行比较呢？其结论又是怎样的呢？

【案例分析 11-4】

勿以亲友做对比

"你看，隔壁的小涛都会做 100 以内的加减法了，你还什么都不会，你怎样才能赶上人家啊？""楼下的那个妮妮实在太不像话了，去年读一年级以来，数学从来没考及格过，将来你可别这样。"读大班的小菲现在最怕听到妈妈提小涛、妮妮，原来大家常常在一块玩，可是自从听了妈妈的唠叨，她都不知道自己还要不要和他们一块玩了。

分析：本案例中小菲还是个儿童，儿童由于抽象思维尚处于发展阶段，所以在告诉孩子什么该做、什么不该做的时候，不要给他们一个笼统的"好孩子""坏孩子"的概念，而应该具体和清楚，更多时候还需要一个样本。不过，这个样本最好是从故事书、动画片、文学典籍中寻找，会比较稳妥。父母若是以亲戚朋友为例，恐怕会为自己的孩子将来建立人际关系制造难题；另一方面，父母片面的评价会无形中伤害到其他人。

11.2.3　非语言沟通

非语言沟通是相对于语言沟通而言的，是指通过身体动作、体态、语气语调、空间距离等方式交流信息、进行沟通的过程。在沟通中，信息的内容部分往往通过语言来表达，而非语言则作为提供解释内容的框架，来表达信息的相关部分。因此非语言沟通常被错误地认为是辅助性或支持性角色。

1. 功能

非语言沟通的功能作用就是传递信息、沟通思想、交流感情。归纳起来是：

（1）使用非言语沟通符号来重复言语所表达的意思或来加深印象的作用；具体如人们使用自己的言语沟通时，附带有相应的表情和其他非言语符号。

（2）替代语言，有时候某一方即使没有说话，也可以从其非言语符号上比如面部表情上看出他的意思，这时候，非言语符号起到代替言语符号表达意思的作用。

（3）非言语符号作为言语沟通的辅助工具，又作为"伴随语言"，使语言表达得更准确、有力、生动、具体。

（4）调整和控制语言，借助非言语符号来表示交流沟通中不同阶段的意向，传递自己的意向变化的信息。

（5）表达超语言意义，在许多场合非语言要比语言更具有雄辩力。高兴的时候开怀大笑，悲伤的时候失声痛哭，当认同对方时深深地点头，都要比语言沟通更能表达当事人的心情。

2. 分类

（1）标志语言。

如聋哑人的手语、旗语，交通警察的指挥手势，裁判的手势以及人们惯用的一些表意手势，如"OK"和胜利的"V"等。如基督教的十字、美元的 $ 符号以及许多现代企业的标志。

（2）动作语言。

例如，饭桌上的吃相能反映出一个人的修养。一位顾客在排队，他不停地把口袋里的硬币弄得叮当响，这清楚地表明他很着急。在柜台前，拿起又放下，显示出他拿不定主意。

（3）物体语言。

总把办公物品摆放得很整齐的人，能看出他是个干净利落，讲效率的人；穿衣追求质地，不跟时尚跑，这样的人一定有品位、有档次。

【案例分析 11-5】

一对父子的非语言温馨沟通

一个 5 岁的小男孩正在餐桌前吃饭，他很想自己夹菜，这时，爸爸正好从厨房端了一盘儿子最喜欢吃的鸡蛋羹出来，儿子抬起头，看着爸爸把鸡蛋羹小心翼翼地放在桌子中央。

然后，这个小男孩拿起调羹，用征求的眼光望着爸爸。爸爸明白儿子的意思，微笑着向他点了点头。儿子高兴地舀了一勺鸡蛋羹，津津有味地吃了起来。

分析：在这个案例中，父亲和儿子没有用一句语言，但是，他们之间的沟通却非常顺畅。这种温馨的亲子关系相信会令每一个做父母的都感到羡慕。这也正是微笑与点头的魔力。在日常生活中，儿子做了正确的行动后，父亲应该多用微笑和点头鼓励他、称赞他，这样他就会更有信心，把这件事情做得更好。

3. 主要特点

（1）无意识性。

例如，与自己不喜欢的人站在一起时，保持的距离比与自己喜欢的人要远些；有心事，不自觉地就给人忧心忡忡的感觉。

正如弗洛伊德所说，没有人可以隐藏秘密，假如他的嘴唇不说话，那他会用指尖说话。一个人的非言语行为更多的是一种对外界刺激的直接反应，基本是无意识的反应。

（2）情境性。

与语言沟通一样，非语言沟通也展开于特定的语境中，情境左右着非语言符号的含义。相同的非语言符号，在不同的情境中，会有不同的意义。同样是拍桌子，可能是"拍案而起"，表示怒不可遏；也可能是"拍案叫绝"，表示赞赏至极。

（3）可信性。

当某人说他毫不畏惧的时候，他的手却在发抖，那么我们更相信他是在害怕。根据英国心理学家阿盖依尔等人的研究，当语言信号与非语言信号所代表的意义不一样时，人们相信的是非语言信号所代表的意义。

由于语言信息受理性意识的控制，容易作假，人体语言则不同，人体语言大多发自内心深处，极难压抑和掩盖。

（4）个性化。

一个人的肢体语言，同说话人的性格、气质是紧密相关的，爽朗敏捷的人同内向稳重的人的手势和表情肯定是有明显差异的。每个人都有自己独特的肢体语言，它体现了个性特征，人们时常从一个人的形体表现来解读他的个性。

【案例分析 11-6】

拥抱你的儿子

实际生活中，中国人表达感情的方式是比较含蓄的，不善于说出来或做出来，父亲明明爱儿子却很少对儿子说"孩子，我爱你"，更不用说去拥抱儿子了。有一位父亲就曾这样向专家请教过："我的儿子长大了，越来越不听我的话了。我跟他在一起常常觉得没话说，这是不是就是所谓的'代沟'？"

专家说："你多多拥抱你的孩子。"

父亲说："根本不可能，他总是躲着我，别说拥抱了，就连握手、搂肩膀这样的接触都没有过。我们都觉得那样太不自然、太尴尬。"

专家说："父子俩的接触都到了尴尬的地步，你还考虑自然不自然？再'自然'下去，你们之间就形同陌路了。别忘了，他是你的儿子。"

"那我该怎么做呢？"父亲很无奈地向专家求救。该怎么做呢？这个问题应该是每个父亲都想知道的答案。对父亲来说，语言虽然是跟儿子沟通情感的重要途径，但却不是唯一的方法。父亲应该经常用语言、动作、表情和姿态让儿子体会到父亲的爱，特别是在儿子遇到困难和挫折的时候，把你的手放在儿子的肩上，注视着他的眼睛，对他说："不管发生什么，你对我们来说都是最重要的，我知道你能行！"也可以用眼神鼓励儿子，传达给他很强的力量感等。

分析： 从专家提供的这些非语言接触中，儿子能从中感受到父亲的鼓励和支持，并坚定对未来的信心。

【基本训练】

□知识题

11.1　阅读理解

1. 工作中的有效沟通有何重要性？
2. 如何在工作中进行有效沟通？
3. 生活中的沟通有哪几个层次？

4. 怎样与小孩进行沟通？

5. 非语言沟通有什么功能？

11.2　知识应用

1. 判断题

（1）沟通的目的是要对方接受自己的立场、观点、情感倾向和价值观念，以使当事的双方（各方）达成共识或形成一致意见。（　　）

（2）英语为母语的沟通者经常选择书写作为首选的沟通渠道。（　　）

（3）沟通中的心理障碍等同于病态心理学意义上的心理障碍。（　　）

（4）庞地提出了冲突行为强度联合体的概念，认为冲突行为与攻击、侵犯、暴力等联系在一起。（　　）

（5）自我沟通是我们每个人每天都要进行的一种自觉的、有意识的沟通活动。（　　）

（6）东西方文化在个人取向—集体取向方面的差别是理解东西文化价值观差异的关键之一。（　　）

（7）公共关系冲突协调行动内在地包含冲突处置、冲突化解和冲突转化等三个层面的内容。（　　）

（8）支配—温和型的人际沟通行为模式是基于任务完成背景下最为理想的建设性沟通行为模式。（　　）

（9）"要说服他人，首先要说服自己"就是对自我沟通重要性和必要性的现实概括。（　　）

（10）利益关系是考察人际冲突产生的外在原因和客观基础。（　　）

2. 选择题

某公司经常以部门为单位搞一些娱乐性活动，以增强凝聚力，对下一步目标统一认识。会议结束时，领导总会询问："请各部门想一想还有没有亟待解决的问题？"

（1）上面这种做法符合沟通的（　　）原则。

　　　A. 连贯性　　　　　B. 明确性　　　　C. 一致性　　　　　D. 可依赖性

（2）上面的提问形式是（　　）的。

　　　A. 封闭式　　　　　B. 开放式　　　　C. 探索式　　　　　D. 诚恳式

（3）上面例子中沟通的主要形式是（　　）。

　　　A. 下行沟通　　　　B. 上行沟通　　　　C. 交叉沟通　　　　D. 选择性沟通

（4）秘书在工作中不适当地占用了上司的时间，是因为（　　）。

　　　A. 没有形成自己的工作习惯和风格　　B. 没有了解工作流程

　　　C. 遵循了公司的规定　　　　　　　　D. 没有了解上司的工作习惯和风格

（5）秘书与同级、同事的面谈属于（　　）。

　　　A. 上行沟通　　　　B. 横向沟通　　　　C. 纵向协调　　　　D. 外部关系调整

（6）在上行沟通中，汇报工作的重点是（　　）。

　　　A. 谈结果　　　　　B. 谈感想　　　　　C. 谈过程　　　　　D. 谈方案

（7）某公司主打品牌的副经理因长期未被扶正而离职，他的离职压力来源于（　　）。

A. 人际关系　　　　B. 角色压力　　　C. 领导支持　　　　D. 工作负荷

（8）在行为语言中，装饰自己的办公室或办公桌属于下列哪种行为（　　　）。

A. 保护行为　　　　B. 伪装行为　　　C. 领域行为　　　　D. 暗示行为

（9）下列哪种方式不利于会议沟通形成成效（　　　）。

A. 限制发言时间　　　　　　　　B. 明确会议目的

C. 会上分发会议文件　　　　　　D. 对参加人员有选择性

（10）在下列假设性问题中，对于山西私营煤矿来讲，哪种问题在危机预测中需重点考虑（　　　）。

A. 自然灾害　　　　　　　　　　B. 故意破坏

C. 媒体大肆宣传　　　　　　　　D. 工伤事故

【综合实训】

实训项目 11-1：案例分析

小王是新上任的经理助理，平时工作主动积极，且效率高，很受上司的器重。那天早晨小王刚上班，电话铃就响了。为了抓紧时间，她边接电话，边整理有关文件。这时，有位姓李的员工来找小王。他看见小王正忙着，就站在桌前等着。只见小王一个电话接着一个电话。最后，他终于等到可以与她说话了。小王头也不抬地问他有什么事，并且一脸的严肃。然而，当他正要回答时，小王又突然想到什么事，与同室的小张交代了几句……这时的老李已是忍无可忍了，他发怒道：难道你们这些领导就是这样对待下属的吗？说完，他愤然离去……

问题：

1. 这一案例的问题主要出在谁的身上？为什么？
2. 如何改进其非语言沟通技巧？
3. 假如你是小王，你会怎样做？

实训项目 11-2：纸条拼图

1. 实训目的

训练学生掌握沟通的主要障碍源，并根据沟通的具体实践针对相应的障碍采取应对措施。

2. 实训准备

按实训人数准备白纸若干张。

3. 实训步骤

（1）向发送者明确拼图要求；

（2）由发送者向操作者发送信息，但只允许采取语言发送的形式；

（3）检查接收者拼图的正确率；

（4）变换图形，循环进行。

4. 实训训练要点

（1）学生发送信息的目的是否明确；

（2）发送者选择发送的信息的形式是否得当；

（3）发送者有没有考虑接收对象的不同采取不同的对策。

5. 实训安排

（1）地点：本班教室 。

（2）学时：2 学时。

参考文献

[1] 边露. 现代社交礼仪. 南京：南京大学出版社，2008.

[2] 金正昆. 社交礼仪. 北京：北京师范大学出版社，2011.

[3] 未来之舟. 职场礼仪. 北京：中国经济出版社，2008.

[4] 甘敏军. 礼仪与沟通. 北京：清华大学出版社，2012.

[5] 张晓明. 商务沟通与礼仪. 北京：水利水电出版社，2013.

[6] 李霞. 大学生礼仪指导与训练. 北京：首都经济贸易大学出版社，2009.

[7] 蔡晓红，礼仪与沟通. 北京：机械工业出版社，2013.

[8] 袁林，张晓明. 沟通与礼仪. 北京：科学出版社，2009.

[9] 甘敏军，蒙启成. 礼仪与沟通. 北京：清华大学出版社，2012.

[10] 韦克俭，公关礼仪与交流沟通技巧. 北京：清华大学出版社，2014.

[11] 魏江，严进. 管理沟通：成功管理的基石. 北京：机械工业出版社，2006.

[12] 舒晓楠，等. 商务与管理沟通. 北京：清华大学出版社，2010.

[13] 王瑞永. 管理沟通——理论、工具、测评、案例. 北京：化学工业出版社，2014.

[14] 柳斌. 学生素质十个学会培养手册. 北京：九州图书出版社，1998.

[15] 武敬敏. 商务礼仪一本就够. 北京：石油工业出版社，2012.

[16] 理想. 我的第一本职场礼仪细节全书. 北京：中国纺织出版社，2018.

[17] 金正昆. 国际礼仪. 北京：北京大学出版社，2005.

[18] 李荣建. 大学生礼仪. 北京：人民邮电出版社，2012.